现代汉语语法的
功能、语用、认知研究
（二）

张伯江　主编

王伟　完权　副主编

商务印书馆
创于1897 The Commercial Press

2019年·北京

图书在版编目(CIP)数据

现代汉语语法的功能、语用、认知研究.2/张伯江主编.—北京:商务印书馆,2016(2019.5 重印)
ISBN 978-7-100-11956-6

Ⅰ.①现… Ⅱ.①张… Ⅲ.①现代汉语—语法—研究
Ⅳ.①H146

中国版本图书馆 CIP 数据核字(2016)第 026590 号

现代汉语语法的功能、语用、认知研究(二)
张伯江 主编
王伟 完权 副主编

商务印书馆出版
(北京王府井大街36号 邮政编码100710)
商务印书馆发行
北京冠中印刷厂印刷
ISBN 978-7-100-11956-6

2016年3月第1版 开本 850×1168 1/32
2019年5月北京第2次印刷 印张 17
定价:45.00元

目　录

功能、语用、认知研究的深化
（代序）

张 伯 江

（中国社会科学院　语言研究所）

由沈家煊先生主编的论文集《现代汉语语法的功能、语用、认知研究》2005年在商务印书馆出版，该书收集了由沈家煊先生率领的研究团队在出书前五年间的研究成果。沈先生在那本书的序言中说："这个方向的研究还要继续进行下去，因此这个论集只是代表我们阶段性的研究成果"。十年过去了，沈先生及其团队持续进行现代汉语语法功能、语用和认知角度的研究，这种研究取向在学界也产生了越来越大的影响，更多的中青年学者在这个方向上对汉语语法中的重要问题做出了新的反思和开拓，成绩斐然。在前一文集问世十年后，同时也是在即将迎来学科领头人沈家煊先生的七十寿辰之际，我们决定编辑《现代汉语语法的功能、语用、认知研究》的第二辑，一方面集中反映现代汉语语法功能、语用、认知研究这十年来的新进展，同时也是对这个研究方向的开创者沈家煊先生表示敬意。这本文集的作者由三部分组成：一是语言研究所一直追随沈先生研究的中青年学者，二是学界具有同样志趣的中青年学者，三是沈先生培养的研究生和博士后研究人员。

本集中收录的文章涉及现代汉语语法的功能、语用、认知研究各个方面,可以说代表了十年来各个方向的主要进展。这里,我们结合书中的文章,对各个研究方向做一个简单的评述。

广义的功能主义语言学相信人的语言能力无异于人的一般认知能力,同时相信语法结构是在现实的社会交际中形成的,在这个阵营里当今最为活跃的两个分支——认知语法和功能语法——各强调这两种信念的一端。二者各自发展出的一套观察方法乃至术语概念的差异往往被人们忽视,刘丹青《当功能遇到认知:两种概念系统的貌合神离》一文针对语言学文献常用的“凸显”(prominent,salient)和“背景”(background,ground)等术语展开讨论,指出二者在功能语法和认知语法中的不一致解读,根本原因在于学术范式和方法论上的差异。认知的凸显主要反映说话人的关注点,句法等级越高越凸显,但与重音模式基本相悖;而功能语法的凸显度由交际功能和信息量决定,越优先得到重音越凸显,但与句法等级基本相悖,一般是内嵌越深越凸显、越是从属成分越凸显。这项研究不仅体现了国内学界在引进国外理论方法时日益成熟和深化的思考,而且,也带给我们一个重要的启示,那就是,任何一个术语都要放到它所在的概念系统中去,才能得到准确的理解和评判。陆丙甫《重度-标志对应律:兼论功能动因的语用性落实和语法性落实》也是一篇探讨基本原则的文章,文章根据《马氏文通》提到的一些语法现象,以及跨语言的相关现象,提出“重度-标志对应律”这一语言共性。这条编码共性作为倾向的语用性落实时,轻重体现在具体的长度上;作为语法规则的语法化落实时,重度表现在语法范畴上。文章关于区分这两种落实方法的讨论是具有深刻启示意义的,作者指出:“虽然从历时角度来看,是从倾向发展到语法规律，即'语法化'过程，但是从共时描写的角度来看，正确的逻辑顺序应该先确立语法规则"。这个认识反映了语法和语用关系的更深入的思考。

语用法的语法化研究曾经给汉语的句法语义解释以极大的推动，"差点儿"及相关格式就是得益于语用原则而深化了解释的。袁毓林《"差点儿"中的隐性否定及其语法效应》用"差点儿"中隐性否定的语义溢出，来解释"差点儿没 VP"格式中冗余否定的形成机制；用"差点儿 VP"句式的"肯定 vs.否定"和其中 VP 的评价意义的"积极 vs.消极"的配置方式，来推导整个句式的评价意义的"正面 vs.反面"；进而用"乐观原则"来解释"差点儿 VP"格式三缺一格局的语用动因，用句式缺位来说明"差点儿 VP"格式中隐性否定溢出的条件。这项研究显示出，语用推理在句法语义中的效力还远远没有发挥穷尽。语言的认知心理可以从多种角度观察，口误研究对揭示正常语言产生的心理过程就十分有效。姜炫先《汉语口误的修正和词的心理地位》就是针对汉语学界究竟是"词"还是"字"为基本结构单位的一项观察，以多音节词的口误修正研究给出了令人信服的证据。作者的结论是："从口误的修正来看，在言语产生的过程中，现代汉语词的地位很重要，在这个过程中词不仅有心理现实性，它的心理地位还高于语素。在伴随言语产生的监测活动中，词的心理地位也不亚于语素。"

沈家煊先生在《语法六讲》里说："研究语言既要研究说的话，又要研究说话。说还是不说？现在说还是以后说？这样说还是那样说？直接说还是间接说？说还是不说毕竟不一样，说了才有语力，不说就没有语力，不同的说法有不同的语力。研究说话的意义并不亚于研究说的话，研究说的话离不开研究说话本身，研究说话离不开研究不同的说法。”功能语法学者多少年来一直是在这样的理念下进行研究的，近年来，汉语功能语法在语体研究、浮现语法方面日趋成熟。陶红印很早就提出“以语体为中心的语法研究应该是今后语言学研究的一个基本出发点”，他的《操作语体中动词论元结构的实现及语用原则》用操作语体中动作行为的通用属性以及以行为为中心的语用原则来解释他所观察到的操作语体里的特殊论元布局，并说明这种布局给论元优化理论、生命度等级说以及汉语基本语序等理论所提出的问题，令人信服地说明了语体研究的深刻理论意义。方梅的《会话结构与连词的浮现义》很好的例示了“浮现语法”的语法观，通过对连词在会话合作原则的作用下显现出的话语组织功能，揭示了说话人语力逐渐发展出新的语法作用的倾向。曹秀玲《“说/是”与关联词语组合浅谈》所发现的“‘是’的判断作用和‘说’的言说本义决定这两个词在情态表达上恰好分别处于强化和弱化命题真实性的两个极端。复句情态表达的需要使得‘说/是’跨越不同的概念域和语法成分类别而缀附”，正是“不同的说法有不同的语力”的最好例示。

自从沈家煊《语言的“主观性”和“主观化”》一文发表以后，主观性与主观化的研究成为汉语学界一个热点。李善熙《汉语主观量表达的语序手段》是最早关注汉语句法主观性的研究之一，重点观察语序的变化是怎样引起主观量的变化的。通过众多的实例分析，得出“语序的颠倒引起主观量大小的颠倒，语序的变化引起主观性程度的变化”的总体观察，进而指出：“无标记的语序代表说话人和听话人对语序的正常期待，有标记的语序则偏离了这种正常期待，因而会引起主观量的产生或改变。正常期待和偏离正常期待是语序变化引起主观量表达变化的根源。”汉语语法的主观性集中表现在几个特殊句式上，宋文辉《主观性与施事的"意愿性"强度》通过对一般主谓宾句和"把"字句、"被"字句的比较，说明施事的典型性不仅与名词所代表事物的客观属性有关，还与说话人对其主观认识有关，句式所体现的主观因素的介入可以使客观上施事性较弱的成分变为施事性较强的成分。这项研究说明了句式本身的主观性对组成成分的制约作用。如果说语序、句式体现主观意义是显性的主观性表达的话，那么，三个认知域——"行域、知域和言域"——在汉语语法研究中的引入，则标志着研究者对相同语句形式背后不同主观认识理解的进一步深化。一般来说，"行"指现实的行为和行状，偏于客观，"知"则是主观的知觉和认识，"言"指的是用以实现某种意图的言语行为。肖治野、沈家煊《"了$_2$"的行、知、言三域》用三域理论理清了长期众说纷纭的"了$_2$"语法意义问题，将其语义刻画为表示"新行态的出现""新知态的出现"和"新言态的出现"，同时将"了$_1$"的语义归入"行"域。三域的刻画框架不仅更好地说明了"了$_2$"的各种意义和用法之间的区别和联系，同时也更好地说明了"了$_2$"和"了$_1$"的区别和联系。随着研究的深入，人们发现了更多的观察主观性的角度，乐耀《从人称和"了$_2$"的搭配看汉语传信范畴在话语中的表现》通过对"了$_2$"句不同人称主语使用偏向的定量考察，发现第一人称主语"了$_2$"句偏爱主观传信语而第二、三人称则偏爱客观传信语。这是传信范畴角度的主观性观察。这几项研究显示出，主观性和主观化是渗透在语法的各个侧面的。

从用法的角度观察汉语语法，会得到关于汉语特点的新的认识。早在半个世纪以前，吕叔湘先生就曾提醒大家注意汉语里单双音节问题的语法属性，近些年来，越来越多的研究者发现，汉语语法里音节与韵律问题的重要性，至少不次于西方语言里形态句法和论元结构的重要作用。在吕先生已经观察到三音节组合里2+1式和1+2式不同语法关系倾向的基础上，董秀芳《2+1式三音节复合词构成中的一些问题》进一步考察了2+1式复合词整体上的名词属性，发现进入中心语位置的成分即使原本不是名词也表现出名词性，兼类词在中心语位置出现时也会选择名词属性；2+1式倾向于在有选择余地时选择指称性强的形式作为其组成成分。吴为善《同形异构体V+N的复合化及其整合效应》强调韵律框架是句法和节律共同作用产生的语言模式，为语言成分的整合提供了条件。他讨论了汉语中同形异构体"V+N"的复合化及其整合效应，尤其是韵律整合过程中动词和名词语义的系统性变化，以及由此导致的语法关系的明确化。柯航《从连读变调看句法结构的松紧度》则另辟蹊径，针对前人关于句法成分结合紧密度的论断给出了更具论证性的标准。文章认为连读变调中的语法变调反映了结构中成分之间关系的松紧，凡结合紧密的成分比较容易发生变调，而结合松散的成分之间则难以发生变调。文章综合利用多地方言材料中两字组语法变调材料，对主谓、述宾、述补、偏正等句法结构之间的结合松紧度进行统一的观察和测试，得出了一个整体性的认识。可以说，这三项研究共同显示了韵律特征在汉语语法里的重要地位。

当我们对汉语语法的关注点越来越多地聚焦到具有汉语特点的问题上时，汉语语法的本质性特点就呼之欲出了。近年来沈家煊先生对一般语法理论中最基本的两个范畴——名词和动词进行了深入的思考，发现汉语名词和动词之间的关系不同于西方语言里是分立的而是包含关系。这个看法最直接的好处就是能使长期困扰研究者的一些汉语语法难题迎刃而解，如“N 的 V”结构问题。周韧《“N 的 V”结构就是“N 的 N”结构》在名动包容模式的基础上更进一步，认为“这本书的出版”不仅在语用范畴上符合向心结构理论，也在句法范畴上符合向心结构理论，这是因为，在他看来汉语名词的句法特征就是“[＋N，－V]”，而动词的句法特征就是“[＋N，＋V]”。名动包含学说使人们看到了汉语谓词的指称性，于是，对汉语谓语的类型也必然会有一个全新的看法。完权《事态句中的“的”》重新定义了事态句和事件句，指出事件是对行动的陈述，事态是对行动的指称。事态句是表达事件状态的名词性谓语句，和表达事物状态的名词性谓语句本质上一致。至于事态句为什么常与“的”相伴，是因为“的”具有加强所附着的语言单位的指别度的作用。王冬梅《从“是”和“的”、“有”和“了”看肯定和叙述的分野》与此异曲同工，讲的是叙述和肯定之间的关系。文章考察了“是”和“的”在肯定意义上的相通以及“有”和“了”在叙述意义上的相通，继而通过对“是”和“有”共现、“的”和“了”共现情形的考察揭示两者之间的不对称，指出这种不对称关系正是汉语中的名词和动词包含关系的反映。汉语谓语类型的这些特点，其实都是由汉语的基本语法关系——“话题-说明”关系——决定的。很早以前，赵元任先生就从汉语的全局性特点出发得出“汉语的主语就是话题”的论断，深刻揭示了汉语区别于印欧语基于论元关系构造句法的特征。张伯江在《汉语话题结构的根本性》一文中提出，我们应该更明确、更清醒地用汉语的眼光去理解汉语的句子，而不是像面对印欧语句子一样先去寻找论元关系。在汉语里着意寻找句首成分的论元关系可能会导致汉语特点的迷失，汉语话题结构在汉语语法里的深刻影响力还需得到更多的重视。刘探宙等《现代汉语同位同指组合的性质》基于对汉语句法关系"说明性"的新的理解，揭示出汉语同位同指组合的实质是后项对前项的阐释关系。汉语同位同指组合呈现明显的在线组合特征，其亦动亦静的特点正是汉语体词性句法成分之间"说明性"关系的集中体现。过去对同位组合重视不足，正是因为对汉语流水句并置的实质和"话题-说明"关系的主导地位重视不够。应该说，汉语名-动关系的新立论和"话题-说明"关系的新阐释标志着我们对汉语语法的认识上了一个新台阶。

关于现代汉语语法认识的新拓展，还反映在句法和语义研究的多个侧面。汉语的一些形态句法标记一向争议不休，从功能和认知的视角可以帮助我们获得它们性质的准确定位，也可以帮助我们确定更有效的辨析标准。王伟《区分"了$_1$"和"了$_2$"问题初探》针对汉语语法经典难题"了$_1$""了$_2$"的分合问题，采用比传统方法更广的视角观察它们句法功能的对立和使用条件的不同，结论得到语言习得研究以及方言类型学方面材料的佐证。这项研究的背后，是语法认知基础和语法化规律的支撑。吴福祥《汉语体标记"了""着"为什么不能强制性使用》从语法化和语言类型学的角度解释了汉语体标记"了""着"在形态和使用上的特征，正面面对汉语完成体和进行体不是强制性范畴、体标记"了""着"既非词缀也非语法词而是一种附着词的事实，强调语法范畴在不同的语言里可能处于语法化过程的不同阶段，得出汉语完成体和进行体是语法化程度较低的语法范畴的结论。这是从宏观视角为汉语事实定性的成功范例。而汉语语法成分的语法化方式，也需要个别的具体的微观视角，史金生《目的标记"起见"的语法化：兼谈汉语后置词的来源》对后置词"起见"的来源及语法化历程做了细致的描述，发现“起见”代表了汉语后置词的一个较为独特的来源，讨论了前景背景转换在语法化过程中的制约作用。像这样用信息地位的变化以及语言使用者认识机制来解释的做法，可以发现和解释更多更重要的语言事实，王灿龙《试论“不”与“没(有)”语法表现的相对同一性》注意到“不”和“没(有)”在某些句子中有同一的语法表现，考察了二者原本的对立消解的条件。仔细观察句子本身的语法特点，可以看出语义条件下人们所采取认知策略和所运用认识机制在消解对立中是如何起作用的。谭景春《语义综合与词义演变及动词的宾语》注意到汉语中存在着把两个形式表达的内容综合成一个形式来表达的语义综合现象，作者并不满足于有些研究者简单地用“转喻”说法来概括，而是细致描述了语义综合后，语义重心由动$_1$向动$_2$转移，动$_1$的词义在保留原义或其痕迹的同时产生动$_2$的词义，从而造成词义演变的过程，这是认知语言学一般原则在汉语里如何具体实现的一个描写范例。

总的来看，文集收入的这二十几篇文章，有对重要基本概念的理论思考，有语用原则的实际运用分析，有话语结构、话语标记和语体研究，有韵律特征的研究，有主观性与主观化问题的研究，有新的词类观与新的话题观、谓语观的相关研究，有形态句法标记的语法化以及句法语义微观变化的研究，全面反映了十几年来现代汉语语法在功能、语用和认知取向的前沿成果，显示了这种取向在揭示汉语事实方面的巨大潜力。这些文章多数曾发表于国内外有影响的学术期刊，也有的是首次发表，借此机会结集出版，也是一次阶段性的成果检阅。与前一本文集不同的是，这一集限于篇幅，无法全面反映这些研究方向的全部重要成果，甚至有相当多的遗漏。这也从一个侧面说明功能、语用和认知的语法研究近年来的兴盛,已不是一本小小的文集所能容纳的了。尽管如此,我们仍然相信这本书的出版能够引起关心汉语语法研究的学者的共同兴趣,从而进一步推动语法研究的新探索。

“说/是”与关联词语组合浅谈*

曹 秀 玲

（上海师范大学 对外汉语学院）

提要 “说”和“是”分别是言说动词和判断动词，二者添加在关联词语之后的用例不断增加，有时可以任意替换而不影响语义表达，甚至还出现了同时附缀在关联词语之后的用法，这使得二者原有的对立在一定程度上得以中和。学界一直将“说”和“是”与连词等的组合作为独立现象进行考察。然而，“说”和“是”与关联成分的组合在很多情况下既是对立又是中和的，孤立的考察显然难以揭示这种附缀现象的本质特点。本文考察“说”和“是”与关联词语组合的参差局面，探讨二者对所附缀关联词语功能的影响，分析二者对立与中和的机制和动因。

0. 引言

“说”和“是”分别是言说动词和判断动词，近年二者添加在关联词语之后的用例越来越多，有时可以任意替换而不影响语义表达，甚至还出现了同时附缀在关联词语之后的用法，这使得二者原有的对立在一定程度上得以中和。

对于“说”这种共时变化的性质，学界的主要观点有：(1)“说”

---

* 本研究获得上海市哲学社会科学基金项目（项目编号：C-6133-11-010006）和上海市教委创新项目（项目编号：B-7037-12-000017）资助，《中国语文》杂志匿名审稿人和编辑老师提出宝贵意见，谨此一并致谢。

与前面的关联词语组成跨词结构(邢福义,2001:28);(2)短语词汇化(董秀芳,2003);(3)言说动词到补足语和虚拟情态从句标记(方梅,2006)。沈家煊(2003)曾指出,连词后面有的可以加"说",有的不能加"说",其中的规律值得研究。相比之下,学界对"是"与连词组合问题的讨论要少一些。董秀芳(2004)考察"是"用于连词和副词之后的现象,认为"是"已经成为词内成分,是焦点标记"是"进一步虚化的结果;石毓智(2005)试图阐释"是"作为众多连词的一个构词语素的概念基础,认为是判断词用法语法化的结果。

综上可见,学界一直将"说"和"是"与连词等的组合作为独立现象进行考察。然而,"说"和"是"与关联成分的组合在很多情况下既是对立又是中和的,孤立的考察显然难以揭示这种附缀现象的本质特点。本文考察"说"和"是"与关联词语组合的参差局面,探讨二者对所附缀关联词语功能的影响,分析二者对立与中和的机制和动因。

1."说"和"是"与关联词语的组合格局

汉语复句可以划分为因果、并列和转折三大类(邢福义,2001:8)。本文选取其下各小类复句一种最典型的关联词语[①]作为考察对象,将各类关联词语与附缀性成分"说"和"是"的组合情况汇总为表1[②]。

表1

	因果类复句						并列类复句				转折类复句		
前项	因为	既然	如果	只要	只有	/	或者	/	不但	与其	虽然	即使	/
+说	⊕	⊕	+	⊕	⊕		—		⊕	+	+	+	

续表

+是	⊕	+	+	+	−		⊕		⊕	⊕	+	+	
后项	所以	那么	那么	就	才	以便	或者	于是	而且	不如	但是	也	否则
+说	+	+	+	−	−	−	+	−	⊕	+	⊕	−	−
+是	−	−	−	−	−	−	+	−	⊕	−	−	−	−

注:"+"表示该组合在语料库中很常见,"⊕"表示用例少于10,"−"表示未见用例。

表1所反映的语言事实可以归纳为如下四个方面:

1)"说"的添加范围略大于"是",在本文所考察的三大类十小类复句成对关联词语的前项中,"既然/如果/只要/虽然/即使/与其"等六种与"说"和"是"组合较自然,且"说"和"是"可以互换;"或者……或者……"与"说/是"组合后部分可替换,部分功能有分化;"因为/不但"与"说"和"是"组合仅有少量用例出现;"只有"在语料库中未见与"说"或"是"组合的用例,但在现实语言生活中"只有说"比较常见。

2)"说"和"是"主要附缀在成对关联词语的前项上,后项是连词的,只有"所以"和"那么"与"说"的组合较常见,"但是"和"而且"有个别与"说"和"是"组合的用例;成对关联词语后项是副词的不能与"说"和"是"组合。单用的后项关联词语("以便"等)也不与"说"和"是"共现。

3)成对的关联词语,一般只在前项或后项加"说"或"是",排斥前后项同时加"说"或"是",相容的成对关联词语有两组:"与其……不如……"前后项同时加"说"或"是"与只在前项加"说"或"是"功能有区别;"或者……或者……"与"说"或"是"组合时,只能出现后一个"或者说","或者是"可以前后两个并用,但前一个常常省略不用。

4)“说”或“是”与关联词语组合的可接受度与复句关系类型密切相关,总的组合倾向是:转折关系＞因果关系＞并列关系(“＞”表示“优于”)。在同类关系复句内部,受制于关联成分的语体色彩和使用频度,标记群与“说”或“是”的组合能力有强弱之分。

2.“说”和“是”与关联词语组合例析

2.1 前项关联词语与“说”和“是”的组合

2.1.1 前项关联词语中,能够与“说”和“是”组合且二者可以自由替换的关联词语是“既然/如果/只要/虽然/即使/与其”等。看下面的实际用例:

(1) a. 既然说0岁到3岁早教这么的重要,那首先就应该从这一段时间抓起。(《百家讲坛》)

b. 因为这些政策见效、对头,人民都拥护。既然是人民拥护,谁要变人民就会反对。(《邓小平文选》第三卷)

(2) a. 如果说农民上访中有过火行为,也是可以理解的。(《中国农民调查》)

b. 如果是让扮演一位西装革履的阔少爷,那肯定是会选我的呀!(《中国北漂艺人生存实录》)

(3) a. 虽然你开公司开宝马,但只要说没房子,也照样连姑娘面也见不到。(《中国北漂艺人生存实录》)

b. 只要是有才干,就应当被推举出来。(《中国古代文化史》)

(4) a. 与其说大家争吵像素不可开交,不如想想这个问题。(《百家讲坛》)

b. 忠实地执行诺贝尔的遗嘱，与其是把遗嘱永远凝固在19世纪末的认识框架里并恪守他100年前写下的条文和语句，倒不如紧紧把握住造福人类这个基本点，积极参与解决人类在当前和今后面临的重大问题。（《1994年报刊精选》）

（5）a. 秦俑二号坑虽然说比一号坑小，但反映的秦代军阵内涵要复杂得多。（《1994年报刊精选》）

b. 走在街头，虽然是宣传画和标语牌随处可见，却绝无商业广告。（《新华社2004年新闻稿》）

（6）a. 在选购原材料时也要选择通过质量认证的企业的原材料，即使说贵一点也乐意接受。（《1994年报刊精选》）

b. 即使是到了中央台，在那么一个人才济济的地方，自己不知要何日才能熬出头。（《中国北漂艺人生存实录》）

上例中关联词语后面的"说"和"是"可删略，也可自由替换而不影响句义。[③]因此，有学者认为"说"和"是"与其所缀附的成分发生了词汇化。值得注意的是，与上面各关联成分配对的后项关联词语有的不出现，如例（2a）（3a）（6b），即使后项出现也不能补上"说"或"是"。

2.1.2 "说"与关联成分组合的范围略大于"是"，有些关联词与"说"组合但不能与"是"组合。虽然语料中有一些与"是"组合的用例，但"说"组合的出现频率要高得多。如：

（7）a. 捡了任老大家娃儿的东西，不但说不还，别人问他一句，他还一凶二恶的，来不来就开口骂！（大陆作家/佳作1）

b. 对生活失去信心、处于绝望之中的病人，不但是送医送

药,还需要用爱心和真诚去关怀他们,使他们重树信心。(新华社 2004 年新闻稿)

(8) a. 我们面对这么一个现象,一个孩子,小学不让他考初中了,因为说他是弱智。(《百家讲坛》)

b. 因为是过新年,廖尼亚大叔一家的餐桌上才显得较为丰盛。(新华社 2004 年新闻稿)

(9) 只有说达到双赢,企业盈利有利润才能有发展的资本,你只有让消费者在买同质、同类东西的时候低买入,消费者赢,企业赢才能得到长久的发展。(《百家讲坛》)

2.2 后项关联词语与“说”和“是”的组合

后项关联词语相对数量有限,特别是有些复句的后项关联成分是相同的(如“那么”可用于假设和因果关系),而且多为副词性成分(如“也、都、就、才”等),与“说”和“是”组合后会激发其动词用法。因此,后项关联词语加“说”和“是”虽有增多之势,但比起前项关联成分,仍然很受限制,形成三个梯度:以便/于是/否则<而且/但是<所以/那么。

2.2.1 单用的后项关联成分“以便”“于是”和“否则”中,“以便”和“于是”分别标识目的和顺承关系,属行域概念,与知域标记“是”不相合,与“说”连用后,激活其表示言说的行域义;“否则”与“说”“是”组合也是动词用法。例如:

(10) 知识分子的角色已不再是把自己置于“多少高人一等的超然地位”,以便说出被窒息了的集体真理。(《读书》)

(11) 他发现中国古书里常出现的“上帝”与西教的“天主”,归根到底是一回事,……于是说中国古儒敬天与西人之崇拜天主,左右差不多。(《读书》)

(12) 这笔钱可以算作押金,但条子(指赞助条)你们一定要写,否则说不清。(1993年《人民日报》)

(13) 除非别人跟他说话,否则是从来不开口的。(《飘》)

2.2.2 成对关联词语的后项"但是""而且"与"说"和"是"组合时("但是"不与"是"组合,原因见前文第1节),有附缀性用例,但用例很有限。例如:

(14) 以后能不能接受还是个未知数,但是说有了接受你的可能性了。(《百家讲坛》)

(15) 一个好的作家就会遇到问题,我当然不是说我怎么怎么了不起,而且说确实有很多人会严肃地对待这个问题。(《百家讲坛》)

(16) 哈马斯将对犹太复国主义者的恐怖主义行动进行报复,而且是要"以其人之道还治其人之身"。(新华社2004年新闻稿)

成对关联词语的后项与"说"和"是"组合时,其前项关联词语常常不出现,如果前后项同时与"说"和"是"组合,"说"和"是"为实义动词用法。

2.2.3 成对关联词语的后项"所以""那么"后面可以加"说",但不能与"是"组合。与"而且"和"但是"不同的是,"所以说"和"那么说"引出的结果和推断小句,可以区分为言域和非言域两种情况。比较下面的用例:

(17) a. 频率增加一倍,音调也就提高一个八度。所以说,把管子的口径和长度确定下来,那么这支律管所发出的绝对音高也就被确定下来。(《中国古代文化史》)

b. 没有记忆,就失去了大脑加工的原材料,就无法进行

思维等心理活动，所以说，记忆是心灵的仓库。(《中国儿童百科全书》)

(18) a. 就在新中国成立的初期，老年人是很少的，老年人是少量的，那么说对于大多数人来讲，好像这个养老并不是一个风险。(《百家讲坛》)

b. 既然"人"是一个历史的范畴，那么说"人死了"也就没有什么可大惊小怪的。(《读书》)

例(17a)"所以说"引出通过客观分析得出的结果，属知域范畴，(17b)"所以说"表示通过客观事实验证一种说法，属于言域范畴；(18a)"那么说"通过前一小句做出一种推断，属于知域范畴，(18b)"那么说"推导出一种新说法，是一种言域用法，与"所以说"验证一种固有说法形成对照。

2.3 "说""是"的共现与容斥

"说"和"是"一方面有选择地单独添加在成对关联成分的前项或后项上，另一方面也存在"说"和"是"共同附缀在关联成分后的现象。[④]能与"说是"和"是说"组合的关联成分主要是"既然、即使(就算)、只要、除非、虽然、或者"等少数几个，其中"虽然/虽说是""就算说是"用得较多。如：

(19) 中子虽然说是不带电，但是它有磁矩。(《百家讲坛》)

(20) 就算说是这一资源的"不合理"配置在日本人眼中是合情合理的，可为什么其他国家对此无动于衷呢？(《读书》)

其他关联词语与"是说"和"说是"组合的用例如：

(21) 我找不到任何经文可能引来证明任何圣者上升到天上去的事，也就是上升到任何天堂，或其他太空之境中去

的事，除非是说那地方被称为天国。（翻译作品《利维坦》）

（22）我拿到他的答案，或者说是我能了解到他的一些想法，然后与我了解的各球队的信息相对照。（《我的世界我的梦》）

上面四例中，“是”和“说”删略或换位都不影响句义表达，可见其中的“说”和“是”均已虚化为附缀性成分。关联词语与作为附缀的“说”“是”同时共现，以“说”先于“是”为优选形式。当“说”和“是”虚实有别时，线性排列和语音形式相应也有区别。例如：

（23）这四句虽然是说月亮，但是好像还不算厉害，就是一般地形容一下景象罢了。（《百家讲坛》）

（24）虽然说是巧妙的计策，但是同样的计策用上两次的话，那就表示杨威利的智略之泉似乎也已干涸了。（《银河英雄传说》）

上面两例中前面的“说”和“是”是附缀性成分，后面的是实义动词，二者不能自由换位。

3. “说”和“是”的虚化与缀附能力的高低

“说”和“是”附缀于关联成分之后是共时语法化的结果，尽管这种用法下的“说”和“是”已经虚化，但二者自身的词汇和语法性质会滞留，进而在与关联成分组合时呈现出过渡状态和渐进性特征，这在不同复句类型的点标志（见注①）以及同类复句不同标记群之间有表现。

3.1 “说”和“是”与关联成分组合的渐进状态

3.1.1 分别作为言说动词和判断动词，“说”和“是”的词汇意义较之其他动作动词空灵,而且在语境提示作用下,两词在言语表达和陈述命题时是可有可无的(前者源于语言的自反性,后者体现在早期汉语判断句不用标志词),这是二者语义虚化的前提条件。“说”和“是”之所以能够发展为附缀性成分,还因为二者具有共同的句法属性——带小句宾语。小句宾语本身往往就是一个完整的命题,与引导该小句的标句词不具有句法上的强制依存关系,语音上也不属于同一个节奏单元,这进一步弱化了“说”和“是”对其后小句的句法控制度。随着语义虚化和句法功能降级,“说”和“是”虚化为附缀成分,与关联成分实现跨层组合。

“说”和“是”的语法化及其新性质的认定是重新分析的结果。从结构关系看,实词用法的“说”和“是”对其后小句的控制度高,语法和语音结构层次为“关联词//+说/是+小句”,作为附缀性成分的层次则为“关联词+说/是+//小句”。从语音形式看,前一语法结构格局中的“说”和“是”读本调,后一语法结构格局中的“说”和“是”为弱化的语音形式,紧紧贴附在前一音节上,与前面的关联成分组成一个语音节奏单元,形成“负停顿”现象(赵元任,1979:64)。为了维持双音步格局,“X+说/是”在实际话语中常常脱落中间一个音节,说成“虽(然)说、就(算)是”等,或者将“说”和“是”并置,形成“2+2”音步形式,如“虽然/即使/或者说是”等(参看前文 2.3 小节)。

正因为“说”和“是”具有上述共同的词汇和语法性质,二者在历史上就作为构词成分组成为数可观的双音节词:“是”系的如“但是/可是/就是/只是/要是”等;“说”系的如“虽说/就说/若说/却说/别说/甭说/慢说”等。

3.1.2 关联词语与“说”和“是”组合呈现由实词到虚实两可再

到虚化的附缀性成分三个阶段.由句内到句间是"说"和"是"从句法层面向篇章、言域和情态层面发展的必然结果。与此相关,"说"和"是"在语音上的相应表现就是由强渐弱,这是语言象似性的表现。

"说"和"是"与关联词语组合所表现出的语义虚化和句法功能降级,在对比"说"和"是"可以同时附缀的关联词语用例时表现得尤为明显。下面以"不但说/是"为例,考察"说"和"是"由动词到附缀性成分的渐进表现。[5]看下面两组例句:

(25) a. 蒙(王蒙自称——笔者注)对此还有一点发挥,不但说聪明人错了,而且要说聪明人不道德。(《难得明白》)

b. 他不但说要带她去布拉格,还在她手心里放了一把钥匙。(《布拉格红人馆》)

c. 不但说王童童美丽的身影让他心醉,就是王家那点儿家业在他这个山里长大的孩子眼里也极具吸引力。(《都市妖奇谈》)

(26) a. 古典音乐不但是一种生活的品味,更是一种生命的深刻体验。(《百家讲坛》)

b. 开展这项活动,不但是给孤儿们以经济上的帮助,更在于给他们以精神上的鼓励。(新华社 2004 年新闻稿)

c. 急躁情绪所以成为严重的问题,是因为它不但是存在在下面干部中,而且首先存在在上面各系统的领导干部中。(《周恩来传》)

上面例(25a—c)"说"的动作义逐渐减弱:a 中的"说"为实义动词,小句宾语"聪明人错了"和"聪明人不道德"形成递进关系;b

中的“说”既可以理解为实义动词,也可以看成附缀性成分,理解为前者时,“说”表示承诺“带她去布拉格”,与后面的实际行动——“在她手里放了一把钥匙”形成递进关系,理解为后者时,表达不但有“带她去布拉格”的想法而且采取实际行动——“在她手里放了一把钥匙”;c 中的“说”为附缀性成分,可以自由删略。同样,例(26a—c)中的“是”也是逐渐虚化的:a 中“是”为判断动词,是对“古典音乐”两种性质的判定,并形成“一种生活的品位”到“一种生命的深刻体验”的递进,“是”删略后句子不成立;b 中“是”既可以理解为焦点标记,强调“开展这项活动”的目的与意义,也可以理解为附缀性成分;c 中“是”为附缀性成分,可以删略,也可以用“说”替代。

3.2 “说”和“是”的附缀能力与复句的语义类

标识不同语义关系的关联词语与“说”和“是”的组合呈现明显的梯度状态,转折关系复句对“说”和“是”的适应度最高,其次是因果关系,最后是并列关系。在同类关联词语内部,关系标记群之间也是有差异的。调查显示,关联词语与“说”和“是”的组合一方面呈现比较明显的类特征(即同类关系词语与“说”和“是”的组合情况大体相同),另一方面同类关联词语内部也呈现一定的功能分化。

3.2.1 在同一大类复句当中,标识不同复句小类的关联成分与“说”和“是”的组合能力也不尽相同。比如,让步和转折关系均划归转折类复句,转折类关联词语与“说”和“是”组合最为常见。我们从语料库中检索到“即使说”组合 64 例,“虽然说”“虽然是”“即使是”组合几万例,随机选取后三种组合各 200 例,得到“即使是”附缀用例 67 个,“虽然说/是”附缀用例为 113 个,“虽然”和“即使”

与"说"和"是"组合的附缀用法分别达到 25.4%和 28.3%。再如，"既然"和"因为"同表因果关系，一个是推断性的，一个是说明性的，二者与"说"或"是"组合也存在频率区别。语料库中两词与"说"组合后用法分类统计如表 2：

表 2

	动作义用法(%)		两可用法(%)		附缀用法(%)		用例小计
因为	105	98.13	1	0.93	1	0.93	107
既然	44	70.97	13	20.97	5	8.06	62

表 2 显示，"因为"和"既然"与"说"组合后功能分布不同："因为说"几乎都表示动作义，兼有言说、附缀两种用法和纯附缀用法的用例仅各 1 例；"既然说"的用法相对比较分散，动作义占七成，兼有言说和附缀用法的用例两成，单纯附缀用法近一成。由此可见，"既然"与"说"组合时附缀用法是"因为"的十几倍。

3.2.2 同一小类复句的标记群中，口语色彩强的关联成分更容易与"说"和"是"组合。语料显示存在下面的使用频度和可接受度序列：

虽然说/是>尽管说/是

就算说/是>即使说/是

因为说/是>由于说/是

如果说/是>倘若说/是

不但说/是>不仅说/是

关联词语的语体色彩不但影响其与"说"和"是"组合的频率，而且决定该组合的功能分布。比如，"假如说"和"如果说"同为假设复句的标记词，二者在言域和非言域用法上呈现分化倾向。语料库中共检索到"假如说"用例 148 个，"如果说"则多达数万例，从

中随机抽取500例,分别排除重复例句和动词用法的"说","如果说"和"假如说"的功能分布如表3:

表3

	言域用法(%)		非言域用法(%)		合计
如果说	413	78.2	62	21.8	475
假如说	31	12.8	111	85.2	142

比较下面一组用例:

(27) 倘若/如果/? 要是说古典园林和一般的风景园林是以静为主,游乐园则是以动取胜。(《中国儿童百科全书》)

(28) 要是/如果/? 倘若说中国篮协由于王治郅的原因不放姚明,我想公众不会接受这个理由。(《我的世界我的梦》)

上面两例分属言域和非言域用法,例(27)、例(28)中加下画线的三个关联成分与"说"组合的可接受度反向递减,可见语体的强大制约作用。

4. "X"与"X说/是"的功能对立

根据前文的考察,"说"和"是"与关联词语组合较多地出现在口语性强的语篇中,但是书面语中也不乏用例,网络语言中更少受限。很多"X说"和"X是"可以自由替换,但也有一些不能互换,而且"X说/是"与"X"之间也构成对立。本节讨论"X说"和"X是"以及与"X"的功能对立问题。

4.1 "X说/是"与概念域表达

"说"和"是"主要加在成组关联词语的前项上,只有少数后项关联词语可以与之组合(如"所以说、那么说"等),前后两个关联成分同时加"说"和"是"的仅限"与其……不如……"。值得注意的是,"与其……不如……"只在前项加与前后项同时加"说"或"是"功能不同:只在前项加"说"或"是"时,"说"和"是"可以互换并删略;前后项同时加"说"属言域用法,不能替换为"是","说"也不能自由删略。"如果……那么……"和"或者……或者……"与"说"或"是"组合也往往形成言域与非言域用法的对立。

4.1.1 "与其……不如……"与"说"和"是"

邢福义(2001:151—157)曾将"与其……不如……"中的"说X"和"说Y"分别看成小句p和q,认为"与其说X,不如说Y"表示对说法的择优和推断,强调"说Y"比"说X"更为准确或更能说明问题。这种用法之下,"说"必须同时加在前后两项上。例如:

(29) a. 与其说暴露了中国孩子的弱点,不如说暴露了中国教育的弱点。(《1994年报刊精选》)

*b. 与其说暴露了中国孩子的弱点,不如暴露了中国教育的弱点。

*c. 与其是暴露了中国孩子的弱点,不如暴露了中国教育的弱点。

(30) a. 射击运动与其说是技术战,不如说是心理战。(新华社2004年新闻稿)

*b. 射击运动与其说是技术战,不如是心理战。

*c. 射击运动与其是技术战,不如是心理战。

上面(29)a和(30)a中的"与其……不如……"前后项同时加"说"为言域用法,不加"说"或只在前项加"说"或"是"时,为非言域用法。例(29b)(29c)和(30b)(30c)不成立,分别是因为人们无法对两种已然行为和事物的客观性质进行优劣选择,但言域不受此限。

上述言域与非言域用法的对照，不但形成“X”和“X说”的对立，同时形成“X说”和“X是”的对立。前项单用“是”和前后项并用“是”均为非言域用法。例如：

(31) 与其是让警察把我送上绞刑架，不如被你杀死。(翻译作品《白发鬼》)

(32) 很多领域，我们与其是要求一个标准化的答案，不如是一起来探索。(《百家讲坛》)

上面例(31)和例(32)表示两种行为间的优劣选择，“与其是”可用“与其说”替换，但“不如是”不能同时替换为“不如说”。

4.1.2 “如果……那么……”与“说”和“是”

有些“如果说”用例看似存在违背逻辑蕴涵的现象。例如：

(33) 如果说这是问题的话，这是最根本的问题。

(34) 如果说她从父亲那里继承了什么遗产，那就是继承了为科学而献身的精神遗产。

“问题”和“根本问题”、“遗产”和“精神遗产”两组词语中，前一个的外延大于后一个。为什么前一种说法可以是后一种说法的充分条件？沈家煊(2009)认为是会话的事理在起作用。根据“合作原则”之“适量准则”(Grice,1975)，说话人提供的信息要足量。上面两例都是后一种说法提供足量信息，而说出一个信息不足量的命题显然是说出一个信息足量命题的充分条件。⑥

“如果说”用于言域时，“说”删略后仍可以做言域理解，而“与其……不如……”加不加“说”表义完全不同。比较下面两组例句：

(35) a. 如果说钢琴是“乐器之王”，那么小提琴就是乐器的“王后”。(《中国儿童百科全书》)

b. 如果钢琴是"乐器之王",那么小提琴就是乐器的"王后"。

(36) a. 与其说(是)治本,不如说(是)治标。(转引自沈家煊,2009)

*b. 与其治本,不如治标。

上面例(35)"如果"后加不加"说"都成立;例(36)"与其……不如……"后不加"说"就不成立(除非"治标"和"治本"换位)。这说明加"说"与否在言域与非言域用法上存在对立,而导致这种功能对立的是语言系统中现实与非现实情态的对立(详参看前文4.2小节)。

4.1.3 "或者……或者……"与"说"和"是"

沈家煊(2009)指出,"或者……或者……"格式中待选的两个连接项在概念上是互相独立的,或者是互相交叉的,不能是一个包含另一个,但加上"说"就成为两种说法之间的选择,不受上述限制。对比下面的用例:

(37) *a. (或者)吃面,或者吃炸酱面。

b. 吃面,或者说吃炸酱面。

(38) *a. 这个人对党还是有意见,或者,有不少意见。

b. 这个人对党还是有意见,或者说,有不少意见。

"或者说"和"或者(是)"同样也有言域和非言域用法的倾向性对立:"或者说"表示"换言之",即后一小句是前一小句的另一种表述形式,不能两项并用;"或者是"用于非言域的并列关系,可以前后两个"或者是"并用。比较下面的用例:

(39) 在我们周围的树干、土壤上,或者是裸岩悬壁中,甚至是高山寒漠、极地和沙漠里都有地衣的踪迹。(《中国儿童

百科全书》)

(40) 我一直觉得我可以比他们更好,或者说我想做到更好。(《我的世界我的梦》)

上面例句中,“或者是”指涉两种不同的事物,“或者说”用于同一事物的两种不同说法。因此,例(39)中“或者是”不能替换为“或者说”,例(40)中的“或者说”也不能换成“或者是”。

“或者说”用于言域,根据前后两种表述形式的语义所指是否具有同一性可以分成平列式和择优式两种。平列式用例如:

(41) 所谓东西文化,或者说“黄色文明”和“蓝色文明”之争,又重新成为人们的热门话题。(《1994年报刊精选》)

(42) 我可以举一个例子来告诉你我是怎样改变的,或者说人们的注意力如何改变了我。(《我的世界我的梦》)

上例中,“或者说”前后成分的语义所指基本相同,只是表述形式不同:例(41)换用不同的词语,例(42)换用不同的语法结构。由于两种说法是平列关系,前后成分换序也基本不影响句意。

择优式“或者说”可以用“更准确地说”来替换,前后小句顺序不能改变。例如:

(43) 这次欧盟之所以破天荒地对美实施贸易制裁,实在也是无奈,或者说是忍无可忍。(新华社2004年新闻稿)

(44) 现在我们有了、或者说基本上有了一个安定团结的政治局面。(《邓小平文选》第二卷)

(45) 这些都只不过是中国人的民间风俗习惯罢了,或者说这只不过是中国传统文化中的一个组成部分。(《21世纪的牛顿力学》)

(46) 决策作为一种复杂的思维过程也需要一种“语言”,或者

说需要通过一定的模型来表达。(《哈佛管理培训系列全集》)

(47) 只有自己掏腰包买车的人形成一股潮流的时候,车价才能真正左右消费,或者说,消费者才能左右车价。(《1994年报刊精选》)

上面例(43)"或者说"前后小句用词语势不同;例(44)后一小句谓语前加上修饰语"基本上",使表述更为准确;例(45)和(46)"或者说"前后两个名词性成分的外延和内涵分别有别;例(47)中"车价"和"消费者"虽然只是简单换位,但表义完全不同。

"X说"与"X(是)"所形成的言域和非言域的对立在与上述几组关联成分组合时表现得非常明显。有时"说"不出现也表达言域概念,这是因为语言本身具有自反性(Palmer,1981:6;邢福义,2001;沈家煊,2009),所以言域概念不必非用"说"来标记。不过,"说"添加与否对句义理解有一定影响:加"说"可以是言域用法,也可以是非言域用法;不加"说"虽然也可以表示言域,但非言域用法为默认理解,可见"说"的标记作用仍很明显。

4.2 "说"和"是"与情态表达

学界近年多从词汇化角度考察"X+说/是"问题,但词汇化说难以解释如下现象:1)"说"和"是"与关联成分的组合在口语中呈现频率增加的态势,而且逐渐向书面语"渗透",不过很多情况下"说"和"是"的添加不是强制性的,看似原词语的一种变体形式;2)词汇化输出的是词汇项,如果"说"和"是"是词缀,那么"X"与"X说/是"应为词汇项之间的对立,而"说"和"是"带给"X"的变化却是超句层面的;3)分别作为言说动词和判断动词,"说"和"是"附缀后所形成的既对立又中和的局面,是整类词语的变化而不是某些词项的孤立变化，甚至具有跨类表现(除了关联成分，“说”和“是”还可以加在某些副词、动词后)。

语言事实表明，“说”和“是”的附缀除了带来概念域的对立，同时也带来情态的对立。“是”的判断作用和“说”的言说本义(未必真实，如“言行不一”)决定这两个词在情态表达上恰好分别处于强化和弱化命题真实性的两个极端。复句情态表达的需要使得“说”和“是”跨越不同的概念域和语法成分类别而缀附。

情态表达在话语中具有重要的作用，因为话语参与者要表达自己的观点和态度，要与他人互动。情态可以分成现实(realis)与非现实(irrealis)的基本对立。典型的现实情态表达一个已经发生的特定的具体事件，或称真实事件；非现实情态的表达不介意事件的真实性，即是否发生或将要发生。因此，现实性情态往往对应于一系列的时体表现形式，比如肯定式的陈述句；非现实情态则一般为疑问句和祈使句，条件表达和虚拟表达属于非现实情态。(Palmer，1986：1—2)世界上各种语言都要区分不同的情态和概念域，只是标记的手段不同。

不同类型复句所表达的情态不同，与“说”和“是”的结合能力也不同。在我们所考察的三大类复句关系中，与“说”和“是”组合形成“转折关系>因果关系>并列关系”的渐弱序列。这是因为，转折复句和并列复句恰好处于易于和难以形成现实情态与非现实情态对照的两个极端，因果关系介于其间，其中推论类比实证类更易于与“说”和“是”组合。

汉语史上，由“说”和“是”构成的话语标记不少也都与传信有关，“说”系的如“按理说、据说、一般说、依我说、俗话说、老实说、实话说”；历史上由“是”构成的大量双音节连词最初都为“是”的判断弱化形式，比如"X是"系话语标记（如"就是""那是""不是"）也都具有传信功能。

5. 结语

邢福义（2001:514）指出，复句语义关系具有二重性：既反映客观实际，又反映主观视点。客观实际和主观视点有时重合，有时则不完全等同。复句的语义关系为复句句式的异合形式所规约，反映了说话人的"双视点"。"说"和"是"的共现就是如此，既强调非现实（说法），又强调现实（事实），反映客观世界和语言表达的概念域叠加和交错的实际状况。

"说"和"是"是汉语新产生的语法标记，附缀在关联成分后面，既不是周遍性的，也不是该关联词语简单的同义形式，它对复句关系具有一定的选择倾向性，形成言域和非言域、现实情态和非现实情态的对立；其次，"说"和"是"的添加对原词功能和表现形式都有一定的改变，如"或者说"只能单用，"或者是"可并用，而"或者"自身可连用甚至三用；再次，"说"可添加的范围略大于"是"（"是"已成为一些连词的构词成分），随着"说"和"是"的不断虚化，二者的边界逐渐模糊，在很多情况下可以互换；最后，作为附缀性成分，"说"和"是"虽然出现中和现象，但因二者词汇意义和句法性质有别，这种中和只发生在非言域层面。"说"和"是"与关联词语组合时，这种既中和又保持有限对立的现实格局源于"是"和"说"的内在联系与根本区别："是"表示判断，是心里所想，"说"表示言说，是言语行为；二者的联系是，一般口中说的就是心里想的（言不由衷的情况不算）；二者的区别是，心里想的不一定口中说出来。因此，凡是"是"都可以替换成"说"，而"说"不是都能替换成"是"。[⑦]

附　注

① 邢福义(2001)将这种标记称为"点标志",其下若干变体形式称为"标志群"。本文以点标志作为考察重点,如果同一小类复句有不同次类且有细化研究的必要,则增加考察对象的类别。

② 本表是对北京大学中国语言学研究中心语料库现代汉语部分考察的结果。本文例句主要出自该语料库,为简便起见,下文简称为"语料库",另有个别用例引自相关论文。表中"但是"不与"是"组合,因为"是"已经作为该词的一个构词语素,受语音同形删略规则的制约。

③ "与其……不如……"如果前后项同时加"说",则不能省略或用"是"替换,否则意义有区别;部分"如果说"可与"如果是"替换,部分保持"如果说"和"如果是"的功能对立,相关讨论见后文。

④ 邢福义(2001:37)提出复句的"标志复现"现象,认为这是"强化"表达的结果。

⑤ 在众多关联成分中,"因为""不但"与"说"和"是"的组合频率目前并不高,所以它们与"说"和"是"组合呈现的这种渐进式发展态势更说明问题。

⑥ 邢福义(2001:90,372)也曾指出,"如果说……那么……"是一种比较特殊的假设句式,表示说法上的假设与结论之间的关系,分句间具有比较性或注解性。

⑦ 关于"说"和"是"的联系和区别是沈家煊先生教导笔者的。

参考文献

董秀芳　2003　《"X说"的词汇化》,《语言科学》第2期。

董秀芳　2004　《"是"的进一步语法化:由虚词到词内成分》,《当代语言学》第1期。

方　梅　2006　《北京话里"说"的语法化》,《中国方言学报》第一期。

吕叔湘　1942　《中国文法要略》,商务印书馆,1982年版。

沈家煊　2003　《复句三域:行、知、言》,《中国语文》第3期。

沈家煊 2009 《副词和连词的元语用法》,《对外汉语研究》第5期。

石毓智 2005 《判断词“是”构成连词的概念基础》,《汉语学习》第5期。

邢福义 2001 《现代汉语复句研究》,商务印书馆。

赵元任 1979 《汉语口语语法》,商务印书馆,2001年版。

Brinton, Laurel & Elizabeth Traugott 2005 *Lexicalization and Language Change*. Cambridge: Cambridge University Press.

Palmer, Frank 1981 *Semantics*. Cambridge: Cambridge University Press.

Palmer, Frank 1986 *Mood and Modality*. Cambridge: Cambridge University Press.

Sweetser, Eve 1990 *From Etymology to Pragmatics: Metaphorical and Cultural Aspects of Semantic Structure*. Cambridge: Cambridge University Press.

(原载《中国语文》2012年第5期)

2+1式三音节复合词构成中的一些问题*

董 秀 芳

（北京大学 中文系）

提要 2+1式复合词在整体上表现出很强的名词属性，进入其中心语位置的成分即使原本不是名词，也表现出名词性。兼类词在2+1式复合词中心语位置出现时，就会选择名词属性。2+1式复合词或名词性复合词，倾向于在有选择余地时选择指称性强的形式作为其组成成分，在没有选择时，一般用为陈述性的成分，也有可能成为复合词的组成成分。本文还从历时的角度解释了动宾结构在充当复合词中的修饰性成分时的不同语序。

0. 引言

汉语中双音词的研究受到了较多的关注，而三音词的研究注意得还很不够。汉语中三音词的数量有逐渐增多的趋势，而且三音词的构词模式中存在一些规律性的东西，因此三音词值得在研究中给予重视。2+1式三音节复合词在现代汉语中数量比较多，而且比较能产。本文分析此类复合词构成中的一些问题。

---

* 本文的研究得到国家社科基金重大项目“基于多学科视域的认知研究”（项目批准号：12&ZD119）的资助。本文曾在“国际中国语言学学会第20届年会”（香港，2012）上宣读。

1. 2+1 式复合词的名词属性

2+1 式复合词呈现出名词属性。根据何文秀(2011)的统计，偏正结构的 2+1 式复合词的中心语位置上出现的成分 95%以上为名词，余下的 5%出现在中心语位置上的成分是谓词性成分，但构成的三音节词在整体上看仍是名词。由此可见，2+1 式复合词具有名词性。董秀芳(2004)指出，汉语中名词性复合词可以在形式上比较长，而动词性复合词在形式上比较受限，音节数目一般不能超过两音节。2+1 式三音节复合词中基本不存在动词这一事实也可以验证这一点。

一个结构的整体句法性质与其中心语(head)的性质应该是一致的。一般而言，中心语的性质决定其整体的性质，反过来，整体的性质也对其中心语的性质起到一些强制性的调节作用。2+1 式复合词的名词属性对于进入其中心语位置的成分会产生一种临时的名词化要求，从而使得出现在中心语位置上的词即使原本是其他词类，可当进入复合词后在结构整体的要求下也会表现为名词性。不少学者注意到，汉语动词中单音动词比双音动词的动词性更强一些，表现在单音动词比双音动词更少地用为名词(张国宪，1989；张伯江，2012 等)。但是在句法状态下不容易出现在名词位置上的单音动词也可以进入 2+1 式复合词的中心语位置从而体现出名词性。例如：

(1) 橡皮擦　中长跑　撑竿跳　俯卧撑　同性恋　海水浴
宫外孕　二重唱　三重奏　过劳死　忘年交　自由行
白内障　个人游　随身听　万事通　百日咳　剖腹产

可以说，动词性强的单音节动词其实也可以具有指称性，这从一个侧面支持沈家煊(2007、2009、2012等)的论述,即汉语的动词也是名词,汉语的动词和名词之间不是分立关系而是包含关系,动词是名词的一个次类。根据沈家煊的论述,汉语的形容词又包含在动词之内,因此形容词归根结底也具有指称性。这可以从以下事实得到验证:一些形容词(包括区别词)也可以进入2+1式复合词的中心语位置从而表现出名词性。例如:

(2) 祖母绿、鱼肚白、出国热、景泰蓝、珐琅彩、万年青

在2+1式复合词的名词性制约下,进入中心语位置的兼类词会选择名词属性。比如,以下复合词中心语位置的成分既可以有动词性用法,也可以有名词性用法,但是在复合词中都表现为名词性:安全套("套"的动词用法如"套住了一头狼",名词用法如"他给沙发加上了一个套(儿)",名词用法经常儿化)、百花奖("奖"的动词用法如"奖给他一台电脑",名词用法如"他得了一个奖")、表演赛("赛"的动词用法如"咱们俩赛一赛",名词用法如"参赛")、淘气包("包"的动词用法如"包书皮",名词用法如"头上起了个包")等。

有的2+1式复合词中心语位置上出现的成分在单用时既可以是形容词,也可以是名词,但是在复合词中也表现出名词性质,如:自然美("美"的形容词用法如"这座城市很美",名词用法如"这也是一种美")。

正因为2+1式复合词在整体上表现为名词性,处于中心语位置上的成分是对某类事物或现象的命名,所以如果某类事物或现象内部成员比较多,某个成分在2+1式复合词中心语位置上的出现频率就比较高,就可能被人们认为是词缀或类词缀,如"族",在当代汉语中可以指具有某种性质的一类人:"上班族、打工族、月光族、啃老族"等。

据卞成林(1998)的统计,三音节复合词中名词的数量占83.45%。占勇、杨爱姣(2009)认为,三音词中的名词占全部三音词总量的95%左右。郑庆君(2003)也提到三音节合成词具有强烈的名词化倾向。以上这些研究表明,即使在所有三音节复合词的大范围内,名词所占比例也是极高的(Duanmu,2012)。数据统计上的差异可能是因为不同学者对三音词认定的标准宽严不同而导致的。不仅如此,三音词,特别是2+1式词,构词能力强,新词不断产生,王治敏、朱学峰、段慧明(网络文件)从中文信息处理的角度统计出三音词占全部未登录词语的44%。这表明,如果说双音节显现出较强的名词性,那么双音节以上的词名词性的可能性更为显著。这个现象不难理解,因为三音节复合词是在双音词的基础上产生的(张国宪,1989;张伯江,2012等)。

2. 2+1 式复合词中修饰语的选择限制

从表面上看来,能够出现在2+1式复合词中修饰语位置上的成分五花八门,既有动词性成分,也有名词性成分。名词性成分极为常见,在此不用举例。动词性(含形容词性)的常见的可以分为以下几类:

(一)双音动词(含形容词)。例如:

(3) 游泳池　流浪汉　检察院　辩护人　表现力　发明家
聊天室　追悼会　说明书　梳妆台　结婚证　洗澡间
肥胖症　纯净水　安全帽　吝啬鬼[①]

(二)动宾结构。例如:

(4) 登山鞋　洗发水　擦脸油　杀虫剂　无花果　望远镜
吸血鬼　绊脚石　闭门羹　防洪堤　保温杯　越野车

断头台　计价器　敬老院　碰头会　滤波器

(三)状中结构。例如:

(5) 不粘锅　速食面　速成班　近视眼　独奏曲　多发症
交响曲　未亡人　手抄本　连阴天　最惠国　暂住证
先行者　首发式　私生子　冷藏室

那么,2+1 式复合词对于可以进入其修饰语位置的成分有没有什么限制呢?我们发现,实际上并不是任何语义上合适的二字组合都能进入 2+1 式复合词的修饰语位置。A+N 式二字组合可以进入 2+1 式复合词,而且其能产性较高。相比之下,N+A 式二字组合就不能进入 2+1 式复合词。比如,我们可以说"长颈鹿、短尾猴、长臂猿、软木塞、老年斑、白皮书、红眼病、高跟鞋、低能儿"等,但不能说"颈长鹿、尾短猴、臂长猿、木软塞、年老斑、皮白书、眼红病、跟高鞋、能低儿"等[②]。

这一点与英语类似,英语中有:long-distance call、red-brick university、hot-air balloon、wide-arm rowing、long-sleeved shirt 等(但是在英语中,在"形+名"之后有时需要加"-ed"以表明其修饰性质)。英语中 N+A 式组合不能进入复合词的修饰语位置,这是因为英语中根本不存在这样的句法组合,英语中的形容词在陈述名词时必须要靠系词来连接。

在汉语中,形容词可以直接做谓语,不需要系词来连接,N+A 是合格的句法形式。A+N 和 N+A 在句法功能上有一定的相通之处,二者都可以做谓语。例如:

(6) a. 这个人头发黄。
　　b. 这个人黄头发。

那么,为什么在汉语中 N+A 式二字组合不能进入复合词的修饰语位置呢？

我们认为，这与指称性的强弱有关系。虽然 A+N 式可以在一定情况下做谓语，但其基本性质是指称性的，而 N+A 式在更多的情况下是陈述性的。这表现在以下几个方面：

（一）A+N 形式的主要功能是充当定语，N+A 形式的主要功能是充当谓语。比如，在北京大学中国语言学研究中心现代汉语语料库中，“白头发”做定语有 53 例，“头发白”做定语仅有 1 例。“白头发”做谓语有 28 例。

（二）A+N 形式做定语时可以不加标记，而 N+A 形式做定语时一般要用结构助词。比如：

（7）红脸汉子　脸红的汉子　*脸红汉子

（8）小脚女人　脚小的女人　*脚小女人

（9）方口瓶子　口方的瓶子　*口方瓶子

“的”是定语标记，带“的”的结构是短语结构，而不是词结构。因此，以上对立表明，[[A+N]+N]有可能形成复合词，其内部构造类似于 apple pie 这样的名—名复合词；而[[N+A]+N]基本不能形成复合词，其中 N+A 可以看作是充当定语的小句。这一点与下面的一点密切相关。

（三）A+N 形式在历史上相对比较容易发生词汇化，而 N+A 形式则相对较难发生词汇化。比如，“黄发”在古汉语中可以转指老人：

（10）黄发、齯齿、鲐背、耇老，寿也。（《尔雅・释诂》）

（11）黄发垂髫，并怡然自乐。（晋・陶渊明《桃花源记》）

（12）黄发稚齿，咸兴酷毒之叹。（《北史・隋本纪》）

但是相应的 N+A 形式“发黄”则没有发生词汇化。

再如“白衣”“热心”“红茶”“黑马”“美意”“苦味”“冷汗”“好戏”等形式都发生了词汇化,被收入了词典,词性大都是名词,只有个别是形容词,如“热心”等;而与之对应的N+A形式都没有发生词汇化。

少数发生了词汇化的N+A形式③,一般是谓词性的,如“眼红”“心软”“心虚”“胆大”等。这就是说,词汇化之后仍然保持了结构原本具有的陈述性。

我们认为,正是由于A+N形式比N+A形式表现出了更强的指称性,因而A+N式可以参与构造名词性复合词,因为名词性复合词也具有指称性。

不过指称性高低这一因素只在存在选择的条件下起作用,如果没有选择,指称性低的成分也可以参与构造复合词。A+N式和N+A式由于可以表达类似的语义,因而在构造复合词时有选择的余地,选择A+N主要是因为其具有指称性。但是N+V和V+N语义差别较大,因此陈述性很强的主谓式的N+V在构造2+1式复合词时不需要变换成V+N,如:“人行道、虎跳峡、蜂鸣器、眼动仪、干休所、人造丝、民营厂、军需品、佛诞日”等。如果变换成V+N,意义就会有很大变化,比如“人造”和“造人”意义差别很大。而且,四音节的主谓式在进入定中复合词时,语序也不用进行调整,如“厂长负责制、企业自主权、生物进化论、技术密集型、营养不良症”等,这说明只要是没有指称性更强的成分可替换,动词性成分就可以原封不动地进入复合词而显现为指称性。

3. 动宾结构充当复合词修饰语时的语序差异及其解释

“单音V+单音O”可以不经变换就进入2+1式复合词,如:

“切菜刀、洗衣机、蘸水笔、排风扇、喷雾器、探亲假、提货单、输卵管、收银台、投影仪、遮阳伞”等[④]。而双音动词与双音宾语的组合则一般要采用宾语在前的语序才能进入复合词，如“纸张粉碎机”“垃圾清理工”等。为什么“单音 V+单音 O”进入复合词不必改变语序，而“双音 V+双音 O”进入复合词就要改变语序？这一涉及动宾结构在复合词中的语序的问题，引起了众多学者的关注（Duanmu 1997、石定栩 2002、冯胜利 2004、何元建 2004、周韧 2011 等）。以往的解释多是从共时出发的，下面我们从历时的角度联系古汉语句法中的表现、双音化的作用及指称性强弱对比等因素来分析其中的原因。

在古汉语中，“V+O”和“O+V”形式（这里的 O 是从逻辑语义的角度界定的）都是存在的，而且都是动词性表达，只是“V+O”强调动作的进行，而“O+V”强调动作的完成或结果的实现。如：

(13) 魏弱则**割河外**，韩弱则**效宜阳**。**宜阳效**则上郡绝，**河外割**则道不通。（《战国策·赵二》）

例(13)中，“割河外”“效宜阳”这些“V+O”形式表示的是动作行为，而“宜阳效”“河外割”这些 O+V 形式则表示动作的完成，也可以说表示结果的实现。

在语篇中，往往是 V+O 形式先出现，O+V 形式随后出现。这很容易理解，因为动作行为的发生总是先于动作行为的完成或结果的实现。

以下例子中的 O+V 形式表示的也都是动作的完成或结果的实现：

(14) 昔者**龙逢斩**，**比干剖**，**苌弘胣**，**子胥靡**，故四子之贤，而身

不免于戮。(《庄子·胠箧》)

(15) 共立法章为襄王。**襄王立**,以太史氏女为王后,生子建。(《战国策·齐六》)

(16) 事成功立,然后德且见也。(《战国策·赵二》)

(17) 余小臣不得上,乃悉持龙髯。**龙髯拔**,堕黄帝之弓,百姓仰望黄帝既上天,乃抱其弓与龙胡髯吁号。(《论衡·道虚》)

(18) 如此,则名号显,国士得矣。(《吕氏春秋·爱士》)

(19) 行秋令,则雪霜不时,小兵时起,土地侵削。(《淮南子·时则》)

由于"O+V"和"V+O"都具有陈述性,二者在指称性上差别不大,没有指称性较强的形式可供选择,因此V+O这样的形式可以进入复合词的修饰语位置。正如沈家煊(2007、2009、2012等)所论,汉语中的动词性成分都可以具有指称性,即可以在合适的条件下表达指称意义。

而且,"O+V"具有完成的含义,这一含义与构造复合词的任务是不相容的。名词性复合词是给事物或现象命名,在命名中有时需要说明事物是做什么用的,但是不需要指明结果的实现,因为结果的实现是与事件的特指性相连的,而复合词表达的是一般状态,特指性与复合词不相容,这正像复合词中的普通名词都只能是泛指的而不能是特指的一样。因而,O+V形式不容易进入复合词。

这一点还可以从以下事实得到证明:"单音V+单音O"形式可以发生转指,并词汇化为名词,指承担某一行为的人或工具,如"保安、司机、司令、套袖"等,这是因为"V+O"形式是表示动作的，而表示动作行为的词可以很容易发生名词化。相比之下，“单音O+单音V”形式一般不能发生这种转指而词汇化为名词，这也是因为命名事物可以用与事物相关的单纯的动作而不能用动作的完成意义。这正如英语中动词的名词化后缀“-ing”（如painting“绘画，油画”）与表示进行体的后缀是一样的，而表示完成体的后缀不具有名词化功能，但是可以作为形容词后缀，因为动作的完成可以转化为一种状态，而状态中不包含动作完成的时点，因而没有特指性，可以参与构造复合词。比如，英语中表示完成体的后缀“-ed”也可以是形容词化的后缀（如forested“草木丛生的”）。

那么为什么在现代汉语中当动词和宾语为双音节时，进入复合词时语序必须是“双音O+双音V+中心语”呢（如“纸张粉碎机”）？

我们认为，这是随着汉语词汇双音化的发展而出现的情况。动词双音化之后，名词性就会大大增强（张国宪1989；董秀芳2002/2011；张伯江2012等），“双音宾语+双音动词”的形式可以由于双音动词的名词性增强而被重新分析为名词性的偏正结构，这一重新分析由于名词经常充当定语这一因素而变得相对容易实现。重新分析的结果使得“双音宾语+双音动词”的形式带上了较强的指称性，从而与“双音动词+双音宾语”的形式产生比较大的分别。“双音宾语+双音动词”的形式如“动物保护、污水处理、机器制造”都可以充当形式动词“进行”“加以”的宾语。我们可以说“进行处理”，也可以说“进行污水处理”。这种现象表明“处理”本身可以是名词性的，在“污水处理”中也显现为名词性，构成的是定中结构。很多学者对四音节OV结构的性质已有观察。王洪君（2001）认为受事前置的“双音宾+双音动”结构更适宜表达与具体说话时间无关的、类似英语加-ing式动名词的那种弱动态概念。石定栩(2002)认为,OV结构中的V已经名词化了,OV结构可以受"的"字结构的修饰,可以带有数量成分或指示成分。例如:

(20) 新来的工人不懂由电脑控制的设备修理。

(21) 市长非常关心明天的两次污水处理。

(22) 新来的工人不懂这种设备修理。

石定栩(2002)认为,这些现象表明四音节的OV结构是名词性的,不同于VO结构。按照沈家煊(2007,2009,2012等)一系列论文中提出的名动包含理论,我们不必说OV结构名词化了,只需要说"双音O+双音V结构"的指称性比"双音V+双音O"结构强,因为所有的动词性短语都可以在一定情况下表现出指称性。由于指称性强,因此在进入复合词的修饰语位置时,"双音O+双音V"的形式会被选择。例如:

(23) 动物保护组织　污水处理器　机器制造厂

"双音V+双音O"形式(如"处理污水、制造机器"等)由于采用的是动宾结构的典型语序,因而具有比较强的陈述性,所以比较难以表现出名词性,动词较少充当定语这一因素增加了重新分析为定中结构的难度。但是我们在前面已指出,双音动词的名词性增强,那么按理说,"双音V+双音O"结构在逻辑上也有可能由于动词的名性增强而被分析为定中结构。实际上,的确有一些形式可以发生这样的重新分析而成为定中结构,如"保护动物"除了动宾结构的分析之外,在有些情况下也可以分析为定中结构,指受到保护的动物,如可以说"一级保护动物";再如"出租汽车"既可以是动宾结构,也可以是定中结构,因而可以参与构成更大的定中复合词,如"出租汽车公司"。同样的还有"学习文件",当作定中结构分析时可以构成“学习文件总集”。但是，值得注意的是，由于动词在前的这种语序更易使人将其分析为动宾结构，因而定中结构这种分析出现的比例相对较低。正因为这样，所以从整体上看，“双音O+双音V”的指称性强于“双音V+双音O”，前者更易于充当定中复合词的修饰语。

综上所述，“单音V+单音O”与“单音O+单音V”在历史上形成的句法功能的差异决定了只有“单音V+单音O”可以进入复合词。“双音V+双音O”和“双音O+双音V”则是由于在动词双音化之后名性增强的背景下存在着不同的重新分析为定中结构的可能，从而产生了指称性上的差别，因此在进入复合词时，指称性较强的“双音O+双音V”就会胜出。

4. 结论

综上所述，2+1 式三音节复合词具有名词性，进入其中心语位置的成分即使原本不是名词，也在结构整体的压制下表现出名词性。兼类词在 2+1 式复合词中心语位置出现时，会选择名词属性。2+1 式复合词，扩而言之，名词性复合词，倾向于在有选择余地时选择指称性强的形式作为其组成成分，在没有选择余地时，一般用为陈述性的成分也有可能成为复合词的组成成分。“A+N”形式可以进入 2+1 式复合词而“N+A”形式不可以进入 2+1 式复合词，这是因为“A+N”形式比“N+A”形式具有更强的指称性。四音节的动宾结构在进入复合词时要采用宾动语序，而双音节动宾结构进入复合词时则不用改变语序等现象也可由指称性有无强弱分别而得到解释。从历史上看，双音节的“V+O”与“O+V”形式在指称性强弱上没有差别，但在双音化发生后，“双音V+

双音O”与“双音O+双音V”在指称性上产生了差别,后者由于更容易被重析分析为定中结构而具有了更强的指称性,因而能够进入复合词的修饰语位置。

附　注

① 我们认为双音节动补结构可以看作词(参看董秀芳1998,2007),因此“吊死鬼”这类2+1式复合词的修饰语部分我们看作是双音动词,而不看作动补结构。

② “胆小鬼”似乎是个例外,“胆小”作为N+A形式进入了2+1式复合词的修饰语位置,但实际上“胆小”已经成词,所以在参与构造复合词时不必变成“小胆”。因为构成复合词时,最好的组成材料是词。在组成复合词时,现成的词形式是不能被破坏的(端木三1999)。

③ N+A可以看作主谓结构,按照何元建(2004),二音节的主谓结构是可以通过模式联体记忆变为词根的。

④ “单音O+单音V”进入2+1式复合词的很少,如“素食者、肉夹馍、客运站、足疗馆”等,既然单音O+单音V一般不能进入复合词,这类例外为什么会存在还值得进一步讨论。一种可能的原因是:单音V与中心词首先结合为复合词,而单音O实际上是后来作为修饰语成分进入复合词的。这种构词程序在理论上是可能的,但还有待于进一步论证。还有些看似“单音O+单音V”的形式实际是“双音O+双音V”的简略形式,如“车管所”是“车辆管理所”的简称,这一类应另当别论。

参考文献

卞成林　1998　《现代汉语三音节复合词结构分析》,《汉语学习》第4期。

董秀芳　1998　《述补带宾句式中的韵律制约》,《语言研究》第1期。

董秀芳　2002　《词汇化:汉语双音词的衍生和发展》,四川民族出版社。修订本,商务印书馆,2011。

董秀芳　2004　《汉语的词库与词法》,北京大学出版社。

董秀芳　2007　《从词汇化的角度看粘合式动补结构的性质》,《语言科学》第1期。

端木三 1999 《重音理论和汉语的词长选择》,《中国语文》第4期。
端木三 2000 《汉语的节奏》,《当代语言学》第4期。
冯胜利 2004 《动宾倒置与韵律构词法》,《语言科学》第3期。
何文秀 2011 《2+1式三音节词的构词和语义研究》,北京大学硕士学位论文。
何元建 2004 《回环理论与汉语构词法》,《当代语言学》第3期。
何元建、王玲玲 2005 《汉语真假复合词》,《语言教学与研究》第5期。
沈家煊 2007 《汉语里的名词和动词》,《汉藏语学报》第1期。
沈家煊 2009 《我看汉语里的词类》,《语言科学》第1期。
沈家煊 2012 《"名动词"的反思:问题和对策》,《世界汉语教学》第1期。
石定栩 2002 《复合词与短语的句法地位——从谓词性定中结构说起》,《语法研究和探索》(十一),商务印书馆。
石定栩 2003 《汉语的定中关系动-名复合词》,《中国语文》第6期。
石定栩 2004 《动词的名词化和名物化》,《语法研究和探索》(十二),商务印书馆。
石定栩 2011 《名词和名词性成分》,北京大学出版社。
王洪君 2001 《音节单双、音域展敛(重音)与语法结构类型和成分次序》,《当代语言学》第4期。
王治敏、朱学峰、段慧明 2014 《现代汉语未登录三字词计量研究》,http://www.doc88.com/p-78462267257.html,2014-06-19。
杨爱娇、张 蕾 2003 《近代汉语三音节词的结构方式》,《湖北大学学报》(哲学社会科学版)第4期。
占 勇、杨爱姣 2009 《基于中文信息处理的现代汉语三音词研究》,《河南理工大学学报》(社会科学版)第4期。
张伯江 2012 《双音化的名词性效应》,《中国语文》第3期。
张国宪 1989 《"动+名"结构中单双音节动作动词功能差异初探》,《中国语文》第3期。
郑庆君 2003 《三音节合成词的结构类型及层次》,《山西大学学报》第1期。
周 韧 2011 《现代汉语韵律与语法的互动关系研究》,商务印书馆。
Duanmu, San 1997 Phonologically motivated word order movement: Evidence from Chinese compounds, *Studies in the Linguistic Sciences*, 27.

Duanmu, San 2012 Word-length preferences in Chinese: A corpus study, *Journal of East Asian Linguistics*, 1.

Lu, Bingfu & San Duanmu 2002 Rhythm and Syntax in Chinese: A case study, *Journal of the Chinese Language Teachers Association*, 2.

(原载《汉语学习》2014年第6期)

会话结构与连词的浮现义*

方　梅

（中国社会科学院　语言研究所）

提要　在会话中，相邻话对不仅可以构成“话题-说明”关系，还可以呈现出多种复句关系。由于会话合作原则的作用，相对于前项连词（如“因为、不但”等）而言，话轮起始位置更偏爱于后项连词（如“所以、但是”等），呈现出行域、知域、言域、话语标记虚实各类用法。相对于行域和知域而言，言域用法对会话结构的依赖更强，是会话中的浮现义。当话轮起始位置有不止一个连词同现的时候，用作话语标记的连词出现在言域用法连词之前。影响连词意义和功能的因素除了该连词在话轮中的位置之外，前后话轮之间的话题延续性也是重要的影响因素。

1. 连词在相邻话对的特殊分布

赵元任（1968）在分析汉语口语的时候指出，对话里，问和答可以合成一个整句。例如：（吕叔湘译本，50 页）

（1）饭呐？　　　都吃完了

---

* 本文受国家社科基金重点课题“汉语动态呈现语法研究”支持，初稿曾在中国语言学会第十五届学术年会（内蒙古大学，2010 年）和“走向当代前沿科学的现代汉语语法研究国际学术研讨会——纪念朱德熙教授诞辰 90 周年和庆祝陆俭明教授从教 50 周年”（北京大学，2010 年）宣讲，感谢与会学者提出的意见和建议；发表前听取了沈家煊、刘丹青先生的意见，错误和不当之处由笔者负责。

饭呐,都吃完了。

饭都吃完了。

这是对话里的"问"与"答"相邻话对构成"话题-说明"关系。从对答的角度说,这类现象是言谈参与者双方共同完成一个整句。这种相邻话对的"问"与"答"相连构成一个"话题-说明"的现象在汉语里普遍存在(沈家煊,1989)。与此相似,相邻话对的"引发"与"应答"连起来还可以构成一种主从复句关系("你不来(,)我不去")。(吕译本,67-69页)

我们顺着这个思路进一步观察发现,相邻话对之间可以构成多种复句关系。这时候,而且如果单单从答话看,连词的用法就显得很特别。例如:

(2) 甲:今天风很大。

乙:可是不怎么冷。

朱德熙先生在《语法讲义》(17.3)"复句和连词"部分讨论连词位置时分析说,有的连词只能出现在复句的前一个分句(S_1)或者后一个分句(S_2),位置比较固定。但是,有的时候只能出现在 S_2 的连词却可以出现在一句话的开头。并且指出,这种情况下,连词的意义肯定都是越过了句子的界限而跟上文的话在意义上相联系的。朱德熙先生对这一现象的描写提示我们,连词在对话语体里的分布存在特殊性。

可以看出,上面这类例子里前后两个说话人的话语连起来构成了一种转折关系。即:

(2′) 今天风很大,可是不怎么冷。

可见,相邻话对不仅可以构成一个"整句",而且也有可能表现出复句关系。

不过，上述现象与赵元任先生（1968）提出的前后两个“零句”构成一个“整句”的情形略有不同。

首先，例（2）里相邻话对的上一句（“今天风很大”）在句法上具有独立性，不依赖于下一句（“可是不怎么冷”）；但是，下一句（“可是不怎么冷”）对上一句（“今天风很大”）在句法上具有依赖性，不能脱离对话语境单说。

第二，例（1）“都吃完了”可用于自叙语体，不借助于对话语境也是句法上合格的句子。而例（2）的“可是不怎么冷”脱离对话语境的上一句话，在句法上不能接受。再如：[①]

（3）甲：你别说巴西队个人能力蛮强、整体不行。其实就整体来说，我们也没有多大的优势。

乙：甚至没有什么优势。

（3′）你别说巴西队个人能力蛮强、整体不行。其实就整体来说，我们也没有多大的优势，甚至没有什么优势。

（4）甲：现在手机便宜。

乙：而且非常漂亮。

（4′）现在手机便宜，而且非常漂亮。

例（3）的“甚至没有什么优势”和例（4）的“而且非常漂亮”，作为叙述句都不能单说。

这种相邻话对连起来可以直接构成一个复句关系的现象并非发生在所有复句关系中。我们的调查发现，高频出现的是表示转折、递进、因果这三类关系的连词，如（2）至（4）。在我们的材料中约占85％。

成对的连词，多用后一分句的连词（下文称作“后项连词”），例如“虽然……但是”中的“但是”、“不但……而且”中的“而且”。前项连词只发现了“因为”。

在谈话中,有时是后项连词连续使用、由言谈双方共同完成的。例如:

(5) 甲:(魏海英)先发的话恐怕在拼抢上会受到影响。

乙:但她的速度比张颖还快,特别启动一下。

甲:而且魏海英的技术相当的好。

我们知道,汉语里连词的位置可以在主语前,也可以在主语后,哪怕前后主语不同[②]。这是就前一分句来说的,如(6)。

(6) 虽然我弹琴弹得不错,但小王终究是专业队的。

我虽然弹琴弹得不错,但小王终究是专业队的。

但是,后项连词位置往往不那么自由,一定要在句首,如(7)。

(7) *虽然我弹琴弹得不错,小王但终究是专业队的。

*我虽然弹琴弹得不错,小王但终究是专业队的。

正是由于这个原因,在相邻话对构成复句关系的用例中,后续话轮中出现的连词位置也不那么自由,如“但是、不过、可是、所以”等。例如:

(8) 甲:整个丹麦队的脚法还是比较粗糙。

乙:但是我觉得她们有像这种技术或者配合的这种欲望,今天上半场的比赛,打得并不简单。

对比:*我但是觉得……

(9) 甲:感觉上这不是韩文霞的特长,就是出击。

乙:不过这球呢也有难度,让她带好了以后,一对一啊,也麻烦。

对比:*这个球不过也有难度……[③]

在相邻话对的起始位置偏爱后项连词,这是会话合作原则的体现。也就是说，谈话的参与者要尽量使自己的言谈内容与对方的谈话内容具有意义上的关联性，或者至少在形式上要做出相应的关联性包装。

2. 连词的浮现义

复句的前后项之间可以呈现出三种不同范畴的关系，一类属于行域（content），表达事理关系；再一类属于知域（epistemic modality），表达说话人的认识；第三类属于言域（speech acts），用作说话人提示受话人“我说”。行域用法时，主句代表说话人和听话人共同预设的命题；知域用法时，主句是说话人的推断；言域用法时，主句是说话人的言语行为（沈家煊，2003）[④]。下面主要讨论会话中知域和言域的用法。

1）事理上的起因→说话人的推断的理由→说话人补充的理由

吕叔湘先生早在《中国文法要略》（21.21）里就已经指出，“原因”是个总括的名称，细分起来至少有：(1)事实的原因，如“因为天冷，缸里的水都结了冰”；(2)行事的理由，如“因为天冷，我把毛线衣穿上了”；(3)推论的理由，如“天一定很冷，因为缸里的水都结冰了”。

我们知道，在叙述句中，“因为”小句有前置和后置两种自然位置（参看吕叔湘，1948；Li and Thompson，1981；邢福义，2001）[⑤]。宋作艳、陶红印（2008）的研究认为，前置与后置很不相同，前者主要是提供背景知识，后者的功能主要是解释和说明。

我们发现，“因为”小句在后的时候，往往引出说话人推断的理由（reason），而未必是客观的起因（cause）。这时候，后置甚至是唯一的选择。也就是说，“因为”也可用作后项连词。例如：

(10) 丁聪是漫画家。有人以为漫画家藏书不会多,因为不做学问。此言不确。丁聪家里,最多也最难整理的就是书。

(11) 然而,连续12年,榜首的位置被盖茨牢牢占据,于是人们慢慢开始习惯直接从第二名看富豪排行榜,因为盖茨似乎在人们的心目中变成了一个不倒的神话。

上面两例"因为"引导的都不是一种客观真实或者存在客观的必然联系。这时,都不能把"因为"句放到前面,因为与客观事实或事理相悖。

(10′) ?丁聪是漫画家。因为不做学问,有人以为漫画家藏书不会多。此言不确。丁聪家里,最多也最难整理的就是书。

(11′) *然而,连续12年,因为盖茨似乎在人们的心目中变成了一个不倒的神话,榜首的位置被盖茨牢牢占据,于是人们慢慢开始习惯直接从第二名看富豪排行榜。

而(11)"人们慢慢开始习惯直接从第二名看富豪排行榜"是"连续12年,榜首的位置被盖茨牢牢占据"的后果,"盖茨似乎在人们的心目中变成了一个不倒的神话"是说话人对"人们慢慢开始习惯直接从第二名看富豪排行榜"的理解。

值得注意的是,对话中后续话轮起始位置也可以出现"因为",但是这种"因为"引出的是说话人的理解和推论,是言者推断的理由,意义表达上相当于叙述句里用作后项连词的"因为"。这种"因为"属于知域的用法。例如:

(12) 甲:大概剪了有一个小时吧,然后他睡着了。我就感觉不对劲,因为他头是这样的,不是要扶正才好剪嘛。刚扶正他头"嘣"又下来了,刚扶起来就又下来了,然后就睡着了。

乙：因为她剪得很轻。

上面这个例子里，乙并不知道理发师是如何剪头发的，而是通过甲所叙述的“小孩子睡着了”这个事实推断“理发师剪得很轻”。“睡着”与“剪得很轻”两者之间的因果联系是说话人基于知识而得出的认识。

这种知域的“因为”不能删除。一旦删除，这种推论关系就无从显示。另外，这种“因为”也不能换作“是因为”。其原因就是沈家煊(2003)所揭示的，行域的因果关系可以通过添加“是”把“因为”变成“是因为”，而知域和言域用法不可以这样变换。

后续话轮的“因为”还可以引出说话人给对方观点提供的证据，是言域用法。例如：

(13) 甲：从身体角度上来说两个队相差不大，但那个技战成分上来看，那个德国队要优于英格兰队。

乙：因为我们从射门次数上也确实看得出来，德国队仅靠百分之三十九的控球率就获得了四次射门，而英格兰队只有一次射门。

这里，说话人用“因为”提供可以佐证对方观点的例证。这一例的“因为”与(12)同样不能换作“是因为”。但和(12)不同的是，这里的“因为”可以删除。“因为”删除以后，不影响命题表达。我们认为，这其中的原因正是(13)里“因为”是言域用法。也就是，你说德国队要优于英格兰队，我说从射门次数和控球率也看得出来。即，你说/你认为P，我(补充)说Q。

另一个值得注意的现象是，虽然“因为”可以出现在主语前也可以在主语后，但是在后续话轮里的位置却是相对固定的，只能用在话轮起始位置。例如：

(12′) 甲：大概剪了有一个小时吧，然后他睡着了。我就感觉不对劲，因为他头是这样的，不是要扶正才好剪嘛。刚扶正他头“嘣”又下来了，刚扶起来就又下来了，然后就睡着了。

乙：[?]她因为剪得很轻。

(13′) 甲：从身体角度上来说两个队相差不大，但那个技战成分上来看，那个德国队要优于英格兰队。

乙：[?]我们因为从射门次数上也确实看得出来，德国队仅靠百分之三十九的控球率就获得了四次射门，而英格兰队只有一次射门。

相邻话对的起始位置偏爱后项连词，但是表示因果关系的“因为”似乎是个例外。不过仔细分析，这是因为“因为”小句本来就有前置和后置两种自然的位置(参看吕叔湘，1948；Li and Thompson，1981；邢福义，2001)，而且在口语里“因为”句后置是高频用法(Biq，1995；宋作艳、陶红印，2008)[⑥]，“因为”小句引出说话人的解释和推断。

2) 事理上的后果→说话人推断的结果→说话人说出回应行为

“所以”的行域义是引出一个客观事理上的后果。比如，“今年旱情严重，四个月没下雨，所以土壤墒情不好。”在会话里，“所以”还有知域用法，引出说话人推断的结果。例如：

(14) 甲：你(教练)老是那个心里嘀嘀咕咕嘀嘀咕咕的，运动员没法儿有信心。

乙：所以来了一个崇尚进攻的教练，至少在这个心气儿方面，自信心方面对国家队有很大提升。

在上面的例子里，说话人乙知道以前的教练不自信导致队员不自信这个事实，这是他得出国家队换帅有助于提高队员自信这个结论的依据。这里的“所以”是知域用法，引出言者的推断，如果删除“所以”，表达言者推断的这层意思就无从体现。

下面这个例子里，说话人用“所以”引出对对方请求的回应行为，“所以”是言域用法。

(15) 甲：你做的牛肉还有吗？

乙：有。

→ 甲：给我拿点儿吧。

乙：这牛肉啊，跟别人家做的不一样，

甲：是，味道不一样。

乙：用高压锅炖 15 分钟，再加各种作料炖 2 个小时，是跟猪蹄子一起炖的。

甲：嗯。

乙：用猪蹄子吧就能结成牛肉冻。

甲：好吃。

→ 乙：所以，赶紧给你去拿牛肉。

这里，说话人甲提出请求(“给我拿点儿吃吧”)，几个话轮之后，说话人乙使用了“所以”引出对对方请求的回应。而这个含有“所以”的话轮是一个言语行为单位义，“所以”仅仅用来引出说话人对他人请求的一个回应。这个“所以”删除之后，命题意义不会改变。

知域的“所以”可以换作“可以说”。本文认可董秀芳(2003)的观点，“所以说”表示推断[⑦]。不过值得注意的是，“所以说”有两种可能：知域义的和言域义的。

(一) 知域义的，表示推断。例如：

(16) 甲:我偏头疼又犯了。

乙:所以说那个药根本不管用。

这里,说话人知道对方的在吃某种药,因对方仍旧头疼而推断那药不管用,但是那药并不是导致头疼的起因。

(二) 言域义的,用作说话人建议做某事。例如:

(17) 甲:我偏头疼又犯了。

乙:所以说,该找大夫还是要找大夫吧,别自己瞎琢磨着吃药了。

这里,对方的头疼病又犯了是说话人提议找大夫看病的理由。同言域义的"因为"(如(13))一样,这个言域义的"所以说"也可以删除而不影响命题表达。

3) 递进→说话人追加信息

"而且"的行域义是表达递进关系。会话里"而且"还有言域用法。

下面例(18)有两个"而且",说话人甲话语里的"而且$_1$"是行域义,"而且"引出的小句表达递进意义。但说话人乙话轮起始位置的"而且$_2$"则不同,"而且$_2$"相当于说话人说"我还要说",甲乙两个话轮相连不能构成"(不但)……而且"递进关系。

(18) 甲:国美更便宜,而且$_1$ 便宜一两百块钱哪,一两百块钱。

乙:而且$_2$ 大中他也不做什么活动,你看那个国美,赠什么的,赠椅子的,还有赠还有什么,什么茶具,然后还有赠那个花生油,还有赠那个什么动感地带的号。

这里"而且$_2$"是言域义。因为一般而言,递进关系的后项应该比前项的范围大。不过这只适用于行域,不适合于言域。言域内的复句关系可以不适应事理或一般逻辑关系(参看沈家煊,2003)。

4）转折→质疑

在对话里转折连词可以用来追问（如（19））或质疑事实（如（20）），或反驳观点（如（21））。例如：

（19）甲：嗯，对，大概就是两三块钱，就可以看得到电影，在学校里边。

乙：但是那种大片儿什么的你能看得到吗？

（20）甲：起初我不想见。

乙：但是是谁安排你们见的面呢？

甲：战友们怂恿我去见的面。

（21）甲：不一定在这种三大报工作嘛。

乙：但是在那种小报工作有多大意思呢？

（19）的“但是”引出对对方所述事实的疑问；（20）的“但是”是说话人乙基于一个已知的相反的事实（说话人甲事实上见过面了）而引出疑问；（21）的“但是”则是引出说话人乙的对立观点。

这上面三例都属于言域用法，即“虽然你说 P，但我不这么说，我说 Q。”其中的“但是”都不表达事理上的相对或相反关系，删除“但是”不影响命题意义表达。与知域用法不同，言域用法逻辑语义已经弱化，其功能仅仅是体现言者的语力（illocutionary force）[8]。

连词言域义的解读离不开对答语境，是对话语体中产生的浮现义。

3. 言域用法与话语标记用法

“所以、但是、可是、不过、而且”等连词可以用作话语标记（参看方梅，2000），那么连词言域用法与话语标记用法有什么区别和联系呢?

首先,言域用法表达的是命题外的内容,既不表达事理关系,也不表达推理关系,这一点与话语标记相同。但是,言域义的连词仅仅体现言者的语力,不参与话轮的组织(如话论的延续、话轮的转接等)和话题的组织(如话题的延续、话题的转换),这一点有别于话语标记(discourse markers),属于语用标记(pragmatic markers)[⑨]。

请看下面两例"所以"和"可是"用作话语标记的例子,说话人用连词是要照应到言谈中话题的组织。

(22) 甲:主食在北方花样儿就很多。有这个=可以做,你看,做面条儿,各种样子的面条。在山西是很有意思……

乙:猫耳朵。

甲:面条一共有好几百种。

乙:是啊,好几百种啊!

甲:然后,呃,哎,那个玩意儿,削面,有意思。

乙:是。

甲:我见人家做那个刀削面,就是往锅里削啊。

乙:是。

甲:他们跟我吹,说这个有的技术高的,脑袋上顶着那一坨面,两个手削。

乙:还有这种削的!

甲:所以,北方的这个主食花样很多。

这里一例中的"所以"与前面谈的内容没有因果关系,说话人用"所以"是照应到前面自己的话题"主食在北方花样儿很多"。下面

(23)例里,“可是”用来引出一个新的话题。

(23) 甲:南方人就很讲究,吃饭好几碟儿,都是少少的一点儿,但是呢,做得很精细。

乙:是啊。可是北方人现在还吃这个熬白菜那种东西吗?

第二,话语标记意义要更加空灵,可以与其他连词连用,并出现于最外围。例如:

(24) 甲:她们都说我拌得不好吃平时,什么不淡,什么没味儿,什么不好吃,什么麻酱太多。

乙:她也说来着?

甲:啊,调料太足,可是还没味儿。

丙:是这么说的吗?

甲:她们俩,反正给我逼得我,完后给我说得特伤心,那我说那我以后不拌了。

乙:而且,可是你想想姚力,你当初说我拌得不好吃做东西不好吃呢也。

上例中的“而且”用于取得话语权,是话语标记;紧随其后的“可是”是引导受话人去换一个角度想问题,“尽管你说 P,但我不这么说,我说 Q”,是言域用法。这里,话语标记用法的“而且”在前,言域的“可是”在后,顺序不能颠倒。

4. 影响连词意义和功能的篇章因素

在话轮交替的结构中,连词有可能保持其基本的逻辑语义表达功能,也有可能仅仅体现言者语力,还有可能用作话轮的组织或话题延续和转换。那么,在对话中有哪些因素影响连词的意义和功能理解呢？

我们的考察发现，在对话里，影响连词的意义和功能的因素主要体现在以下两个方面：

1）话轮起始位置。在话轮起始位置如果连续使用连词的话，用于组织言谈的话语标记用法要先于言域用法的连词，例子见上文(24)。

2）前后话轮之间的。相邻话对之间是否具有话题连续性是一个重要的观察角度。当话轮之间话题相同的时候，连词呈现出行域义。如本文第一节的(2)至(5)。再如：

(25) 甲：她现在有一点儿发胖了。

乙：但是跟她同龄人相比她身材算是保持得不错的。

(26) 甲：我觉得我还是剥削了他们。

乙：但是也给学生提供了一些勤工俭学的机会。

(27) 甲：那个时候，我一无所有，一没有金钱，二没有试验条件。

乙：但是……有一种朴素的……

甲：所以当时只能是收集一些东西。

上面的例子，前后话轮的主语无论采用的是显性代词还是零形主语，所指都具有同指关系，延续同一个话题。

下面的例子也是具有话题延续性的，前后话轮的主语具有联想回指关系(关于联想回指，参看徐赳赳，2005)。例如：

(28) 甲：(魏海英)先发的话恐怕在拼抢上会受到影响。

乙：但她的速度比张颖快。

甲：而且魏海英的技术相当的好。

(29) 甲：外国品牌它还得现找各方面维修人员啊，各方便协调。

乙：而且我发现，它那个东芝那个上面，那个里面说明书，它很多写得都是说，写的东西特别多的就是说，以下内容他们不负责任。

（30）甲：我说将来有一天我能是北京大学英语系的教授，不仅我会自豪，我整个这个家里也会自豪。

乙：而且那时候那个年龄段的人，那个时代的人，可能很多人都有这种想法。

上例中，(28)的相邻话轮的主语（魏海英-她的速度-魏海英的技术）之间是联想回指关系，(29)相邻话轮的主语（外国品牌-东芝）之间是整体与部分的关系，(30)相邻话轮的主语（我-那个年龄段的人/那个时代的人）之间是部分与整体的关系。

可见，当不同话轮之间具有话题延续性，相邻话轮用来叙述同一个事件或者论证同一个命题的时候，连词的意义相对比较实在。

有的情景下（比如采访）言谈参与者的话语权往往是既定的（比如被采访人为主、采访者为辅），谈话中的主要谈话一方无须特别维护自己的话语权，尽管相隔一个或几个话轮，话题仍有可能是连续的。例如：

（31）甲：不，我不能改，就是身份证儿改不了。

乙：噢。

甲：因为有什么学校什么负责人这个名字，很麻烦。

乙：啊。

甲：所以名片啊，什么签字什么都用这个就完了。

这一例中说话人甲是被采访人，虽然表面形式是对话，但是因为他是被采访者，没有话语权的维护问题，因而他的谈话前后连贯，相当于独白。其中的连词虽然位于话轮起始位置,仍旧是保留了连词的本义,表达事理关系。

综上所述,一个连词究竟是不是用作话语标记一方面与话语权的交替相关,另一方面与对话中话题的延续性相关。

5. 结语

对话中,相邻话对的"零句"可以构成一个"话题-评述"的"整句",也可能构成一种复句关系。其中用来衔接前后话轮的连词倾向于后项连词,这是会话中"合作原则"的体现,即,言谈参与者尽量在形式上体现出自己的言谈与对方的言谈内容具有意义上的关联性。

在话轮交替的结构中,连词有可能保持其基本的逻辑语义表达功能,也有可能仅仅体现言者语力,还有可能用作话轮的组织或话题的延续和转换。在对话中影响连词意义和功能解读的因素主要有两方面,一是连词的位置,二是话轮间话题的延续性。语用的合作原则是连词的浮现意义和话语标记功能的产生的根本动因。

附　注

① 本文用例中体育解说内容的语料(3)(5)来自郭小春《电视足球解说的语体分析》(中国传媒大学博士论文,2010)。下文(15)语料摘自安娜《基于传媒语言语料库的话语标记研究》(中国传媒大学博士论文,2005)。不过,本文对这些例子的分析与上述两文不同。

② 沈家煊(2003)发现,关联词语的相对于主语的位置关系与其意义表达有关,行域的"因为"可以在主语前或主语后,但是知域的"因为"只能在主语前面。

③ 这一例在语感上有分歧,多数人认为"不过"只能放在话轮起始位置不能前在句中,但也人认为"这个球<u>不过</u>也有难度"也能说。不过在我们的统

计资料里，可成对用的连词的后项没有出现在主语后面的。“甚至”可以用在主语后面，但是它没有成对使用的前项。

④ 在 Sweetser (1990) 里，三域表述为 content，reasoning，speech act。

⑤ 也有学者把从属句后置看作将背景变为前景的手段（参看屈承熹，2007）。

⑥ 毕永峨（Biq，1995）发现，原因句后置在汉语口语中占绝对优势（会话：82％），书面语中也是优势顺序（新闻报道：69％）。

⑦ 沈家煊（2003）指出，关联词的言域义可以加“说”，如“如果说”，而且有时还必须加“说”。

⑧ 这里“语力”（illocutionary force）参照顾曰国（1994）的译法，指句子在特定的言语环境里所具有的使用力量。

⑨ 我们对话语标记（discourse marker）的理解是比较窄义的理解。其功能包括话语组织功能（discourse organizing）和言语行为功能（speech acting）。话语组织功能包括前景化（fore-grounding）和话题切换（topic switch）两个主要方面。言语行为功能包括话轮转接（turn taking）和话轮延续（turn holding）两个方面。话语标记和语用标记虽然都不参与命题意义的表达，但是话语标记在言谈当中起组织结构、建立关联的作用。而语用标记不具备此类组织言谈的功能。当一个成分对连贯言谈并无作用而重在表现说话人的态度，这种成分属于“语用标记”（pragmatic marker）。因而言域的用法我们更倾向于看作语用标记。

参考文献

陈振宇　2008　《现代汉语中的非典型疑问句》，《语言科学》第 4 期。

董秀芳　2003　《“X 说”的词汇化》，《语言科学》第 2 期。

方　梅　2000　《自然口语中弱化连词的话语标记功能》，《中国语文》第 5 期。

顾曰国　1994　《John Searle 的言语行为理论：借鉴与批判》，《国外语言学》第 3 期。

李晋霞、刘　云　2003　《从“如果”与“如果说”的差异看“说”的传信义》，《语言科学》第 3 期。

李晋霞、刘　云　2009　《论推理语境“如果说”中“说”的隐现》，《中国语文》

第4期。
廖秋忠 1986 《现代汉语篇章中的连接成分》,《中国语文》第6期。
陆俭明 2010 《汉语语法语义研究新探索》,商务印书馆。
吕叔湘 1948/1982 《中国文法要略》,商务印书馆。
屈承熹 2007 《语法与修辞之间》,《修辞学习》第3期。
沈家煊 1989 《不加说明的话题——从“对答”看“话题—说明”》,《中国语文》第5期。
沈家煊 2003 《复句三域“行、知、言”》,《中国语文》第3期。
宋作艳、陶红印 2008 《汉英因果复句顺序的话语分析与比较》,《汉语学报》第4期。
邢福义 2001 《汉语复句研究》,商务印书馆。
徐赳赳 2005 《现代汉语联想回指分析》,《中国语文》第3期。
赵元任 1968/1979 《汉语口语语法》,吕叔湘译,商务印书馆1979。
朱德熙 1956/1999 《单句、复句、复句的紧缩》,《语法和语法教学——介绍“暂拟汉语教学语法系统”》,又见《朱德熙文集》,商务印书馆,1999。
朱德熙 1982 《语法讲义》,商务印书馆。
Biq, Yung-O. 1995 Chinese causal sequencing and yinwei in conversation and press reportage. *Berkeley Linguistic Society* 21: 47-60.
Brinton, Laurel J. 1996 *Pragmatic Markers in English: Grammaticalization and Discourse Functions*. Mouton de Gruyter.
Chafe, Wallace 1984 How people use adverbial clauses. *Berkley Linguistic Society* 10: 437-449.
Li, Charles N. and Sandra A. Thompson 1981 *Mandarin Chinese: A Functional Reference Grammar*. University of California Press.
Schiffrin, Deborah 1987 *Discourse Markers*. Cambridge University Press.
Sweetser, Eve 1990 *From Etymology to Pragmatics: Mataphorical and Cultural Aspects of Semantic Structure*. Cambridge University Press.
Tan, Pack-Lin and Hongyin Tao 1999 Coordination construction in Mandarin conversation: Evidence for syntax-for-interaction, in Chaofen Sun (ed.) *Proceedings of Joint Meeting of International Association for Chinese Linguistics and 10th North American Conference on Chinese Linguistics*. 449-466. Graduate Students in Linguistics Publishing. L.A. University of

Southern California.

Thompson, Sandra A., Robert E. Longacre and Shin Ja J. Hwang 2007 Adverbial clauses. In Timothy Shopen (ed.) *Language Typology and Syntactic Description, Vol. II Complex Construction.*, 237-300. Cambridge University Press.

Wang, Yu-Fang 1998 How Mandarin Chinese use causal conjunctions in conversation, In Xuanfan Huang (ed.) *Selected Papers from the Second Conference on Language in Taiwan*. Crane Publishing Company.

(原载《中国语文》2012 年第 6 期)

汉语口误的修正和词的心理地位*

姜 炫 先

（韩国 京畿大学）

提要 本文描述汉语口误修正的一般情况，特别区分"整体修正"和"局部修正"、"即时修正"和"延缓修正"，并在此基础上考察"词"在现代汉语中的心理地位。统计和分析表明，至少从言语表达的角度看，"词"在现代汉语中的心理地位要高于"语素"，至少不亚于"语素"。

1. 口误和口误的修正

口误（the slip of the tongue）的研究属于心理语言学的范畴，研究的价值有两个方面：一是能揭示语言的"心理表征"（mental representation），即语言在心理上有哪些单位、范畴、结构和层次存在，存在的形式如何；二是能揭示言语产生的"心理过程"（mental process），即说话时具体经历哪些处理步骤，这些步骤之间有何联系。（Fromkin，1971、1973）已有的汉语口误研究可参看沈家煊（1992）、Shen（1993），陈振宇（1993、1996）、Chen（1999）等。

口误发生后常常会对口误加以修正，对口误修正的研究也具

---

* 作者原名姜美玉。本文由作者根据其博士学位论文《汉语口误研究》（中国社会科学院研究生院语言系，2001年）第八章"口误的修正机制"压缩改写而成。

有上述两个方面的价值。口误的修正可分为自发修正(self-initiated repair)和他发修正(other-initiated repair),前者是说话人不用听者提示而自行修正,后者是经听者提示后加以修正;还可以分为自我修正(self-repair)和他人修正(other-repair),前者是说话人自我修正,后者是听者加以修正。对汉语口误的修正情况还缺乏系统的描写,本文打算先做一番描写,所根据的口误材料有两部分,一部分是沈家煊先生用“随时发现随时记录”的方法收集的1063条口误(以下称为SH材料),另一部分是本人通过“录音和监听”方法收集的650条口误(以下称为J材料)。这两部分材料各有优劣,可以互相补充。然后要讨论一个问题,即从汉语口误的修正情形看汉语语法中“词”的心理现实性。

2. 汉语口误的修正情况

2.1 修正和不修正

发生口误后有时修正,有时不修正,举例如下。(第一行是说话人想要说出的话,第二行箭头后是实际说出的有口误的话,破折号后是修正口误的话。)

(1) 领导(dǎo)干(gàn)部。

领 gǎo——领导干部。(J24.4)

(2) 把吕植抱在怀(huái)里来玩。

把吕植抱在 huéi——怀里来玩。(J25.3)

(3) 这样的天吹电扇,热天怎么办?

这样的天吹热扇——吹电扇,热天怎么办?(SH0286)

(4) 在澳洲的110位前方记者。

在澳门的——不是,在澳洲的110位前方记者。(J94.

14)

以上是口误发生后予以修正的例子,下面是不予修正的例子:

(5) 这是我(wǒ)们门(mén)头沟。

这是我们 měn 头沟。(J76.7)

(6) 儿子买东西,他年轻人比较(jiào)喜(xǐ)欢随心所欲。

儿子买东西,他年轻人比 xiào 喜欢随心所欲。(J36.2)

(7) 现在收了人家的钱。

现在现收了人家的钱。(J82.5)

我们的口误材料中修正和不修正的统计数据如下:在全部 1712 条口误中有 70.67%(1210 条)的口误加以修正,只有29.32%(502 条)的口误不修正,可见发生口误后修正是常规。J 材料和 SH 材料有较大差异:J 材料中修正的占 91.07%(592 条),不修正的只占 8.92%(58 条);SH 材料中修正的占 58.19%(618 条),不修正的高达 41.80%(444 条)。这种差别的原因可能有两个,一是 SH 材料大多来自日常生活,交谈双方十分熟悉,口误发生后只要不影响理解就不一定修正,而 J 材料主要来自电视上的访谈节目,比较正式,修正的比例自然就高一些;二是 SH 材料都是随时发现随时记录的,有的修正可能由于疏忽而没有记录下来。

反义词口误会引起重大误解,因此我们猜想大多会修正。实际统计数字是,在全部反义词口误(47 条)中,85.81%都修正,说明反义词口误修正率要高于口误修正的平均比例 70.67%。反义词口误修正的例子如下:

(8) 我还喝得不多呀?

我还喝得不少——不多呀?(SH0814)

(9) 别煮太软了!

别煮太硬了——别煮太软了！（SH0936）

(10) 这阵儿兴瘦，2000年兴胖是美。

这阵儿兴胖——这阵儿兴瘦，2000年兴胖是美。（SH0232）

反义词口误也有不修正的，例如：

(11) 面煮硬点儿，我不吃这软不拉塌的。

面煮烂点儿，我不吃这软不拉塌的。（SH0929）

绝大部分的口误修正属于前面所说的自发修正和自我修正，本文也只考察这部分的修正情形。

2.2 修正前出现的词语

有些口误修正之前出现一些特定的词语，包括语气词、否定词、指示词语等，有时也出现笑声。这种情形（121条）占口误修正总数的10％左右。举例说明如下：

1）语气词（哦、啊、呃、嗯、哎、哟）

(12) 我们将设一份幸（xìng）运奖。

我们将设一份xìn——哎，幸运奖。（J30.5）

(13) 现在在路口里面修建了一些天桥。

现在在路口里面修理——啊，修建了一些天桥。（J72.2）

(14) 最好的话呢就是说什么人算不如天算。

最好的话呢就是说什么天——呃，人算不如天算。（J114.3）

(15) 嗓子哑了。

哑子嗓了——哟，嗓子哑了。（SH0542）

2）否定词（不、不是、说错了、什么呀）

(16) 老师说我的朗读比那初三的还好。

老师说我的朗读比那高三——不,初三的还好。(SH0801)

(17) 抽烟不抽油。

抽油不抽烟——不是,抽烟不抽油。(SH0601)

(18) 我怕不是天源的。

我怕不是桂香村的,说错了,我怕不是天源的。(SH0876)

(19) 因为明天是八月十五。

因为明天是正月十五,什么呀!是八月十五。(SH0808)

3) 指示词语(这个、那个、就、就是)

(20) 你就替这些爸爸喝酒的小朋友想想办法。

你就替这些喝——这个,爸爸喝酒的小朋友想想办法。(J59.2)

(21) 它都设(shè)定了,有这个号码设定了。

它都 shì 定——就是,设定了,有这个号码设定了。(J103.12)

(22) 当时跟(gēn)这[照片上的]不一样,非常荒。

当时 kēn——就,跟这不一样,非常荒。(J87.6)

4) 以上词语的混合

(23) 这碗(wǎn)满(mǎn)了搁袋里。

这碗 wǎn 了——哎呀,错了,这碗满了搁袋里。(SH0346)

(24) 唐僧把坏人当作好人。

唐僧把好人当作坏人——哦，不，把坏人当作好人。(SH0575)

(25) 甚至通过这种中外文化的不同碰撞，他也学到很多很多东西。

甚至通过这种中西方——哦，这个——中外文化的不同碰撞，他也学到很多很多东西。(J43.3)

5) 笑声

(26) 吴连喜把手举起来。

吴连手把手举起来(笑)——吴连喜把手举起来。(SH0243)

(27) "耳闻目睹"就是耳朵听到的、眼睛看到的。

"耳闻目睹"就是眼睛听到的(笑)——耳朵听到的，眼睛看到的。(SH0288)

口误修正之前出现的词语统计比例见表1：

表 1

语气词	否定词	指示词语	笑声	混合的
69.42%	16.52%	5.78%	4.13%	4.13%

可见口误修正之前出现的词语，语气词为最多，其次是否定词，其他很少。

2.3 修正语内增加的词语

有些口误的修正语内增加一些原来没有的词语，例如(画线部分是增加的)：

(28) 说起来容易做起来够难的。

说起来容易做起来不难——做起来确实够难的。(SH0926)

(29) 搬进来了。

搬出去了,搬出去了——绝对搬进来了。(SH0937)

(30) 新材(cái)料的运(yùn)用。

新 cán——新的材料的运用。(J61.5)

从增加的语词来看,增加是为了强调正确的。

2.4 即时修正和延缓修正

口误的修正可分为即时修正和延缓修正,即时修正就是口误一发生就立即停下来修正,延缓修正不是口误发生后立即修正,而是继续说了一些别的词语后再开始修正。即时修正的例子如下:

(31) 这可是几(jǐ)点非(fēi)常重要的。

这可是 jī——几点非常重要的。(J2.8)

(32) 这种铅笔盒长的搁不下。

这种铅笔盒短——长的搁不下。(SH0930)

(33) 在我们节目开始的时候呢,先请大家看一段录像。

在我们节目开始之[前]——的时候呢,先请大家看一段录像。(J49.1)

例(31)说话人想要说"几"(jǐ),却说成"jī",一说错马上停下来修正。例(32)想要说"长",却说成"长"的反义词"短",也是一说错马上停下来修正。例(33)想要说"的时候"却说成"之[前]","之"字一出口马上停下来修正。

延缓修正的例子如下:

(34) 花(huā)钱(qián)买罪受。

花 quán 买罪受——花钱买罪受。(SH0359)

(35) 这样的天吹电扇,热天怎么办?

这样的天吹热扇——吹电扇，热天怎么办？(SH0286)

(36) 别煮太软了！

别煮太硬了——别煮太软了！(SH0936)

例(34)将“钱”(qián)说成“quán”，但没有马上停下来修正，而是在说完整句话后再修正。例(35)将“电扇”的“电”说成“热”，也没有马上修正，而是在说出“扇”后再开始修正。例(36)将“软”说成它的反义词“硬”，也是等到说出后面的“了”字后再开始修正。

在全部口误修正的例子中，即时修正占55.91%，延缓修正占44.08%，前者的比例比后者高。

表2

	即时修正(%)	延缓修正(%)
SH材料	45.95	54.04
J材料	65.87	34.12
平均	55.91	44.08

2.5 局部修正和整体修正

口误的修正还可分为局部修正和整体修正。局部修正就是哪个成分出错修正哪个成分，整体修正是对包含出错成分的大成分整体上加以修正。局部修正的例子如下：

(37) 也不(bú)太(tài)知道保尔·柯察金是谁。

也bù——ú太知道保尔·柯察金是谁。(J47.2)

(38) 出租车的司机。

出租司——车的司机。(J83.4)

例(37)说话人将“不”(bú)中的韵母-ú错说成ù，修正时只修正这个韵母。例(38)将“出租车”的“车”说成“司”，修正时只修正语素“司”。

整体修正的例子如下：

(39) 原来我们的对手是国家(jiā)队代表大学生。

原来我们的对手是国 jiē——国家队代表大学生。(J88.1)

(40) 是不是电视的辐射。

是不是电射——电视的辐射。(SH0164)

(41) 你可以凭着处方看说明书,写得很详细。

你可以凭着处方看处——看说明书,写得很详细。(J74.8)

例(39)将“国家”的“家”(jiā)说成“jiē”,说错的只是“家”,但是修正却从“国”开始,因为“国家”是一个整体(一个词)。例(40)将“电视”说成“电射”,说错的是语素“视”,但是修正却从“电”开始,也因为“电视”是一个整体。例(41)说话人想要说“说明书”,结果把“说明书”的“说”错说成“处”,但是修正却从前面“看”开始,因为“看说明书”是一个整体(动宾结构),包含“说明书”。这三例同时属于即时修正。

(42) 你自己要做一种决策(cè)的时(shí)候……

你自己要做一种决 shè 的——决——决策的时候……(J68.5)

例(42)说话人想要说“决策(cè)”,却说成“决 shè”,说错的是“策”,但是修正从“决”开始,因为“决策”是一个整体。此例同时是延缓修正,是等“的”说出后才开始修正的。

在全部口误修正的例子中,局部修正占 0.25%,整体修正占 99.74%,可见整体修正是常规。

表 3

	局部修正(%)	整体修正(%)
SH 材料	0	100
J 材料	0.50	99.49
平均	0.25	99.74

从口误修正的种种情况来看,修正不是完全随意的,而是有一定的规律可循,这就是口误的修正机制。从口误的修正机制也可以揭示语言的心理表征和言语产生的心理过程。下面着重从口误的修正来看汉语语法中"词"的心理地位。

3. 从语素口误的修正看词的心理现实性

现代汉语语法的基本结构单位是什么,这是一个有争议的问题。"词"通常定义为最小的、能够自由运用的有意义的单位,多数语法学家视"词"为基本结构单位。但也有人认为"词"是印欧语的基本结构单位,不是汉语的基本结构单位,因为"汉语中没有词","词"在汉语社团中缺乏心理现实性,也没有现成的、离散性的特点,以"词"为基本结构单位来研究汉语,实际上离开了汉语的结构现实。他们主张"字"(大致相当语素)是汉语的基本结构单位。(徐通锵 1994,潘文国 2002 等)

说汉语的人的心目中究竟哪种单位更有心理现实性,口误的修正可以从一个方面提供部分的证据。由于单音节词同时也是语素,因此考察单音节词的口误修正并不能说明什么问题。要说明问题,考察的对象应该是多音节词。

当口误发生在一个多音节词内的某个语素上时,如果这个语素不是词的头一个语素,那么修正在逻辑上有两种可能,一种是整体修正，也就是从词的开头修正起，一种是只修正出错的那个语素，即局部修正。整体修正的例子有：

（43）我们明年变化。

我们明天——明年变化。（J7.2）

（44）现在在路口里面修建了一些天桥。

现在在路口里面修理——啊，修建了一些天桥。（J72.2）

（45）多大的孩子接种这个水痘疫苗最合适？

多大的孩子接触——接——接种这个水痘疫苗最合适？（J2.7）

（46）现在苏联的经济确实面临一些问题。

现在苏联——苏南的经济确实面临一些问题。（SH0795）

例（43）将"明年"说成"明天"，说错的是后一个语素"天"，但是修正的是整个词。例（44）至例（46）与此类同。以下是三音节词和其他多音节词的例子：

（47）有现场公证员。

有现场公务——公证员。（J103.4）

（48）倒是有人送了我一张音乐会的票，我没去。

倒是有人送了我一张音乐票的会——音乐会的票，我没去。（SH0608）

（49）他要买一个气压式的打气筒。

他要买一个气压式的打字筒——打气筒。（SH0907）

（50）日本袭击珍珠港。

日本袭击珍珠岛——珍珠港。（SH0870）

(51) 走高速公路。

走高速公速——高速公路。(SH0471)

(52) 北京广播电视报。

北京广京——北京广播电视报。(J7.1)

例(47)将"公证员"说成"公务(员)",修正的是整个词。例(48)至例(52)与此类同。这一类修正都说明词的心理现实性大于语素的心理现实性。

另一种可能的修正是局部修正,例子如下:

(53) 出租(zū)车(chē)司机的爱人比较难当。

出租 zē——车司机的爱人比较难当。(J83.6)

(54) 出租车的司机。

出租司——车的司机。(J83.4)

例(53)将"出租车"说成"出租 zē",修正的只是"车",而不是"出租车"整个词。例(54)类同。这一类修正说明语素的心理现实性大于词的心理现实性。

当口误发生在一个多音节词内的某个语素上时,如果这个语素不是词的最后一个语素,那么修正在逻辑上也有两种可能,一种是延缓修正,也就是等整个词说完后再开始修正,一种是即时修正,也就是说错的语素一出口就停下来修正。延缓修正的例子有:

(55) 轿车的价格。

价车——呃,轿车的价格。(J61.1)

(56) 这样的天吹电扇,热天怎么办?

这样的天吹热扇——吹电扇,热天怎么办?(SH0286)

(57) 那么咱们中国的网络到底有些什么?

那么我们北京——中国的网络到底有些什么?(J32.1)

例(55)将“电扇”说成“热扇”,出错的是头一个语素,但不是马上停下来修正,而是等整个词说完后再开始修正。例(56)(57)属于同类例子。这一类修正说明词的心理现实性大于语素的心理现实性。

即时修正的例子如下:

(58) 我觉得并不完全是歪(wāi)曲。

我觉得并不完全是 wēi——歪曲。(J44.1)

(59) 我们将设一份(fèn)幸(xìng)运(yùn)奖。

我们将设一份 xìn——哎,幸运奖。(J30.5)

例(58)将“歪曲”的头一个语素“歪”(wāi)错说成“wēi”,一出口马上停下来修正,而不是等整个词说完后再修正。例(59)属同类例子。这一类修正说明语素的心理现实性大于词的心理现实性。

有两类例子不说明问题。一类是口误发生在一个多音节词内的头一个语素上,修正就从这个语素开始,这时我们无法判断是局部修正还是整体修正,例如:

(60) 不是满足你这一代人的消费需求。

不是满足你这一代人的需费需——哦,消费需求。(J28.3)

例(60)将“消费”说成“需费”,可以分析为只修正语素“消”,也可分析为修正“消费”这个词。这种例子既然不说明什么问题,因此不在我们的统计之列。

另一类是口误发生在一个多音节词内的最后一个语素上,如果是即时修正也不能说明什么问题,例如:

(61) 孩子没有改正身上的缺点。

孩子没有改 dìng——改正身上的缺点。(J40.1)

例(61)可以分析为对语素 dìng(正)的即时修正，也可以分析为对整个词“改 dìng”(改正)的即时修正。这类例子也不在我们统计之列。

能说明问题的词内语素口误的修正(共 323 条)统计比例见表 4:

表 4

局部修正(%)	整体修正(%)	即时修正(%)	延缓修正(%)
0.61	99.38	41.79	58.20

对表 4 的数据可以做如下分析:第一，整体修正的比例远远高出局部修正，后者只是极个别的情形;即时修正和延缓修正的比例相差不是很大。之所以有这种差别，我们认为，修正的即时或延缓，这跟说话时说话人对自己言语进行监测(monitoring)的“检测机制”有密切关系，而跟言语“产生机制”的主体关系不大。从监测到口误到发音器官停下来准备修正，很可能有一个时间上的迟延;第二，不管是否存在着上面所说的迟延，即时修正和延缓修正的比例相差并不大，这至少说明说话过程中对词的监测力度并不亚于对语素的监测力度;第三，前面对全部口误修正的统计是即时修正(55.91%)高于延缓修正(44.08%)，而这里的统计对象限于词内语素口误的修正，统计结果反了过来，是延缓修正(58.20%)高于即时修正(41.79%)。这种反差似更能说明，当监测到口误后，说话人有等整个词说出后才加以修正的倾向，虽然这种倾向并不明显;第四，整体修正的比例如此之高，说明修正的几乎总是整个词而不是语素。综上所述，至少从口误的修正来看，在言语产生的过程中，现代汉语词的地位很重要，在这个过程中词不仅有心理现实性，它的心理地位还高于语素。在伴随言语产生的监测活动中，词的心理地位也不亚于语素。

仔细分析的话，语素或词的心理地位应该区分言语产生的三个不同层次，一是作为存储和提取的单位，二是作为言语计划(planning)的单位，三是作为言语计划的执行(execution)单位。词和语素心理地位的高低，在这三个层次上是否有区别，有什么样的区别，这是个有待深入研究的问题。

参考文献

陈振宇　1993　《一些国语的自然语误及其分类》，《华文世界》第69期。

陈振宇　1996　《汉语语误之研究：研究方法与初期的研究发现》，《科学月刊》社主办"张昭鼎纪念研讨会：认知科学与生命科学之发展"(台湾省新竹市)。

潘文国　2002　《字本位与汉语研究》，华东师范大学出版社。

沈家煊　1992　《口误类例》，《中国语文》第4期。

徐通锵　1994　《"字"和汉语研究的方法论：兼评汉语研究中的"印欧语的眼光"》，《世界汉语教学》第3期。

Chen，Jeen-Yeu(陈振宇) 1999 The representation and processing of tone in Mandarin Chinese: Evidence from slips of the tongue. *Psycholinguistics* 20:289-301.

Fromkin，Victoria 1971 The non-anomalous nature of anomalous utterances. *Language* 47: 27-52.

Fromkin，Victoria (ed.) 1973 *Speech Errors as Linguistic Evidence*. Mouton.

Shen，Jiaxuan(沈家煊) 1993 Slips of the tongue and the syllable structure of Mandarin Chinese. In Shun-Chiu Yau (ed.) *Essays on the Chinese Language by Contemporary Chinese Scholars*, 139—161, Paris: Centre de Recherches Linguistiques sur l'Asie Orientale, Ecole des Hautes Etudes en Sciences Sociales.

(本文系首次发表)

从连读变调看句法结构的松紧度*

柯　航

（北京师范大学　汉语文化学院）

提要　句法结构作为一个整体，在成分的结合松紧度上有所不同。一般研究以语义（结构整体意义是否由成分义简单加和而成）或句法（能否在中间插入别的成分）作为标准来判定某一句法结构中成分之间结合的松紧程度。但在判定多种句法结构之间的松紧差异时则缺乏统一标准。本文认为连读变调中的语法变调反映了结构中成分之间关系的松紧，凡结合紧密的成分，往往比较容易发生变调，而结合松散的成分之间，则难以发生变调。因此文章综合利用多地方言材料中两字组语法变调材料，对主谓、述宾、述补、偏正等句法结构之间的结合松紧度进行统一的观察和测试，认为几种句法结构在结合松紧度上大致表现为"主谓＞述宾＞述补＞定中偏正"（"＞"读作"松于"）。

0. 引言

由不同成分组合形成的结构，成分与成分之间结合的松紧度各有不同。有的结构成分之间结合紧密，趋于固定；有的结构成分之间结合松散，是临时组合。对于结构成分结合的松紧度，过去往

---

* 本文写作过程中得到导师沈家煊先生的悉心指导，李蓝、刘丹青、张伯江、方梅老师和师兄王伟提出很多有价值的意见和建议，在上海召开的第十四次现代汉语语法讨论会上，邓思颖先生也对本文提出了宝贵意见，引发了我的深入思考。在此对各位学者谨致谢忱。文中错谬概由本人负责。

往是进行同类之间、个体之间的比较,如在判断一个结构是词还是短语时,通常需要考虑它是结合比较松散还是比较紧密。如果紧密,就可能是短语;如果松散,则作为短语处理比较符合一般的语感。

也有学者注意到,各种句法结构作为一个整体,在成分的结合松紧度上有所不同。不过,就我们目前所掌握的材料来看,此类论述都还比较简单。如朱德熙(1982:95)在讨论主谓结构时指出:从结构上看,在正常情况下,主语一定在谓语之前,两者之间的关系,跟其他各种句法结构比较起来,要算是最松的。[①] 吴为善(1989,2006)则对动宾结构和偏正结构之间的结合松紧度进行过比较。这都说明了句法结构本身作为一个整体,也有结合松紧度不同的倾向。不过,这些已有的研究一般都是在一两个结构之间进行的比较,在论证方法上,也存在一定的局限(简要评述见下文)。

本文在前人研究的基础上,试图综合利用方言中的连读变调材料,对主谓、述宾、述补、偏正等句法结构之间的结合松紧度进行统一的观察和测试。

1. 已有的研究及其局限

1.1 就目前的情况看,语义标准和句法标准是测试结构紧密度时广为运用的一般标准。在语义上,如果结构的整体意义是由成分义简单加和而成的,即 1+1=2,通常被认为紧密度不高;相反,如果结构的整体语义不能由成分义直接推出,即 1+1>2,则证明该结构紧密度较高。从句法上看,结合松散的结构,中间往往可以插入一些别的成分而不改变原义;结合紧密的结构,则通常不能中插其他成分,或者插入其他成分后,意义发生了改变。

语义标准和句法标准通常是相互关联的。一方面，语义上表现紧密的结构，往往在句法上也具有紧密的特征，反之亦然。这是由语义和句法之间的象似关系决定的。例如"东西"作"事物"解释时，其语义无法由成分义直接相加推导出来，成分语义之间结合紧密。同时在句法上的表现是，不能插入任何成分。"东西"如果做东西两个方位解，语义就是简单的1＋1＝2，在句法上，也可以插入表现并列的"和"或者"与"。另一方面，人们在运用句法标准时，实际上也同时需要借助语义。如上所述，看一个结构能否插入其他成分，是以插入后语义不发生改变为前提的，如果一个结构可以插入某成分，但插入之后整个语义与原来的结构大相径庭，那么，我们仍旧认为该结构并不能插入其他成分。

语义标准的特点是概括性强，但可操作性不强。例如，"轮椅"不是简单指"带轮子的椅子"，而是特指"医院或残疾人使用的""带轮子的椅子"，所指的事物有了特定的含义。因此，我们可以认为这里语义上是1＋1＞2。"休战"字面意义是"停止战斗"，而《现代汉语词典》（第5版）的解释是交战双方暂时停止军事行动。与字面义相比，词典释义多出一个"暂时"义。那么，是否因此就认为"休战"的语义也是1＋1＞2？《现代汉语词典》中对"休牧"的释义是为了使牧场的牧草恢复生长，在一定的时间内停止放牧。和"停止放牧"的字面义相比，该释义的突出特点是说明了"停止放牧"的原因，即增加了目的义。但这个目的义，是"休"和"牧"两个语素整合得出的新义，还是词典编纂者出于方便读者理解的需要，特别增加的说明，这也直接影响对"休牧"语义紧密性的判断。

相对来说，句法标准的可操作性比较强，但是它也面临两方面的问题。首先，如前所述，使用句法标准时，往往同时还要以语义不变为前提,而什么叫作语义不变?是逻辑真值意义上的不变,还是语用含义也不发生变化?这个本身并不容易说清楚。其次,如果我们要比较几种句法结构之间的结合紧密度,那么逻辑上应该用同一把尺子来测量。而使用插入法,能插入不同结构中的成分却各不相同。述宾结构中的一般是“着、了、过”,偏正的是“的”,述补的则是“得”,插入的成分不同,实际上就是尺子不统一,所以难以得出确切的结论。

1.2 朱德熙先生在论证主谓结构结合最为松散时,主要提出两点理由:第一,主语和谓语之间往往可以有停顿,而且主语后头可以加上“啊、呢、吧、嘿”等语气词跟谓语隔开。第二,只要不引起误解,主语往往可以略去不说。

朱先生提的第一条理由,是综合运用了语音和句法标准。能加上语气词将主语和谓语隔开,是句法标准,即插入法。运用插入法所存在的问题,如前所述,是无法与其他结构进行有效的统一比较。所以可以插入一些语气词的事实,只能说明主语和谓语成分的结合并不紧密,但不能说明主谓之间的结合相比其他句法结构而言是最松散的。

停顿的确也是一个判断结构紧密度的方法,它体现了结合松紧度与语音之间的正向关联。一般来说,结合紧密的成分之间不停顿或停顿较短,结合松散的成分之间相对停顿较长。但是周明强(2002)也指出句子的停延与句法结构既有一致的一面,也有不一致的地方。“句中的停延层次及时值的长短不仅和句子的结构形式以及结构体的长短有关,还和谓语动词的类别与语义特征、节律特征以及语境有关,有时是多种因素交互作用影响句中的停延”。因为受到其他因素的干扰,句子的主谓之间有时候并不是一级停延之处，也就是说并不一定是停延时值最长的地方。这个时候，我们就很难看出主谓是结合最松散的句法结构。所以尽管在一般情况下，最基本的一级停延的确优先处于主谓之间，但是如果单纯依靠停顿标准，对于所观察的语料的选择，就需要做出许多限制，以排除其他因素的干扰，而不能简单地在停顿和结构松散之间画等号。

朱先生的第二个理由也有值得商榷的地方。主语可以略去不说，这的确是汉语的重要特点之一。但是同时我们也应该注意到，结构成分的省略，往往是借助语境完成的。而因为有语境知识的补充，除了主语之外的其他很多成分，都是可以省略的。例如“我面条，他包子”这句话中，两个短语都省略了谓语。这种现象是说明了主语和动词之间关系松散，还是说明动词和宾语之间不紧密呢？此外，“我已经吃饱了”可以说成“我已经饱了”而并不影响其基本语义。那么能不能就说明动补之间关系松散呢？就算可以证明，动补和主谓之间，又是哪一个句法结构更松散一些呢？可见，从所属的结构成分能否省略这个标准，还是无法对各种句法结构做统一的比较。

1.3 吴为善先生认为1+2式动宾结构比2+1式定中偏正结构结合松散。他提出的理由是，三音节的动宾结构在语义上都是两个概念的组合，而定中偏正结构则多表示一个单一的概念。从语义上看，自然是动宾结构没有偏正结构内部紧密。这反映到句法上，就是前者可以插入功能词，而后者不行。

所谓两个概念的组合，或者表示一个单一的概念，这本身是比较模糊的说法。一个动宾结构，如“修手表”，从一个角度看，当然可以认为它包括一个动作，和一个动作的对象，是两个概念，但从另一个角度看,“修手表”就是一个整体的行为,也可以看作是在表达一个概念。此外,表达一个概念还是两个概念这样的标准,同样也难以扩展到主谓、述补等结构的比较中。

吴先生也注意到了句法与语义在紧密度上的对应一致关系,他的测试方法,实际上也是综合运用了语义手段和句法手段。因此,本文 1.1 节所指出的问题仍然没有得到很好的解决。

2. 我们的标准:语法变调

2.1 连读变调的性质及分类

声调是汉语语音的一个重要特征,连读变调则是声调在语流中的动态表现。但是,连读变调并不能仅仅看作音节与音节相连时发生的语音变化。因为有些连读变调现象不仅与语音条件有关,还和句法结构相关,并且有的还可具有一定的语义、语法功能。

根据连读变调的性质,通常可将其分为三种类型:②

第一种是语音变调。它是指仅仅由语音条件控制的变调。这类变调只要满足相关的语音条件即可发生。北京话中的上上变调,就是属于这一类。③

第二种是语法变调。它指的是与句法结构关系相关的变调现象。这类变调的变调规则往往与一定的句法结构相关联。不同的句法结构类型对应不同的变调规则,或者变调只发生在特定的句法结构中。

第三种是语义变调。它是指通过变调来表达一定语义的变调类型。例如常见的小称变调。

本文主要考查的是与句法结构密切相关的语法变调。

2.2 语法变调作为测试标准的可行性

连读变调,其实就是通过变调的方式,将一个结构中的几个成分重新组织整合为一个整体的过程。徐通锵(1990,2003)和李如龙(1999)对此均有过论述。概言之,他们都认为连读变调是汉语多音词占优势后引发的现象。在单音词占优势的时代,一个音表达一个意思,音义之间对应整齐;多音词产生后,出现了几个音共同表达一个意思的情况。音与义之间变得没有原来协调。因为在意义上需要几个语素重新组成一个新的意义,在语音上,也相应地要求把几个音节融为一体,由此产生了连读变调、变声、变韵的现象。

我们认为,对连读变调成因的这一解释也可以从连读变调产生的时间上得到一定程度的印证:如果单纯是声学因素造成连读变调的产生,那么在声调产生之初,就应该伴随出现连读变调。但和声调相比,连读变调是一种比较后起的现象。现存最早的关于连读变调的记载,目前来看是在明代。[④]李如龙(1999)也从普通话轻声儿化现象比较后起,教会所编《福州话词典》所反映的19世纪福州话连读变音情况,以及各方言区连读变音取向不同等三方面,说明了包括变调在内的一系列连音变读是比较后起的音变现象。从连读变调的产生动因来看,这种现象就很好理解:声调产生于单音节占主导的时代,那时候基本上是一音一义对应整齐,当然就不太需要连读变调这类平衡音义的手段。

换一个角度来看连读变调的产生过程,我们又可以认为,连读变调,反映了结构中成分与成分之间关系的松紧,凡是结合紧密的成分,往往比较容易发生变调,而结合松散的成分之间,则比较难以发生变调。这正是我们得以用连读变调来判断结构成分结合紧密度的理论依据。

原本几个成分各读本调,互不相干,通过相互之间的声调变化建立起了关联。这个过程虽然从表面上看仅仅是语音上的变化,但实际上与语义、结构密切相关。尤其是语法性变调,语音的变化直接受制于结构语义等因素。前面我们在提到句法和语义标准的相互关联性时指出,句法和语义本身是具有象似关系的。这里还需要补充的是,对于一个结构而言,语音也是这个链条上的一个重要环节。我们认为,对于一个结构的松紧度的考察,大多数情况下都是句法、语义、语音的综合考察,这三方面的因素互相纠缠,很难独自剥离出来。因此,连读变调只是一个外化的窗口,通过它所观察到的,并不仅仅是某个结构各音节之间的紧密度,而是这个结构在句法、语义、语音上紧密度的综合表现。

我们认为语法变调可以作为结合紧密度判断标准,还有一个事实依据,那就是各地方言研究者的语感。在很多方言研究者的论著中,都曾经明确提到,不同的变调规律的运用,与结构成分之间的结合松紧度有关系。我们的判断也借助了这些调查者的语感。

3. 从连读变调看各种句法结构的松紧度

3.1 对研究材料的基本说明

如前所述,因为本文意在考察和比较不同句法结构的结合松紧度,因此我们选取的全部是语法变调材料。

目前,我们考察了将近一百个方言点的连读变调材料,发现其中存在语法变调的方言点主要集中在闽语区和吴语区,此外在官话和赣语区也有所表现,但是湘、粤、客中较少见。这种情况,一来可能与我们目前所搜集的资料还不全面有关,另一方面也是因为在汉语各方言中，变调的普遍性存在“闽、吴>湘、北方话、赣>粤、客”（Yue-hashimoto，1987；梁磊，2004）的差异，闽、吴两地的连读变调现象本身就是最为复杂的。至于为什么会出现这种差异，不是本文所要讨论的内容。而且我们认为，由这种差异所带来的语料上的偏向性，并不会影响本文的基本结论。

在考查过程中，我们主要以两字组连读变调作为调查对象。⑤这是因为，首先，两字组是连读变调的最基本形式，相对于多字组乃至语句而言，影响其连读变调的因素较少，比较有利于我们从中寻找基本规律。前面我们曾提到，朱德熙先生在证明主谓结构的松散时用到了停顿标准。我们认为停顿标准不是不能用，但存在一个净化样本的问题，需要将观察范围之外的因素尽量排除。选取两字组的变调材料，就是出于这样的目的；第二，两字组连读变调的材料最为丰富，方便我们从大量实例中总结归纳比较可靠的结论。

不过，除了两字组之外，我们也使用了部分非两字组的材料，这主要是作为补充，防止遗漏某些重要的分类可能性。

一般来说，我们尽量选用举例较多的材料，但是为了不使重要类型有所遗漏，我们也适当选用了实例较少的方言材料。选用的此类材料一般调查者已经明确给出了带有规律性的结论。

3.2 考察结果

我们认为，在语音等其他条件相同的情况下，如果某类句法结构不变调，而另一类句法结构变调，则可以认为不变调的结构比变调的结构结合度松散。

在有些方言中，不同的句法结构虽然都发生变调，但是变调的方式有所不同。我们则遵从方言调查者的语感，来判断采取何种方式的是比较紧密的结构。

根据目前所收集到的材料,我们大致排出下列 8 类两分的序列:

3.2.1 主谓>偏正(“>”读作松于)

如果在语音条件相同的情况下,主谓结构的两字组不变调,而偏正结构的两字组发生变调,我们就可以推知在该方言中,主谓结构的结合紧密度要比偏正结构松散。潮州话就存在这种情况。例如:“日、昼”两字的本调分别为阳入 5 和阴去 213。当“日昼”作为主谓结构理解时,义为“时间到了中午”,此时两字均不变调。当“日昼”作为偏正结构理解时,义为“今天中午”,则前字调变为 1,与阴入同调。

在其他民族语言里,也存在类似的现象。例如:

海南村语中主谓结构和修饰结构的连读变调有明显的不同。下例中,“人死”虽然词序相同,但是连读时主谓结构不变调,修饰结构却要发生变调。

连累**人死**

ŋa:u35 tsʻ　t33　　　把人连累得要死啦(主谓词组)

抬**人死**出去

ŋa:u $\frac{35}{33}$ tsʻ　t33　　　抬死人出去(修饰词组)

壮语中也存在这种现象。

不过,从我们目前所掌握的材料看,仅仅只区分主谓和偏正两种结构的语法性变调并不多见。这可能与我们所观察的材料有关。因为我们观察的材料主要是两字组的连读变调。而两字组中,主谓结构所占的比例非常小。

此外,需要说明的是,我们所得出的两分等级,是根据已报告出来的变调材料得出的。所以这种等级，只能说明存在这种情况，而不能反证不存在更复杂的情况。

3.2.2 主谓、状中偏正＞述宾、述补、定中偏正、(状中偏正)

这类情况在目前我们搜集到的资料中比较少，而且也并非连读两字组的实例。据杨必胜、陈建民(1980)的观察，广东海丰话(闽语)的各种语法结构的声调可以分为分读、连读以及可分可连三类。该文指出，在一般情况下，各音节同属于一个声调段落的叫连读；各音节分属于不同的声调段落的叫分读。对于一个句法结构来说，则如果他的两个直接成分属于两个声调段落，叫分读；如果同属于一个声调段落，或者一个直接成分与另一个直接成分的一部分共处于一个声调段落中，换言之，直接成分不是两个声调段落的分界线，那么，这个句法结构是属于连读的。

所谓的分读与连读，实际上就是看是否属于同一个连读变调域中。连读的成分，同属于一个变调域，关系自然比较紧密。分读的成分，不属于同一个变调域，关系当然比较松散。换言之，凡是结合比较紧密的成分，一般连读；结合比较松散的成分，则一般分读。

在海丰话中，主谓、述宾、述补、偏正结构的连调情况基本如下：

主谓格式，一般分读("|"表示分属两个不同的声调段落)，例如：猪|肥；人|唔好；花|红红；今日|星期。

述宾结构总是连读。也分为两种情况。第一种情况是，宾语本身连读，述宾结构也处于一个声调段落中。例如：剃头，开拖拉机，联系实际，矮个头。第二种情况是，宾语为双宾或主谓，本身分读，但述语仍与整个宾语连读。例如：教我|数学；问你|一个问题。

述补结构也连读。例如:扫清气(扫干净),搭入(拿进去),坐落去(坐下去)。如果补语本身为须分读的结构,则补语分读,述语与整个补语连读。例如:□啊阿小陈|唔敢讲话(弄得小陈不敢讲话)。

偏正结构相对复杂,既有分读的,又有连读的。而且区分体词性偏正(即定中偏正)和谓词性偏正(即状中偏正)。概言之,在体词性偏正结构中,若有结构助词"个"(相当于"的"),则分读,如"我个|笔";其他的 NN 偏正或者 AN 偏正则一般连读,如"清水"。

谓词性偏正结构中,当状语为时、处、介宾或者是双音节形容词修饰动词时,要分读,例如"透早|出门","外□|落雨","拼命|工作"。只有当状语为副词或者摹状叠字时,才和谓语连读,例如"特别坏","伐伐滚"。

由此可见,海丰话中定中偏正的常规形式是连读,而状中偏正的常规形式是分读。

类似的情况,也存在于福建永春话中,详见林连通、陈章太(1989)。

海丰话和永春话的材料,都不是两字组变调。因此表现出来的影响连调的因素没有两字组那么单纯。例如结构中是否有助词性成分,整个结构的长度等等,均会影响到连读变调域的划分。

不过,海丰话和永春话的材料,也让我们看到定中偏正与状中偏正的不同,这是在两字组连调材料中比较难以观察到的现象。因为两字组中出现状中结构的可能性微乎其微。

从两地连调的情况看,似乎状中偏正有的比述宾、述补还要松散,其实这也不难理解,因为状语常常既可以看作修饰谓语动词,也可以当成是修饰整个谓语。

在这个根据连读和分读情况得出的两分等级序列中，我们将状中偏正置于两端，而定中偏正则只放在结合较紧的一端，这是因为，我们所要考察的定中偏正主要是不加助词的 AN 偏正和 NN 偏正，这两类定中偏正在海丰话里通常是连读的。状中偏正的表现则相对复杂。时间、处所、介宾做状语是状语最常规的形式，这样的状语常常与谓语分读，所以我们认为典型的状中倾向于分读，但是仍有部分状中结构结合相对紧密。

3.2.3 主谓＞述宾、述结、偏正（并列）

据张盛裕（1979，1980），潮阳方言多字组连调读法，由字的本调及多字组的语法结构决定。除了第一字阴平难以区分是前变调还是未发生变调外（阴平的前变调和本调相同），两字组不变调的均为主谓式。两字组前字变调的，主要是并列式、偏正式、一般述宾式（宾语不是人称代词、量词，不是某些数量词），附加式，述补式（带趋向补语除外）。两字组后字变调的，主要是时间词（带时间后置字“天、年、月、日、旬、头、界”等）、处所词（带方位后置字“底、顶、中、间、头、爿”等）、述补式（带趋向补语）、述宾式（限于人称代词、量词或者某些数量词做宾语），和谓词带后置字“着、了、过、见”等，还有少数单词性较强的主谓式。

我们目前还无法知道前变和后变是否也表现出紧密度的不同，但是从变与不变的对立中，至少可以看出在主谓、述宾、述补、偏正等几种结构关系中，主谓结构是最为松散的。

张盛裕指出少数单词性较强的主谓式可以发生变调，这并不是反例，倒是反证了我们的结论。因为一般来说，单词性较强的结构结合比较紧密。主谓结构作为整体而言，成分间结合比较松散，但是一旦有结合比较紧密的，就会发生变调。

据《福建省志·方言志》,在厦门话的多字组中,主谓结构也不变调,述宾、述补、偏正三种结构必须变调。但该书未给出实例。

这个等级中出现了并列结构,且其变调表现与偏正相同。但结合多个方言点的情况考察,其实并列结构的情况比较复杂,我们在下文另有专门讨论。

3.2.4 述宾>偏正

有些方言材料指出,两字组存在述宾结构不变调,偏正结构变调的情况。例如:

山西临县方言:

偏正关系:

飞机 fei24 tɕi $\genfrac{}{}{0pt}{}{24}{21}$　　农村 nuəŋ44 ts‘ueŋ $\genfrac{}{}{0pt}{}{24}{21}$

冷水 k‘liᴀ $\genfrac{}{}{0pt}{}{312}{24}$ suei $\genfrac{}{}{0pt}{}{312}{21}$　　绿叶 luə ʔ24 iə ʔ $\genfrac{}{}{0pt}{}{24}{21}$

旱烟 ɕiᴇ52 iᴇ $\genfrac{}{}{0pt}{}{24}{21}$

动宾关系:

浇花 tɕiɔu24 xuᴀ24　　磨刀 mu44 tɔu24

上山 ʂɔ̃53 sæ24　　入学 zuə ʔ24 ɕiə24

洗脸 sei312 liᴇ312

山西汾西方言:

非叠字的两字组变调中,阳平与阴平、阳平、上声连读时,前字变为 22,后字一律变为 53。这种变调多半反映的是偏正关系,而述宾关系多不变调。如:

偏正关系:

牙猪 nia $\genfrac{}{}{0pt}{}{35}{22}$ ʦβ $\genfrac{}{}{0pt}{}{22}{51}$　　胡生 xβ $\genfrac{}{}{0pt}{}{35}{22}$ səŋ $\genfrac{}{}{0pt}{}{22}{52}$

蚕娃 tsʻã $^{35}_{22}$ ua $^{35}_{51}$　　男人 nã $^{35}_{21}$ zəŋ $^{53}_{51}$

黄酒 xu $^{35}_{22}$ tɕiou $^{33}_{51}$　　行手 xɯ $^{35}_{22}$ sou $^{33}_{51}$

尘土 tsʻəŋ $^{35}_{22}$ tʻβ $^{33}_{51}$　　人口 zəŋ $^{35}_{22}$ kʻou $^{33}_{51}$

（通常看作补充式）

述宾关系：

排队 pʻɑi35 tuei53　　填表 tʻiã35 piɑo33

成功 tsʻəŋ35 kuəŋ22　　缠线 tsʻã35 ɕiã55

（以上材料均出自温端政、侯精一 1993）

类似的方言还有山西祁县、潞城、长治、平顺、壶关（温端政、侯精一 1993）。[⑥]

据张成材（1990），陕西商县方言也有这样的例子。例如，当“上房”作“上到房上”解释时，是述宾结构，不变调。当它是偏正结构时，义为“正房”，此时要变调。

3.2.5 主谓、述宾＞述补、偏正（并列）

有些方言中，在语音条件相同的情况下，主谓、述宾结构的两字组一般不变调，偏正、并列、述补结构的两字组一般变调。例如：

陈章太（1991）描写的闽语绍武话的两字组连读变调中有以下规律：

上声 55 在阴平 21、阳平 22、上声 55 之后，属偏正、并列、动补结构的，后字变为中平调 33。[⑦] 例如：

溪水 kʻəi21 sei $^{55}_{33}$　　花鸟 fa21 niau $^{55}_{33}$

风水 fuŋ21 sei $^{55}_{33}$　　拿好 na21 xau $^{55}_{33}$

禾桶 vəi22 tʻoŋ $^{55}_{33}$　　杨柳 ioŋ22 lou $^{55}_{33}$

蛇胆 ɕi22 tan $^{55}_{33}$　　行远 xa $^{55}_{33}$

海水 xoi55 sei $^{55}_{33}$　　米粉 mi55 fən $^{55}_{33}$

减免 kan55 mien $^{55}_{33}$　　减少 kan55 ɕiau $^{55}_{33}$

但是，上声在阴平、阳平、上声之后，属于主谓、动宾结构的，后字则不变调。如：

心想 sən21 sioŋ55　　翻脸 fan21 lien55

人死 nin22 si55　　量米 lioŋ22 mi55

手巧 ɕiou55 k‘iau55　　买米 mie55 mi55

据温端政、侯精一(1993)，平遥方言的连读变调也表现出相似的特点：述宾、主谓往往连调行为一致；偏正、述补连调行为一致。例如：

述宾　开车 k‘æ13 tʂ‘ʅᴇ13

主谓　跗高 xu13 kɔ13 脚面高

偏正　开车 k‘æ $^{13}_{31}$ tʂ‘ʅᴇ $^{13}_{35}$ 旧时的木轮车

述补　开开 k‘æ $^{13}_{31}$ k‘æ $^{13}_{35}$ 打得开

从上面的例子可以看出，述宾、主谓的连调行为一致，实际上是没有变调。因此，它与绍武话各结构的表现是基本一致的。

赣语新余话(王晓君，2004)也有同样的表现，连读变调的主要是并列结构、偏正结构和述补结构的字组，主谓和述宾结构一般不变调。

3.2.6 主谓、述宾、述结＞述趋、偏正、并列

上海话的两字组和多字组连读变调有两种方式：广用式和窄用式。

广用式的连调特点是：前字定式，后字附着，即在一个连读字组里，第一字（前字）定下一个调式，前字以后的字（后字）都失去本调，不分阴阳，与前字一起共用一个固定的变调格式，从而形成一个结构紧密的语音组合。因此，采用广用式的连读字组一般相互之间关系紧密。

窄用式是内部结构比较松散的字组所采用的连调方式。两字组分两段，多字组可分成两段或几段。段与段之间有小小的停顿。

一个字组的连读变调是读广用式还是读窄用式，总的来说是由字组结合的松紧、常用程度和使用习惯决定的。

对于上海话的连读变调，有许多详细的描写。如许宝华、汤珍珠、钱乃荣（1981），沈同（1981），许宝华、汤珍珠（1988），叶军（2001）。此处引用叶军（2001）的论述，其他学者的调查结论与此基本相同。

据叶军（2001），上海话偏正、并列结构一般采用广用式，主谓、述宾则采用窄用式。述补结构稍微复杂一点。其中述结式一般是窄用式，而述趋则一律采用广用式。

我们根据上海话不同结构采用不同连调方式的情况列出的两分等级，也基本上适用于吴语区的无锡话（曹晓燕，2003）、苏州话（钱乃荣、游汝杰，1983）、缙云话（章建芬，2004）等地的连读变调。只是可能有的方言点没有做这么细致的划分，比如未区分述结和述趋的不同。

据李倩（2001），兰银官话银灵片的中宁方言有两种连调方式：连调甲是连调式的调值与两字组的前后两字调类都有关；连调乙是只与两字组的前字调类有关，与后字无关。连调方式的选择，与语音条件无关，而与两字组的结构方式、整体功能有关。从两种连调方式的特点可以看出，凡采用连调甲的，一般结合比较松散，而采用连调乙的，则比较紧密。而李倩观察中宁方言的结果，也大致符合上述等级。

3.2.7 主谓、述宾、述补、状中偏正＞定中偏正、并列

吕叔湘(1993)指出，丹阳方言的两字相连，不一定变调。变与不变，主要看两字之间的语法、语义关系。采取连调的多数是名名、形名偏正和并列字组，而主谓字组、述宾字组、动词带修饰或补充成分的字组一般不变调。

3.2.8 主谓、述宾＞状中偏正、定中偏正

胡明扬(1959)对浙江海盐通元方言的连读变调情况进行的调查表明，此地方言的连续语言中，哪些音节应该连读变调，哪些音节应该分读不变调，是由这些音节所组成的词在句子中的相互关系决定的。

偏正结构的，无论是定中偏正还是状中偏正，一般都连读。动宾和主谓结构则分读。

这些考察，也不是简单基于两字组的。但是基本也能反映几种结构的情况。

3.3 几种结构的综合松紧度等级

从上面的考察和分类可以看出，一种方言的语法变调的表现，通常可以将几种句法结构分为松与紧两类。综合上述八个两分的等级，我们看到，主谓结构总是处在松的一端，定中偏正总是处在紧的一端。述宾与述补的关系是，如果述宾变调或者连读，述补一定也如此。但反之则不然。这说明从总体上看，述宾结构的结合度比述补松散。

状中偏正比较特别。从目前的材料，我们只能看出状中偏正

比主谓紧，比定中偏正松，但是与述补、述宾之间的比较还难以有一个确定的结论。这一方面是受到调查材料的限制，因为材料中涉及状中结构的比较少，另一方面也是因为我们所得出的松紧等级本身只是一种倾向性的等级，尤其是处于中间的结构，位置比较游移。由于缺乏可靠的依据，我们暂时不将状中列入此松紧等级序列中。

有的方言中述结和述趋表现不一样，但这只是述补结构的下位分类，可以不置于主线中，但是就这两类下位结构而言，述趋式表现得比述结式紧密。

由此，我们认为，主谓、述宾、述补、定中偏正四种结构的松紧度大致表现如下：

主谓 ＞ 述宾 ＞ 述补 ＞ 定中偏正

在 8 个两分等级序列中，有四个涉及并列结构。且并列结构的表现都与偏正类似，处于比较紧密的一头。但在永春话中，由于考察的不是两字组，因此并列结构只有分读，没有连读例，如：多|快|好|省。这与上述等级中的并列结构表现截然不同。造成两字组中并列结构表现不一的原因，主要是因为两字组是比较容易成词的结构，并列结构的两字组常常会被理解为词，因此采取了紧的连调方式。而从永春话的表现可以看出，真正的并列结构，可能成分间结合是并不紧密的。

武义（傅国通 1984）、忻州（温端政、张光明 1995）、中宁等地的方言中两字组并列结构的表现证明事实的确如此。例如在武义话中，当“酱油”指两种东西时，不变调，当“酱油”指一种东西时，变调。忻州话中，阴平＋上声，上声＋上声，属于并列式的和动宾式一样，一般不变调。例如“瓜果”，而去声＋阴平中，动宾一般不变调,并列的却有变调例,如“弟兄”。中宁话中,并列结构既有读成连调乙的,也有读成连调甲的,读何种连调主要也是根据语义整合度的高低。语义整合度高的读连调乙,例如“案板、道理”,语义整合度低的读连调甲,如“风雨、牛羊”。

因此,对于并列结构的松紧度,我们认为不能简单根据上述二分等级得出简单结论。

4. 余论:假例外与真例外

虽然我们选取两字组的连读变调作为考察对象,意在使问题单一化,避免结构以外其他因素的干扰,但是由于连读变调问题本身的复杂性,仍然存在一些例外。

我们将这些例外分为真假两类。

在丹阳方言(吕叔湘,1993)中,主谓、述宾、状中和述补字组一般不变调,但也存在少量发生变调的例子,意义往往已经专门化,如:

随^{4} 便^{1}→ 21　受^{4} 用^{1}→ 33　推^{3} 翻^{3}→ 21

这类例子,我们认为是假例外,意义专门化,是成分结合趋于紧密的一种表现,这正好说明连读变调与结构紧密度之间的正相关性。

但是,也的确存在一些真例外。例如忻州方言(温端政 1984)中,去声和阴平上、去声相连时,多数情况后字变 31,同阳平调。如:

弟兄 ti53 ɕy $^{313}_{31}$　　丈母 tʂɛ53 mu $^{313}_{31}$

泥匠 ni53 tɕiɛ $^{53}_{31}$

动宾结构的，一般不变调，如：

称心 tʂʻəŋ53 ɕiəŋ313　　下课 xɑ53 kʻuɛ53

送礼 suəŋ53 li313

但有的偏正结构也不变调，如：

右手 iəu53 ʂəu313　　大衣 tɑ53 i313

对于这类例外，我们还没有找到很好的解释。

此外，还有一些方言，变调与否是仅根据是否述宾结构来区分的，例如赣语永新话（龙安隆，2006）、河北唐山话（李颖，2005）、山西洪洞（王惠临，2003）都是相同语音条件下，述宾结构不变调，非述宾结构变调。不过，上述唐山话和洪洞方言的研究者虽然指出变调和是否述宾结构有关，但提供的非述宾的语料却并不包含主谓式。因此，仅就他们提供的材料，无法判断是否主谓结构也如他们所说，会发生变调。

安徽宿松方言（唐爱华 2005）两字组的表现最为与众不同。在该方言中，当两字组结构为述宾时，首字都要轻读且变调；当两字组结构为非述宾时，则只有首字为上声才发生变调。这与我们见到的大多数方言的情况正好相反。对这一特殊现象，我们还没有比较充分的解释。根据宿松方言两字组的变调表现，我们假设宿松方言的两字组变调受到以下几个条件的制约，是下列几个条件优选的结果：

(1) 只能前字变调，后字不能变调；

(2) 前字为上声时必须发生变调

(3) 结构的辅助成分不能变调；

(4) 核心成分必须变调。

当然，这只是一个简单的假设。是否果真如此，以及是否还有其他原因,还需要做进一步的证明。

连读变调的表现与字组的使用频率、不同语音历史层次的留存、社会文化习惯等多种因素有关,这些都可能造成例外。也正因此,我们由连读变调归纳出来的各种结构之间的松紧序列,只可能是一种倾向性的结论。

附 注

① 下画线为笔者所加。

② 关于连读变调的分类,学者们各有不同的命名,但基本内容相似。例如,曹志耘(2002)将其分为语音变调、语法变调和语义变调。本文即采纳他的分类法和名称。刘俐李(2002)的语法变调与本文稍有不同。她所指的语法变调指的是通过变调表达一定的语法意义。而本文中的语法变调,她称为语法性变调。李小凡(2004)则是将2、3两类都归入音义变调中。

③ 北京话中两字组以上的连上变调,与句法结构的组织层次有关,如"小雨伞"是1+2的组合,既可读作323,也可读作223;"雨伞厂"是2+1的组合,只能读作223,不能读作323。对于这一问题,许多学者从多种角度进行过解释。不过,这与本文所说的"语法变调"并不是一回事。在两字组中,北京话的连上变调是不区分句法关系的不同,一律要变的。

④ 明代《翻译老乞大》和《翻译朴通事》的作者崔世珍(?—1542)及曲律学家王骥德(?—约1623)都记录了当时的官话上上相连前上变阳平的现象。(转引自刘俐李,2002)

⑤ 吕叔湘(1993)认为,"以一定语法关系组织在一起的几个字,就叫作'字组'。字组不等于'词',例如'大风、好人'都是字组,但不是词"。邓思颖先生曾向笔者指出,两字连调的调查方法可能会影响到调查结果,例如调查"头疼"这个两字组时,如果不给出具体的使用环境,既可以指一种"生理上的疼痛",又可以理解成"难办,麻烦"。前者仍是语,后者已成词,变调情况可能大相径庭。发音人当时的理解,将直接影响到对这个两字组变调情况的记录。我认为邓先生的说法是很有道理的,最可靠的办法,是在对某些用例的变调情况进行核实。但是受笔者能力和精力所

限，目前这个工作尚未进行。不过，在方言调查中，调查者对于连读变调的考察，往往是以字组为单位进行，并不区分词和语的不同。这样做的原因，我想可能是因为对语音变调而言，成词与否并不影响变调的结果。而对语法变调来说，虽然词和短语比起来内部更加紧密，更容易发生变调，但是词和短语也并非变调与否的本质分界。例如，在丹阳方言中，“好人、东门”之类的两字组虽然都不是词，但同属偏正结构，都要发生变调。而在后文中则会看到，山西临县方言中的“入学”，闽语绍武话中的“翻脸”，都是词，但因为是动宾结构，所以都不发生变调。基于此，我们认为，此处使用两字组连读变调的例子，不区分词和短语，大致上并不会影响文章的整体结论。后文中我们还用到海丰话和永春话非两字组的材料。从那些都是短语的例子中，我们也看到和两字组趋向一致的连调表现。这些例子，也可以为两字组的结果做出印证。

⑥　在这些方言中，述宾和偏正结构变调的情况稍微复杂一些。一般来说，述宾与偏正结构变调的不同分为两种情况。一种是都变调，但变调规律不同。另一种是动宾不变调，而偏正变调。这两种情况，又与各自的语音条件相关。不过，这种复杂的情况，并不影响我们的总体结论。因为虽然从前一种材料中难以看出哪种结构更加松散，但是后一种材料，仍能说明动宾与偏正在结合松紧度上存在差异。

⑦　文中指出，这种变调不很稳定，有的词有时不变，似乎没有规律，主要看讲话人的习惯以及语言环境而定。《福建省志·方言志》中讲到绍武话的变调时也指出连读变调发生在口语快说时，着意念词表则不变调。但是这一现象，并不影响本文所列出的等级。

参考文献

曹晓燕　2005　《无锡方言两字组连读变调》，《吴语研究》，上海教育出版社。

曹志耘　2002　《南部吴语语音研究》，商务印书馆。

陈章太　1991　《绍武市内的方言》，《闽语研究》（陈章太、李如龙著），语文出版社。

傅国通　1984　《武义方言的连读变调》，《方言》第2期。

胡明扬　1959　《海盐通元方言中变调群的语法意义》，《中国语文》第8期。又见于《胡明扬语言学论文集》，商务印书馆2003年版。

李　倩　2001　《中宁方言两字组的两种连调模式》,《语言学论丛》第24辑。
李如龙　1999　《论汉语方言语音的演变》,《语言研究》第1期。
李如龙、周长楫、林宝卿　1998　《福建省志·方言志》,方志出版社。
李小凡　2004　《汉语方言连读变调的层级和类型》,《方言》第1期。
李　颖　2005　《唐山市区方言连读变调研究》,河北师范大学硕士学位论文。
梁　磊　2004　《汉语中和调的跨方言研究》,南开大学博士学位论文。
林连通、陈章太　1989　《永春方言志》,语文出版社。
刘俐李　2002　《20世纪汉语连读变调研究回望》,《南京师范大学文学院学报》第2期。
龙安隆　2006　《赣语永新话的两字连读变调》,《方言》第1期。
吕叔湘　1993　《丹阳方言语音编》,语文出版社。
钱乃荣、游汝杰　1983　关于苏州方言连读变调的意见,《方言》第4期。
钱乃荣　1992　《当代吴语研究》,上海教育出版社。
沈　同　1981　老派上海方言的连读变调,《方言》第2期。
唐爱华　2005　《宿松方言研究》,中国社会科学出版社、文化艺术出版社。
王福堂　1999　《汉语方言语音的演变和层次》,语文出版社。
王惠临　2003　《汾河流域方言的语音特点及其流变》,中国社会科学出版社。
王晓君　2004　《赣语新余方言研究》,上海大学硕士学位论文。
温端政、侯精一　1993　《山西方言调查研究报告》,山西高校联合出版社。
温端政、张光明　1995　《忻州方言词典》,江苏教育出版社。
吴为善　1989　《论汉语后置单音词的粘附性》,《汉语学习》第1期。
吴为善　2006　《汉语韵律句法探索》,学林出版社。
徐通锵　1990　《结构的不平衡性和语言演变的原因》,《中国语文》第1期。
徐通锵　2003　《音节的音义关联和汉语的变音》,《语文研究》第3期。
许宝华、汤珍珠　1988　《上海市区方言志》,上海教育出版社。
许宝华、汤珍珠、钱乃荣　1981　新派上海方言的连读变调,《方言》第2期。
杨必胜、陈建民　1981　《海丰话语句中的声调问题》,《语言学论丛》第7辑,商务印书馆。
叶　军　2001　《汉语语句韵律的语法功能》,华东师范大学出版社。
张成材　1990　《商县方言志》,语文出版社。

张盛裕　1979　《潮阳方言的连读变调》,《方言》第2期。

张盛裕　1980　《潮阳方言的连读变调(二)》,《方言》第2期。

章建芬　2004　《缙云方言研究》,上海大学硕士学位论文。

周明强　2002　《句子的停延和句法结构的关系》,《语言教学与研究》第3期。

朱德熙　1982　《语法讲义》,商务印书馆。

Lu, Bingfu & Duanmu San(陆丙甫、端木三) 2002 Rhythm and Syntax in Chinese: A Case Study, *Journal of Chinese Language Teachers Association* 37.2:123—136.

Yue-hashimoto, Anne O(余霭芹) 1987 Tone Sandhi Across Chinese Dialects, The Chinese Language Society of Hong Kong (ed.), *Wang Li Memorial Volumes*, Joint Publishing Co.

(原载《语法研究和探索》(十四))

汉语主观量表达的语序手段*

李　善　熙

（韩国　启明大学　人文国际学院）

提要　“主观量”是语言的主观性在量范畴上的具体体现。主观量总是和期待量相关。无标记的语序代表说话人和听话人对语序的正常期待，有标记的语序则偏离了这种正常期待，因而会引起主观量的产生或改变。正常期待和偏离正常期待是语序变化引起主观量表达变化的根源。语序与主观量的关系主要包含两种情形：语序的颠倒引起主观量大小的颠倒；语序的变化引起主观性程度的变化。在可以采用无标记语序的情形下，说话人采用了有标记的语序，其用意或者是把主观量的正常表达颠倒过来，或者是增强主观量表达的程度。

1. 语序的变化引起主观量的变化

(1) a.（湖南人）不怕辣

b.（四川人）辣不怕

c.（云南人）怕不辣[①]

这是来自爱吃辣的三个有代表性地区的人争说自己家乡人最不怕辣。三句话用的语词都一样，但因语词的顺序不同，一句比一

---

* 本文由作者根据其博士学位论文《汉语“主观量”的表达研究》（中国社会科学院研究生院语言学系，2003 年）第四章“主观量表达的语序手段”改写而成。

句更强调了不怕辣。可见，语序也可以表达主观量。语序表达主观量主要有以下两种情形：一种是语序的颠倒引起主观量大小的颠倒；另一种是语序的改变引起量的主观性程度的改变。第一种情形的例子如下：

（2）a. 结婚就三十岁了。

b. 三十岁就结婚了。

"结婚"和"三十岁"的语序发生颠倒，主观量的大小相应地也发生了颠倒："三十岁"由主观大量变为主观小量。第二种情形的例子如下：

（3）a. 我有八百块大洋。

b. 我有大洋八百块。

正常的"数量＋名词"语序变为特殊的"名词＋数量"语序后，数量"八百块"带上了很强的主观性，就成了一个主观大量。

本文的目的一方面是尽量描写这种与语序有关的主观量表达，再一方面探寻其中的规律。其中的规律可以概括为：在可以采用无标记语序的情形下说话人采用了有标记的语序，其用意或者是把主观量的正常表达颠倒过来，或者是增强主观量表达的程度。

2. 语序的颠倒引起主观量大小的颠倒

2.1 "就"和"才"

"就"和"才"前后的词语调换位置，主观量的大小会发生颠倒。

（4）a. 结婚就三十岁了。（"三十岁"为主观大量）

b. 结婚才三十岁。（"三十岁"为主观小量）

（5）a. 三十岁就结婚了。（"三十岁"为主观小量）

b. 三十岁才结婚。（"三十岁"为主观小量）

“就”和“才”是主观量标记词,“就”是肯定性副词,是无标记项,表示主观大量;“才”是否定性副词,是有标记项,表示主观小量。(参看白梅丽 1987)[②]表示参照量的数量词语“三十岁”位于标记词的后面是无标记的语序,或者说数量词语受标记词管辖的正常语序是位于标记词的后面;“三十岁”位于标记词的前面是有标记的语序,或者说数量词语受标记词管辖的特殊语序是位于标记词的前面。“就”表主观大量和“才”表主观小量,这是就上述无标记的语序而言的。如果变为有标记的语序,“就”就变为表主观小量,“才”就变为表主观大量。按照标记理论,这种颠倒叫作“标记颠倒”。可以建立如下的无标记配对(参看沈家煊,1999:26):

无标记配对	无标记配对
主观大量	主观小量
无标记语序	有标记语序

2.2 “都”

就肯定句和否定句而言,前者是无标记项,后者是有标记项。这是因为,一般来说否定句总是预先假设肯定句所表达的命题内容。(参看 Givón,1979)

众所周知,语气副词“都”有“已经”的意思,如“都五点了”,这是主观大量。这是就数量词语位于标记词“都”的后面而言的,如果把数量词语移到标记词的前面,主观大量就变为主观小量,例如:

(6) a. 看完那本小说都两天了。(“两天”为主观大量)

　　b. 那本小说两天都看完了。(“两天”为主观小量)

上面两句是肯定句,如果把肯定句变为否定句,主观量的大小也发生颠倒:

(7) a. 看完那本小说都没两天。("两天"为主观小量)

b. 那本小说两天都没看完。("两天"为主观大量)

可见,肯定变为否定,正常语序变为特殊语序,这两者的功用是一样的,都能改变期待的方向,从而使主观量的大小发生颠倒。现在我们可以建立如下的无标记配对:

无标记配对	无标记配对
主观大量	主观小量
无标记语序	有标记语序
肯定	否定

"都"的情形还比较复杂:

(8) a. 他都跑过了 500 米。("500 米"为主观大量)

b. 他都跑不了 500 米。("500 米"为主观小量)

在肯定句里"500 米"是主观大量,而在否定句里"500 米"是主观小量。这符合肯定句表示主观大量,否定句表示主观小量的一般规律。这是数量词在"都"后出现的无标记语序。如果数量词出现在"都"前面,主观量大小保持不变,即原来是大量的还是大量,原来是小量还是小量。

(9) a. 他 500 米都跑过了。("500 米"为主观大量)

b. 他 500 米都跑不了。("500 米"为主观小量)

不过从我们的语感来看,后面这种表达的主观性更强一些,因为数量词语位于标记词之前是有标记的语序。这种改变主观性程度的情形将在后面再讨论。

陈小荷(1994:23)曾用"比例关系"说明前指"都"既可以表主观大量(6a),也可表主观小量(6b)。③

"都"前边的含数量词的体词性短语表示某种数量,"都"后边的谓词表示现实世界中的某种事件。如果数量越大,事件实现的可能性越大,则数量与事件成正比例关系;如果数量越大,事件实现的可能性越小,则数量与事件成反比例关系。如果存在正比例关系,则"都"前数量为主观小量;如果存在反比例关系,"都"前数量为主观大量。拿上例来说,(6a)距离越长,"他跑过"的可能性就越小,二者之间存在反比例关系,"500 米"是主观大量;(6b)则相反,距离越长,"他跑不了"的可能性也就越大,"500 米"为主观小量。

其实,"比例关系"的背后还是一个量级和期待量的问题。就上例而言,存在一个长跑距离的量级,比如〈……300 米,400 米,500 米,600 米……〉。然而(6a)"他 500 米都跑过了"说话人的期待量小于 500 米,"500 米"为主观大量。如果在量级中超过这一期待量则为主观大量,而且越靠右首,主观大量的语气越强。同理,(6b)"他 500 米都跑不了"中说话人的期待量大于 500 米,"500 米"为主观小量。如果在量级上低于这一期待量则为主观小量,而且越靠左首,主观小量的意味更突出。实际量与期待量的反差(不一致性)越大,主观性越高。总之,采用"期待量"和"量级"的概念可以对"正比例关系"和"反比例关系"做出统一的说明。

2.3 "够"

同样的现象还出现在"够"的语序颠倒上。在无标记语序,即数量词语出现在"够"的后面时,"够"表示主观大量,"不够"表示主观小量,这分别是"达到"和"不到"起作用的结果。例如:

(10) 这些大米够你们吃一个月。

　　　这些大米不够你们吃一个月。

这里的"够"表示对"量"的判断,句中可以加"在我看来"等表示判断的语句，即判断某量对做某种动作而言是个充足的量。

就肯定项“够”而言，语序的颠倒会引起主观量大小的颠倒，看下例：

(11) a. 我……一个人背十字架就够了，何必拉你陪绑……(陈建功、赵大年《皇城根》)

b. 去吃饭，然后逛逛夜市，买点东西——六块就够。(王朔《我是你爸爸》)

c. 这个林是没有什么逛头的，在林子里走一圈，五分钟就够了。(汪曾祺《安乐居》)

d. 电视机有十八英寸就够了，可一定得买彩色的……(陆文夫《清高》)

“一个人”“六块”“五分钟”“十八英寸”都出现在“够”的前面。它们表主观小量似乎是因为其后出现了“就”，不过这里的“就”都可以省略，省略后这些数量为主观小量没有变，可见这里的“就”是强调主观小量的而并非是决定表示主观小量的。但是，就否定项“不够”而言，语序的颠倒并不引起主观量大小的颠倒，例如：

(12) a. 一个小时不够看电影。

b. 三个人干活不够。

c. 买一双鞋五十块钱不够。

这里的“一个小时”“三个人”“五十块钱”仍然是主观小量。

表 1

够＋参照量		参照量＋够	
够 5 米长了。	主观大量	5 米长(就)够了。	主观小量
不够 5 米长。	主观小量	5 米长(还)不够。	主观小量

这就是说,语序颠倒引起主观量颠倒的变化本身是一种无标记的变化,它只在无标记的肯定句(“够”句)中发生,不在有标记的否定句(“不够”句)中发生。我们因此可以进一步建立如下的无标记配对:

无标记配对	无标记配对
肯定	否定
主观大量	主观小量
无标记语序	有标记语序
标记颠倒	标记不颠倒

2.4 “还”

“还”表示主观量时也会发生主观量大小的颠倒。胡树鲜(1985)举出如下两组“还”前后的两个数量成分颠倒的例子,认为意思正好相反,例(13)这组表示“用得省”,而例(14)这组表示“用得费”:

(13) a. 一个月还烧不了两吨煤。

　　 b. 三天还吃不了两斤米。

(14) a. 两吨煤还烧不了一个月。

　　 b. 两斤米还吃不了三天。

“还”还可以由“也”或“都”来代替,句子的意思基本不变。这里的“用得省”和“用得费”其实就是主观量在这些句子中的具体语用意义。以“一个月还烧不了两吨煤”为例,“用得省”是说时间长而烧得少,这说明“一个月”为主观大量,“两吨煤”为主观小量。相反,表示“用得费”的“两吨煤还烧不了一个月”是说煤多而烧的时间却很短,“两吨煤”成为主观大量,“一个月”成为主观小量。同样的“一个月”在例(13)中是主观大量,在例(14)中是主观小量。这种主观量大小的颠倒也是语序颠倒造成的。两组一样，"还"前面的数量都是主观大量，而后面的数量都是主观小量。但是这些句子都是否定句，如果句子改用相应的肯定句，情况会相反，先看下例：

（15）a. 一个月还烧了两吨煤呢。

b. 三天还吃了两斤米呢。

（16）a. 两吨煤还烧了一个月呢。

b. 两斤米还吃了三天呢。

肯定句中"还"经常和"呢"一起出现，构成"还……呢"格式。这时，主观量的大小正好与否定句相反，"还"前的数量为主观小量，而其后的数量为主观大量。如果考虑到肯定句是无标记项，否定句是有标记项，再考虑到"还"的无标记语序是位于数量词语之前，这是再自然不过的了。还有一种情况，两个数量还可以都出现在"还"前：

（17）a. 两吨煤一个月还烧完了呢。

b. 两吨煤一个月还烧不了呢。

顺序还可以颠倒，如：

（18）a. 一个月两吨煤还烧完了呢。

b. 一个月两吨煤还烧不了呢。

这只是"话题化"或"次话题化"的语序变化，"两吨煤"临时移到句首或谓语动词前变为话题或次话题，但是这样的用法还没有语法化，因此不会引起主观量大小的颠倒，最多只是改变主观性的程度而已。

以上是"还"前后出现了两个数量的情况。其实，句中只出现主语或宾语一个数量，或在"还"前或在其后，情况也是相同。也就是，在无标记的肯定句中，无标记位置的数量为主观大量，如"她还抬得动五十斤”的“五十斤”;有标记位置的数量为主观小量,如“三个人还抬得动呢”中的“三个人”。在有标记的否定句中,情况正相反,这与“都”的标记颠倒是一致的。比如,“她还抬不动五十斤”和“三个人还抬不动”。“还”在这里的作用就是表示意料不到或反预期(counter-expectation)结果的出现。这一点,从“还”经常与“竟然”“居然”“没想到”等表示出乎预料的词语同现这一事实中也可以得到证实:

(19) 一个月竟然/居然还烧不了两吨煤。

(20) 没想到一个月还烧不了两吨煤。

正因为有了这种主观估计和客观结果之间的反差,我们往往就此产生某种主观评价。而且,这一评价不仅表示“省”或“费”,在不同语境中,还可以表示“称赞”“惊讶”“怀疑”“谴责”等多种语气。

2.5 数量与否定词的语序颠倒

陆俭明(1991)曾敏锐地观察到,时段时间词做状语有否定式和肯定式两种,否定式表示从上次行为动作结束后到说话时为止已间隔了多长时间,含有言其经历的时间太长的夸张语气。如:

(21) a. 三天没有去。

a'. (这个戏)三年没有演了。

b. 两天没来电话了。

b'. 两个小时没有通话了。

肯定式正好相反,表示事情经历的时间有多长,含有言其经历的时间短的意思,如:

(22) a. (这本书)三天就看完了。

a'. (整个手术)两个小时就完成了。

b. 半个小时就烤熟了。

b'. 四十五分钟就完成了答卷。

也许有人会认为，这些句子表示主观大量和主观小量只是因为句中分别有“了”和“就”。其实不是，即使去掉“了”和“就”，句中的时段仍然是主观大量和主观小量，只是主观性的程度低一些而已。例如否定句：

(23) a. 三天没有去。

b.（这个戏）三年没有演。

再如肯定句：

(24) a.（这本书）三天看完了。

b.（整个手术）两个小时完成了。

这些例子都是用来表示已然事件的，所以肯定句不能省略“了”，否则句子就不成立或不表已然。上述现象可以概括为：时段时间词出现在谓语前，肯定句表示主观小量，否定句表示主观大量。陆先生的这一观察是正确的，问题是为什么是这样？

在一般情况下，句子为肯定形式时，句中数量为主观大量，句子为否定形式时，句中数量为主观小量。但这是就无标记的语序而言的。当数量在意念上受谓语管辖时，汉语无标记的语序是数量词语位于谓语的后面。我们把上面例子中的时段时间词移到谓语后边的无标记位置，结果就符合一般规律，肯定句还是表主观大量，否定句表主观小量。例如否定句：

(25) a. 没去三天。

b.（这个戏）没演三年。

再如肯定句：

(26) a.（这本书）看完三天了。

b.（整个手术）完成两个小时了。

否定词后面出现的时段时间词的意思,正如沈家煊(1999:107—108)指出的,是“接近这个数量而没达到”,如“没学三个小时”是说学了接近三个小时而不到三个小时的意思。段志平(2002:12)也曾说,约量时间词前面加否定成分,表示说话人把时间往少里说的意味,如“没过多久、没去多久、没去一会儿”;确量时间词前面加否定成分表示时间量的不及,如“没去三天”是指只去了两天或一天。他们说的“不到”“不及”都是本文里跟表示主观小量有关的重要概念。换句话说,正因为数量前的否定词含有“不到”的意思,所以数量有主观小量的意味。这是对量的部分否定。数量移到否定词前是正常语序的颠倒,主观小量也就变成主观大量。这时,否定的量也发生了变化,部分否定变为完全否定,如“三个小时没学”是否定全部三个小时的意思。对一定量的完全否定容易产生主观大量的意味,如当我们听到“三个小时没有睡觉”这句话的时候,会觉得“三个小时”为大量;相反,对一定量的部分否定容易让我们产生主观小量的意味,如,当我们听到“睡了没三个小时”时会觉得“三个小时”为小量。因此可以建立如下的无标记配对:

无标记配对	无标记配对
部分否定	完全否定
主观小量	主观大量

数量词在否定词后面是无标记语序,但却表示主观小量,这是因为包含否定词的句子本身是有标记的否定句。因此这一现象不但没有违背我们前面提出的一般规律,而且是跟提出的规律完全吻合的。但当数量为表极小的“一”时,情况有所变化。李宇明(2000:200)认为,“一量+否定”和“否定+一量”有变换关系,例

如：

（27）他今天几乎一句话都没说。

（28）傅金香暗叫惭愧，坐在摊后半晌没说一句话。

上例中“一句话都没说”和“没说一句话”语义相当，可以变换。他认为“否定＋一量”和“一量＋否定”都是强调格式，但后者的强调程度高于前者。至于其原因是什么，文中没有做出解释。我们知道，量级上否定最小量等于否定全量，肯定最大量等于肯定全量。这是自然语言的肯定否定规律。（参看石毓智，1992）这里所说的“一量＋否定”和“否定＋一量”涉及的是前一种，比如“她不肯吃一点东西”同“她一点东西不肯吃”一样，都意味着她不肯吃所有的东西。“一点”在否定词前和否定词后都表示全量否定。其实，“一”在否定词后可以是全量否定也可以是部分量否定，存在扭曲关系。例如“她这次去香港没有买一件衣服”，全量否定的意思是连一件衣服也没买，部分量否定的意思只是她没有买一件衣服。

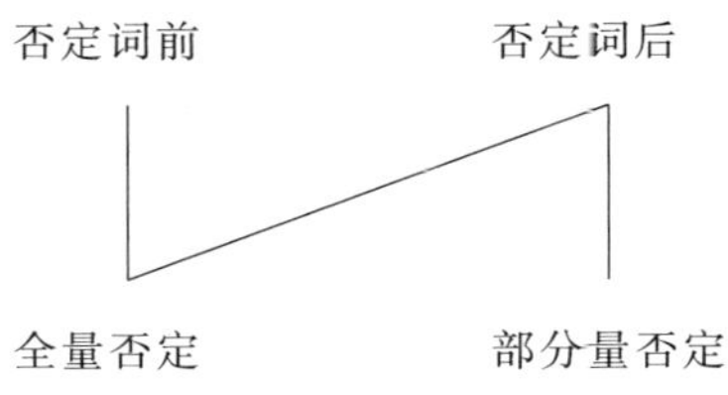

然而，数量词在否定词后的无标记否定是部分否定；表示全量否定是特殊的有标记否定。这就解释了前面说的“否定＋一量”与“一量＋否定”的强调程度的差别。这是因为“否定＋一量”还有否定部分量的意思并且这是无标记否定，相对只表示全量否定的“一量＋否定”而言，强调否定的程度自然要弱一些。（参看沈家煊，1999：106）

3. 语序的改变引起主观性程度的变化

无标记的语序变为有标记的语序还可以起到深化主观性程度的作用,使主观大量变得更大,主观小量变得更小。这种程度深化的主观大量我们称之为"元"主观大量,因为它属于"语言量",是对语词表达的量的主观态度。

3.1 名词与数量的语序颠倒

这一节我们要讨论"名词＋数量"格式表示主观量的问题。现代汉语名词与数量词的无标记顺序是数量在前,即"数量＋名词"。胡附(1984)认为,名词在前的有标记情况有两种:

第一种是列举事物的时候,如"我买了白菜一斤,猪肉一斤";第二种是加强语气的时候,如"再这样下去是死路一条!"。对此,储泽祥(2001)又加上一种,即在凸显数量时数量也可以后置。他指出,由于频繁使用常规语序"名词＋数量",交际双方"司空见惯""习以为常",于是说话人为表达突出的信息要用反常规"名词＋数量"语序。也就是说,"名词＋数量"主要是说话人为引起听话人的注意而采取的变序手段。这个观点是正确的,但也有一点可以进一步探讨。储文将"名词＋数量"格式分为数量为"一"的和不限于"一"的两类:前者数量的地位削弱,凸显的是名词所负载的属性信自;后者凸显的是数量,强调数量多或少。从这一点可以看出,他认为表示主观量主要是后者(强调数量)的功能。表示主观量的例子如下(转引自储泽祥,2001:412):

(29) 他叼着烟卷儿大摇大摆涉过冰河,一步步走到螃蟹李面前,哗哗啦啦递上来二十块银洋。螃蟹李面无血色,伸手去接。阎二敢突然缩手回去,咬牙切齿看螃蟹李,一板一眼说，咱们赌一赌这冰河吧。你要是胆敢过河跑到对岸，我输你大洋八百块。

（30）厂里现在一分钱也没有，只有地皮一块，又是国有资产，我不好动的。

第一例“二十块银洋”和“大洋八百块”前后对比，说话人用颠倒语序来表示“八百块大洋”数量多。第二例是强调数量少，把“一块”放在焦点位置，与前边的“只有”形成呼应。用我们的话来说，前例表示主观大量，后例表示主观小量。

这里“名词＋数量”语序的主要作用是表示“强调”主观量，也就是使主观大量或主观小量更加凸显化。上例“大洋八百块”因为与前面的“二十块银洋”形成对比④，所以主观大量的程度更深。“地皮一块”因为与前面的“只”字连用，所以主观小量的程度更深。去掉“只”主观小量的意思就大大减弱，如果仍然有，这是因为与前小句中的“一分钱也没有”形成对比造成的。总之，语序颠倒后，其主观大量和主观小量的意思更加明显，也就表示元主观大量。

“名词＋数量”语序表示元主观大量这一语义性质同样可以说明数量为“一”的情况。储文正确地指出，从信息量的角度看，数量“一”要低于名词，采用“数量＋名词”语序容易导致在说话人心目中数量地位的进一步减弱。但是他又说，根据认知语言学的顺序象似原则，说话人先把认为信息量高的，对听话人而言预测度较低的信息说出来。这样的解释会有问题。因为实际情况是说话人经常把自己认为信息量高的词语放在最后说出来，句子的语义重心一般在句末。语义重心在句末是无标记的语序。如果用有标记语序来解释就不成问题，说话人在可以采用无标记语序的情形下采用了有标记语序是为了表达一种元主观大量。下面举一个生活中常见的例子来说明这一点。我们在餐厅吃饭点菜的时候一般用的是“数量+名词”的无标记语序。例如：

(31) 小林马上掏出一块五,递给摊主:“来一碗炒肝!”(刘震云《一地鸡毛》)

有意思的是,当餐厅的服务员把客人的话向里边的厨师传达的时候,一般就把顺序倒过来说“炒肝一碗”。下面客人与餐厅的服务人员的一段对话正好证明了这一点：

(32) 客人1:吃什么呢?你简直没有主意。你就随便说一个,牛肉面吧。

服务员1:嗷,……牛肉面一碗……

厨师:牛肉早就没有了!要说多少次!

服务员2:嗷,……牛肉没有了……

客人2:那么随便吧,猪肝面吧。

服务员1:嗷,……猪肝面一碗,……

(汪曾祺《落魄》)

对顾客而言,说出菜名是最重要的,菜名的信息量高于数量,因此用“数量+名词”语序,而对餐厅的服务员和厨师而言,一旦客人点出菜名,对服务员而言菜名的信息地位就降低了,因此菜名脱离句末的正常凸显位置移到了句首。然而对厨师而言,强调菜名又是十分重要的,因此也需要将菜名移到有标记的句首位置来,实际这也是强调。从“数量+名词”变为“名词+数量”后,实际产生两种效果:一种是从凸显名词变为凸显数量;另一种是使已经凸显的名词更加凸显。当数量“一”的信息地位很低时,“名词+一量”就属于后一种情形,例如：

(33) 人称“呱哒板子”的是一个螳螂般长脖的中年人,一张嘴

一天到黑“呱哒”个不停，干起活儿来却是草包一个。（孙少山《八百米深处》）

（34）我算什么杰出？家庭妇女一个。（王朔《刘慧芳》）

（35）坐在去碱场的交通车里，有人说我是猪八戒挎腰刀，邋遢兵一个。（王小波《2015》）

储泽祥(2001:413—414)指出，正因为这些名词具有凸显的语义特点，能进入这种格式的名词一般属于基本层次范畴下面的范畴（下位层次范畴）。因为基本层次范畴表示的是基本类别，不包含具体的属性。包含具体属性的名词容易凸显，这是很容易理解的。正因为无标记语序的“一量＋名词”没有这种强调功能，需要强调其属性时，前面要加上表强调的词语。例如：

（36）我有什么可羡慕的，整个一个苦命人儿。（王朔《过把瘾就死》）

（37）搞得我呀，整个儿一个穷光蛋。（《编辑部的故事·谁是谁非》）

（38）这哪儿像领导干部，十足一个流氓嘛。（《编辑部的故事·侵权之争》）

上例中“一个”前的“整个（儿）”“十足”都是增强名词属性的词语，这些词语的功能可以由颠倒语序来代替，句子的意思基本相当：

（36′）我有什么可羡慕的，苦命人儿一个。

（37′）搞得我呀，穷光蛋一个。

（38′）这哪儿像领导干部，流氓一个嘛。

储文还指出，这种格式“总是把它所判定或评价的对象往小里[⑤]，差里、坏里说，至少也是表现所述的对象的不足，带有较强的感情色彩”。因此,正面义的词不能进入该格式,如“一个血性汉子,怎么一下子蔫了?”中的“一个血性汉子”不能换成“血性汉子一个”。出现在这种格式里的名词大多数都是表示反面意义的。

这一观察是对的,关键是为什么?从逻辑的角度来说,强调人的某种属性时,其属性可以是正面的也可以是反面的。然而,“名词+一量”格式明显倾向于表示反面意义,那是因为它有“程度深化”的元主观大量功能。具体来讲,上例中的指人名词在说话人心目中,对其属性而言都是具有较高程度的词语:(引自储泽祥,2001:413)

(39) 小毛孩子一个　　傻帽儿一个　　混蛋一个
书呆子一个　　臭流氓一个　　病秧子一个
俗人一个　　糟老头子一个　　神经病一个

可以看出,大部分名词都表示较明显的贬义,没有贬义的“家庭主妇”“孙子”“过客”在具体的语境中也含有贬义。正如储文指出:在“我算什么杰出?家庭妇女一个”里,“家庭妇女”让人们知道了说话者对自己属性的判定。这个名词在进入格式前在说话人心目中已经具有较明显的反面属性意义。因此,即使把语序倒过来说“我算什么杰出?一个家庭妇女”,反面意思还是没有变,但其反面程度明显减弱了。

可见,上述的“往小里、差里、坏里说”这一语义特点并不是因为语序的颠倒而产生的。语序颠倒的主要功能就是,强调名词原有的属性程度(深化其程度),使原有的属性更加显豁。那么,究竟是什么原因造成“名词+一量”格式中的名词大多都表示反面意义的呢?其实,这个问题不难回答。一般来讲,人总是向往好的而不向往坏的,好的是无标记的、正常的;坏的是有标记的、不正常的。

然而，不好的事情具有认知凸显性，容易成为社会关注的焦点。坏事比好事传得快，火灾、水灾、交通事故、杀人等事件总是比好的事件报道得多。对人也一样，坏人比好人显著，更具有属性特点，因而容易引起人们的注意，也容易成为我们强调或夸张的对象。我们认为，“名词＋一量”语序就是为满足这一表达需求而产生的。

3.2 时段词和“过去了”的语序

(40) a. 过去了三天。

b. 三天过去了。

“时段＋过去了”格式也可以看作是时段词从动词“过去了”后面移到前面变来的，这样看来它也是一种语序的颠倒现象。从逻辑的角度，这里的时段词可以是较短的量（秒、分、时，日），也可以是较长的量（月、年）。然而，我们在考察此格式后发现，这里的时段词多数为较大的量。下表以现代汉语文学作品和北京日报2001年版为语料，分别考察“秒”“分”“时”“天”“月”“年”等五个长短不同的时间单位进入这一格式的分布情况，结果如表2：

表2

	秒	分	时	天	月	年
现代汉语文学作品	0	2	4	8	5	39
北京日报2001年	0	7	19	23	29	92

从表中可以清楚地看到一种倾向，能进入这一格式的时段词大多数都是相对大量，“年”出现的频率最高。例如：

(41) 凶狠的家伙害怕我们把大青送走，就强调：必须见到狗尸才算数……三天过去了。（张炜《柏慧》）

(42) 十二小时过去了。双方僵持。二十四小时过去了，工作组劝阻无效。（邓贤《中国知青梦》）

(43) 一转眼十年过去了,唉,过去了十年。我们久已失却音信,忽然又在上海重逢。(李健吾《怀王统照》)

稍加注意就可以发现,这里的时段词都带有主观大量的意味,例(41)表示说话人认为“三天”长或至少不短,例(42)表示僵持的时间“十二小时”“二十四小时”长。这种格式往往与“一晃”“转眼”“一转眼”等表主观小量的夸张性词语同现,使后面的时段显得更长。如例(43),句中两种语序“十年过去了”和“过去了十年”都出现,而前一种语序“十年”和“一转眼”搭配,因而更加强调了时段长。如果倒过来说成“一转眼过去了十年”就不如原句自然,或者主观大量的意味减弱一些。

需要指出的是,即使是客观的时间量不长,而说话人感到长,那么也可以用这种格式,如:

(44) 不料,一两分钟过去了,那位的哥毫无动静。(北京日报 2001-01-25)

(45) 漫长的几分钟过去了,没有枪声,我悬念着的心才放下来。(郑义《枫》)

从客观上看“一两分钟”“几分钟”时间并不算长,但如在等人(或等人做什么)或者在医院、战场等特殊语境下,人们也会感到时间很长(或者至少不短)。如果变换成正常的“过去了+数量”语序,主观大量的意思就大大降低。试比较:

(44′) 不料,过去了一两分钟,那位的哥毫无动静。

(45′) 过去了漫长的几分钟,没有枪声,我悬念着的心才放下来。

正是由于这种格式有深化表主观大量的语义特点,所以客观上相对表大量的“年、月”比表小量的“秒、分”更容易进入这个格式。也正是由于这个特点，在文学作品中这个格式经常用来做情节或故事转折的开端。

3.3 “整整、足足、满满”的位置

这些主观量标记词离开无标记位置移到有标记位置之后，表示主观性的程度也会加深，看下例：

(46) “文化大革命”搞了整整十年。……“文化大革命”，整整耽误了我们十年时间。(邓小平《邓小平文选·第三卷》)

“整整”充当定语，直接出现在数量词语前，这是无标记的句法位置。如果“整整”前移到动词前充当状语，这是个有标记的位置，其表达主观大量的程度就得到加强。下面是引自李宇明(2000：156—158)的例子：

(47) 装了满满一车　　满满装了一车

躺了整整一天　　整整躺了一天

(48) 搬来刚五天　　刚搬来五天

隔着仅仅一层苇席　　仅仅隔着一层苇席

例(47)中的“满满”“整整”“足足”表示主观大量；例(48)中的“刚”“仅仅”表示主观小量。李文认为，这两组的每对例子(这些标记当定语的和当状语的)“在表义上可能有些许差异，但差异并不明显，多数情形下可以互换”。

它们之间的差异就是主观量程度的差异，这些词语充当状语时的主观量程度高于充当定语时的程度。这也反映了同一词语既可以充当状语又可以充当定语，前者的主观性比后者要高一些。这是因为，定语一般修饰名词性成分而状语修饰谓词性成分，然而谓词性词语的主观性比名词性高。

从另一个角度看，这一现象也说明句子外围成分的主观性一

般高于句中成分,这是因为外围成分更倾向于用来表达情态意义。看下例:

(49) a. 他觉得世界的确是变了。(老舍《火葬》)

b. 他觉得的确世界是变了。

c. 他的确觉得世界是变了。

d. 的确,他觉得世界是变了。

上例由(a)到(d)表示语气的副词"的确"由动词前的位置(句中)逐渐前移到句首(外围),在(a)中"的确"只修饰谓语部分"变了",而在(d)中则修饰整个句子"他觉得世界是变了"。可以看到,(d)说话人的肯定态度远高于(a),也就是(d)的情态义最高。下面三句"足足"越往前移表主观量的强度越大:

(50) a. 但这回却在羊角坞滞留了足足五天。(廉声《月色狰狞》)

b. 但这回却在羊角坞足足滞留了五天。

c. 但这回却足足在羊角坞滞留了五天。

单音形容词在句中的位置变化也可表示主观性的程度不同,看下例:

(51) a. 一笔大钱　　一块大蛋糕

b. 一大笔钱　　一大块蛋糕

"大"在这里都表示主观大量,但句法位置不一样,主观大量的程度也不同:在(a)中"大"出现在数量结构后名词前,(b)中"大"往前移到量词前,后者的主观性程度明显高于前者。(c)则"大"移到动词前充当状语,主观性程度更高。这也是由上述原因造成的,因此下面二例中"大"的主观大量义逐渐增加:

(52) a. 他去年赚了一笔大钱。

b. 他去年赚了一大笔钱。

c. 他去年大赚了一笔钱。

3.4 动宾句和把字句

一般认为把字句是动宾句的宾语移到了动词之前，把字句是有标记语序。这种语序变化有时也造成量的变化，例如：

(53) a. 他喝了汤了。

b. 他把汤喝了。

(a)一般理解为他喝了一些汤，"汤"是部分量，(b)要理解为他把汤全都喝了，"汤"是完全量。不少学者如戴浩一(Tai，1984)、孙朝奋(Sun，1996)、张伯江(2000)等都已说明，跟相应的动宾句相比，把字句的语法意义为表示"完全受影响(total affectedness)"。拿上例来说，(a)句后可以加小句"可是没喝完"，而(b)句则不能加。Goldberg(1995)指出，这种"完全受影响(或强影响)"的语义是句式带来的。这一意义可以从"认知语言学"提出的"邻近便是影响力的加强"(Lakoff & Johnson，1980)这一原理中得到解释，具体说把字句的宾语更贴近主要动词，受的影响更完全。然而，这种解释的问题在于有的把字句明明是表示宾语部分受影响，请看下例：

(54) a. 我洒了一半酒。

b. 我把酒洒了一半。

上面所说的"部分"和"全部"都是从客观量着眼的，其实把字句的一个重要的语义特点是表达主观量。"一半(酒)"虽然客观上是个部分量，但如果说话人主观上认为他洒得多了就采用(b)句式，带有主观大量的意味。这说明把字句的"完全受影响"主要是由说话人判定的，具有较强的主观性。把字句能表达主观量这一点已在沈家煊(2002)中得到了充分的论证。这种主观量还跟说话人的“移情”有密切关系，即说话人对把字宾语所表达的事物及其量寄予一种感情。比如沈文指出，下列句子中的把字宾语带有“些”“几”等表示主观小量的词，相当于英语的 little 或 few：

(55) 将些衣服金珠首饰一掳精空。(《儒林外史》)

(56) 把几个零钱使完了。(《儿女英雄传》)

动词和宾语的语序变为有标记语序之后带有主观量义，这种情形具有一定的普遍性，一个典型的例子是英语中所谓的“处所交替动词”(locative alternation verb)，如 load、spray、pack、stuff、clear、drain 等。下面例子引自 Jackendoff(1990)：

(57) a. Bill loaded hay onto the truck.

b. Bill sprayed paint into the wall.

(58) a. Bill loaded the truck with hay.

b. Bill sprayed the wall with paint.

跟例(57)相比，例(58)的处所 the truck、the wall 都具有“完全受影响”的意思，相应的动作有“完全”(complete)或“完成”(perfective)的意思。因此，其宾语 hay、paint 不能受表示部分量的 some 修饰，例(56)则没有此限制。例如：

(59) Felix loaded some books onto the truck.

(60) Felix loaded the truck with *some books.

这种由语序引起的语义差异在一些表示特殊动作状态的动词中尤为明显：

(61) a. Bees swarmed in the garden.

b. The garden swarmed with bees.

(b)句里 the garden 和 the floor 有“充满”的含义。重要的

是,"完全受影响"的含义是主观移情的结果,"完全"是主观量,也不一定完全是客观性的。正如 Jackendoff 指出的,这种语义的差异是有关概念结构的差异,而不是传统所说的语义结构的差异。

附　注

① 转引自刘焕辉(2001:70)。

② 这只是粗略的说法。严格的说法是,无标记项"就"既能表主观大量又能表主观小量;有标记项"才"只能表主观小量。

③ 李宇明(2000:126)用的是"依变关系""正依变关系""反依变关系",分别对应于陈先生的"比例关系""正比例关系""反比例关系"。

④ 这种由量对比形成的主观量,李宇明称之为"感染型"主观量。

⑤ 这个"往小里"说不要和程度上深化主观小量,相混淆二者属于不同的层面。前者是主观小量,后者是主观大量。

参考文献

陈小荷　1994　《主观量问题初探——兼谈副词"就"、"才"、"都"》,《世界汉语教学》第 4 期。

储泽祥　2001　《"名+数量"语序与注意焦点》,《中国语文》第 5 期。

胡　附　1984　《数量和量词》,上海教育出版社。

胡树鲜　1985　《略析一类表"省"或"费"的句子》,《语言教学与研究》第 1 期。

李宇明　2000　《汉语量范畴研究》,华中师范大学出版社。

刘焕辉　2001　《言与意之谜——探索话语的语义迷宫》,中国社会科学出版社。

陆俭明　1991　《现代汉语时间词说略》,《语言教学与研究》第 1 期。

沈家煊　1999　《不对称与标记论》,江西教育出版社。

沈家煊　2002　《如何处置"处置式"?——论把字句的主观性》,《中国语文》第 5 期。

石毓智　1992　《肯定和否定的对称与不对称》,学生书局(台北)。

殷志平　1996　《试论"一 V 一 V"格式》,《中国语文》第 2 期。

张伯江　2001　《被字句和把字句的对称与不对称》,《中国语文》第6期。

Bybee, Joan, Revere Perkins, and William Pagliuca　1994　*The Evolution of Grammar: Tense, aspect, and modality in the languages of the world*. Chicago: The University of Chicago Press.

Givón, Tamly　1979　*On Understanding Grammar*. New York: Academic Press.

Goldberg, Adele　1995　*Constructions: A construction grammar approach to argument structure*. Chicago: University of Chicago Press.

Jackendoff, Ray　1990　*Semantic Structure*. Cambridge: The MIT Press.

Lakoff, George & Mark Johnson　1980　*Metaphors We Live By*. Chicago and London: The University of Chicago Press.

Tamly, Leo　2000　*Toward a Cognitive Semantics*, vol.1. Cambridge: The MIT Press.

（本文系首次发表）

当功能遇到认知：两种概念系统的貌合神离*

刘丹青

（中国社会科学院 语言研究所）

提要 本文指出语言学文献常用的“凸显”(prominent,salient)和“背景”(background,ground)等术语在功能语法和认知语法中有很不一致甚至相反的解读,其根本原因在于功能语法和认知语法在学术范式和方法论上的深刻差异,即关注实际言语交际活动和语篇规律,还是关注语言活动背后的内在认知能力和规律。总体上,认知的凸显主要反映说话人的关注点,可以表述为话题性、可及性,它与句法关系等级大体一致,与名词短语可及性等级序列基本成正比,句法等级越高越凸显,但与重音模式基本相悖;而功能语法的凸显度,主要由交际功能和信息量决定,可以表述为焦点、聚焦等,它与焦点重音模式基本一致,越优先得到重音越凸显,但与句法等级基本相悖,一般是内嵌越深越凸显、越是从属成分越凸显。在此基础上本文分析了认知语法“图形-背景”学说存在的一些问题。

* 本文为中国社会科学院重点课题“语言库藏类型学”和创新工程项目“汉语口语跨方言调查与理论分析”的部分成果。承同事方梅教授通读初稿多所教正,唐正大、王芳、高再兰、白鸽和盛益民博士等提出有益意见。曾先后在第四届两岸三地现代汉语句法语义研讨会(香港理工大学 2013.12)和第二届语言中的显著性和局部性国际学术研讨会(北京语言大学 2013.12)上宣读,获陆俭明、石定栩、蔡维天、潘海华、蒋严、胡建华诸教授指正。博士生戴燃提供了文献方面的帮助。匿名审稿专家也提出了非常有益的修改意见。谨向以上各位深致谢意。尚存问题均由笔者负责。

1. 引言:功能语法和认知语法的基本分野

在当代语言学的文献包括中文的汉语研究文献中,有一些与功能认知有关的术语频繁出现,例如"凸显"(prominent, salient),"背景"(background, ground),但其确切的含义并不一致,有时概念貌似相同而实际所指迥异甚至相反。

我们发现,这些分歧的根本原因在于功能语法和认知语法在学术范式和方法论上的深刻差异,而这些概念的使用者(包括以往某些拙作)往往对此习焉不察。梳理辨析这些貌合神离的概念,不但能帮助我们准确地理解文献的学术含义,避免误解和错用,而且我们可以从功能学派和认知学派一些难以调和的概念冲突中察觉当代语言学家必须面对的一些根本性的理论问题。

讨论这个主题,还得从形式和功能的根本对立谈起。

当代语言学最大的学派分野是形式和功能。与形式派相对的功能学派,是广义的功能学派。广义的功能学派中,包含了认知学派。有时,广义的功能学派也称功能-认知(或认知-功能)学派。

在广义功能学派内部,与认知学派相对的是狭义的功能学派。

以生成语言学为代表的形式学派和(广义)功能学派在语言观上存在根本的对立。形式学派相信人的语言能力是先天存在的,是独立于其他心智能力的,因此句法是自主的,语言学家应该对语言系统本身进行研究。广义功能学派相信,人的语言能力与人的一般智力是一致的,是人类的一般智力在语言活动上的体现。句法不是独立存在的,不是自主的,而是人运用一般智力在交际和认知活动中逐渐形成的,句法规则反映了交际规则和认知规则,语言学家应该结合人的交际活动和认知活动来研究语言。

本文的关注点不是形式和功能的对立,而是狭义功能学派和认知学派的对立。虽然功能学派和认知学派都建立了成体系的理论,意在提供对语言机制包括言语单位的生成产出和理解各个环节的系统性解释,两者在共同的语言观下也有不少交叉的领域和共同的认识。但是,在实际的理论体系和研究实践中,两者关注的重点还是有很大的不同,上一段中讲到的"交际"和"认知",大致就是这两个学派的根本差别所在。

结构主义时期的布拉格学派可以视为功能学派的一个主要先驱,它的显著特点就是对交际活动和能力的关注,注重语篇在语法研究中的重要性。而以美国西海岸功能学者 T.Givón, S.Thompson 等为代表的功能学者,传承发展了重视交际功能、话语篇章的语法研究范式,可以视为与形式语法显著对立的功能语法的代表,也是本文所取的狭义功能语法的代表。其方法上的最大特点是反对仅凭内省语感构建句法规则,相信句法规则是交际规则或语篇规则凝固化的产物,因而注重从真实语篇中的组织规律中发现语法规律,重视语篇的种类(或语体,实即交际行为的种类)对语法的影响。其他功能学派,如欧洲 A. Martinet, S. Dik 等各自建立的功能语法理论,Halliday 创立的"系统功能语法"(Systemic Functional Grammar)等,都在不同程度上有重视交际行为和真实语篇的倾向。

认知语法以 R. Langaker, G. Lakoff、L. Talmy 等人的理论为代表,也包括在认知语法框架下形成的构式语法等学说。其特点是以人的认知能力和认知规律为背景来探讨语法的内部结构和由来。与语言有关的人的认知能力涉及学习、记忆、注意、理解、激活等与语言的编码和解码有关的能力。

也有一些学说与功能和认知分别关注的两种侧面都有关系，例如在构式语法中发展起来的基于用法(usage-based)的构式语法(如 Bybee 2006)。构式语法的理论框架主要孕育于认知语法，而基于用法的构式观又与功能语法注重语篇的理念非常一致。

人的交际活动离不开认知能力的介入。例如，话语的编码过程，就涉及从大脑中提取需要的词语和句法规则的认知功能，而很多体现认知能力的言语行为，也要在实际交际或语篇中才能展示出来。但是，由于关注的角度不同，狭义的功能语法和认知还是在研究范式和思路上呈现出一系列非常显著的区别，并导致对一些共享或相近概念的解读失之毫厘，差以千里。本文试根据我们的一点理解对此做些简略的对比和概括。下文提到的功能语法，主要就指注重语篇分析的狭义功能语法。

2. 功能语法和认知语法的主要差异

2.1 动态和静态

功能语法关注言语交际的实际进程，是一种动态的(dynamic)、在线(on-line)的视角；认知语法更关注各级语言单位在大脑中的存在状况，包括记忆、储存、激活度等状况，是一种偏于静态的视角。

功能语法眼中的句子，是在话语推进中出现的语言单位，不管是独白体语篇还是对话体语篇，句子及其组成方式总是与语篇的推进状况密切相关，因此句子只有放在语篇的推进过程中去考察才能看出其句法构成并理解其意义。句法规则被功能语法视为语篇构造方式凝固下来的产物，例如下举 Thompson(1998)的分析，所以有“今日之句法为昨日之话语模式”的口号(Givón 1979：

209)。在语篇推进过程中呈现出来的语调单位、话轮、话题-述题/主位-述位、焦点、回指、前指、已知信息、新信息、信息量、交际对象间的互动等等现象和机制，成为语法分析的重要环节(参看方梅2005及所引文献)。这些现象都是即时存在、在线改变的动态物。例如，上一句的新信息，到下一句中就成为已知信息。而这一句的焦点，也可能到下一句中成为话题。布拉格学派所注重的“交际动能”(communication dynamics，又译交际动态)这个概念本身，就典型地反映了功能学派对交际的动态的重视。

相对来说，认知语法更重视语句的静态认知背景，关注一些恒久存在于头脑中的现象和机制。譬如，被认为在语法构造、语句解读和语法演变中作用很大的隐喻、转喻(Lakoff & Johnson 1980)，都基于相关意象在头脑中恒久性的认知地位，如人们一般都是用头脑中具体可及的概念域作为源域(source domain，传统称喻体)，来喻指头脑中抽象的较难理解的目标域(target domain，传统称本体。Taylor 2002:491)。更广义地说，认知语法关注词句所代表的概念、命题在头脑中的可及度，而可及度取决于在头脑中的恒久性的存在状况或等级地位。这些本质上是静态的现象。

2.2 过程和机制

这是动态和静态对立的重要具体体现之一。功能语法重视实际呈现出来的交际过程。认知语法必然更重视言语现象背后的机制——语言单位进出大脑(解码和编码)的机制。

言语交际是一种动态的过程。功能语法认为句法是交际规则在语言系统中固定下来的产物，与交际过程，尤其是听说者的呼应和互动有密切的关系。因此，功能语法必然十分重视交际过程本身,以从中发现孕育句法规则的根本原因。例如,Thompson(1998)认为否定句和疑问句形态-句法手段的普遍性差异,就与否定句和疑问句不同的交际互动方式有关:否定是说话人单方面的行为,而疑问则是要求对方回答的互动行为。

2.3 表层和深层

功能语法重视言语交际行为的过程,过程首先就体现在交际时呈现出来的语言单位的表层状况中;认知语法重视语言产生和理解的机制,机制不会自动呈现,必须由学者去做深层的开掘。例如,功能学者 Du Bois(1987)以 Scapultec 玛雅语的实际话语语料的统计和信息流分析来解释作格语言的形成。该语言口语实际中多数句子只有一个名词性论元,通常是不及物动词句的唯一论元(S)或及物动词的受事论元(P)。句子的唯一论元不需要标记,因而两者合成通格;及物动词的施事(A)一般只以动词上的互参标记来表示,在因信息流需要而出现为名词性论元时作为更有标记性的成分而加上标记,从而形成作格。离开了对表层语料的统计分析,就无法得出这样的解释。

认知语言学所倚重的解释工具,例如基本概念层次(Ungerer & Schmid, 1996: 60—73),理想认知模型(ICM, Lakoff, 1987: 68—74; Taylor, 2002: 202—203)等,都诉诸人的内在认知能力和认知模型的分析,不必像功能语法那样直接诉诸实际语篇的分析。

2.4 组合和聚合

言语交际只能在线性语流中呈现,功能语法必然重视线性序列中的各单位的组合规律。语言单位的隐现、排序、停顿长短,位置变化(左右出位)等组合现象成为关注的重点。

认知语法关注语言单位及其观念对应物在头脑中的存在状况,而这些单位在头脑中不是以线性方法存在的,每个单位都存在于跟其他单位的多维关系中(神经语言学应当能证明其与神经元、神经网络和神经脉冲等的关联),这种关系就是索绪尔所讲的聚合关系或称联想关系。这些单位在头脑中的凸显等级,相互关联、编码与解码机制等成为认知语法的重要关注点。

2.5 语篇和内省

功能语法重视交际过程及其规律,就必须关注真实语篇的实际状况,因此功能语法依靠真实语篇特别是无准备(unprepared)语体作为主要研究材料,这种语体对自然真实的交际过程的反映最为直接。例如上引 Thompson(1998)关于否定标记和疑问标记的分析,都基于真实话语语料的分析。上引 Du Bois(1987)也属于这类研究。

认知语法重视头脑中的内在机制,无法靠直接观察出现的语料获得规律,主要依靠内省测试来判断语句的优劣,从而探求语句构造与解读的规律,构建语法理论的框架。在依赖内省测试这点上,认知语法与功能语法有较大差异,反而与形式语法有共同点。认知语法与形式语法的区别主要在于,前者对语句合格度的考量不严格区分句法和语义,而后者努力区分合格度的原因是句法的还是语义语用的,集中寻求其中独立于语义语用的句法规则。认知语法已开始借用口误这类特殊的外显语料或眼动仪之类实验仪器来探求语言行为背后的大脑"黑箱"机制,以弥补纯内省判断的不足。

认知语法的句法研究也有重视实际话语的一面,尤其表现在近期的"基于用法的模型"(usage-based model)中(参看 Croft &

Crose，2004：Chap.11；Evans & Green，2006：Chap.4)。这类取向与功能语法有一定程度的合流。但是，认知语法的用法研究，主要集中在构式语法等对语法单位作为"形式-意义配对"(form-meaning pairings)的注重，强调不同层面的构式都是具体使用中形成、发展、巩固、演变的，话语环境和使用频率在此过程中起关键的作用。换言之，认知语法对实际话语的研究重在关注话语中的构式，而不像功能语法那样关注话语本身和话语构造规律包括信息结构等。而构式或任何"形式-意义配对"，说到底仍是某种程度的抽象的产物，跟活的话语还是不同的对象。也因此，认知语法基于用法的取向没有影响本文探讨的相关概念在两个学派中的根本性分歧。

2.6 实证和假设

由于功能语法的理论建树植根于真实语料，因此其研究较符合经验科学的实证性。另一方面，由于语篇内的语言单位及其句法表现多少受制于语料的内容，统计结果较容易因语篇而异，因此有些研究结论可能会遇到可重复性偏低的情况。

认知语法要探讨现象背后的隐性机制，就难免要借助假设、验证的反复操练。而一旦经过测试论证，可能对同类的语料有一定的可重复性。不过，早期的认知分析很少采用语篇统计等客观手段，也不容易提出证伪的条件，因而其科学的精确预测性也难有充分保证。

下面我们根据以上归纳的总体框架，探讨功能语法和认知语法在具体观念上的差异，特别是在"凸显"等核心概念上的貌合神离。

3."凸显"及其相关概念:"图形-背景"和"焦点"等等

"凸显"(prominent,有时也用 salient, highlighted)及其相关词语,是功能-认知语法中经常用到的概念,"凸显"一词在功能-认知语法理论中比在形式语法理论中更加凸显,可能因为凸显与量有关,而形式语法更注重定性分析,句法分析。

但是功能语法与认知语法在认识、使用这些概念中,有着不同的甚至是对立的含义。

认知语法认为主语比宾语凸现,宾语比定语凸现。宋文辉(2012 手稿)引述类型学家 Dixon 并加以阐发的下列段落很好地说明了这一点,Dixon 说的就是认知语法的凸显:

> Dixon(1994)提出,存在句法上的宾格和作格语言之分。其确定标准是,看哪个成分最为凸显,从而构成句法上起控制作用的支点(pivot)。宾格语言主语(S/A)是支点;而作格语言则不同,通格成分是支点(S/O)。支点的作用很多,其中最为突出的就是对后续成分的指称的控制。在这方面,汉语和英语一致,都是 S/A 做支点,即共指 NP 必须在每一个被后续小句的 S/A 功能上。

据此,显然,主语比宾语凸显,是句法上的支点(pivot 又译中枢或主导),并控制后续成分的指称。汉语句法上基本上是主宾格语言,主语作为支点更加凸显。沈家煊(1999:197)谈到:

> 汉语用"主语"和"宾语"分别翻译英语语法的 subject 和 object,名称上已经体现了两个句法成分之间有主有从的不对称关系。

显然,沈先生认为主语为"主"的一方,宾语为"从"一方。这与认为主语是更加凸显的成分,是句法上的"支点"(中枢、主导)是一致的。

类型学家 Keenan & Comrie(1977)通过跨语言比较得出了"名词短语可及性等级序列"。所谓可及性,在该研究中的依据就是关系化时被优先提取。显然,只有在头脑中凸显的成分才更容易被提取,可及性和认知上的凸显性实际是一致的。其等级为:

主语>直接宾语>间接宾语>旁格>领属定语>比较基准

越是在左边的成分,越是容易被提取,也即越是凸显。显然主语比宾语凸显,以此类推。

支点、可及性,这些概念,都反映了相关成分在认知上的凸显性,这种凸显性可以得到很多类型学事实的支持。除了 Keenan & Comrie(1977)的关系化测试外,格标记的使用状况也体现了主语的最高凸显度。Greenberg(1963)的共性 38 指出"在有格的系统的情况下,唯一用零形式语素表示的是意义上包含了不及物动词主语的格"。具体地说,就是"非作格系统中的主格和作格系统中表示不及物动词的主语和及物动词的宾语的通格"。也就是说,最无标记的格必须含有主语-施事,但可以不含有宾语-受事,这一范围正好是上引 Dixon 所说的有支点作用的成分。越是凸显的格,越不靠标记来表明其句法地位。直接宾语在有些格语言中还属于可以有条件地(通常是无定或生命度低)不带标记的论元。如土耳其语、波斯语等的宾格标记只用于有定宾语,无定宾语不需要带宾格标记;印地语宾格标记主要用于指人宾语,指人而无定的直接宾语偶尔不带标记,而无生命宾语从不带标记(Comrie 1989:129—139)。间接宾语则在格语言里一般都要带标记,不管是主宾格语言还是通作格语言;其他旁格成分更是需要带标记(包括前置或后置介词），它们也正是关系化时更难提取的成分[①]。

那么，功能语法又是如何来看待凸显问题的呢？注重语篇的功能语法，主要从成分的信息地位来界定凸显度。

布拉格学派的功能语法观以交际动能的视角来看待句内各成分的信息地位，句子成分有主位（theme）和述位（rheme）之分。主位是“对推进信递过程贡献最小的那个部分（即信递动力作用最小）；换言之，主位除表达已经传递的意义外几乎不（或完全不）表达新的意义。相反，述位所起的作用信递作用最大”，“述位表达除已经传递的信息外最大部分的新增意义”（克里斯特尔编，沈家煊译，2002：305，359）。主位到述位一般遵循从左到右的语序，两种成分之外又一些过渡词语。后来也有学者将句子的信息量总结为“线性增量原则”，即越往后，信息量越大（参看方梅 2005 及所引文献）。主位和述位的划分与其他学者说的“话题-述题”有很大的重叠，常规状态下也与主语和谓语对应（整句焦点结构、主语重读成焦点、宾语前置话题化、主语后置右出位等情况除外）。正如捷克语言学家 Krupa（1982）所指出的，主语与话题一致，展示了最低程度的交际动能，所以占据句首之位；话题之后，动词短语与述题一致，包含了动词和宾语。Krupa 并引述 Sgall 等的分析指出，动词的交际动能居中，强于主语，弱于宾语。因此，在这一点上，SVO 语言是最符合交际动力学的[②]。宾语在 SVO 语言中位于句末，常被称自然焦点（常规焦点），特别是汉语句子总是最右边的成分有自然焦点的性质（张伯江、方梅，1996：118—120；刘丹青，1995、2011；刘丹青、徐烈炯，1998），这是很符合这一原理的。Lambrecht （1994：Chap.4）的信息结构理论将一个句子中属于当前兴趣和关切所在的已经确立（预设）的成分归入话题，提供新信息的部分则是焦点。在通常情况下，主语是预设信息，属于话题，而宾语更容易作为新信息在焦点的范围内。

从信息新旧和信息量的角度说，一个句子中总是属于新信息、带有更多信息量的成分是要传递的主要内容，否则交际就不能推进，也变得没有意义。新信息中，焦点的信息量最大，这是说话人最希望听话人关注的。因此，焦点自然成为功能上凸显的成分，有时"凸显"的名词形式 prominence 就被用作 focus 的同义词。如 Wiki 百科"焦点"条就说：

> Lexicogrammatical structures that code prominence, or focus, of some information over other information has a particularly significant history dating back to the 19th century.
>
> 标注某种信息胜过其他信息的凸显性或曰焦点的词汇语法结构有一段可追溯到 19 世纪的特别重要的(研究)历史。(下画线均为引者所加)

标注焦点的操作手段常称为 highlight，highlight 就是动词义的"凸显"。结合布拉格学派的观点和语法化理论来看，宾语普遍比主语居后的语序共性(Greenberg，1963)，其实就是焦点在后的倾向常规化(凝固)的产物。SVO 语言通常是信息焦点居末而 SOV 常是焦点位置在紧靠动词之前的位置，这似乎也证明了宾语与焦点常规匹配关系。

至此，我们可以将句子成分的认知凸显观和功能凸显观放在一起比较一下(＞表示强于)：

认知语法：主语凸显＞宾语凸显(＞旁格……)

功能语法：宾语凸显＞(谓语动词凸显＞)主语凸显

由此可见，就主语和宾语来说，两种凸显观的分析结果基本是相反的，其分析的理据是完全对立的。因此，在一般文献中，如果单纯谈论凸显，而不指明是认知的凸显观还是功能的凸显观，那不但意义不明，而且还可能是误导的。读者不知道此处"凸显"代表什么，甚至可能理解得和作者完全相反。假如我们试图将两者糅合在一起，那么会出现这样奇怪的结论："（认知上的）凸现度与信息强度和焦点性反比。一个成分信息强度越低，越凸显（主语）。一个成分信息强度和焦点性越高，就越不凸显（宾语）。"或："越凸显的成分（主语），信息强度越低；越不凸显的成分（宾语），信息强度和焦点性越高"。这是足以让人困惑的结论。

在认知语法中，与凸显直接相关的术语还有借用自视觉感知的"图形（凸体、目标物、主体）-背景（参照物）"（figure-ground）的划分或近义的"射体-路标"（trajector-landmark）的划分（参看Taylor，2002：206）。简单地说，在一个句子所表达的命题中，相对凸显的名词语就是图形或射体，就像一张图画纸上画着图形的部分或一个空间事件中的存在或运动主体，而另一部分则是衬托图形的背景或空间事件中用来观察主体存在或运动状况的路标。虽然这里的"背景"用的是ground（场地）这个词，但是对它的解释仍然是background（Taylor，2002：10）。反之，对figure的解释也可以是focus of attention（注意焦点）和foreground（前景），见（Holme，2009：142）。Taylor（2002：206）也明确地说，射体是一个更加凸显（more prominent）的实体，是首要注意焦点（primary focus of attention），而路标是次级注意焦点（secondary focus of attention）。从具体分析看，在一般的句子中，主语被认定为图形或射体。如：

(1) a. The farmer shot the rabbit. ~

b. The rabbit was shot by the farmer.

Taylor(2002:11)指出在心理意象上,a 句关注农夫做了什么,以农夫为图形;b 句关注兔子怎么了,以兔子为图形。而路标位于句子后部也是正常的现象。潘秋平(2009)以射体-路标概念分析上古汉语的"于"字短语,认为动词后的"于(於)"不管引出的是处所、终点、源点还是比较基准、被动句施事,都是认知语法中的引出路标的标记,如:

(2) 公居於长府。《左传·昭公二十五年》

(3) 由也升堂矣,未入於室也。《论语·先进》

(4) 虎兕出於柙。《论语·季氏》

(5) 丁未,献楚虏于王。《左传·僖公二十八年》

(6) 方寸之木可使高於岑楼。《孟子·告子》

(7) 不以师败於人也。《谷梁传·庄公二十八年》

显然,这种以主语为首要凸显成分,以句末成分为背景(路标)的认知视角,与功能语法认为各个成分的信息重要性越往后越增加、到句末最为凸显的观念是格格不入的。

认知语法认为图形-背景的处理是受说话的识解(construal)控制的,同样的客观关系可以用不同的主观视角来识解,实现为不同的句子结构,如(1a-b)的主动被动对立。但是,有些图形-背景关系是语义决定的,也与一定句式对应,但未必受语序的影响。例如,参考刘宁生(1995,1996)分析的空间关系,我们知道,在体积差距显著的大小两个事物间叙述空间关系,只能以大物为背景,以小物为图形。如(例子经本文改编):

(8) a. 银行前面有一辆自行车。

～ b. 一辆自行车在银行的前面。

（c. 这辆自行车在银行的前面。）

（9）a. ?自行车后面有一个银行。

～b. ?银行在自行车的后面。

（8）中的两种句式，不管"银行"和"自行车"在句首还是句末，按认知语法的分析，"银行"都是背景，"自行车"都是图形。其中（8a）这样的"有"字句被刘宁生（1995）认定为有参照物到目的物的句型，（8b）这样的"在"字句则是从目的物到参照物的句型。例（9）将"银行"和"自行车"的认知关系进行了倒置，"银行"做图形，"自行车"做背景，句子就很不自然了。由此可见，认知关系中的凸显-背景关系，对语序不很敏感，而对语义关系敏感。而对功能语法来说，语序是极其敏感的参项。在（8a）中，"银行"在句首，一般是已知信息，是主位，交际动能很弱；"自行车"在句末，是新信息和自然焦点，是交际动能最强的凸显成分。至于（8b），从信息结构理论看，更可能是 Lambrecht（1994：124，138）所说的事件报道句（event-reporting），亦即整句焦点结构（sentence-focus structure），全句都是焦点（述位），而（8c）则肯定以"这辆自行车"为主位，"银行的前面"是交际动能最强的自然焦点。

总体上，Langaker 等认知语法学者认定图形和句法成分存在着统一的投射关系：主语最凸显，用来表征图形；宾语其次，用来表征背景，而动词谓语则是用来联系主语和宾语之间的图形-背景关系的。（Ungerer & Schmid，1996：172）

实际上，功能语法也有貌似 figure-ground 的术语对，即 foreground-background（前景-背景），但是双方含义交汇甚少。方梅（2005）对前景-背景观念有较好的介绍。总的说来，功能语法的前景-背景更关注事件的叙述部分而不是名词语,前景信息"是构成事件主线"的信息,背景信息是"围绕事件的主干进行铺排、衬托和评价,传递非连续的信息(事件的场景,相关因素等等)"。在语序方面,方梅指出"小句层面上,连动结构内部,背景在前,前景在后",这种从背景到前景的语序视角与认知语法从主语图形到句末宾语做背景的语序视角是判然有别的。

问题的复杂性在于,功能语法的"背景化",有时又是与认知语法的背景观比较一致的。例如,方梅(2008)认为描写性关系从句是一种由背景化触发的句法结构,即由原来作为前景的独立小句变成作为背景的定语,比较:"你还在读书"~"还在读书的你偷偷喜欢上班里一个女孩子"。而认知语法通常也认为定语相对于核心是背景,如 the picture above the sofa(沙发上方的画儿)由画儿做图形,沙发做背景;the sofa below the picture(画儿底下的沙发)则由沙发做图形,画儿做背景(Taylor,2002:205)。

正如 Taylor(2002:11)所言,认知语法把 figure-ground 和各种凸显现象都归为认知识解(construal)的结果。这种凸显性表现在很多方面。例如,沈家煊(2000)对汉语"偷""抢"和英语 steal, rob 的对比分析,就是对典型的成分"凸显"(沈文用"凸现")现象的认知语法分析思路。偷抢事件都涉及施事、受害人和转移的财物这三个要素。沈文通过分析显示,虽然汉语和英语相关词语的句法功能不完全相同,但共同点是在施事主语之外,"偷"和 steal 凸现财物,财物名词更容易成为直接宾语,而受害人可以不被凸现;"抢"和 rob 则凸现受害人,财物可以被抑制。这种识解,有很强的认知基础,因为偷窃行为的主要损失是财物,因而更容易成为人们的关注点,而对于抢劫行为,人们更关注的是对受害人的伤害，因此受害人更容易被凸显。这里说的凸显与否，跟信息结构理论和语篇功能语法所说的“凸显”，不能混为一谈。

“凸显”现象，本来都指心理感知上的显著性，为什么静态的认知视角和动态的语篇视角各自分析结果会有如此大的区别甚至对立？这是超学派的一般语言学理论应当解答的问题，而目前还很少看到讨论，因为不同学派倾向于只关注各自理论体系内的问题。

假如认为两种理论有分工互补的关系，那么，理论上比较诡谲的问题是：句子前部的主语通常是认知语法认定的凸显部分或称注意焦点，正常句子的后部是功能语法默认的凸显部分甚至是信息焦点所在。那么，是否一个句子里基本全是凸显的部分和焦点？还有什么是不凸显的呢？动词谓语在认知语法中是起联系作用的，似可认为不凸显，但布拉格学派认为动词谓语在交际动能上比主语要凸显些，而没有宾语状语时谓语动词本身就可以是凸显的成分，所以仍然不是非凸显成分。凸显本来就是一个相对概念，相对于不凸显的部分而言。假如句内成分都是凸显成分，那凸显还有什么意义呢？

在汉语研究实践中，凸显观的模糊会对一系列具体问题的研究产生影响，也可能是诸多困惑难题的源头之一。最明显的是，很多涉及特定句法结构特别是特定句法操作的研究都会提到“强调”或“重要”，它们都可以视为“凸显”的近义词，也有很多文献直接称“凸显”的，但很少说明是依据认知语法还是功能语法。如果不在这一分野的前提下来讨论，可能一个句法结构中哪个是强调的、重要的、凸显的，哪个是未强调的、不重要的、不凸显的，就缺乏讨论基础，难觅共识且使概念没有意义。具体涉及汉语现象和问题如：

一、“把“字处置式到底强调哪个成分？时常看到为了强调宾

语而用“把”字将宾语提到动词之前的说法,又有说用处置式是为了突出动作的结果,所以一定不能用光杆动词。如:

(10) 他打伤了自己的同事。～他把自己的同事打伤了。

此例处置式到底强调了那个成分?是认知意义上的凸显还是功能意义上的凸显?

二、受事话题化是为了强调什么?我们也不难看到针对处置式的那两种说法。例如:

(11) 小张喝完了那瓶酒。～那瓶酒,小张喝完了。

三、动结式中哪个成分是更“重要”的?如“打伤、喝完、追累、骂哭、来早了”等。这个问题又进一步影响到动结式一类动补结构句法核心的判定问题。有人认为语义上的动词更重要,是核心;有人认为补语更重要,是核心。也有人认为语义重要和句法核心不是一回事。

四、现代汉语“连”字句中,如“他连自己的同事都不认识了”,“连”后的成分是不是句子中最强调的成分?它到底是话题还是焦点?抑或兼而有之?

这些问题,都应当尽量在区分功能凸显与认知凸显的基础上进行反思和探讨。

4. 句法等级,焦点重音与两种凸显观的对立

认知语法对句法成分认知地位的确定大致与该成分的句法地位等级成正比,跟该成分的句法深度(或内嵌程度)成反比。即一个成分所处层次越大,越凸显;越是内嵌,越不凸显。就名词短语来说,Keenan & Comrie (1977)以跨语言比较揭示了其可及性等级序列:

主语>直接宾语>间接宾语>旁格>领属语>比较基准

这一序列既反映了名词短语在不同句法位置的凸显程度，也与这些位置的句法等级相一致，Croft（2003：146）就直接将这一类序列称为语法关系等级。传统上把以上成分从左到右的操作变化称为降格（degrading），例如：英语施事主语到被动句中用 by 引出变成旁格；英语施事主语在名词化后变成现在分词的领属语（His coming pleased me），土耳其语受致使动词支配的及物从句的原主语要变成间接宾语，双及物从句的原主语要变成旁格（Comrie，1989：175—176），等等，这些句法操作，都被视为降格。

功能语法所认定的凸显、焦点成分大致与该成分的句法地位成反比，一个成分越是从属、内嵌，越能得到凸显。主语在大层次，宾语在小层次，主语往往是背景信息，宾语更有交际动能和新的信息量，更容易成为信息焦点。在论元位置，做定语的又比做核心名词的更加凸显。例如，徐杰、李英哲（1993）认为定语比中心词更容易成为焦点。

如此说来，似乎认知语法认定的凸显成分比功能语法认定的凸显成分，更能得到句法表征？从句法等级上看，确实如此。但是。从语音的重读模式来看，却是功能语法所认定的各种凸显成分才能得到常规重音的表征。

Chomsky & Halle（1968，转引自徐烈炯 2005）指出英语句子必须有核心重音，在没有上下文的情况下，核心重音一般落在句末。这意味着对于不及物句而言，重音落在谓语动词上或其后置状语上，对于及物句而言，重音落在宾语上或宾语的定语、状语上。这也基本符合 SVO 语言自然焦点的位置，可以认为核心重音基本与自然焦点的位置一致。Cinque（1993，转引自徐烈炯 2005）进一步考虑到各种语言的情况，把核心重音的位置界定为"树形图递归方向嵌套最深的位置"。英语是右分枝结构，核心重音在句子最右端的一个词。德语、荷兰语有左分枝结构，宾语位于动词的左侧，所以句中出现动词前的宾语时，重音会在动词前的宾语上(这些语言也有动词后的宾语，此时核心重音仍在句末宾语上)。

语句核心重音的安排，基本上符合句子中交际动能或信息流的常规，也符合功能语法的信息增量原则，与常规焦点的位置基本一致，因此不妨称为常规重音。王洪君(2008:274)指出 Cinque "这一原则的根据，我认为是句子的无标记的新信息落在句子的宾语上，而新信息要承担重音"。另据 Kim(1988)对众多语序固定的 SOV 语言考察，大多数这类语言都遵循信息焦点紧靠动词之前的位置，只有少数情况下受其他规则的影响而有所偏离。紧靠动词前的位置对于 SOV 语言来说通常与宾语位置一致。因此，无论是 SVO 语言还是 SOV 语言，假如不考虑宾语内部结构的话，核心重音、常规焦点(或信息焦点)和宾语三者的位置是一致的，这一方面与布拉格学派的交际动力学一致，而宾语位置又符合形式语法所界定的"递归方向嵌套最深的位置"，这里体现了功能语法和形式语法的交汇。

重音是公认的凸显手段，在一个句子中，带重音的成分总是焦点或处在焦点所在的短语中，自然是被凸显的成分。有些文献直接用 prominence(凸显)代表重音，加上前面引用的 prominence 与 focus(焦点)的同义用法，"凸显、焦点、重音"成了功能语法中的一组同义词。如 Zubizarreta & Vergnaud(2000，转引自端木三，2007)的主重音指派规则就表述为 Assign main prominence to the firth selectional dependent，端木三将 prominence 直接翻译成"重音":"主重音落在最低的被选辅助成分上"(下画线为引者所加)。而无标记状态下,主语总是不带重音的,也即不被凸显的。

至此,可以小结如下:

认知语法的凸显:与句法等级基本一致,等级越高越凸显。但与重音模式基本相悖;

功能语法的凸显:与焦点重音模式基本一致,越优先得到重音越凸显,但与句法等级基本相悖。

尤其是"句法上嵌套最深的位置"这一界定,把信息焦点与认知所讲的凸显更明显地对立了起来。认知语法中,层次越高的成分越凸显,嵌套越深的成分越不凸显,而对信息结构而言,嵌套越深,越容易成为焦点,得到重读。

这种反比关系,也在一些重音学说中得到部分映证。除上引 Zubizarreta & Vergnaud 的主重音指派规则外,端木三曾提出重音指派的"辅重原则",即一个结构中总是由辅助性成分(即从属成分)获得重音(或成为更长的词形),核心成分则没有重音。他认为这个理论可以包含 Selkirk 的句法深度原则③,因为核心是词,辅助成分(即从属成分)是可以扩展的短语,总是比核心更具有句法深度。后来端木三(2007)将该原则发展为"信息-重音原则",表述为"信息量大的词要比其他词读得重"。而"辅重原则"则被视为可以从"信息-重音原则"推导出来,因为辅助成分通常有更大的信息量。尽管辅重原则存在一些反例,但是总体上句法结构中的从属成分更常重读,而嵌套更深的成分也总是辅助成分。这也与徐杰、李英哲(1993)认为定语是比中心语更容易成为焦点的观点是一致的。

不过,重音模式与句法成分的等级也不完全是反比的。我们已经注意到以下复杂情况：

1) 主语如果处在整句焦点句中，或主语本身充当信息焦点(如回答主语位置的疑问代词问句)，则主语也会带重音，如：

(12) A：出啥事了！

B：老张的车坏了。(整句焦点句的主语)

(13) A：谁来帮助我一下？

B：我来帮助你吧。(主语"我"是焦点)

这时，认知语法的凸显成分也是带重音的凸显信息。这些重读的主语如译成日语都要带主格标记 ga 而非话题标记 wa。再如，非限制性关系小句比起其独立小句的地位是降格为定语，但在功能语法中也看成背景信息(见前)。但这些不改变认知语法的凸显观与功能语法的凸显观总体上的对立态势。

2) Selkirk 在英语名词性复合词重音规则的研究中发现，复合名词前的定语是核心的论元时，要重读定语，定语是非论元时，要重读核心名词。(参看王洪君，2008:274—275；周韧，2011:51—54)，如 CHICKEN thief(偷鸡贼)～ kitchen TABLE(厨房桌子)。CHICKEN(鸡)是 thief(贼)的论元(贼偷鸡)，要重读；kitchen(厨房)是 table(桌子)的处所，不是论元，不重读，重音要放在 table 上。据周韧分析，汉语复合词的论元定语都要重读，非论元则表现不一。尽管不像英语那么整齐，但至少论元仍比非论元更确定要重读。在句法上，论元是等级更高的成分。在上引名词性短语可及性等级序列中，主语之后是直接宾语，然后依次是间接宾语、旁格成分等，论元相当于直接宾语，非论元相当于旁格成分。在这里，是句法等级高的论元比句法等级低的非论元更容易获得重音。这是与其他重音规则表现有别的。

3）有些独立小句可以关系化后成为非限制性关系从句，即转化为句法地位更低的定语，但并没有因此提升其信息地位，反而在功能语法中被分析为背景化信息（前引方梅，2004），这是功能语法与认知语法的处理一致的地方。

总体上，这一格局留下了一个重大的语法理论问题：为什么句法地位的等级与常规焦点重音的等级基本是相反的？

我们知道，对比焦点的重音（所谓逻辑重音）与句子原有的凸显等级不符是完全可以理解的。这种重音，就是为了打破句子的常规理解，聚焦于句子的一个特定的部分，从而达到凸显对比焦点的作用。而常规焦点重音是句子在无标记、无特定上下文限制的情况下所带的重音，反映的是句子的默认语义，因此，常规焦点模式与句法等级模式的对立就是需要解释的了。这似乎是不同的语言学学派各忙各事而没有共同正视的问题。

5. 讨论与分析

5.1 两种凸显观矛盾的原因

上文第2节分析了功能语法和认知语法在基本观念和研究思路方面的一系列区别。这些区别是造成两种凸显观差别的根本原因。

如前文所说，功能语法是一种动态视角，关注话语推进过程的信息结构，交际动能是推进话语的主要动力，没有新信息，就没有话语的必要，新信息中的重要信息，即焦点，是说者最想让听者关注的信息，交际动能最强，自然成为动态句子的凸显成分。

认知语法是一种静态的视角，体现说话人在话语前就存在于心中的交际意图。交际意图的核心是让听话人关心说话人所关心的同样对象,让听话人的注意力围绕这些对象,也就是多少具有话题价值的要素,而话语的展开,都是为了让听话人通过一系列新信息认同说话人对话题性要素的认识。因此,存在于说话人心目中的被特别关注的话题性要素由于其认知重要性而被视为凸显成分,是句子所围绕的中心,这就是静态的句法结构上的凸显成分。

从另一个角度说,功能凸显和认知凸显分别侧重在听者和说者。

功能语法更侧重听者视角,最重要的是关注哪些对听话人来说是新的信息——没有新信息的话语会被听话人认为无意义的、浪费时间的。

认知语法更侧重说话人的视角,最重要的是关注哪些是稳固存在于自己头脑中要让听话人也关注的要素,至于围绕这些要素所展开出的话语,往往是临时根据需要添加的,目的是引导对方采纳说话人对这些要素的印象和理解。

功能和认知的又一大区别是二分和多分。

功能的凸显是聚焦,聚焦的结果就是确定一处为焦点,其余为非焦点,因而它是二分的。功能语法提出"单一新信息原则",即每个语调单位容纳一个新信息,而一个语调单位大体上等于一个小句(参看方梅 2004),新信息以外的成分就是非凸显成分。焦点成分的添加或焦点标记标注对象的变化,会改变凸显信息的位置,例如用重音或加标记手段标注的对比焦点,会覆盖原来仅靠语序体现的自然焦点,使之不再有焦点的功能(刘丹青、徐烈炯,1998),所以一般不会增加新的焦点。

认知的凸显反映头脑中不同要素的重要性程度,它们可能据此被投射到不同的句法位置,所以一个句子中可能有多个成分处在不同的凸显度上，有最凸显的、较凸显的、稍不凸显的、最不凸显的，等等，因而自然是多分的。成分的添加可能导致凸显度等级数量的增加。在凸显度多分法的基础上，才可能产生可及性等级序列。

功能凸显的二分性和认知凸显的多分性，使得两者在理论上可以避免完全的对立。

功能的凸显主要体现在在线展开的话语中，要让听者及时了解说话人的强调点，说话人会随时根据句子的信息结构自然地赋予焦点成分以合适的重音。假如句子没有特别强调的重音，那么句法化为宾语或同等语序位置的成分就会作为默认的自然焦点而被赋予常规重音。通常情况下，一个句子也只有一个重音，正好符合单个焦点或单项新信息的功能原则。

认知的凸显主要存在于头脑中，因此不必在重读上体现出来。而且多分的凸显度，也使得重音模式难以准确表征，因为句内重音的等级有限，很难区分出如此多的凸显等级。

由此看来，功能语法和认知语法各自有很不相同的凸显观，根本上是因为两种语法观的理论出发点和关注重点都不相同，所谓凸显的实际所指也非常不同，交集很少。因此，为了避免误解，最好尽量将两者的术语分开，为功能的凸显和认知的凸显各用一套术语。功能的凸显，可以多用“聚焦”“焦点”一类概念。认知的凸显，其实可以具体化为话题性和可及性，话题性和可及性两者多数情况下是叠合的。

5.2 图形-背景：并不恰当的认知语言学比喻

经过以上分析，我们再来反思一些概念的合理性。认知语法借用平面艺术的概念，提出“图形（凸体）-背景”的概念，认为句子中的某些成分犹如平面艺术中的图形(或译凸体),句子的其他部分或某一部分则如背景,用来凸显图形的部分。

这一对比喻概念非常形象,鲜明,成为认知语言学的基本概念,Langaker 则为更喜欢用“射体-路标”(trajector-landmark)的概念对,射体基本等于“图形”,“路标”则等于“背景”(Ungerer & Schmid 1996:172—173)。下面主要针对“图形-背景”进行分析,基本适用于“射体-路标”概念。

前文的分析指出,这一比喻所说的背景,完全可能是句子的自然焦点所在,也就是功能凸显的地方。这一事实,就对这一比喻构成了直接的挑战。我们可以认为认知可以有跟功能不同的凸显观,两者的凸显的成分不必等同。这意味着,认知不凸显的成分可以是功能凸显的成分,功能不凸显的成分可以是认知凸显的成分。但是,认知的凸显观,不宜把功能凸显的成分说成仅仅是为了衬托图形的背景。假如一张图画一只乌鸦,画幅内其余部分留白,那留白之处可以说是背景。这一背景仅为凸显图形而存在,其本身的形状和颜色都不重要。在不妨碍凸显图形的前提下,背景部分也可以换成其他颜色如红色或蓝色,还可以换上条纹甚至真正的树枝,整个画的基本内容相同,都识别为一只乌鸦。但是对于很多被认知语法认定的“图形-背景”句或“射体-路标”句来说,背景和路标根本不是无关紧要、可以更换的东西。例如:

(14) 自行车停在房间里。

(15) 自行车停在窗户外。

(16) 自行车停在半路上。

按认知语法的分析,这些句子的图形都是“自行车”,后面的空间位置是句子的背景,而不同空间位置的交替,就可以认定为背景的替换。

可是,这些句子是意思大致差不多的吗?其背景部分的替换不影响图形的表达吗?

绝不。我们知道,按功能语法分析,这些句子中的句末处所成分是句子的新信息和自然焦点所在。假如第一句说成“房间里停着自行车”,那焦点的成分就是“自行车”了。句末的焦点,提供了句子的主要新信息,以上每个小句都传递了完全不同的新信息,句子的真值条件和表达功能是非常不同的。

更加根本的问题是,从以上分析可见,认知的句内成分凸显性不是二分的,而是多分的,是有不同等级的,这就使得认知凸显度可以不与功能凸显度完全对立。而图形-背景学说强化了认知凸显的二分性,与认知凸显性的多分法是有理论系统内的内在冲突的。而这种两分观,也会加剧认知凸显和功能凸显的对立,造成“认知凸显=功能不凸显的背景信息”“功能凸显=认知不凸显的背景成分”。从跨学派的一般语言学角度看,这也是不可取的。

从以上分析看,我们认为至少就认知语法目前认定的图形与背景二分的实际所指来看,这一比喻或类比也许可以用来解释部分句子的某些属性,未必具有普遍性用途。

6. 小结

功能语法和认知语法虽然都被认为是广义的功能语法,共同与形式语法相对立。但是,实际上以布拉格学派和美国西海岸功能学派为代表的狭义功能语法与认知语法存在着研究对象、理念和方法方面的深刻差异,导致他们即使使用同样或类似的术语,实际所指也非常不同,甚至尖锐对立,突出表现在对“凸显”观念及其相关概念的解读上。

大体上,功能语法和认知语法存在着一系列研究倾向上的对立:是注重话语的动态还是注重句子的静态,是关注话语的交际过程还是关注句子的形成机制,是注重句子表层呈现出的单位还是关注头脑深层存在的现象,是注重组合关系还是注重聚合关系,是注重实际语篇还是注重内省测试,是注重经验实证还是注重假设求证。

这种对立导致了凸显观的重要差别。总体上,认知的凸显与句法关系等级大体一致,与名词短语可及性等级序列基本成正比,即主语>直接宾语>间接宾语>旁格>领属语>比较基准。而功能语法的凸显度,主要由交际动能和信息量决定,一般是内嵌越深越凸显、越是从属成分越凸显,越往右边越凸显。功能语法的凸显度能得到常规重音的表征,而与句法关系等级大致成反比。

认知语法的图形-背景学说或射体-路标学说与功能语法的前景-背景学说也有对立的地方,但在另一些具体问题上,也有部分的重叠,例如认为主句谓语是前景,关系从句是背景。

功能凸显和认知凸显的区别是由两者的研究取向造成的,两者的交汇处很少,对立处很多。虽然近期的认知语法也比较重视实际话语的分析,有动态的取向,但是正如2.5节所分析的,认知的动态观主要关注的还是话语中的构式,而不是话语和话语规则本身,因此相关概念的尖锐区别于功能语法的解读并没有改变。为了避免语言学文献解读上的困惑,最好使用两套不同的术语而不是赋予同样的属于非常不同甚至对立的含意。例如功能凸显称为"聚焦、焦点"等,而认知凸显称为"话题性""可及性"等,话题性和可及性基本上是交叠的。总体上,功能的凸显在句子中是二分的，句法成分大致分为凸显和非凸显两类；认知的凸显是多分的，有不同凸显度的多种成分。但是，figure-ground 学说强化了认知凸显的二分性，而且常常将功能凸显的成分认定为背景，与图像识别上真正的背景相距甚远，使认知凸显和功能凸显的矛盾更加尖锐。因此，这不宜作为普遍性的分析工具用于各种句子类型的分析。

附　注

① 即使是像日语这样连主语也需要格标记的语言，不同题元的凸显度差异仍有表现。主语、直接宾语的格标记-ga 和-o 在带话题标记-wa 做话题时不再出现，而-ni 做间接宾格标记带-wa 时也可不出现，做处所格标记时则必须保留。也就是说，做话题时，主语和宾语无须格标记就能确定其句法地位，是更凸显的成分。

② 当然，Krupa 认为交际动能因素是影响语序类型的主要因素之一，语言中还存在影响语序的其他因素，如 SOV 在另一些因素上就胜过 SVO。有趣的是，Krupa 把交际动能因素称为认知因素，可见对“认知”的认知有很大弹性，本文与“认知”区别的“功能”也被他归入了“认知”。

③ 不过其具体分析显示两者是不同的。端木三认为主语也是辅助成分，也可以获得相对于谓语动词的重音。但是，在整个句子的结构中，主语是处于最外层的，主语本身不可能有句法深度。另外其文举例的 Mary saw a rabbit 中 Mary 也带重音，只发生在整句焦点的情况下，而这不是主谓结构的常规情况。

参考文献

端木三　2007　《重音、信息与语言的分类》，《语言科学》第 5 期。

方　梅　2004　《汉语口语后置关系从句研究》，《庆祝〈中国语文〉创刊 50 周年学术论文集》，商务印书馆。

方　梅　2005　《篇章语法与汉语篇章语法研究》，《中国社会科学》第 5 期。

方　梅　2008　《由背景化触发的两种句法结构——主语零形回指和描写性

关系从句》,《中国语文》第4期。

刘丹青 1995 《语义优先还是语用优先——汉语语法学体系建设断想》,《语文研究》第2期。

刘丹青 2011 《"有"字领有句的语义倾向和信息结构》,《中国语文》第2期。

刘丹青、徐烈炯 1998 《焦点与背景、话题及汉语"连"字句》,《中国语文》第4期。

刘宁生 1994 《汉语怎样表达物体的空间关系》,《中国语文》第3期。

刘宁生 1995 《汉语偏正结构的认知基础及其在语序类型学上的意义》,《中国语文》第2期。

潘秋平 2009 《从认知语法看上古汉语的"於"》,《汉语史学报》第八辑,上海教育出版社。

沈家煊 1999 《不对称和标记论》,江西教育出版社。

沈家煊 2000 《说"偷"和"抢"》,《中国语文》第4期。

宋文辉 2012 《汉语动结式的功能与认知研究》,手稿,国家社科基金结项报告。

王洪君 2008 《汉语非线性音系学》(增订版),北京大学出版社。

徐 杰、李英哲 1993 《焦点和两个非线形语法范畴:"否定""疑问"》,《中国语文》第2期。

徐烈炯 2005 《焦点的语音表现》,载徐烈炯、潘海华主编《焦点结构和意义的研究》,外语教学与研究出版社。

张伯江、方 梅 1996 《汉语功能语法研究》,江西教育出版社。

周 韧 2011 《现代汉语韵律与语法的互动关系研究》,商务印书馆。

Bybee, Joan 2006 From usage to Grammar: The mind's response to repetition. *Language* 82(4):711-733.

Chomsky, Norm & M. Halle 1968 *Sound Pattern of English*. New York: Harper & Row.

Cinque, Guglielmo 1993 A null theory of phrase and compound stress. *Linguistic Inquiry* 24:239-297.

Comrie, Bernard 1989 *Language Universals and Linguistic Typology*. Chicago: University of Chicago Press.

Croft, William 2003 *Typology and Universals*, 2nd Edition. Cambridge:

Cambridge University Press.

Croft, William & Alan Cruse 2004 *Cognitive Linguistics*. Cambridge: Cambridge University Press.

Crystal, David 1997 A Dictionary of Linguistics. 4th edition. Oxford: Blackwell. 沈家煊译《现代语言学词典》,商务印书馆。

Dixon, Robert M. W. 1944 *Ergativity*. Cambridge: Cambridge University Press.

Du Bois, John 1987 The discourse basis ofergativity. *Language* 63:805-855.

Evans, Vyvyan & Melanie Green 2006 Cognitive Linguistics: *An Introduction*. Edinburgh: Edinburgh University Press.

Givón, Talmy 1979 *On Understanding Grammar*. New York: Academic Press.

Greenberg, Joseph H. 1963 Some universals of grammar with particular reference to the order of meaningful elements. In Joseph H. Greenberg (ed.), *Universals of Language*, 73-113. Cambridg, MA: MIT Press.

Holme, Randal 2009 *Cognitive linguistics and language teaching*. Basingstoke: Palgrave Macmillan.

Keenan, Edward & Bernard Comrie 1977 *Noun Phrase Accessibility and Universal Grammar*. Linguistic Inquiry 8, 63-99.

Kim, Alan Hyun-oak 1988 Preverbal focusing and type XXIII languages. In Michael Hammond, Edith Moravacsik & Jessica Wirth (eds.), *Studies in Syntactic Typology*, 147-172. Amsterdam: John Benjamins Publishing.

Krupa, Victor 1982 Syntactic typology and linearization. *Language* 58(3): 639-645.

Lakoff, George 1987 *Women, fire, and dangerous things: What categories reveal about the mind*. Chicago: University of Chicago Press.

Lakoff, George & Mark Johnson 1980 *Metaphors We Live By*. Chicago: University of Chicago Press.

Lambrecht, Knud 1994 *Information Structure and Sentence Form. Cambrigde*: Cambrigde University Press.

Taylor, John 2002 *Cognitive Grammar*. New York: Oxford University Press.

Thompson, Sandra A. 1988 A discourse approach to the crosslinguistic category 'adjective'. In John Hawkins (ed.), *Explaining Language Universals*, 167-185, Oxford: Basil Blackwell.

Thompson, Sandra 1998 A discourse explanation for the cross-linguistic differences in the grammar of incorporation and negation. In Anna Siewierska & Jae Jung Song (eds.), *Case, Typology and Grammar*, 309-341, Amsterdam: John Benjamins Publishing.

Ungerer, Friedrich & Hans-Jorg Schmid 1996 *An Introduction to Cognitive Linguistics*. Addison Wesley Longman, Limited.

Zubizarreta, Maria Luisa & Vergnaud Jean-Roger 2000 Phrasal stress and syntax. In Marc van Oostendorp and Elena Anagnostopoulou (eds.), *Progress in Grammar*. (an electronic book http://www. roquade. nl/meertens/ progress-ingrammar/ingrammar/index. html). Publisher: Roquade, Amsterdam/Utrecht/Delft.

(原载 *International Journal of Chinese Linguistics* 1:1 (2014))

现代汉语同位同指组合的性质

刘探宙　　张伯江

（中国社会科学院　语言研究所）

提要　语法学界对汉语同位同指组合的性质认识不一，原因在于对“语义同指”和“句法同位”这两条原则的把握侧重不同。本文从讨论同位同指组合与偏正结构、主谓结构、并列结构的异同入手，通过实例辨析，深入探讨对语义同指和形式同位的理解问题，揭示出汉语同位同指组合的实质是后项对前项的阐释关系。这种认识的得出是基于对汉语句法关系“说明性”的新的理解。汉语同位同指组合呈现明显的在线组合特征，与普通的名词性短语相比具有鲜明的特色，这种亦动亦静的特点正是汉语体词性句法成分之间“说明性”关系的集中体现。

0. 引言

本文研究的语法现象，在现在通行的论著里，一般称为“同位结构”。我们称之为“同位同指组合”，首先是为了从形式和语义两个角度来界定它：如果单纯强调两个名词共同出现在相同的句法位置上，则至少无法与并列结构区分清楚；如果单纯强调指称同一事物，那么可能把过多的不同句法性质的组合扯进来。其次，称之为“组合”而不是“结构”，是基于我们对这种句法关系不同于偏正、并列、主谓等一般句法结构的一个独特的观察。

在汉语研究的历史上，黎锦熙（1924：56—59）分别讨论了“相加的同位”“总分的同位”和“重指的同位”，观察范围远远大于现在学者们一般认同的同位结构，原因就在他着眼的是意义上的同指；赵元任(1968，1968［1979］：141)把同位关系分成三种：紧凑同位(close apposition，如：李大夫)、松散同位(loose apposition，如：我的朋友江一)和插入同位(interpolated apposition，如：江一，我的一位朋友，要来见你)，显然是着眼于结构的；朱德熙(1982，144—145)则视有同位关系的两个成分组合为“同位性偏正结构”，这其实直接承袭的是马建忠(1898：190)“诸名先后连置，而所指同者，则所次同，同则必有为之加词者矣”的处理办法；至朱德熙(1993)则发展为：“同位性偏正结构在现代汉语各类名词性偏正结构里所占的比重极大。除了名词直接修饰名词(NN)和形容词直接修饰名词(AN)之外，几乎全都是同位性的。”这些不同说法所涵盖的语言事实出入非常大，语法学界面对如此大的分歧却相对平静，同位问题的探讨似乎从未成为热点。我们对汉语同位同指组合与其他句法结构的关系做了较为全面的考察，在关于汉语基本语法关系的新思考下，对同位同指组合的性质问题，提出了新的看法。

1. 同位同指组合与定中式偏正结构

1.1 语义同指的确认

同位同指组合与定中式偏正结构的纠葛由来已久。如前所述，早在马建忠(1898：189—190)就认为“海春侯大司马曹咎”这样的同指短语里，“‘海春侯’勋名，‘大司马’官名，加于‘曹咎’人名之先。”至今，绝大多数汉语语法书上都把同位结构归入定中式偏正结构里。

朱德熙(1982：144)认为汉语里的“同位性偏正结构”包括以下

几种类型：

(a)“人”字	广东省	老王同志
(b) 我李逵	咱们中文系	人家小王
(c) 这本书	两块钱	五斤米
(d) 我的眼镜	新来的老师	他写的诗

显而易见，这是纯粹从句法功能角度归类的（“同位性偏正结构的特点是定语可以指代整个偏正结构”，出处同上），朱先生同时也承认其中的某些形式可以表示不同的语义，如“孩子的脾气”定语表示领属，“珂罗版的书”定语表示性质。

我们所讨论的同位同指组合，与定中式偏正结构的不同，可以从以下两个方面来说明。

第一，偏正结构的要义在其“修饰关系”。赵元任（1968，[1979]：280—281）说：“修饰语对被修饰语的意义，就是‘种’（species）对‘属’（genus）或特别对一般。”这说明修饰语和被修饰语的概念外延是不相同的，后者大于前者，修饰语的作用是为被修饰语限定外延。

而我们着重讨论的同位同指组合，一个最明显的区别于一般偏正结构的特点就是，它的前项和后项在具体句子中实现的外延完全相同。以下例子里，都有两个下标分别标为1和2的名词，每句中的这两个相邻的名词，在句子语境中的指称外延都是一样的，不存在一个为另一个限定外延的情况。

(1) 我觉得老刘$_1$这个人$_2$心眼儿太小，老虎屁股摸不得，一摸就跳，瞧，又飞到半空中去了吧……

(2) 你见过七彩玫瑰$_1$这种花$_2$吗？

(3) 你干嘛罚他？他$_1$一个卖花盆的$_2$，又不脏，又没有气味，

“污染”,他“污染”什么啦?

(4) 西头那些大户人家,都用的是官名,有乳名别人也不敢叫——比方老村长$_1$阎恒元$_2$乳名叫“小囤”,别人对上人家不只不敢叫“小囤”,就是该说“谷囤”也只得说成“谷仓”,谁还好意思说出“囤”字来?

在以上例子里,“老刘”即“这个人”,“七彩玫瑰”即“这种花”,“他”即“卖花盆的”,“老村长”即“阎恒元”。都不存在后项比前项外延大的问题。

第二,根据朱德熙(1957:8),名词做定语时,可以用“谁的~?”或“什么东西的~?”来提问,以显示领属关系;用“什么~?”或“什么样的~?”来提问,显示定语表示某种性质。如下面画线部分就是涉及定中偏正结构的疑问词测试:

(5) 谁的朋友? 老王的朋友

(6) 什么东西的味儿? 咖啡的味儿

(7) 什么脾气? 孩子脾气

(8) 什么样的味儿? 咖啡味儿

双项同位同指组合的前项都不能用这些词来提问。从这一点上也可以看出同位同指组合跟偏正结构在语义上的区别。比较下面两句话。

(9) 面对着可爱的女儿,李二和满心慈爱,此时的李二和是慈父李二和,可是一出家门,李二和就迅速转换到工作状态,变成铁面无私、断案如神的刑警李二和。

(10) 刑警李二和今年五月再次破获一起大案要案,荣立二等功。

第(9)和第(10)句中同样都有“刑警李二和”,但人们会明显觉得两句中的“刑警李二和”体现的语义和句法关系是不同的。(9)中的“刑警”与前面“慈父”形成对比焦点，都是“李二和”的修饰性的定语，形容“李二和”这个人不同环境下所展现的不同角色，这个定语实际上是说“慈父那样的”和“刑警那样的”，因此可以用“什么样的李二和”来提问。但(10)中的“刑警”和“李二和”之间不是修饰性关系，不是说“刑警那样的”，两者更多的是一种平等的互释关系。不能用“什么样的”来取代前项进行提问，下面的问答是不成立的：

(11) *什么样的李二和今年五月再次破获一起大案要案，荣立二等功？

——刑警李二和。

这两种不同的句法关系在语音上也有不同的表现，(9)句中的“刑警”要重读，是对比重音的落点，这正是修饰语的特点；而(10)句中的“刑警”则不需要重读，甚至可以轻于“李二和”。

用这种疑问词替换法，可以将很多一般人归入“同位短语”的偏正结构识别出来。

下面这个句子是歧义句，因为画线部分的名名组合既可以做同位关系理解，又可以做定中偏正关系理解：

(12) 李小明$_1$那孩子$_2$今年考上北大中文系了。

a. 谁的孩子？　　　——李小明的孩子(偏正)

b. 谁？　　　　　　——李小明自己(同位)

我们看偏正结构的解读 a，前项“李小明”为后项“孩子”增加了领有者的信息，以此给“孩子”划定外延。而同位关系的解读 b，前项“李小明”并未给后项“孩子”增添信息，倒是后项为前项的所指提供了说话者的主观性信息。

如何辨识这种歧义结构的准确意义,一方面跟语境有关,如例(9)一直是在叙述“李二和”,作为与慈父相对比的刑警身份就只是一种修饰作用了;但例(10)刑警破案是默认情况,“李二和”作为一个较新的信息首次出现,便是对“刑警”的阐释说明。另一方面,也跟听话人的认知状态有关,例(12)听话人如果了解李小明本人是个高考年纪的孩子则理解为同位,如果了解李小明是个考生的父亲则理解为偏正关系。

1.2 带“的”的结构有没有同指问题

在这个前提下,我们要讨论前人关于“同位性定语”的两种说法。

一是吕叔湘(1976:441)的同位定语说。吕先生说:“一般说,de字短语对被修饰的名词所代表的事物加以限制,把它的范围缩小”,吕先生又把限制性的de字短语分为三种:1)领属性的限制:中国人民的志气;2)描写性的限制:竹壳的热水瓶;3)同位性的限制:人民战士的光荣称号。这样分类的形式依据是不同的句子对应式:有字句(中国人民有志气)、“是……的”句(热水瓶是竹壳的)和“是”字句(人民战士是光荣称号)。

二是朱德熙(1993)所强调的“同位性偏正结构在现代汉语各类名词性偏正结构里所占的比重极大。除了名词直接修饰名词和形容词直接修饰名词之外,几乎全都是同位性的。”朱先生看重的是名词性偏正结构里定语部分单说的时候与整个结构的指称相同,“承认‘S的N’里的‘S的’是一个表示转指意义的名词性成分,因此整个格式是同位性偏正结构”。

朱德熙(1982:144)判断同位关系的主要依据就是“定语可以指代整个偏正结构”,单说时与整体具有相同的指称,是不是意味着做定语时指称相同,恰恰是有问题的。杨成凯(1996:155)指出,词语的固有信息量和场合信息量不能轻率地画等号,他说:"(单说的'a'的信息量跟'a+b'中的'a'包含着同样的信息量)这个命题一般地讲是不成立的,需要慎重对待。……我们不能因为'the rich'单用可以表示富人,就说'the rich men'中的'the rich'跟单用的'the rich'是同一个单位"。

除去杨成凯所指出的问题外,我们还注意到,朱先生只是强调定语部分与整个偏正结构的指称相同,没有谈及定语与中心语指称是否相同的问题。朱德熙(1993:)曾经提到"凡是由名词性成分组成的同位性偏正结构 N_1N_2 都能变换为形式为'N_2 是 N_1'的判断句。'S 的 N'正好也有同样的变换式:木头的房子——房子是木头的"。我们认为,这种"是"字变换式并不能证明中心语与定语的同指关系,因为汉语判断句"是"字前后的成分指称范围往往并不等同(丁声树等 1961:83—84;张黎、于康 2000)。吕叔湘(1976)所说的定语把中心语范围缩小也从侧面说明汉语普通偏正结构定语和中心语的指称范围并不必然相同。

相对于朱先生侧重形式标准而言,吕叔湘(1976)更看重语义上的指同关系,吕先生承认多数情况里中心语的指称范围大于定语,仅指出"人民战士的光荣称号"和"我的小组长[当了半年了]"这样的例子里"的"相当于"这个",可以看出吕先生认为这两例里定语与中心语范围相同。值得注意的是,吕先生同时指出"如果换成'这个'就是另外一种结构了",这也就意味着,"人民战士这个光荣称号"和"我这个小组长"才是真正的同位同指现象。

吕先生讨论的"人民战士的光荣称号"和"我的小组长[当了半年了]"一类结构,或许不宜看作同位同指,原因就在其中"的"字的存在。"'的'具有提高参照体指别度的功能,最终提高了目标体的指别度。"(完权,2012)同位同指组合的组成部分,都具有极高的指别度,而且指称等同,不需要靠谁来辨识谁。由是可见,含"的"的名词短语里至少存在一个需要提高指别度的成分,可以说,含"的"的名词短语,都属于吕先生所说的定语把中心语范围缩小的情况。

2. 同位同指组合与主谓结构

2.1 同位关系与主谓关系

同位关系既然不是偏正式修饰关系,其组成成分之间是什么关系呢?我们注意到,马建忠(1898:182—184)曾经把同位关系的意义概括为三种:"一,申言以重所事也。二,重言以解前文也。三,叠言以为惊叹也。"除去第三种("天乎天乎")不在我们考虑范围以外,"申言"和"解前文"的说法很好地概括了同位同指组合中后项对前项的语义作用。从其后项对前项总是有语义上的进一步阐释这一点来看,同位同指组合跟主谓结构有一定的可比性。

汉语主语和谓语之间的关系,依赵元任(1968[1979]:45)的看法,是"话题"与"说明"的关系,亦即,汉语谓语是提出关于主语的一些新的信息内容,这种说明性的信息提供,其实质是指称性的(沈家煊,2013)。两个指称性的成分相连,后者对前者做进一步的语义阐释,阐释(remark)是说明(comment)的一种,这是汉语主谓结构与同位同指组合的语法意义上的相通处。汉语话题与说明的关系,实际上是一种宽泛意义上的判断关系。沈家煊(2012)指出汉语的主谓结构之间都可以加"是",而汉语同位同指组合的前项与后项之间也总是能加"是"("也就是"),这是汉语主谓结构与同位同指组合句法形式上的相通处。

同位同指组合可不可以直接看作主谓关系的一种呢？我们讨论一个简单的例子：

(13) 今天$_1$ 星期六$_2$

这个片段里，首先两个名词项 N_1 和 N_2 是同指的，其次后项是对前项语义的进一步阐释，语义上似无歧义。但是从句法角度看，处理成主谓短语还是同位短语还是有所不同的。主谓结构的结构意义在于主语和谓语之间的陈述关系，而同位同指组合的意义只相当于它所指称的那个事物，于是我们看到：

(14) a. 今天星期六让我很兴奋

b. ≠今天让我很兴奋

c. ≠星期六让我很兴奋

(15) a. 今天星期六就该好好休息

b. =今天就该好好休息

c. =星期六就该好好休息

尽管汉语主谓结构做主语比较受限，但是例(14a)还是可以明确断定为“今天星期六”作为一个陈述形式做“让我很兴奋”的主语的，也因此(14b)和(14c)让“今天”和“星期六”分别单独做主语并不相当于原句的意思；而例(15)的三个例子则是语义相同的三个句子。例(14)“让我很兴奋”属于文献中说的事件谓语(stage-level predicate)，事件谓语可以选择事件性的主语；例(15)“就该好好休息”为属性谓语(individual-level predicate)，只能选择属性主语。这种关系如图一中左图所示。

与此同时，主谓结构不能单独出现在体宾动词的宾语位置上。如果要做宾语，只能出现在谓宾动词的宾语位置上。而同位同指组合则可以自如地出现在主语、宾语、定语、兼语等一切名词性成分能够出现的位置上。比较下面几个句子：

(16) 听说那人专门挑我们学生！(同位同指组合做体宾动词宾语)

(17) 李老师很喜欢我们学生(同位同指组合做谓宾动词宾语)

(18) *听说那人专门挑今天星期六。(主谓结构不能做体宾动词宾语)

(19) 我知道今天星期六(主谓结构做谓宾动词宾语：宾语从句)

这种关系如图一中右图所示。

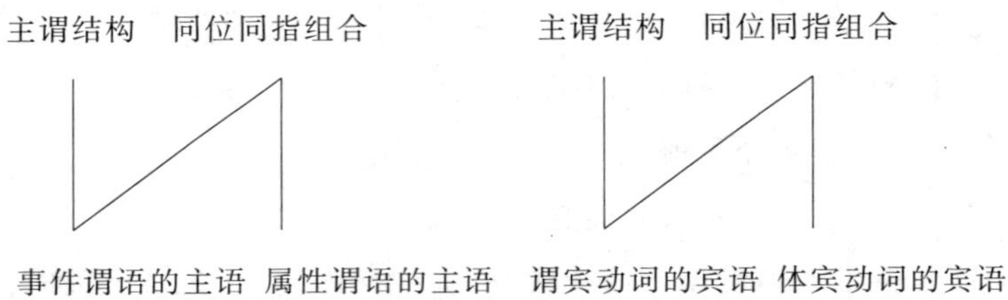

图一

2.2 从汉语本质语法关系看同位与主谓

以上是对两项名词性成分的组合属于主谓关系还是同位关系的一个简单辨析。但汉语相邻指称性成分之间的关系还值得做更深的思考。以“她一个孤身女人”为例，孤立地看无法确定是主谓关系还是同位关系。放到不同的语境中会得出不同的判断。如下面一段话：

(20) 家珍那天晚上走了十多里夜路回到了我家。她一个孤身女人，又怀着七个多月的有庆，一路上到处都是狗吠，下过一场大雨的路又坑坑洼洼。(余华《活着》)

副词“又”的存在表明“一个孤身女人”和“怀着七个多月的有庆”是并列或递进的关系。正如于泳波（2012）提到的，“又”一般只能连接两个谓词性结构。因此在这段话中，将“一个孤身女人”看作是名词谓语、“她一个孤身女人”看作是名词性成分做谓语的主谓结构是合理的。

但“她一个孤身女人”在很多句子中能实现为同位关系，比如当这个组合做动词宾语和介词宾语时，实现为同位关系。如下面的例子：

（21）小王再混蛋也不至于去欺负她一个孤身女人吧！

（22）你怎么能向她一个孤身女人晒幸福呢，多刺激人家！

像这样从句法角度辨析出不同性质的名词项组合来，或许是个可操作的办法。但显而易见的事实是，“她一个孤身女人”在以上三个例子里并无实质性的语义区别，换句话说，我们都能从中体会出“一个孤身女人”对“她”的陈述意味。这是为什么呢？

沈家煊（2012）对汉语的“流水句”问题提出了一个全新的看法：“我们由此得出一个‘令人惊异然而明明白白的’结论，汉语的流水句是：S　$S'_{NP}+S'_{NP}+S'_{NP}$，……组成流水句的每一个句段S'都具有指称性，可以标为S'_{NP}。”他并且指出，汉语的流水句里，“我们可以把任何两个前后相继的零句组合为一个整句”，他举的例子是：

（23）a. 老王呢，生病也该请个假，走不动的话儿子女儿呢？上班忙就请个保姆嚒，工资低就先借点。（真是）犟脾气一个！

b. 老王又生病了，请假又走不动，儿子女儿上班忙，请个保姆工资低，先借点呢犟脾气一个！

就是说,相邻的两个 S'_{NP}之间都具有陈述关系。这给我们观察汉语多项同位组合以重要的启发。我们注意到,多项同位组合相邻两项之间也都存在着可能的陈述关系:

(24) 人家$_1$ 局长书记$_2$ 他们$_3$ 两位老党员$_4$ 一听说这事马上就赶到了现场。

a. 人家啊,局长书记

b. 局长书记,他们

c. 他们呢,两位老党员

当凝结为同位同指组合时,这种主谓关系就变成隐性的了。这就揭示了汉语同位同指组合的形成机制:同位同指组合实际上是说话人先想到并且先说出已知信息 NP_1,为了使这一信息更加立体丰满,然后说出跟它相关的一个或几个侧面的信息 NP_2、NP_3、NP_4……而这些信息,其实单独说出来都是一个一个的零句,但说话人出于句子结构的需要,以名词性成分的形式将多个零句的意思整合在一起,成为一个有同位关系的组合。这就是在线包装(online package)的过程。

说话人的在线包装,在听话人那里得到什么样的效果,又与听话人当时的认知状态有关,我们在§1.1 曾经提到这一点,谈的是修饰关系与阐释关系的区别。这里,我们还要进一步指出,听话人的认知状态,其实也影响着阐释性的强弱。如"医院重地,禁止燃放烟花爆竹"这句话,如果听话人知道医院即重地,句子表达"医院这样的重地禁止燃放烟花爆竹"的意思,那么"重地"是作为"医院"的补充和提示,"医院重地"就是同位同指组合,组合整体依然指称一个处所,做句子的主语,整个句子说的是一件事;如果听话人不知道医院是重地,句子表达"医院是重地,重地禁止燃放烟花爆竹"

的意思，那么“重地”是焦点新信息，“医院重地”就是主谓结构，是完整陈述的事件，整个句子是由两个分句构成的，指称两个事件[①]。这就是说，对于每个同位同指组合而言，说话人总是以阐释为主要的构造原则的，但是传达到听话人那里之所以有不同的理解倾向，就是因为 N_1N_2 这样的表面形式表义功能的多能性。

同位同指组合相邻两项的关系虽然是阐释关系，但整个组合的基本句法性质是名词性的，是作为一个整体充任主语、宾语和定语等句法成分的，独立成句的情况少并且有特殊的语用含义。而主谓结构是汉语句子的主要结构模式，主要用于相对独立、完整陈述的事件，主谓结构整体做主语在汉语中十分受限。

3. 同位同指组合与并列结构

3.1 不同的认知过程

以前的汉语“同位结构”研究中，较多地关注它与定中式偏正结构的关系以及与并列结构的关系，较少论及与主谓结构的关系。在我们看来，汉语同位同指组合与定中式偏正结构和并列结构有本质性不同，倒是与主谓结构有近密的关联。

同位与偏正的区别，除了上文已经指出的偏正结构“定语把中心语范围缩小”即前项为后项划定外延以外，我们还可以从说话人编码模式的不同来认识。张伯江（2014：61）指出，“偏正结构里 NP_2 是说话人预料听话人头脑中已有的一个概念，当说话人用 NP_1 对它进行限制性操作时，所带来的新的信息内容是 NP_1 与 NP_2 之间的关系。”而同位同指组合，是说话人先想到并且先说出 NP_1，然后才说跟它相关的另一个侧面的信息 NP_2。可以这样理解，同位同指组合相邻的两个名词项提供的信息本来都是关于同一个事物的独立零句,由于他们两者有共同的背景知识部分,因此将两个零句整合在一起,提取共同的背景知识,做句子的其他部分,而关于同一个事物的不同侧面的信息则并立起来变成一个名词性的组合。

3.2 不同识解策略的形式辨析

这种识解策略还可以用来说明同位同指组合与并列结构的区别。赵元任(1968[1979]:136)就是基于"有两个或更多中心的内中心结构,每个中心都有大致跟整个结构相同的功能"而把"同位结构"看作并列结构的一种的。刘街生(2004:17)曾指出双项同位组构的两项之间存在相当程度的并立性,而并列结构的句法语义基础就是并立性,同时"同位"这个概念就包含着语法地位等同的含义。"并立""同位"这两点是名词性并列结构和同位同指组合的共同点。我们想要指出的是,对这两种句法关系,需要从它们的形成理据去认识:同位同指组合虽然前后项具有形式上并立的地位,但同时存在着后项对前项进行阐释的要素;并列结构的组成项之间却不存在这种阐释意义。所以,并列关系可以用顿号或者并列连词插入其间,而同位同指组合不能:

(25) 吴汉雄吴老师冷冷的目光像针一样从细密的网眼中透出。

→*吴汉雄、吴老师冷冷的目光像针一样从细密的网眼中透出。

→*吴汉雄和吴老师冷冷的目光像针一样从细密的网眼中透出。

(26) 李老师吴老师是我们这次比赛的技术指导。

→李老师、吴老师是我们这次比赛的技术指导。

→李老师和吴老师是我们这次比赛的技术指导。

这一点区别看似简单，却很有效。且看下面这个例子(取自刘街生，2004：13)：

(27) 父亲当兵与他的父亲我的爷爷有很大的关系。

这个例子中“他的父亲”与“我的爷爷”由于事实上指的是同一个人，很容易被认作同位关系，而用上述方式测试一下：

(28) 父亲当兵与他的父亲、我的爷爷有很大的关系。

(29) ?父亲当兵与他的父亲和我的爷爷有很大的关系。

并列关系比较明显。

着眼于我们强调的同位结构中的阐释关系，也可以看出二者的区别：

(30) 父亲当兵与他的父亲我的爷爷有很大的关系。

→父亲当兵与我的爷爷他的父亲有很大的关系。

(31) 吴汉雄吴老师冷冷的目光像针一样从细密的网眼中透出。

→吴老师吴汉雄冷冷的目光像针一样从细密的网眼中透出。

例(30)中“他的父亲”跟“我的爷爷”调换次序以后整句的基本语义和语用意义都没有明显变化；例(31)中“吴汉雄吴老师”跟“吴老师吴汉雄”语用意义差异明显：前者是用“吴老师”这种尊称来给“吴汉雄”增添情感意义，后者则是用“吴汉雄”这个具体的姓名为“吴老师”这个称呼增添信息量。

由此可见，两个指称性成分相邻并且句法地位相同时，辨认其间的关系是同位还是并列，“语义同指”并不是必要条件，还需从句法形式和语义关系两个角度细加辨析。

4. 动静之间

4.1“阐释”重于“并立”

通过以上的讨论我们试图说明,同位同指组合,句法上的“同位”和语义上的“同指”都只是形成这种结构的充分条件,而后项对前项的阐释关系,才是这种组合的必要条件。

作为一种常常充当论元角色的体词性短语,同位同指组合有其与一般体词性短语相同的“静态”特征;而观察到同位同指组合内部存在的阐释关系,这又可以看作一种“动态”特点。这里的“动”和“静”都是比况的说法,我们想要强调的是,同位同指组合里“动”的一面是更为值得关注的。

以往对汉语同位关系的研究,往往认为“并立性”是这种句法关系的关键点(刘街生,2004),这就是过于关注“静”的一面。“并立性”意味着并立的诸项不仅语义指同而且语法地位相同,那么是不是可以推导出“每一项都可以独立地参与到整个同位结构所处的表述中”呢?也就是说,每一项单独形成表述都是等值的。我们看这个例子:

(32) 你不能欺骗人家局长老王他一个老同志!

a. 你不能欺骗人家。

b. 你不能欺骗局长老王。

c. 你不能欺骗他。

d. 你不能欺骗一个老同志。

分解的例释显示,原句的真值语义既不是“不能欺骗老王”也不是“不能欺骗老同志”,而是“具有‘老同志’这种属性的‘老王’”,“老同志”对“老王”的阐释意义非常显著。再看一个两项同位组合的例子：

(33) 我们对他老会员都没有任何优惠。

a. 我们对他都没有任何优惠。

b. 我们对老会员都没有任何优惠。

a 句和 b 句虽然都是原句真值语义中的组成部分，但都不是原句的全部语义。可见同位同指组合的语义不是其组成部分的简单加合。

另有一些情况，分解后的命题甚至不是原句意义的组成部分：

(34) 我就喜欢人家首都北京他们那儿。

a. 我就喜欢人家。

b. 我就喜欢首都北京。

c. 我就喜欢他们。

d. 我就喜欢那儿。

如果这个例子显示真值语义的词语不是处所词（北京）而是一个人名的话，或许可以说每个分解的表述都是符合真值语义的；但正是因为例(34)这样句子的存在，证明了代词的作用不是简单的称代，而是具有一定的语用价值。张伯江(2010)曾经讨论过同位同指组合里包含人称代词的一种情况，他指出人称代词的作用“或是强调个人立场（第一人称），或是用以拉近与被叙述者的距离（第二人称），或是把整句话的意义带入了专有名词那个人物的自我表白（第三人称）”，这个概括同样适用于本文所观察的同位同指组合中的代词。也就是说，代词与实体名词之间在同位同指组合里建立了语用意义的阐释关系。

以上观察中得出一个清楚的结论：汉语的同位同指组合中，各个组成项之间的语法关系，既不是等立，又不是修饰，而是阐释关系,亦即一种陈述关系。例(32)(33)和(34)足以说明,处于宾语位置上的同位同指组合所参与的命题里,各个组成项分解后的命题并不是原句命题意义的替代物甚至不能准确传达原句意义,原句“你不能欺骗……”“我们对……都没有任何优惠”和“我就喜欢……”所陈述的都不是任何一个名词本身,而是整个的阐释性的组合,而这个组合的名词性是它和主谓结构的主要区别。

4.2“在线生成”是实质

基于前面与偏正结构、并列结构和主谓结构的对比观察,我们得出汉语同位同指组合与前两者有很大不同、与后者有些共性的看法。但同位同指组合毕竟不是主谓结构,因为它整体的体词性非常明确,最主要的句法功能就是实现论元角色。这就是我们称之为“动静之间”的缘由。

作为一种外部功能地道的体词性短语,而其内部结构又不同于汉语语法系统里既有的体词性结构,该怎么认识这个现象?朱德熙(1985:78)在强调“汉语的句子的构造原则跟词组的构造原则是一致的”的时候还说道:“不过句子跟词组终究是两回事,不能混为一谈。”这事实上已经注意到了汉语使用中的特殊句法现象了。朱先生考虑到的特殊现象有哪些呢?他说:“要是有的句子不能还原为词组的话,那就是说光描写词组的结构还不能穷尽全部句子,有的句子只能从句子的平面上去描写。”“肯定有一部分句子是无法还原为词组的。最明显的是所谓‘易位句’,例如:他走了,就。/放假了吗,你们?/他骑走了,把车。”事实上,句子层面的“在线组合”现象远比朱先生估计的“组成部分仍然是符合词组的构造原则的”要复杂。完权(2014)详细讨论了复合词的在线组合现象,指出许多在线组合的“复合词”现象的实质是“语言使用者打包在短期记忆中的所知所想，在听说的过程中构成，可以却未必和长期记忆中的认知图式(schema)相联系"，本文讨论的情况即是如此。如前文§2.2所述，汉语同位同指组合是说话人先想到并且先说出已知信息NP_1，为了使这一信息更加立体丰满，然后说出跟它相关的一个或几个侧面的信息NP_2的在线包装过程。

这里我们就观察一下，在线包装产生了哪些语言事实。有些从句子中切分出来的结构体，在抽象的词组层面是不能说的。比如吕叔湘(1942:72)就指出，"我们不能说'动物马'或'马动物'或加'之'字成'动物之马'或'马之动物'。"在实际句子中，我们却不难发现这些类型的实例：

(35) 在大自然中，动物马属于草食性家畜，原产于中亚草原，4000多年前就被人类驯化，15世纪后，才被殖民者带到美洲和澳洲。(科教片中的配词)

(36) 大家都知道，花卉夜来香是不能在居室内种植的。

(37) 在今天的节目中，我们来介绍一种一年级的孩子的必备品：文具铅笔。

(38) 动物保护者联名请愿，要求停止对猫狗动物的屠杀。

(39) 王老师希望家长不能对孩子们写字的要求太高，她说："写个汉字对你大人不是什么难事，但对一个四五岁的孩子来说就比较困难了。"

(40) 一旦有学生对你教师产生了不好的印象，他就会不喜欢上你的课，久而久之，就会对这门课失去兴趣。

(41) 这道题你不会做很正常，连爸爸大博士都想了半天才会呢。

(42) 这是出版社的责任，跟他刘震云作者是没有关系的！

(43) 昨天下午,两个小学生婷婷和倩倩急中生智,救了一车人。

(44) 你带着五种动物老虎、大象、猴子、孔雀和狗,到你没有去过的原始森林探险,如果你遇到危险你会先舍弃谁?

(45) 作者他人呢?

以上这些同位同指组合的例子,大量存在于现代汉语的书面和口语表达中,类型远超出吕先生所举的“动物马”“马动物”说法,却都是汉语静态名词短语所不允许的结构形式。这是我们所说汉语同位同指组合“在线组合性”的最好证明。

值得注意的是,本文§1.1曾经指出同位项外延相同是同位同指组合的最主要特点之一,在例(35)—(45)这些例子里,似乎存在不少外延大小不一样的情况,需要做出解释。先看例(35)—(37),似乎都是前项外延大于后项,但是我们体会一下这几个句子的真实意义,就会看出这样的事实:

(35′) 动物马属于草食性家畜=我说的这种动物也就是马属于草食性家畜

(36′) 花卉夜来香是不能在居室内种植的=我说的这种花卉也就是夜来香是不能在居室内种植的

再看(38)—(42)诸例,“猫狗动物”“你大人”“你教师”“爸爸大博士”和“刘震云作者”中,似乎都是后项外延大于前项,但与偏正结构一个明显的区别是,前项并不是用来给后项限定外延的:

(38′) 猫狗动物=猫狗这两种动物 ≠ 动物中猫和狗

(39′) 你大人=你这位大人≠大人中你这位

(40′) 你教师=你这个教师≠教师中你这一位

(41′) 爸爸大博士=爸爸这个大博士≠博士中的爸爸

（42′）刘震云作者＝刘震云这位作者≠作者中刘震云这一位

仔细体会句意，这几个名词项的外延在具体句子里事实上还是等同的。至于例（43）—（45）“两个小学生婷婷和倩倩”“五种动物老虎、大象、猴子、孔雀和狗”以及“作者他人”几例，前后项外延等同是十分显明的。

以上这些例子，我们说是在线组合形成的，并不意味着它们是不稳定的临时形式。乍一看这些例子，总会有点“临时性”的感觉，这种感觉往往是来自我们拿偏正结构或联合结构那样的模式作为衡量标准的习惯性思维。如果我们理解了在线生成是汉语同位同指组合的实质，也就可以说，这些例子没什么特殊，正是汉语同位同指组合的典型实例。

5. 结语

在传统的语法体系里，“同位结构”的地位似乎并不重要，下属于偏正结构、下属于并列结构的归类方式看上去显得有些随意，事实上是学者们面对同位现象的事实犹疑不定的反映。究其原因，一是在于对汉语名词性短语构成方式过于拘泥的保守认识，二是对在线生成的结构形式重视不够，除此之外，我们认为最重要的一点是，对汉语语法关系的实质探究深度不够。本文是在沈家煊（2012）对赵元任“零句说”和“主谓关系即话题说明”学说的深刻阐释启发下形成的看法，我们认识到，汉语体词性的零句相互组合，形成汉语最基本的语法关系——话题与说明的关系，这种关系对汉语语法的影响是深刻的，渗透在许多方面。同位同指组合，过去较多地被习惯性地归入定中结构，而我们受零句说明性的启发，观察到同位项之间的阐释性关系，并且观察到同位组合的在线生成性。这个实例说明,汉语语法特点的发现,有赖于新的视角和新的思考。

附　注

① 感谢匿名审稿人提供这一例证。

参考文献

丁声树等　1961　《现代汉语语法讲话》,商务印书馆。

黎锦熙　1924　《新著国语文法》,"汉语语法丛书"本,商务印书馆 1992 年出版。

刘街生　2004　《现代汉语同位组构研究》,华中师范大学出版社。

刘探宙　2013　《现代汉语同位同指组合》,北京大学博士研究生学位论文。

吕叔湘　1942　《中国文法要略》,"汉语语法丛书"本,商务印书馆 1982 年出版。

吕叔湘　1976　《现代汉语语法(提纲)》,《吕叔湘全集》第十三卷 405—540 页,辽宁教育出版社 2002 年出版。

马建忠　1898　《马氏文通》,吕叔湘、王海棻编《马氏文通读本》,上海教育出版社 1986 年出版。

沈家煊　2012　《"零句"和"流水句"——为赵元任先生诞辰 120 周年而作》,《中国语文》第 5 期。

沈家煊　2013　《谓语的指称性》,《外文研究》第 1 期。

完　权　2012　《超越区别与描写之争:"的"的认知入场作用》,《世界汉语教学》第 2 期。

完　权　2014　《从"复合词连续统"看"的"的隐现》,《语法研究和探索》第十七辑,商务印书馆。

杨成凯　1996　《汉语语法理论研究》,辽宁教育出版社。

于泳波　2012　《"人称代词＋一个＋NP"的句法语义分析》,第十七届现代汉语语法学术讨论会论文。

张伯江　2010　《汉语限定成分的语用属性》,《中国语文》第 3 期。

张伯江　2014　《汉语句法结构的观察角度》,《语法研究和探索》第十七辑,商务印书馆。

张　黎、于　康　2000　《汉语指称性成分的等级分类及其对判断句的影响，《语法研究和探索》第十辑，商务印书馆。

朱德熙　1957　《定语和状语》，新知识出版社。

朱德熙　1982　《语法讲义》，商务印书馆。

朱德熙　1985　《语法答问》，商务印书馆。

朱德熙　1993　《从方言和历史看状态形容词的名词化兼论汉语同位性偏正结构》，《方言》第2期。

Chao, Yuen Ren（赵元任）1968 *A grammar of Spoken Chinese*（《中国话的文法》）. Berkeley and Los Angeles: University of California Press. 吕叔湘译本《汉语口语语法》，1979，商务印书馆。

（原载《中国语文》2014年第3期）

重度-标志对应律：
兼论功能动因的语用性落实和语法性落实*

陆 丙 甫

（南昌大学　语言类型学研究所，上海高校比较语言学E研究院）

提要　本文根据《马氏文通》提到的一些语法现象，以及跨语言的相关现象，提出"重度-标志对应律"这一语言共性：一个成分重度（长度或结构复杂度）越大，越需要一个标示其句法地位的标志。这条编码共性有两种落实方式：一，作为倾向的语用性的落实，此时的轻重体现在具体的长度上，这主要是消极修辞研究的对象；二，作为语法规则的语法化落实，此时重度表现在语法范畴上，轻重取决于"词""名词短语"和"小句"的范畴不同。文章也讨论了这两种落实方法的区分在各种动因解释中的普遍性。

1. 从《马氏文通》一段描写说起

"共性"，就是普遍规律，往往是无所不在、无时不有的，即在所有具体的语言现象中都有所表现。因此，从汉语的具体描写中可以发现许多基本的语言共性。让我们以《马氏文通》下面一段描写为例（引自吕叔湘、王海棻，1986：249—254），看看其中隐含了多少

* 本文初稿为《庆祝张斌先生90华诞从教60周年学术讨论会》（2010年11月上海师范大学）报告论文。写作过程得益于网站和会议参与者的讨论反馈，特别是得益于金立鑫、宗守云、罗天华和郭中诸位先生的一些具体意见。最后定稿，采取了《中国语文》审稿人的一些重要建议，谨此致谢。

语言共性：

> 凡外动字之转词，言其行之所归，与所向之人，或所在之地，则介以“于”字而位于止词之后。转词指人，或为代字，或为名而字无过多者，则先诸止词，而无庸介焉。转词指地而字数亦少者，则仍后止词，介词间删焉。

从这段话的三个句子中，我们至少可以引出跟当今类型学研究关系密切的五条基本的语言共性。

（一）第一句“凡外动字之转词，言其行之所归，与所向之人，或所在之地，则介以‘于’字而位于止词之后”。这句话的大意是，及物动词所带斜格（oblique）成分（即“转词”，包括间接宾语和动词的其他名词性附加成分），表示动作目标及目标性人物或处所，就带“于”字并且后置于直接宾语（即“止词”）。简单地说，就是采取“动词＋直接宾语＋介词＋斜格成分”这样的语序格式。事实上，当宾语和斜格成分都后置于动词时，几乎所有语言都以这样的语序为基本语序；其中宾语比斜格成分离动词更近，符合“语义靠近”象似动因[①]。另外，较远的斜格需要带介词作为语法标志，这又是“距离-标志对应律”（陆丙甫，2004）[②]这条共性的具体表现。

（二）马氏所说第二句“转词指人，或为代字，或为名而字无多者，则先诸止词，而无庸介焉”，其中“转词指人，或为代字”，表明斜格成分用代词或指人，就要前移。这反映了“可别度领先动因”（陆丙甫，2005），即可别度（这里主要表现为生命度和指别度）高的成分（这里是“指人，或为代词”）倾向前置。其中“为名而字无多者”，表明短小的成分容易前移而靠近动词核心，这反映了“内小外大”（陆丙甫，2006）的语序共性，即比较短小的成分有靠近核心的倾向。事实上“指人，或为代字”，通常也都是短小的形式，因此其前移,可看作是同时体现了“可别度领先”和“内小外大”两条动因。最后的“而无庸介焉”,说明前移而靠近动词后,就不需要带介词,这又再次反映了“距离-标志对应律”。

（三）最后一句“转词指地而字数亦少者,则仍后止词,介词间删焉”,比较复杂。如果理解为“斜格成分如果指处所并且字数少的话,就仍然后置于宾语,介词有时可删”,那么,这一描述并不确切。确切的描写是,“斜格成分指处所,就仍然后置于宾语;如果字数少的话,介词有时可删”,即“转词指地则仍后止词,若字数亦少,介词间删焉”。也就是说,字数少不是后置的条件,是“介词可删”的条件。这表明,一个成分越大,越需要语义关系标志,反映了本文下面所要讨论的“重度-标记对应律”。

这里的“重度”,是英语 heaviness 的翻译,指长度和结构复杂度,虽然马氏所说“字数少”仅指长度,但我们后面的分析会提到,结构复杂度跟长度是密切相关的概念,抽象成“重度”有利于理论上的概括。

由此可见,从马氏短短一段描写中,我们至少看到了“语义靠近”“可别度领先”“内小外大”和“距离-标志对应律”“重度-标志对应律”这五条语言共性的存在。前面三条是语序规律;后面两条讲功能标志的分布规律。

文炼、胡附(2010:58)在谈及汉语语序研究时,特地引用了上述《马氏文通》中那段话,并指出,“今天大家都注意到虚词在句中的位置比较固定”,“可是,实词的次序安排与虚词使用的关系,似乎反不如《文通》那样重视”。这段话,也强调了作为语法标志的虚词的分布规律。不过,这段话只谈及标志跟语序的关系,而没有提到标志跟重度的关系,而这正是本文要强调的内容。

能够反映语言共性的描写，在《马氏文通》时有所见，又如吕叔湘、王海棻（1986：255—256）：

> 动字之有"于"字以介转词者，间易转词为止词，删"于"字而位于动字之后，又以"以"字介止词，置诸动字之先。不先者，惟司词长者为然。

所举例子有：

(1) a. 天子不能与天下于人

b. 天子不能以天下与人（《孟万二》）

(2) 晓谕百姓以发卒之事，因数之以不忠死亡之罪。（《司马相如传》）

马氏认为(1a)(1b)间很容易转换。两个格式的宾语跟斜格成分可以互换身份，这颇似英语中 to load hay onto the truck（载禾于车）和 to load the truck with hay（载车以禾）这样的转换。不过，古汉语以"以"引出的工具斜格有动词前、后两个位置。而到底前置还是后置，马氏认为跟"以"字短语的长短有关，如(2)中"以发卒之事"和"以不忠死亡之罪"因为较长，就不容易前置。这里再次强调了"重度"在句法中的作用。这个现象，类似于英语中的"重名词移位"。

本文主要讨论"重度"对句法的影响，特别是"重度"跟标志使用的相关性。

2. 重度-标志对应律

2.1 语用性落实

"重度-标记对应律"可表述为：一个成分越长，或内部结构越复杂，就越需要带上一个标示其句法地位的标志。

应该注意,长度跟复杂度是无标记的正相关关系,即通常情况下,长度大的成分结构复杂度也大,反之也成立。但是两者毕竟还是有区别,后面我们会谈到。

就长度跟标志的相关性来说,仅仅表现为一种大致的倾向,即长度到底大到什么程度才需要带标志,并无明确标准。我们把这种倾向看作是共性规律的"语用性"落实。

"转词指地则仍后止词,若字数亦少,介词间删焉"这个现象,可以以"蓄之(于)池"为例。由于"池"很短小,因此介词"于"就可以省略。马氏举了大量类似的例子。可惜,马氏在这一部分并没有举处所表达因为长而不宜省略"于"的情况。我们这里顺着他的思路,设想如果"池"扩大成"去岁新掘之放生池",全句成"蓄之*?(于)去岁新掘之放生池",感觉上"于"就不那么容易省略了。同样,"赠书(于)友人"跟"赠书*?(于)昨日于宴会新结交之友人"的对比也是如此。

类似现象甚多。以现代汉语方言中的双及物结构来说,主要有"送他一本书"和"送一本书给他"两种语序类型;后者通常需要一个"给"类介词。但是在不少南方方言中(包括粤语、老派上海话、赣语泰和话等等),可以不用这个"给"类介词,说成"送一本书他"这样的格式。但这种句式有个限制,那就是间接宾语都必须是"轻型间接宾语、人称代词、单音节或双音节词等","重型名词"很难出现在这个位置(Xu & Peyraube,1997)。下面是一个粤语的对比例子:

(3) a. 我送本书(俾)佢。

'我送本书给他。'

b. 我送本书*(俾)系我隔篱果条街嘅人。

'我送本书给住在我隔壁那条街的人。'

成分因为长度大而更需要语法标志这一现象极多,再略举几例。

(4) a. I said (that) he would come.

'我说过(,)他会来。'

b. I said ?(that) if the weather was fine, he would come.

'我说过?(,)如果天气好他会来。'

英语中的宾语小句,如果非常简单,that 很容易省略,如(4a)。但是小句如果较长,较复杂,如(4b)那样,that 就较难省。即使省略,也要在这个位置有个较长的停顿;这种停顿也可以看作一种标志。汉语的对译句也同样有类似对比,(4a)的译句不大需要停顿,(4b)的译句需要停顿的程度高得多。停顿处可以插入个"说",需要的程度呈现同样的对比。

像 that 那样的关系代词或标句词,在印欧语中非常普遍,它们的分布受到多种因素的制约,其引出成分的长度显然也是众多因素之一③。

文言中的"夫"字,具有 that 那样的标句词功能,多用于复杂小句降级充当成分时,如小句充当宾语或主语等:

(5) 余观夫巴陵胜状在洞庭一湖。(范仲淹《岳阳楼记》)

(6) 吾闻夫齐魏徭戍,荆韩召募;万里奔走,连年暴露;沙草晨牧,河冰夜渡;地阔天长,不知归路。(李华《吊古战场文》)

(7) 夫以李鸿章与今日之中国,其关系既如此其深厚,则欲论李鸿章之人物,势不可不以如炬之目,观察夫中国数千年来政权变迁之大势,民族消长之暗潮,与夫现时中外交涉

之隐情，而求得李鸿章一身在中国之位置。孟子曰：知人论世，世固不易论。人亦岂易知耶？（梁启超《李鸿章传》）

又如下例中，出现在主语后的前置宾语长了更需要标志“把”，也可以说是“重度-标志对应律”的一个例子：

(8) a. 我（把）这本书 看完了。

b. 我[?]（把）这本昨天刚从图书馆借来的小说 看完了。

成分因重度增加而更需要带语法标志的情况，在语言中相当普遍。如金立鑫(1988)指出条件复句中“如果……，那么，……就……”中的“那么”的是否使用，跟“那么”后的主句的长度有关。罗天华(2011)也认为汉语“动词＋X＋处所”结构中“X”的隐现也跟后面处所表达的重度有关。

2.2 语法性落实

上一节例(4)表明英语标句词 that 是使用跟有关宾语从句的长度的正相关倾向。但是，一旦该从句跟动词之间插入一个直属句子的状语，则 that 必用不可，否则句子不合格：

(9) I said ***exactly*** /*yesterday* *(that) he would come.

这种情况下，语用倾向就通过语法化而成了语法规则。一旦语法化，就跟宾语的重度无直接关系了，而取决于宾语是否“小句”以及宾语前是否有状语插入。不过，其功能基础仍然是重度，因为小句通常重于名词短语。当然，跟动词是否直接相连也牵涉到“距离-标志对应律”。

为了进一步理解这种间接决定关系，让我们来看一个英语中重度范畴化的例子。

(10) a. *That John failed his exam* surprised Mary

b. *Did *that John failed his exam* surprise Mary?

c. Did *the fact* surprise Mary?

d. Did *the fact that John failed his exam* surprise Mary?

英语中带有标句词 that 的小句虽然一定程度上指称化了,可以像一个名词短语那样做主语,如(10a)所示,但是却不能在一般疑问句中充当主语。原因何在?可能跟"内小外大"有关:在是非疑问句中,主语不是在句首位置,而是在较内层的助动词跟主要动词之间的位置,因此不能太长太复杂,即重度不能太大,否则会干扰助动词和主要动词间的联系④。但是这个大小程度已经语法化了,即通常比较重的小句不能出现在这个位置,而通常较轻的名词短语可以;尽管在某些具体场合名词短语比小句重,如名词短语"the fact that John failed his exam"就比小句"that John failed his exam"重。

也就是说,虽然一般疑问句的主语必须是名词短语这一限制的功能基础是"内小外大",但是落实的结果是范畴化、语法化的限制,而不是具体重度的限制(陆丙甫,1998)。

范畴化的重度顺序大致是:小句(动词短语)比名词短语重,而名词短语又比名词重,即:

(11) 范畴化重度等级(>表示"重于"):

小句>名词短语>词

汉语中最常见的例子是汉语虚词"的"。其使用也取决于两头成分的结构复杂度。基本情况是,带"的"时,两头都是可以自由扩展的短语性成分(吕叔湘,1979:23—24),一起构成一个"组合结构"(朱德熙,1982:148);而不带"的"时,两头都是词,除定语是指别词、数量结构或人称代词等情况外,整体是"黏合结构",本质上是复合词。反过来也就是说,只要两头的成分有一头是短语,"的"就必须使用。虽然在一定的语境中,一个短语可以由一个词构成,但是一般来说,短语的重度超过词。因此,是否用"的"的这一区别,也体现了"重度-标志对应律"。

当然,黏合结构内部也能有某些扩展,如"语言研究"的"语言"可以扩展为"少数民族语言"。但是所扩展出来的局部成分("少数民族语言")和扩展后的整体("少数民族语言研究"都必须仍然是个黏合结构。因此,这种扩展是严格限制的"不自由扩展"。特别是句子层面特有的语气成分、模态成分等不能进入黏合结构。

因此,我们可以说,重度大的定语需要带"的",但这个重度已经范畴化、语法化了;不是看实际长度,而是看潜在的扩展可能。

下例显示了词做状语时可以不带"地",但是并列结构或更复杂短语做状语时就要带。

(12) a. 认真(地)讨论了 如何才能真正彻底解放思想的问题。

b. 认真并深入*(地) 讨论了 如何才能真正彻底解放思想的问题。

c. 像讨论命运决定战一样认真*(地) 讨论了 如何才能真正彻底解放思想的问题。

补语标志"得"的使用也是如此,试比较:

(13) a. 放大 它

b. 放得 它 很大很大/像一堵墙那样大

不带"得"的补语只能是谓词性的词或语素,带"得"的补语必须是谓词性短语。不过，这里的标志不是直接附加于补语的标杆（flag），即"附从标志"（dependent-marking），而是后附于核心动词的"标引"（index），即"附核标志"（head-marking）；但这仍然反映了重度跟标志的相关性，不过比较间接而已[⑤]。当然，短语也可能由一个词构成，如回答"这本书写得好不好？"的"（写得）好"中的"好"，但在这个位置上，其本质是个短语，因为可以扩展成"非常好、跟那本一样好"等。

汉语语法对节律非常敏感，如"2＋2"节奏歧义的"复印文件"简略成为"1＋2"的"印文件"就是动宾结构，简略成"2＋1"的"复印件"就是定名结构（吕叔湘，1963）。为了解释这个现象，Lu & Duanmu（2002）提出了"辅重原则"，即重度上核心词不应超过从属语。虽然这个原则会遇到不少反例，最明显的是定名结构中"2＋1"的有不少，如"市政府、布娃娃"等，但是从范畴来看，的确是作为核心的"词"比作为"短语"的从属语要短小。因此，"辅重原则"从范畴上看，对于短语结构，是完全成立的。不过，在复合词内部，核心和从属成分都是词或语素，这条原则就不适用了。

3. 功能动因的两种编码

3.1 两种编码区分的普遍性

以上我们讨论了"重度-标志对应"动因的两种编码方式：（一）作为倾向的语用性的落实中，重度体现在具体的长度上。（二）作为语法规则的语法化落实中，重度表现在语法范畴等级上，如轻重以词和短语划界。前者是柔性的，仅仅表现为倾向，有一定的自由选择余地，主要属于消极修辞的研究范围；后者是刚性的，已经成为语法规则，主要是语法研究的内容。前者是战术性的权宜之计，为了局部使用的方便;后者是战略性的,是从大局整体出发的,因此可能牺牲局部方便(如只要属于通常较重的范畴,即使是很轻的成分也要带标志)。

本文第一节提到的另外四条共性也都有两种落实的区分。如"可别度领先"在汉语中落实为"名词前置(于动词)为定指、后置为不定指"的倾向,基本上是语用性的,至少语法化程度不高。"后置名词为不定指"只是倾向而不是语法规则很明显,因为定指成分也能后置。至于"前置名词为定指"这条,也因为定指性是个程度问题(Xu,1997)而难以看作明确的语法规律。但在法语等罗曼语言中落实为代词宾语一定前置于动词,名词宾语后置于动词这一格局,就属于语法化的战略落实了。

又如"内小外大"在英语中可表现为"重名词后移",取决于宾语名词跟后置状语的长度对比,基本上是语用性的。在汉语中可落实为动补复合词(黏合结构)和动补短语结构(组合结构)之分。如以宾语为内外参照点,即复合词内部补语前置于宾语而处内层(如[[[打]败]敌人]),但短语性补语后置于宾语而处外层([[[打得]敌人]大败而逃])。由于外层的短语性补语需要标志"得"引出,并且外层补语离开动词比内层补语远,两种补语的差别也可看作"距离-标志对应律"的语法性落实。至于这条共性的语用性落实的例子,见陆丙甫(2004)。

"距离-标志对应律"战略落实的例子,最明显的有宾语。宾语在许多语言中都因为最靠近动词而比斜格论元更少标志[6]。此外,英语中动词跟宾语从句如果被状语隔离开,一定要带标句词 that。至于中间没有状语时,是否要用 that 则具有灵活性,是战术性落实。换言之,这条对应律的语法化主要体现在"是否直接相邻”上。

我们不妨用比喻来说明两种编码的差别。战略性编码好比是法律，比较严格；战术性编码好比是社会礼仪，不那么严格。以公用电话的使用优先权问题为例，从法律上说，首选标准“先到先用”，因为这在多数情况下最具有可操作性。但是具体情况下，也可通融破格，如后来者有急事并且只要说一句话，可跟先到者协商先用，这是社会礼仪，具有较大的灵活性。

近年来国外语法学界有人把“语法化”比作“礼仪化（ritualization）”（Haiman，1994：23）。如果这样的话，我们也得承认社会礼仪有是否已经制度化的区别。

由此可见，语言作为人类的微观行为，跟人类的宏观社会行为，其间有许多相似之处。

常有人提到“汉语句法的灵活性”。其实也不能光强调灵活的一面，还要看到有严格的一面。重要的问题是需要明确什么是灵活的，什么是严格的。况且，即使就灵活而言，也有怎么个灵活法的问题，即找到灵活程度跟什么因素相关，即倾向及其方向。更重要的是，看到无论是灵活还是严格，背后仍然可以有着共同的机制，不过是共性机制的落实层面和落实程度有所不同而已。

3.2 两种编码策略的应用顺序

2.2 节说到，定名短语中，如果定语和名词任何一方是短语，就要用“的”。但也有例外：话题性，前置省略。

（14）我们（的）团长（的）父亲的老战友的儿子的老师的朋友的孩子

就其中的定语本质来说，因为第一个“我们”是指称具体的人称代词，而人称代词在当代语法理论上通常被处理为短语级成分，后面的一个个成分因为受到第一个人称代词的指别限制，都不是类指，该看作短语。但是，陆俭明(1985)注意到前面的短语性成分可以省略“的”，但没有提供解释。这种情况下，合理的处理就是先运用了语法编码规则加了“的”，然后又进一步运用语用规则省略了“的”。

这个语用规则是什么呢？就是名词短语中前面的“的”容易省略，主语中的“的”比宾语中的“的”容易省略，因为前面的定语或主语的定语的指别性较强而描写性较弱，而“的”主要是个描写性标志，跟前面定语的兼容度较低(陆丙甫 2007)。由于“指别性”主要是个语用概念，因此，把这条删除“的”的倾向性规律看作是“语用”的，有两层意义：一，动因是语用的。二，是倾向性的，是有关语言运用的技巧问题(如何表达得清通些的消极修饰问题)。

关于“的”的省略问题，还有一个原因。单用的“我的脚”中“的”不能省略，但是镶嵌到句子中可以，如“你踩痛我脚了”(徐阳春，2008)。这一省略，从宏观上看当然是经济动因的作用，但是从微观结构上看，可以说是因为镶嵌较深导致的压缩省略。一般来说，一个成分的位置镶嵌越深，越容易省略某些表层标志。这可以称为“深度-标志对应律”，我们将另文讨论。

我们前面说到补语如果是短语，相关动词必须加标志“得”。但是也有例外，如“吃得快点儿”在口语中也可以不用“得”。“快点儿”虽然很短小，但应该看作一个短语，所以前面可以加“得”。不过因为短小，对“得”的依赖就不大，可以删去⑦。“吃得再快点儿”中的“得”要省掉就比较难，至于“吃得风卷残云般地快”中，“得”就绝对不能省了。

这里，“吃快点儿”不是一个黏合性的复合词，而是一个组合性的句法结构。根据“重度-标志对应律”，必须带“得”而说成“吃得快点儿”。但根据同样的“重度-标志对应律”，因为“快点儿”短小而可以省略“得”说成“走快点儿”。有人可能要问，这不是多此一举么？同样的原理用两次也违背理论的简洁性。

其实这是理论上所必需的。只要分清不同应用层面，就不是真正的重复。具体地说，首先作为一条语法化的战略共性来用，为了明确性，决定“快点儿”做短语性补语**必然**可以带“得”。然后作为一条语用性的权宜战术用，为了经济性，这个“得”因为补语短而**可以**省略。换言之，这里的“快点儿”因所属范畴“短语”属于重度较高的范畴而语法上、在表层必须带标志“得”；但又因其具体重度不大而在语用上、在表层可以省略“得”。

陆俭明（1990/2001）指出“VA 了”可以有两种结构，一种是“VA/了”，表示“结果的实现”，如“洗干净/了”，不能加“得”，如不说“洗得干净了”；一种是“V/A 了”，表示“对预期结构的偏离”，如“挖/浅了”，总能加“得”而意思不变。我们可以看出，前者是“动补”复合词加“了”，而后者是“动词＋形容词短语”，因为也可以扩展成“挖（得）浅了一点”。这个现象也可以用“重度-标志对应律”先作为语法规律，然后作为语用省略这样的程序去描写。

2.1 节讨论的粤语“我送本书（俾）佢”这样的例子，也可以这样处理。间接宾语，只要被直接宾语隔开而不跟动词紧靠一起，都要带介词，这是“距离-标志对应律”动因的战略性语法落实；而如果间接宾语比较短小，可以省略介词，这是“重度-标志对应律”的战术性语用落实。也就是说，先用语法编码，其次再考虑语用编码。

Xu & Peyraube（1997）也从各种共时和历时的角度详细论证

了“我送本书佢”这一句式不可能是“我送佢本书”句式的间接宾语后移而成的变体，而是“送本书俾佢”句式经过删除介词“俾”而成的。其中理由之一是：一般的名词后移通常只有类似英语中的“重NP移动”，其中移动的是“重型名词”，而非“轻型名词”。此外，“送本书佢”跟“送本书俾佢”两个句式在信息结构和对动词的选择等方面都一样，唯一区别是前者对宾语重度有限制，而后者没有这个限制。无介词句式不仅要求后面的间接宾语必须短小，而且前面直接宾语也必须是短小的。因此“送本书佢”可以看作是“重度-标记对应律”和“距离-标志对应律”共同作用的结果。前者要求后面的间接宾语短小，后者要求前面的直接宾语短小。两个动因在这里的落实都是语用性的。

因此，虽然从历时角度来看，是从倾向发展到语法规律，即“语法化”过程。但是从共时描写的角度来看，正确的逻辑顺序应该先确立语法规则，然后再考虑语用是否可以省略等。

沈家煊(2008)指出：逻辑顺序和历史经常一致，但也可以不一致，而“共时的理论分析并不因历史事实不符而被推翻”。我们这里则进一步强调：对语言现象的共时描写必须是语法规则先于语用倾向，尽管历史上看总是从语用倾向发展出语法规则；这是因为“对、错”两分的规则比渐变的好、坏倾向更简单，更客观，而理论描写必须从简单到复杂。对于理论来说，起点的选择和内在逻辑的自洽性是最重要的。“概括没有底，逻辑需彻底”(朱晓农，2008：144)。因此，必须强调共时描写的逻辑顺序。

4. 余言：更概括的“难度-标志对应律”

“倾向是受到干扰的共性，共性是无干扰情况下的倾向。”语言中倾向性现象到处都是。只要我们排除干扰因素,就能提炼出共性。排除干扰的最简单方法是采用“最小对比组”。

从最小对比的角度来看,“距离-标志对应律”通过比较重度相同的成分跟核心的不同距离而获得。特别重要的是零距离跟非零距离的差别,即直接相邻跟非直接相邻的差别,很容易语法化。如英语中除双宾语结构外,两个后置论元,跟动词不直接邻接的那个总要带介词标志。在另一些场合,差别不是明确的两分,而表现为程度性的,就通常作为倾向,是消极修辞研究的内容。

而“重度-标志对应律”,是通过跟核心距离相同而重度不同的块之间的比较而获得,即比较“等距块”而获得的。

这两条共性结合在一起,就是离开核心越远的成分,倾向于重度高,倾向于带标志。可以说,在一个表面现象下,实际上包含了两个共性。

因此,“距离-标志对应律”跟“重度-标志对应律”可以概括成“难度-标志对应律”(罗天华 2007)。这里的“难度”指处理难度。这个名目下还可以包括类型学中经常提到的“区分性标志”(differential marking, Bossong, 1991),如某些语言中宾语只有在生命度和定指性都较高,因此容易跟主语发生角色混淆时才用宾格标志。

董秀芳(2009)也指出汉语状语标志“地”的分布跟所附成分充当状语的机率成反相关:越是经常做状语,越是倾向于不加“地”。这也可说跟“判断是否状语”的难度有关。

“难度-标志对应律”也可看作是一个是具有更大概括力的“元动因”。说到底,语言编码形式的取舍取决于两个“元动因”,积极的“需要程度”和消极的减少“处理难度”,类似于经济学中的“需求"和"成本"(陆丙甫,2009b)。"难度-标志对应律"属于减少"处理难度"的范畴。

本文列举的语料,特别是跨语言的语料,并非很丰富。但是这些语料足以使我们提出这个定律。因为除了事实外,它的机制原理很容易根据人的基本认知方式去推导出来:一个成分越长,越复杂,其内部局部成分带有功能标志的可能性就越大,所带局部功能标志的数量就越多,某些句子直属成分内局部标志很容易被误解成句子直属成分的功能标志;为了减少这种误解的可能性,就更需要整体的功能标志。即使没有误解的可能,也因需要明确整体功能和局部功能的差别而更需要凸显整体功能的标志。这个标志提示读者整个直属成分的开始或者结束,有明确成分边界的功能。常识在科学中的作用总是远超出一般人的想象。理论的建立往往起于发现了某些常识能系统地广泛应用因而可提升为公理。这样由常识提升的公理,包括欧氏几何学中的公理,牛顿力学中第一(惯性定律)、第三定律(作用和反作用定律),达尔文物种演化理论中的遗传、变异和自然选择。因而爱因斯坦说,"整个科学不过是日常思维的提升"。

附 注

① "语义靠近"是语言象似性的表现之一,在功能语法史上产生甚早。其简单的朴素表述就是"意义上靠近的成分在结构上也靠近"。我们这里强调的是不同从属语跟核心的距离比较。事实上,如果不确立一个核心作为参照点并控制分析流程,这个朴素表述的应用范围很有限,可操作性很低,一般限于两个成分间的关系,如领属关系是否不可让渡关系对距离的影响。此外,确立核心基础上的轨层,也是"内小外大"这一语序共性必要的前提。

② 文献中原命名为"距离-标记对应律"。考虑到"标记"一词的歧义(陆丙

甫,2009a),这里改为"距离-标志对应律"。本文涉及的"内小外大"语序规则,根据本文关于"重度"的讨论,更概括的称呼应该用"内轻外重",但这一改动较大,本文仍沿用以前的"内小外大"提法。

③ 标句词往往也被处理成"名物化"标记。一般认为汉语的陈述性单位直接能当作指称单位用,不那么需要名物化标志。但其实印欧语中这类标志也可以省略。从"重度-标志对应律"的角度去分析,可以帮助我们看到这些标志的更多共性。

④ 更具体地说,小句插入小句的结构很难处理。心理语言学发现,同事处理两个小句是很困难的(Kimball, 1973:33—55)。因此一般从句都在主句的最边缘位置,即句首或者句末,此时主句尚未充分展开,或即将结束,使处理主句的干扰减少到最低程度。

⑤ "放得大、放不大"中的"得"不是补语标志 是模态成分。

⑥ 主要例外有时间词直接做状语,在很多语言中不需要任何标志,这是因为时间表达很少担任其他语义角色,因此最不需要区别性标志。其次,是处所词做状语,虽然常常不需要标志,但标志度稍高于时间状语。

⑦ "快点儿"跟"状态形容词""慢腾腾、高高兴兴"等一样,虽然形式上像词,但是所占据的位置是短语位置,从来不能成为复合词的构成部分。陆丙甫(1993:220)据此曾把它们称作"词短语"。张国宪(2006:83)也认为是"大于词的单位"。张伯江(2011)也根据状态形容词可以自由做谓语而认为它们不是词,是性质形容词进入句子做谓语才采取的某种形态变化或限定形式。因此,"大"可以成为复合词的"放大"的组成部分,但是"大大"就绝对不行,只能成为独立的补语,要用标志"得"引出,如"放得大大的"。

参考文献

董秀芳 2009 《从状语标记"的$_1$"的使用规律看词汇特征与句法标记的关联》,《语言学论丛》第四十辑,商务印书馆。

金立鑫 1988 《"那么"的词类问题》,《中国语文》第2期。

陆丙甫 1993 《核心推导语法》,上海教育出版社。

陆丙甫 2004 《作为一条语言共性的"距离-标记对应律"》,《中国语文》第1期。

陆丙甫 2005 《语序优势的认知解释:论可别度对语序的普遍影响》,《当代语言学》第1、2期。

陆丙甫 2006 《论形式和功能的统一是语法分析的根本基础——兼谈转换语法的一些发展》,《外国语》第3期。

陆丙甫 2007 《"的"的基本功能和派生功能:从描写性到区别性再到指称性》,载徐杰、钟奇主编《汉语词汇·句法·语音的相互关联》,北京语言大学出版社(删节版载《世界汉语教学》2003年第1期。

陆丙甫 2009a 《也谈"有标记"的歧解及解决之道》,《当代语言学》第3期。

陆丙甫 2009b 《对Greenberg 45条共性的分析》,《东方语言学》第五辑,上海教育出版社。

陆俭明 1985 《由指人的名词自相组合造成的偏正结构》,《中国语言学报》第二辑,另载《陆俭明自选集》,河南教育出版社,1993。

陆俭明 1990 《"VA了"述补结构语义分析》,《汉语学习》第1期。

陆俭明 2001 《"VA了"述补结构语义分析补议:对读者意见的回复》,《汉语学习》第6期。

罗天华 2007 《SOV语言宾格标记的考察》,《民族语文》第4期。

罗天华 2011 《从类型学看汉语"动词+X+处所"结构中"X"的隐现》,《东方语言学》第九辑,上海教育出版社。

吕叔湘 1963 《现代汉语单双音节问题初探》,《中国语文》第1期。又载于吕叔湘(1984)《汉语语法论文集》(增订版),商务印书馆。

吕叔湘 1979 《汉语语法分析问题》,商务印书馆。

吕叔湘、王海棻(编) 1986 《马氏文通读本》,上海教育出版社。

沈家煊 2008 《"逻辑先后"和"历史先后"》,《外国语》第5期。

文 炼、胡 附 2010 《文炼胡附语言学论文集》,商务印书馆。

徐阳春 2008 《也谈人称代词作定语时"的"字的隐现》,《中国语文》第1期。

张伯江 2011 《现代汉语形容词做谓语问题》,《世界汉语教学》第1期。

张国宪 2006 《现代汉语形容词研究》,商务印书馆。

朱德熙 1982 《语法讲义》,商务印书馆。

朱晓农 2008 《方法:语言学的灵魂》,北京大学出版社。

Bossong, Georg 1991 Differential object marking in Romance and beyond. In D. Wanner and D. Kibbee (eds.) *New Analyses in Romance*

Linguistics, Selected Papers from the XVIII Linguistic Symposium on Romance Languages, 143-170. Amsterdam: John Benjamins Publishing.

Haiman, John 1994 Ritualization and the development of language. In W. Pagliuca (ed.) *Perspectives on Grammaticalization*, 3-28. Amsterdam: John Benjamins Publishing.

Kimball, John 1973 Seven principles of surface structure parsing in natural language. *Cognition* 2: 15-46.

Lu, Bingfu & Duanmu, San 2002 Rhythm and syntax in Chinese: A case study. *Journal of the Chinese Language Teacher Association* 37:123-136.

Thepkanjana, Kingkara 2010 Ditransitive Construction in Thai. In Malchukov, A. M. Haspelmath & B. Comrie (eds.) *Studies in Ditransitive Construction: A Comparative Handbook*, 409-426. Berlin: De Gruyter Mouton.

Xu, Liejiong 1997 Limitation on subjecthood of numerically quantified noun phrases: a pragmatic approach. In Xu, Liejiong (ed.) *The Referential Properties of Chinese Noun Phrases*, 25-44. Paris: Ecole des Hautes Etudes en Sciences Sociates.

Xu, Liejiong & Alain Payraube 1997 On the double object construction and the oblique construction in Cantonese. *Studies in Language* 21.1:105-128

（原载《中国语文》2011 年第 4 期）

目的标记“起见”的语法化
——兼谈汉语后置词的来源

史 金 生

（首都师范大学　文学院）

提要　本文主要考察后置词“起见”的来源及语法化历程，探讨前景背景转换在语法化过程中的制约作用，进而揭示汉语后置词的一个较为独特的来源。

0. 引言

“起见”在现代汉语中是一个后置词，[①]它通常要与“为”相配合组成“为……起见”这样的框式介词（circumposition），比如《现代汉语词典》对“起见”的解释就是：

【起见】‘为（wèi）……起见’，表示为达到某种目的：为安全～，必须系上保险带。

“为X起见”主要用于主语前，也可用于主语后，如：

（1）为慎重起见，李四爷避着钱太太，去探听少奶奶的口气。（老舍《四世同堂》）

（2）张大哥为客气起见，软和了许多；可是丁二在老李家帮什么忙呢？（老舍《离婚》）

“为”后可以加“了、着”：

（3）董健吾为了安全起见，没有向张学良将军透露岸英兄弟的真实身份。（《作家文摘》）

（4）为着交换对于目前文艺运动各方面问题的意见起见，特定于五月二日下午一时半在杨家岭办公厅楼下会议室内开座谈会，敬希届时出席为盼。（《作家文摘》）

X主要是谓词性的，在语料中也可以见到名词性的X：[②]

（5）为公司信誉起见，不能中途变卦。（《作家文摘》）

（6）北京市政府为了市民的安全起见，动员人们不要待在家里，而是走出来住在临时搭的简易棚或汽车里。（《作家文摘》）

"起见"用法不复杂，使用频率也不是很高，所以一直不被关注，至于"起见"表示目的的用法从何而来，更不见专门的论述。本文主要考察后置词"起见"的来源及语法化历程，探讨其背后的制约机制，进而揭示汉语后置词的一个较为独特的来源。

1. "起见$_1$"与"起见$_2$"

《汉语大词典》"起见"条有两个义项：①犹着想。表示为达到某种目的或出于某种原因。明朱国桢《涌幢小品·母丧不嫁》："节女都从夫家上起见，惟元时，容城县王氏以母丧，感念不嫁终身，获旌命。"②产生芥蒂、意见。明沈德符《野获编·外郡·灵岩上》："因山人争构起见，两败俱伤。"这两个义项的"起见"是动宾结构（我们称之为"起见$_1$"），它的产生与佛教语言有密切的关系。

"起"是产生、发生的意思，《庄子·胠箧》："唇竭则齿寒，鲁酒薄而邯郸围，圣人生而大盗起。"南朝宋鲍照《春羁》诗："春日起游心,劳情出徙倚。""见"有见解、见识的意思,《晋书·王浑传》:"私慕鲁女存国之志,敢陈愚见,触犯天威。""见"在佛教文献中对应于梵文的不同词汇,意思很复杂,主要表示见解、思想、想法、意见、看法,在佛教文献中有正见、邪见、身见、边见、我见、有见、无见等(参见《佛学大辞典》《中华佛教百科全书》《中国大百科全书(佛教篇)》),"起"常与这些词组成动宾词组:

(7) 於空法中,以念术力,化作种种色相,起妄想见。(后秦·僧肇《宝藏论》)

(8) 但人自虚妄计著,作若干种解,起若干种知见。(五代·静、筠《祖堂集》)

(9) 如文殊才起佛见便贬向二铁围山。(宋·赜藏主编《古尊宿语录》)

(10) 平等如梦幻,不起凡圣见。(宋·普济《五灯会元》)

"起见"作为一个动宾词组使用最初见于唐代的佛教文献:

(11) 师代云:"白裹肚著皂袄。此意者起见是明,故云白;不起见者是暗,故云墨。"(五代·静、筠《祖堂集》)

(12) 问:"如何是得无山河大地去?"师曰:"不起见。"(宋·普济《五灯会元》)

(11)(12)中的"见"都是专指佛教意义上的见解、主张,"起见"本来是产生见解、主张的意思,是一个动宾词组,但二者经常连用,除做谓语外还可以充当主语或定语,在意义上也由"产生见解、想法"发展为"考虑、着想",到明代之后逐渐凝结为一个动宾式的复合词。

"见"还可以是显现、表示的意思,"起见"连用构成并列结构(我们称之为"起见$_2$"):

(13) 法本无诤。不见菩萨当与诸魔而有战者，若其菩萨与魔为敌，起见法想而有所诤，是菩萨便为恐怯。何则然者，以彼菩萨自兴恐弱也。（翔公译《佛说濡首菩萨无上清静分》）

(14) 其光照触，即自开悟，息诸惑热，裂诸盖网，摧诸障山，净诸垢浊，发大信解，生胜善根，永离一切诸难恐怖，灭除一切身心苦恼，起见佛心，趣一切智。（《大方广佛华严经》）

(13)(14)中的"起见"都带宾语。这样的用法在中土文献中也有所见，比如在《十三经注疏》中就有多个用例，"起见"是表明、凸现的意思：

(15) 成王继文、武之后，为太平之主，特异其号，故《诗经》通称成王为曾孙也。不继于文王，不直言孙者，盖周虽文王受命，而大王亦有王迹，所起见其王业之远，故继而称曾孙。（唐・孔颖达疏《毛诗正义》）

(16) 君若被获，则不言师败绩。今此经等欲起见齐侯被获，何不去师败绩以见之，而书使乎大夫以起之者，正欲辟内败之文故也。（徐彦疏《春秋公羊传注疏》）

"其王业之远"是名词性宾语，"齐侯被获"是小句宾语，尤其是例(16)，后文分别用"见"和"起"与前面的"起见"对应，足见"起见$_2$"是并列复合词。

"起见$_1$"是动宾词组凝结而成的，后面不能再带宾语；"起见$_2$"是并列词组凝结而成的，以带宾语为常。后置词"起见"来源于"起见$_1$"，跟"起见$_2$"没有直接的关系。下面讨论"起见$_1$"如何由动词虚化为后置词。

2. 从动词到后置词

"起见$_1$"常常用于介宾词组"因/依 X"之后：

(17) 则知法本不生，因生起见，见其可取，法则常往，用此庄严佛土，成就众度生天，人教菩萨，方思妙用，可谓周勤。(清·陆心源《唐文拾遗》)

(18) 人不识问，遂依来而答，不知乃自问，尔欲答谁耶；人不识答，遂依言起见，不知乃自答，尔何有旨趣耶？故曰：总是你好看好看。(宋·赜藏主编《古尊宿语录》)

宋代以后，"起见$_1$"的这种用法由佛教用语进入日常语言表达中，比如：

(19) 天包载万物于内，所感所性，乾坤、阴阳二端而已，无内外之合，无耳目之引取，与人物蓑然异矣。人能尽性知天，不为蓑然起见则几矣。(宋《张载集》)

由于"起见"经常用于"从/为/以/由 X"等介宾词组之后，"见"的意义逐渐泛化，"起见"也就从"产生想法、见解"义发展为考虑、着想的意思。这种用法的大量出现是在明末清初的笔记作品中：

(20) 郭之初意在挤嵩而自求富贵，本非为宗社起见，况频议庙制，揣摹迎合，既不得售，再出此险计，一旦诛死，天下不以为冤。(明·沈德符《万历野获编》)

(21) 极粗俗之语，未尝不入填词，但宜从脚色起见。(明·李渔《闲情偶寄》)

"从、以"等词是介词，"从脚色"不能单独成句，可见这里的"起见"还是动词。"起见"前面的 X 都是名词性成分，X 是着想、考虑的对象。

“起见”从表示着想、考虑的动词语法化为表示目的的后置词，在《红楼梦》中就已经出现：

(22) 说毕，又趁便将路上贾琏要娶尤二姐做二房之意说了。又说如何在外面置房子住，不使凤姐知道，“此时总不过为的是子嗣艰难起见。为的是二姨是见过的，亲上做亲，比别处不知道的人家说了来的好。所以二叔再三央我对父亲说。”(《红楼梦》第六十四回)

清朝末年，后置词“起见”用例越来越多：

(23) 末将为除盗安民起见，领兵去剿，不幸反为所败，以致兵马缺额，却并未侵蚀名粮入己！(清·不题撰人《野叟曝言》)

(24) 闻俄政府为用兵起见，已将该路占据。(清·佚名《西巡回銮始末记》)

(25) 有一个甚么洋行的买办，叫做甚么舒淡湖，因为做生意起见，竭诚尽瘁的巴结。(清·吴趼人《二十年目睹之怪现状》)

到现代汉语中“起见”只有后置词用法，动词的用法已经消失了。

语法化理论认为，语义的相宜性和句法环境是诱发一个词汇语法化的两个必要条件。“起见”从表示着想义的动词语法化为表示目的的后置词，既有“起见”自身的语义基础，同时也是在特定的句法环境中实现的。

首先，从表着想到表示目的或原因，这是语法化的一个常见的路径。吕叔湘(1982)曾指出，“目的和原因(尤其是理由)相通：来自外界者为原因，存于胸中者为目的。”(第403页)“目的，一方面可以说是内在的原因，一方面也可以说是预期的效果。”(第405

页）预期是指想到而尚未实现的事情，它是动作发出者的思想活动，所以，目的与思考密切相关，动作发出者考虑的内容往往就是他发出某个行为的目的或原因。汉语动词“鉴于”，就有由表思考到表原因虚化的倾向，《现代汉语词典》对“鉴于”释义是“觉察到；考虑到”，并特别指出“用在表示因果关系的偏句里，前边一般不用主语”。“起见”由表示着想、考虑到表示目的，反映了思考义动词语法化的一个基本的方向。

当然，并不是所有的思考义动词都能发展出目的用法，一个词语能否语法化，与特定的句法环境密切相关。在语法化之前，常常会在某些语用格式的使用频率大幅度增加，该语用格式很可能就是诱发它语法化的环境。“起见”由动词虚化为后置词，是在下面的句法环境中实现的：

[[P+X]+起见]

在这个结构中，P是“为、由、从、因、因为”等介词，X最初是名词性成分，它们组成介宾词组，充当“起见”的修饰语，[[P+X]+起见]结构整体上具有表示目的的功能。从明末清初开始，这种用法大量出现，在这样的句法环境中，“起见”的动词意义逐渐虚化，它吸收（absorption of context）了整个结构的功能，重新分析为表目的的后置词。其重新分析的过程是：本来“为X起见”是状中修饰关系，“起见”是核心。由于“起见”的语义发生了虚化，由表示着想义虚化为目的义，使得“起见”发生了去前景化，③“为X起见”的语义中心前移，原先的状中结构关系也随之瓦解，“起见”重新分析为附着在“为X”之后的附置词，随着“为X起见”的背景化以及“为”类介词的单一化，“起见”的范域又窄化，最终与介词“为”组成了一个真正意义上的框式介词。这一过程的最终完成是在

20世纪初的现代汉语。

语义演变的一个主要的过程是转喻,即语义演变来自于上下文中的相关(contiguity),其中一个经典的例子就是实义动词"go"变为表示将来意义的助动词。动词"起见"演变为表示目的义的后置词,就是一个转喻的过程,在这个过程中,推理(inference)机制起了重要的作用。"为X起见"这个结构整体具有目的意义,听话人根据语用推理推导出"起见"也隐含着目的意义(这跟语法化中的吸收机制密切相关),这种推导反复进行,隐含义就逐渐"固化",最后成为"起见"固有的意义。

3. 一些相关的变化

"起见"从动词语法化为后置词,并不是单纯的虚化,而是伴随着一系列相关的形式上的变化:

3.1 前置词的单一化

在"P+X+起见"中,最初的P有以下几种类型:

起点、来源、依据义:从、由、以、因

动作的受益者:为

原因、目的义:因、为、以、因为

伴随着"起见"由动词虚化为后置词,与其相配合的P的范围也逐渐缩小,到现代汉语中只剩下了"为",从而形成了"为……起见"这样的固定搭配。下面表1就反映了这一变化过程。

表1 "起见"前介词的类型

文献 \ 介词的类型	从	由	为	因	因为	以	总计
《万历野获编》	1		1	1		1	4

续表

《闲情偶寄》	3	1					4
《明史》	2		1				3
《红楼梦》			2				2
《歧路灯》			5	1			6
《野叟曝言》			18				18
《儿女英雄传》			5	2			7
《信及录》			5				5
《官场现形记》			14				14
《二十年目睹之怪现状》			3	1	4		8
《西巡回銮始末记》			25	4		1	30
《老舍文集》			15				15
《作家文摘》			53				54

已有的研究表明,起点、来源、依据、原因、目的这些范畴在很多语言中都体现为同一形式的不同义项。从起点、来源、依据到原因是一个常见的语法化模式,比如英语中的 since、日语中的から、汉语中的“缘、由”这些表示起点、来源义的词都发展出表原因的用法。日语によって和汉语的“因”也都由表示依据义发展出表原因义。由引进动作的受益者到表示目的也是一个常见的语法化路径,比如汉语的“为”、日语的ため、越南语的 cho、泰语的 hâj 的目的义都是由表受益者义语法化而来的。从《现代汉语词典》对下面几个词的释义我们能够更清楚地看出这些范畴之间的联系。

由:①原因。⑥介词,表示凭借。⑦介词,表示起点。

因:②〈书〉凭借;根据。③原因(跟‘果’相对)。④因为。

从而:连词,上文是原因、方法等,下文是结果、目的等。

以:②依;按照。③因。④表示目的。

为：②介词，表示行为的对象；替。③介词，表示目的。⑤因为。

而原因和目的更是具有高度的相关性，法语的 pour、英语的 for、日语的ため、汉语的“为”都既可以表原因又可以表目的。柯理思（2003）曾举下面法语的例子说明 pour 在一定的环境里表示目的，在其他环境里却表示原因：

（26） a. Il doit rentrer **pour** conduire sa fille chez le dentiste.
他得回家（为了）带他女儿看牙医。

b. Il a été arrêté pendant l'occupation **pour** avoir caché des Juifs chez lui.
抗德战争的时候他因为在家里藏匿过犹太人而被捕了。

她认为决定 pour 性质的是其所在小句动词的时态特点，conduire 是现在不定式，所以(a)中的 pour 表目的，avoir caché 是过去不定式，所以(b)中的 pour 表原因。古川裕（2000）也指出，“为”解释为原因还是目的，与“为”所在小句 P 的自主性和时态性，以及 P 和 Q 发生的先后顺序有关，其中带关键性的条件是 P 和 Q 发生的先后顺序。

上文的分析揭示了存在于不同类型语言中的一个语法化链：起点→依据→原因→目的。

前置词 P 的单一化进一步证明了这一语法化链条的存在，这一语法化链与另一语法化链“考虑、着想→依据标记→原因标记→目的标记”相互影响，使得前置词 P 和“起见”向着相同的方向演变，体现了一种搭连式语法化。

3.2 “起见”前成分 X 的变化：名词性→动词性→形容词性

重新分析不仅会导致句法结构内在关系的改变,也会导致词语使用范围的改变。伴随着"起见"由动词向后置词的变化,与"起见"相邻的成分也经历了由名词性到动词性再到形容词性的变化过程。明末清初,"为"后主要是名词性成分,在《万历野获编》和《闲情偶寄》这两部作品中,"起见"有 8 例,前面的 X 为名词性成分的就占了 7 例。随着"起见"的逐步虚化,"起见"前动词性成分(包括动词性词组和小句)越来越多,在清代中期的《野叟曝言》和《儿女英雄传》中,"起见"前 X 名词性成分与动词性成分的比例大体相当(13∶12),到清朝末年的《二十年目睹之怪现状》和《西巡回銮始末记》中,动词性成分的比例大幅度提高,名动之比达到了 6∶32。但在此之前,形容词性成分还很少用于 X 位置上(只检索到 2 例)。到现代汉语中,形容词性成分(包括形容词性词组和小句)所占的比例迅速提高,在老舍作品中与动词的比例是 5∶8,而到作家文摘中这一比例已经达到了 32∶20,占据了优势。具体统计数字详见表 2。

表 2 "起见"前 X 的性质

X 的性质 / 文献	名词性	动词性	形容词	总计
《万历野获编》	3	1		4
《闲情偶寄》	4			4
《明史》	3			3
《红楼梦》	1		1	2
《歧路灯》	5	1		6
《野叟曝言》	9	9		18
《儿女英雄传》	4	3		7

续表

《信及录》		4	1	5
《官场现形记》	5	9		14
《二十年目睹之怪现状》	2	6		8
《西巡回銮始末记》	4	26		30
《老舍文集》	2	8	5	15
《作家文摘》	2	20	32	54

“起见”前X由名词性到动词性再到形容词性这一变化，与目的表达的特点有直接的关系。目的是指“想要得到的结果”（《现代汉语词典》(第3版)第904页），是动作发出者的心理预期，而结果是“在一定阶段，事物发展所达到的最终状态”（《现代汉语词典》第646页），典型的状态通常是由形容词、动词性成分表达，而不是由名词来表达。随着“起见”语法化为专职的目的标记，前面的X也就要适应其要求而使用表达结果状态的形容词或动词性成分。

3.3 “为X起见”的背景化

“为X起见”最初通常做判断句的谓语，可以受否定词“不、非”修饰。前面的主语为表示意图、事件的名词、代词或小句。例如：

(27) 郭之初意在挤嵩而自求富贵，本非为宗社起见，况频议庙制，揣摹迎合，既不得售，再出此险计，一旦诛死，天下不以为冤。（明·沈德符《万历野获编》）

(28) 其心其事，原不为岳鄂王起见，今传奇以全为鄂王部将，而岳坟以全入之翊忠祠，则施全此举，反不公不大矣。（明·张岱《西湖梦寻》卷五）

(29) 如所演之剧,人系吴人,则作吴音,人系越人,则作越音,此从人起见者也。如演剧之地在吴则作吴音,在越则作越音,此从地起见者也。(明·李渔《闲情偶寄》)

(30) 疏入,帝震怒,抵之地,遍召大珰谕曰:“册封贵妃,初非为东宫起见,科臣奈何讪朕!”手击案者再。(清·张廷玉等《明史》)

(31) 本国派兵赴华,只为剿办团匪起见,并不欲瓜分土地。(清·佚名《西巡回銮始末记》)

(27)(28)直接用“郭之初意、其心其事”这样的表示意图的名词性成分充当主语,(29)用回指前面小句的“此、此事”充当主语,(30)(31)则是用小句充当主语,其谓语部分是对主语所表示事件的原因、目的的说明。

“为X起见”也可做判断动词“系、是”的宾语:

(32) 据请出具切结,系为永杜后来起见,果能改过迁善,尚可准行。(清·林则徐《信及录》)

(33) 又何况人家现在立志出家,她也是为她的父母起见。(清·文康《儿女英雄传》)

做谓语或“系、是”的宾语都说明“为X起见”中包含信息焦点,是说话人要着意凸现的成分,是前景信息(figure)。

清代中后期起,“为X起见”逐渐背景化,即由表前景信息转化为表示背景信息(ground)。具体表现是它由主要用于句末充当谓语、宾语转变为用于句首充当状语或目的从句。例如:

(34) 十三妹原因“侠义”两个字上起见,一心要救安、赵两家四口的性命。(清·文康《儿女英雄传》)

(35) 我的五万资本,因为扩充生意起见,已经一齐拿去定了

货了。(清·吴趼人《二十年目睹之怪现状》)

上面两个例子中,要凸现的不是"为X起见",而是它后面的部分,尤其是(38)中后面部分带有时体成分,更说明它是前景信息。

"为X起见"由前景信息转化为背景信息,其位置也由后置变为前置,这与汉语先因后果(由背景到前景)这一原则有关。汉语无标记的语言形式是原因事件为背景,用从句表达,结果事件为前景,用主句表达。"为X起见"前置,适应了汉语的这一语序规律。在现代汉语中,已经看不到"为X起见"后置的用例了。

3.4 "起见"句法范域(domain)的调整

刘丹青(2002)提出鉴别框式介词句法范域的两种方法,即单用测试和并列测试。单用测试就是看哪个介词和NP能组合成可单用的单位。如"在桌子上",后置词"上"能跟前面的NP组合,形成可以单用的单位"桌子上",而前置词"在"却不能与后面的NP组合,"在桌子"不成话。并列测试就是看究竟是两个前置词短语并列与一个后置词的组合能成立,还是两个后置词短语并列与一个前置词的组合能成立。可以说"在桌子上和书架上",一个前置词可以统辖两个PreP;但是不能说"在桌子和在书架上",即一个后置词不能统辖两个PreP。"在桌子上"是前置词"在"统辖PreP,后置词统辖前面的NP,不宜认为是单一介词"在……上"统辖一个NP。所以"在桌子上"的层次是:

$$[_{PP}[_{Pre}在][_{PP}[_{NP}桌子][_{Pos}上]]]$$

用上述两种方法测试"为……起见",我们看到"为"和"起见"都是可以单用的,既可以说"为安全",也可以说"安全起见",而"为"和"起见"都不能并列后受对方的统辖,既不可以说"为安全、为保险起见”，也不说“为安全起见、保险起见”，而只能把“为……起见”作为一个整体重复使用：

(36) 这位先生明知中国人是文明人，可是为迎合人们心理起见，为文学的技艺起见，他还是把中国人写得残忍险诈，彼此拿刀乱杀；不这样，他不能得到人们的赞许。(老舍《赵子曰》)

这说明“为”和“起见”具有相同的句法范域，它们构成了真正的框式介词。

“起见”并不是一开始就以前面的 X 为句法范域的，“为 X 起见”本来应分析为“[[为 X]起见]”，例如：

(37) 即富平、新建，贸首相仇，亦从司农公起见，其祸蔓延至今。(明・沈德符《万历夜获编》)

这时“起见”还是动词，它受“从 X”的修饰。

“起见”逐渐虚化，它由表示思考义的动词变成了表目的、原因的后置词，它的范域也就由“为 X”缩小为 X。在这个过程中有几个现象值得注意，一是“起见”不是必须出现，“为……起见”可以与“为……”并列使用：

(38) 即以延师之事托耘老，也非为姻戚起见，乃为孝移兄当年交情。(清・李绿园《歧路灯》)

二是“起见”可以不与“为”等配合而单独表示目的：

(39) 方成是江洋大盗，防患未然起见，倘若破了案，不是官人的敌手，由地道跑人苇塘，里面砖石瓦块，为的是打敌人的，这一来不要紧，给贾明预备啦。(清・张杰鑫《三侠剑》)

(40) 此为筹款重务，力求裨益起见，任凭中国地方官设法办

理，教堂并不干预。（清·佚名《西巡回銮始末记》）

这说明随着“起见”的虚化，“起见”与“为”的功能渐趋一致，“为……起见”变为一种羡余表达形式，由于经济原则的作用，其中的一个就有可能略去。这样的趋势在现代口语中越来越明显。

4. 汉语后置词语法化的类型和机制

4.1 汉语后置词的来源和类型

人类语言中的附置词有两个主要来源，一是来源于连动式或分词结构式（participial constructions）中动词的语法化，另一来源是领属结构式中用作核心语的关系名词的语法化。第二种来源更为常见，是人类语言介词更重要的来源。

附置词是前置还是后置，跟语序类型有直接的关系：动源附置词（V-adposition）跟动宾语序有关——动宾短语重新分析为介词短语，VO 语序造就前置词，如汉语，OV 语序造就后置词，如日语；而名源附置词（N-adposition）则跟领属结构的语序有关——领属结构重新分析为介词短语，NG（核心——领属语）语序造就前置词，如英语、法语、斯瓦希里语、豪萨语、泰语，GN 语序则造就后置词，如藏语、匈牙利语、土耳其语、芬兰语。

汉语的动宾结构是 VO 语序，领属结构是 GN 语序，所以前置词应该是动源介词，而后置词应该是名源介词。实际上，通过我们的考察，情况并不完全如此。汉语的后置词，既有名源的，如“的话”，也有动源的，如本文讨论的“起见”，以及“来说、来讲、起、开始、为止”。例如：

（41）对他来说，这不是一件难事。

就比赛本身来讲，还是比较激烈的。

从昨天起就下雨。

从下午开始,我就不来了。

到昨天为止,共收到了十五封来信。

“起、开始、为止”本来都是动词,比如在《现代汉语八百词》中,“起、开始”都是归入动词的,“来说、来讲”在《现代汉语词典》中还没有作为词条收入,但它们无论在意义上还是结构上都具有了合成词的特点,与动词“说、讲”则有很大的不同,俞士汶主编的《现代汉语语法信息词典》把它们归入了助词。

汉语的上述动源后置词有三个类型,它们有不同的来源:

a. 言语义动词>范围义后置词

来说、来讲、而言、而论

b. 起止义动词>起点终点义后置词

起、为止

c. 思考义动词>目的义后置词

起见

4.2 后置词语法化的机制

总的说来,无论是名源后置词还是动源后置词,都经历了去前景化这样一个过程。它们本来都是核心成分,是凸显的重点,由于在特定的句法环境中其核心地位发生了动摇,逐渐由前景转化为背景,成分本身的性质也随之发生了改变,由名词或动词重新分析为后置词。

但上述三类动源后置词的情形又各有不同。动源后置词“来说、来讲、而言、而论”来源于以动词为核心的偏正(状中)结构,“说、讲、言、论”本来是结构的核心,它们在这里是表示论及的,前面出现的是表范围的题元,而不是言说的具体内容,所以它们具有赋予其他动词间接题元的作用，这些赋元动词（role-assigning verbs）逐渐虚化，与前面的"来"和"而"这样的偏正（状中）结构标记重新分析为表示范围义的后置词。[④]这与很多名源后置词保留领属结构标记的情况类似。根据 Hopper & Traugott（1993：59），萨莫耶德语（Samoyedic，属乌拉尔语系）的后置词 nîn 就是由领格标记 n 和处所名词 în 经过重新分析而来的：

原始萨莫耶德语				现代萨莫耶德语		
*mäto-n	+	în	→	mäto	+	nîn
帐篷-领格		顶		帐篷		到……上
'帐篷的顶上'				'朝帐篷上'		

这个重新分析的过程体现为经历了[mäto-#n##în]〉[mäto-##nîn]这样的边界的改变和 nîn 的词汇化。汉语"之上、的话"这些后置词也是属于这种情形。（参见刘丹青，2002：89）

"起、止"作为动词使用时是开始和截止的意思，它本身具有赋予相关名词以处所题元的作用，当它们所在的句法结构处于背景位置的时候，它们就逐渐虚化为后置词。[⑤]有趣的是"为止"本来是个动宾结构，"止"是"为"的宾语，"为止"首先词汇化，然后由动词再重新分析为一个表示终点义的后置词，

"起见"作为动词本身并没有赋元的作用，它虚化为表目的的后置词是吸收了语境的意义，从这个角度来说，它与其他动源后置词及名源后置词的形成机制都有不同。

附　注

① 关于"起见"的词性，学界有不同的看法，比如张谊生（2002）认为是表关联的限定助词，刘丹青（2002）认为是后置介词。本文同意刘文的看法，

把“起见”看成是后置介词。

② 《现代汉语八百词》在解释介词“为”时指出,“为”可以组成“为＋动/形＋起见”格式,用在主语前,有停顿。“为”不能加“了、着”。“为”后不能用名词。这种描述不确切。

③ 这里没有使用“背景化”,是考虑到“为 X”本身就是背景,也没有因为“起见”的虚化而变为前景,“起见”去前景化之后与“为 X”共同构成一个背景。感谢刘丹青先生向笔者指出了这一点。

④ 《现代汉语词典》对“来”的释义是:“用在动词结构(或介词结构)之间,表示前者是方法、方向或态度,后者是目的:他摘了一个荷叶来当雨伞|你又能用什么理由来说服他呢?”对“而”的释义是:“把表示事件或方式的成分连接到动词上面:挺身而出|盘旋而上。”

⑤ “起”用作后置词,是从《红楼梦》开始,例如:

我劝你今儿头一日进来,先出园东角门,从老太太起,各处各人你都瞧瞧,问候一声儿,也不必特意告诉他们说搬进园来。(第四十八回)

说着,引人出来,再一观望,原来自进门起,所行至此,才游了十之五六。(第十七回)

另外,“起”在有些方言里可以作为前置介词:

您起哪儿来?(起点)

起昨儿个就下雨。(起点)

看见一个人起窗户外面走过去。(经过的地点)

参考文献

方　梅　2002　《指示词“这”和“那”在北京话中的语法化,《中国语文》第 4 期。

方　梅　2003　《从空间范畴到时间范畴——说北京话中的“动词——里”》,《语法化与语法研究》(一),商务印书馆。

古川裕　2000　《有关“为”类词的认知解释》,《语法研究和探索》(十),商务印书馆。

古川裕　2002　《〈起点〉指向和〈终点〉指向的不对称性及其认知解释》,《世界汉语教学》2002 年第 3 期。

江蓝生　2002　《时间词“时”和“後”的语法化》,《中国语文》第 4 期。

科姆里 1989 《语言共性和语言类型》(沈家煊译),华夏出版社。

刘丹青 2002 《汉语中的框式介词》,《当代语言学》第4期。

刘丹青 2003 《语序类型学与介词理论》,商务印书馆。

吕叔湘 1982 《中国文法要略》,商务印书馆。

吕叔湘(主编) 1980 《现代汉语八百词》,商务印书馆。

罗竹风(主编) 1992 《汉语大词典》,汉语大词典出版社。

沈家煊 1994 《"语法化"研究综观》,《外语教学与研究》第4期。

沈家煊 1998a 《语用法的语法化》,《福建外语》第2期。

沈家煊 1998b 《实词虚化的机制——〈演化而来的语法〉评介》,《当代语言学》第3期。

沈家煊 1999 《不对称和标记论》,江西教育出版社。

吴福祥 2003 《从汉语的句法语义演变看语法化的共相与殊相》,第二届汉语语法化问题国际学术讨论会论文(温州)。

张 斌(主编) 2001《现代汉语虚词词典》,商务印书馆。

张谊生 2002 《助词与相关格式》,安徽教育出版社。

赵元任 2001《汉语口语语法》(吕叔湘译),商务印书馆。

中国社会科学院语言研究所词典编辑室编 1998 《现代汉语词典》(修订本),商务印书馆。

Hopper, Paul J. and Traugott, E.C. 1993 *Grammaticalization*. Cambridge: Cambridge University Press.

(原载《语法研究和探索》(十三))

主观性与施事的“意愿性”强度*

宋　文　辉

（中国人民大学　文学院）

提要　本文通过对现代汉语一般主谓宾句和“把”字句、“被”字句的比较，说明施事作为一个典型范畴，其典型性不仅与承载施事角色的名词短语所代表的事物的客观属性有关，还与说话人对其主观认识有关，句式所体现的主观因素的介入可以使客观上施事性较弱的成分变为施事性较强的成分。不过所有情况下施事的意愿性强度都要合乎体现了“事件理想认知模型”的谓词对它的要求。

1. 问题的提出

张伯江（2002）指出施事的意愿性强度与其典型性有关联，典型的施事意愿性强。这是非常有道理的。他（张伯江，2001）指出一般主谓宾句的施事必须是有意愿性的，施事性强，而“把”字句和“被”字句的施事则意愿性低，施事性弱。证据是，当施事意愿性低时，一般主谓宾句不成立，如（1a）；而相应的“把”字句和“被”字句成立，如（1b）和（1c）。

（1）a. ?阴雨困住了远道的客人。

* 感谢张伯江先生对本文写作的支持。感谢编辑部匿名审稿人的审读意见。遗留问题我自己负责。

b. 阴雨把远道的客人困住了。

c. 远道的客人被阴雨困住了。

为了巩固上述论点，张伯江(2002)又做了以下分析。

(2) a. 我把客人留住了。

b. 阴雨把远道的客人困住了。

他指出(2b)比(2a)的主语施事性差。这里他使用了“移情焦点”和“叙述立场”这两个概念来论证上述看法。“移情焦点”指句子的叙述的出发点，也就是视角。“叙述立场”指叙述者也就是说话人的情感或态度上所倾向的对象。这样(2a)的主语既是移情焦点又是叙述立场，是典型施事，意愿性强；而(2b)的施事主语只是移情焦点，“叙述立场”是“把”字宾语，因此施事不典型，意愿性弱。即“把”字句的施事有典型和非典型两种，而一般主谓宾句只能有典型施事。

张先生提出的问题非常重要，其分析也很有道理，不过基于以下考虑我们认为这个问题还有进一步讨论的必要。

首先，我们认为句子对施事意愿性强度的要求主要是由人对该句子表达的事件的常规认识，也就是该事件的“理想的认知模型”，决定的。这些信息一般主要由句子的核心谓词负载[①]，谓词性质不同则对施事意愿性的要求不同。正如王静、王洪君(1995)所说，谓词的潜在的对论元的特征的要求及谓词与实际出现的成分之间的和谐与否决定着句子的合语法性。

张伯江先生注意到了施事的意愿性强度与谓词的要求不匹配的情况，而他对二者匹配的情况的说明还有可补充的余地。以下我们试做初步分析。谓词对施事的意愿性强度的要求，粗略地说可以有三种可能的情况[②]：一，谓词对施事的意愿性的要求弱；二，谓词对施事的意愿性的要求强；三，谓词对施事的意愿性的要求有强、弱两种可能。第一种情况如：

(3) 他丢了书包。

“丢了书包”一般理解“他”并没有意愿性。第二种如：

(4) 他吃了那碗饭。

“他”肯定是有意识的吃饭的。第三种情况如：

(5) 他打死了老张。

一般情况下“他”可以是有意的也可以是无意的，所以(5)可以改写为下列形式：

(6) 他蓄意打死了老张。

(7) 他失手打死了老张。

也就是可以用表示有意或无意的词语加以区别。

这些事实说明抽象地断言一般主谓宾句对施事意愿性强度要求高还不是十分准确。

其次，我们认为语用因素产生影响的方式和限度需要再考察。

张先生(2002)认为(1a)不合法是因为“阴雨”意愿性低，不合乎句子的要求；而在(1b)中句子的语用因素决定施事主语只是移情焦点，所以即使是弱施事“阴雨”做主语，句子也合法。也就是说句式对施事语用地位的调整导致了句子合法，这样似乎只能得出如下结论：这时谓词对其施事意愿性强度的要求这个因素不再起作用。

对此我们的看法是：语用因素的影响对核心成分——谓词和对谓词的配项效果不同，语用因素作用于谓词影响大，作用于配项影响小。语用因素作用于谓词必然会影响其配项，但作用于配项对其所依存的谓词的影响则比较微弱。因为谓词对施事的要求是事件的“理想的认知模型”的反映，所以这种要求必然具有一定的稳定性和普遍性。“困住”在一般主谓宾句中要求强意愿性施事，在“把”字句和“被”字句之中也应该保留这种要求，不会因为句式对施事语用地位的调整而有所改变。如果这种要求不能得到满足，句子的语义层面就会有问题。施事的意愿性强度可能会受到语用因素的影响，但是，这种影响应该是有限度的，一般不应该超出谓词要求的范围。

因为这个问题比较复杂，仅仅在上述材料基础上还难以讨论清楚，所以本文试图对相关现象进行系统描写，然后在此基础上提出解释相关现象的理论假设，并做进一步论证。

2. 施事意愿性强弱在三种句式中的表现

下面将相关现象按施事显、隐分别说明，以便显示施事隐含是否对施事意愿性强度有所影响。

2.1 施事显现的情况

分为一般和特殊两类。先看一般的情况。施事的意愿性在三种句式中的表现模式如下：

（一）谓词要求弱意愿性施事。

（8）a. 他丢了书包。

b. 他把书包丢了。

c. *书包被他丢了。

弱施事的一般主谓宾句和“把”字句都成立，但“被”字句不成立，与（1）的模式不符。

（二）谓词要求强意愿性施事。

（9）a. 他吃了那碗米饭。

b. 他把那碗米饭吃了。

c. 那碗米饭被他吃了。

这时三种句式施事都是强意愿性的,差别不明显。

(三) 谓词要求两可。

这又可以分为两种情况。第一种,由此种谓词构成的句子某些情况下有歧义,如上述(5)。其变体(6)(7)说明"打死"可以是有意的也可以是无意的,有意的可加标记"蓄意",无意的加"失手",以示区别,即二者在加标记区别这一点上是对称的。不过(6)和(7)变换成"把"字句或"被"字句之后情况却有所不同。如:

(10) a. 他蓄意打死了那个人。

b. *他蓄意把那个人打死了。

c. *那个人被他蓄意打死了。

(11) a. 他失手打死了那个人。

b. 他失手把那个人打死了。

c. 那个人被他失手打死了。

即,在"把"字句和"被"字句中,有意的无须加标记区别,无意的却需要加上标记。这似乎可以理解为"把"字句和"被"字句施事本身就有较强的意愿性。这和(1)的模式不同。

第二种,谓词在不同情况下构成的不同的句子,其施事的意愿性有强弱两种情况。如"他摔断了腿"和"他摔断了张三的腿"。前者一般理解为无意;而后者"摔断""他人的腿"则可以理解为有意。这是因为谓词"摔断"本身的语义内容或其体现的事件的"理想的认知模型"就有两种可能,只是这两种可能不像"打死"的两种可能那样可以叠置在一起形成歧义。这时其两种可能分别与谓词要求施事意愿性强和弱的情况一致,因此这里不单独说明,分别在那两种情况中讨论。

特殊的情况是，“把”字句的主语是说话者主观归因的对象（张伯江，2000），因此施事往往并不是事件的直接使因，这和一般主谓宾句及“被”字句形成鲜明对照。如：

（12）a. 他饿死了儿子。

b. 他把个儿子饿死了。

c. 儿子被他饿死了。

（12b）可以有两种理解：一，叙实，即“他”有意“饿死儿子”；二，说话人主观上认为“他”造成了这个结果，而客观上“他”并无此意愿。与之对应的一般主谓宾句（12a）和“被”字句（12c）则都倾向于只能理解为“他”有意为之。也与（1）的模式有所不同。

2.2 施事隐含的情况

按照施事是否可据语境确定分为两类。

首先看可根据语境确定指称的情况。下面按谓词对施事的要求来分类说明。

（一）谓词要求弱意愿性施事的，表现与施事显现时一致。

（13）a. 丢了书包。

b. 把书包丢了。

c. *书包被丢了。

（二）谓词要求强意愿性施事，也和施事显现时一致。

（14）a. 出卖了老王。

b. 把老王出卖了。

c. 老王被出卖了。

（三）谓词要求两可的。

（15）a. ?蓄意打死了那个人。

b. *蓄意把那个人打死了。

c. *那个人被蓄意打死了。

(16) a. ?失手打死了那个人。

b. ?失手把那个人打死了。

c. ?那个人被失手打死了。

施事不显现可接受程度不高,这似乎是因为“蓄意”和“失手”作为行为方式凸显表达出来了,因此也要求其行为者出现。

施事不能确定指称的情况。有时“把”字句所隐含的施事的指称不确定,甚至根本没有。

(17) a. *怎么病了个凤丫头。

b. 怎么把个凤丫头也病了。

c. *怎么凤丫头被病了。

当然这里的谓词“病”是不及物的,与上述及物的不同。不过也需要考虑。

“被”字句施事也有因为不知道其指称而隐含的情况,如(18c):

(18) a. 他摔断了腿。

b. 他把腿摔断了。

c. (他的)腿被摔断了。

(18)的谓词“摔断”也要求弱意愿性施事,但合法性模式却与(8)和(14)不同。

3. 主观性对施事意愿性的影响

施事是一个语用性很强的概念,语用因素与主观性密切相关。Delancey(1984)等很多学者都曾经指出过这个事实,张伯江(2002)

也着重指出了这一点。语用因素往往与说话人的主观性密切相关。“把”字句和“被”字句主观性强，而一般主谓宾句客观性强，这是已经公认的事实（沈家煊，2002；张伯江，2000），这两个句式的主观性机制可能就是影响（1）和上述其他现象的重要因素。

3.1 “把”字句

“把”字句与一般主谓宾句不同，往往移情“把”字宾语（沈家煊，2002），以它作为叙述立场[3]，施事主语是责任者（张伯江，2000）。这种归因于施事主语的倾向不是客观性的，而是说话人主观认识的反映。正是因为同情“把”字宾语所代表的对象，所以即使施事主语所代表的对象客观上根本没有意愿性，说话人也可能把“把”字宾语受到的不良影响归咎为他的有意致使，这是一种很自然的心理倾向。这样即使施事主语的意愿性客观上并不高，在说话人主观的意识上还是可以比较高的。

由此（10b）（11b）在加标记上的不一致就可以得到解释。因为“把”字句有主观归因于施事主语的机制，所以行为一般倾向于理解为有意的。这样有意的情况就是常规，不需要说明，因此不需加上“有意”等标记；而无意的则不同，是非常规理解，因此需要加标记“失手”来说明。这个加标记与否的模式符合语用的一般原则，无标记的意义用无标记的形式来表达，有标记的意义用有标记的形式来表达（Levinson，2000）。

用这个看法来分析（1）也可以得到合理解释。用“阴雨”这种客观上没有意愿性的成分来做施事，本身就有隐喻的意味[4]，这种表述方式也自然具有主观性，不适应客观性强的一般主谓宾句，却适应主观性强的“把”字句。而“把”字句的主观性很大程度上在于句式有主观上归因于施事主语这个特征。具体解释是：“阴雨”客观上没有意愿性,而“困住”对施事意愿性要求比较高,二者不匹配,因此(1a)不合法;但在(1b)中由于叙述立场在“把”字宾语“客人”上,所以主观上将其受到的影响归结为“阴雨”有意的行为,这导致主观上施事的意愿性增强,从而符合谓词对施事意愿性的要求,(1b)合法。

当然有些“把”字句不加说明也必须理解为施事是无意愿性的,如:

(19) 他把一条腿摔断了。

这是因为叙述立场也就是同情的倾向总是选择凸显的对象(Kuno, 1987),人的整体比部分凸显,“他”比“腿”更容易成为叙述立场所在,因此归因于施事主语的作用就不存在了。另外,更重要的是,这种情况下“摔断”要求弱意愿性施事,所以即便“他”既是移情焦点又是叙述立场也不能超越谓词的要求而成为强意愿性的典型施事。这说明是否强施事,还要受谓词的制约,语用因素的影响是有限度的。

总之,虽然“把”字句叙述立场一般在“把”字宾语上,可能导致施事只是移情焦点,但是从叙述立场出发的归因作用却可以主观上增强施事的意愿性,即说话人主观上认为施事的意愿性强。

3.2 “被”字句

被”字句主语是受事,一般为移情焦点,也是叙述立场,施事由“被”引导做状语。我们认为上述主观归因增强施事意愿性的观点也适用于“被”字句,这可以解释(1c)为何合法,也可以说明(10c)(11c)是否可以加标记上的不一致。

“被”字句属于被动句,其基本特点就是抑制施事,施事以隐含为常态(Givón,1979)。因此可能有人会认为,被动句的施事都弱到要消失了，似乎不应该有较强的意愿性。实际上这个看法并不十分准确。因为抑制施事只是话语因素导致的，施事在被动句中一般是旧信息，或者是无法确定指称的成分，因此倾向于不用显性形式表现（Givón，1979）。这和施事的意愿性的强度并没有必然联系。

Shibatani（1985）指出虽然被动句的施事在句法表现上是受到抑制的，但是被动化却对主语是施事与否要求比较严格⑤。汉语也有这样的表现，如：

（20）a. 门被老王打开了。

b. *门被钥匙打开了。

“钥匙”意愿性低，因此不能满足“打开”对高意愿性施事的需求，在一般主谓宾句和“被”字句中都一样不合法。

可能有人会提出（20b）似乎是主观归因使得施事意愿性增强这种看法的反例。我们认为这种看法并不成立。因为主观归因的成立也会对归因的对象有一定要求。（1c）的“阴雨”之所以可以成为归因的对象，是因为其自身具有影响力，独立性强；而（20b）的“钥匙”是受人操纵才达到开门的结果的。人的影响力突出，而“钥匙”的影响力不突出，因此它与作为行为者的人相比不适合作为归因的对象。

3.3 “把”字句和“被”字句的差别

有些情况下“把”字句和“被”字句是有差别的。如：

（3）a. 他丢了书包。

b. 他把书包丢了。

c. *书包被他丢了。

（3b）理解为施事无意愿性，因为这个事件中虽然“书包”受到了影响,但是“他”也受到了影响,“他”不仅是移情焦点,也倾向于做叙述立场,因此归因的施事的作用会受到影响。“被”字句则不同,强调对受事主语的损害,因此(3c)的“书包”会被理解为叙述立场,同时也是移情焦点,在句中最为突出,这就使得归因于施事的心理过程得以顺利进行,句子理解为“他”有意为之,然而“丢”又是无意的动词,因此矛盾,句子不合法。下面这组例句也一样。

(21) a. 他摔断了一条腿。

b. 他把一条腿摔断了。

c. *那条腿被他摔断了。

(21b)同(19),上面已经做了分析,这里不再赘述。(21c)“那条腿”和“他”一般只能理解为有领属关系,这时句子不合法,如(22a),但改为(22b)则合法。

(22) a. *(他的)那条腿被他摔断了。

b. (他的)那条腿被他<u>有意</u>摔断了。

一般情况下“被”字句主语为叙述立场,所以因为归因施事的作用,(21c)(22a)容易理解为“他”有意“摔断”了自己的“腿”。不过这种理解显然是违反常识的,是有标记的情况。按照一般会话隐含的原则(Levinson,2000),无标记的意义使用无标记的形式,有标记的意义使用有标记的形式。使用(21c)这种无标记的形式只能表达施事无标记的为强意愿性的事件,有标记情况下施事为强意愿性的,则不适宜使用这种形式,应该采用有标记的形式,所以用像(22b)这样有标记的形式表达这种有标记的事件才合法。具体解释是:(22b)的施事理解为强意愿性的,表面上与一般表示无意愿性行为的“摔断”不匹配,超出其对实施意愿性的一般要求,句子应该不合法;但这个句子中,谓词“摔断”受到了“有意”这个意愿性成分的修饰，成为要求强意愿性施事的谓词，所以句子合法。这进一步证明，语用因素对谓词的影响作用较大，可以扩散到谓词的配项上。

(3c)不能有与(21c)一样的表现，这是因为即使在特殊情况下，也不会有故意“丢”东西的，“丢”这个行为的特征只能是“非自主”。总之，上述事实都说明，语用因素对施事意愿性强度的调整不能超越谓词要求的限度。

按照上述分析，(12)的情况也可以得到解释。(12b)可以理解为“他”无意，只是因为这时“他”也遭受了损害，所以“他”既是移情焦点，也倾向于理解为叙述立场，不能理解为有意的。而因为“被”字句主语必须理解为叙述立场，因此归因于施事的倾向明显，(12c)理解为“他”有意为之。

上述事实是施事显现的情况，施事隐含的情况有一定差别。(14c)说明，即使施事不显现，其表现也和施事显现一样。因此，施事受抑制和施事的意愿性低并没有直接关联。另一种情况是(18)，施事隐含，与(22)表现不同，(18c)合法，与(21c)不合法形成对立。这是因为(18c)根本找不到施事的所指，所以自然也就不会有归因于施事的可能，自然也就不能理解为施事有意为之，句子因此合法。

4. 结语：主观性的两种相反的结果

“把”字句的主观性导致移情于“把”字宾语的程度有强弱两种情况(沈家煊，2002)，与此相似，“把”字句主观归因于施事主语也导致两种结果：常规情况下，归因于施事使得施事意愿性增强；而当因为移情“把”字宾语和“被”字句主语而归因于施事，可是又找不到施事的指称对象时,施事的意愿性就自然不明显。也可以说施事意愿性的下降就是主观性机制使用过度所导致的,是有标记的现象。

附 注

① 虽然这些信息并不是完全由谓词负载,但是为了便于说明问题,以下主要考虑这个因素。

② 袁毓林(1993)指出动词的自主与非自主有连续性,不是截然二分的。张伯江(2002)也指出仅仅靠为词的自主与否不容易确定施事,因为自主与否是个程度问题。不过我们认为自主与否虽然有程度差别,但还是有一些比较稳定的表现,故而不能忽视,应该先尽量发掘语义因素对句法的影响。

③ 沈先生对移情的看法主要是强调其叙述立场的方面,与张伯江(2002)所谓“移情焦点”的“移情”不同。后者的看法与 Kuno(1987)接近,主要强调“视角”这一方面。

④ 我在现代汉语课上提到这类现象时,很多学生都很快地指出这是隐喻。说明他们有这种直觉。

⑤ 当然这也应该主要看成动词要求强意愿性施事这类情况,而不能简单归为“被”字句整体的要求。另外,Shibatani 所引用的 Isacc Kozinsky(与他的私人通信)的观点也可以说明这个问题。Kozinsky 指出真正的被动是语义上及物的,因为在语义框架中有施事和受事,而在句法上则是典型的不及物的,施事往往没有句法表达,即使有表达也不是核心的句法成分。

参考文献

沈家煊 2002 《如何处置“处置式”》,《中国语文》第 5 期。

王 静、王洪君 1995 《动词的配价与被字句》,载沈阳,郑定欧主编《现代汉语配价语法研究》,北京大学出版社。

袁毓林 1993 《现代汉语祈使句研究》,北京大学出版社。

张伯江 2000 《“把”字句的句式义》,《语言研究》第 1 期。

张伯江 2001 《"把"字句和"被"字句的对称与不对称》,《中国语文》第6期。

张伯江 2002 《施事的语用性》,《中国语文》第6期。

Delancey, S. 1984 Agentivity and Causative. *Studies in Language*. Vol.8.

Givón, T. 1979 *On Understanding Grammar*. Academic Press.

Kuno, S. 1987 *Functional Syntax*. University of Chicago Press.

Levinson, S. 2000 *Presumptive Meaning*. MIT Press.

Lyons, J. 1995 *Linguistic Semantics: An Introduction*. Cambridge University Press.

Shibatani, M. 1985 Passive and related constructions. *Language*. Vol. 61.

(原载《中国语文》2005年第6期)

语义综合与词义演变及动词的宾语*

谭 景 春

（中国社会科学院 语言研究所）

提要 本文首先说明语义综合是把两个形式表达的内容综合成一个形式来表达的一种语言现象，如：蹬车运煤⇒蹬煤，即：动$_1$（宾$_1$）＋ 动$_2$ 宾$_2$ ⇒动$_1$ 宾$_2$，并分析了形成语义综合的语义条件。然后讨论语义综合造成的词义演变，因为语义综合后，语义重心会由动$_1$ 向动$_2$ 转移，所以动$_1$ 的词义在保留原义或其痕迹的同时，还会产生动$_2$ 的词义，从而造成词义演变；并探讨了在词典释义中如何处理语义综合产生的意义。最后讨论动词和宾语的语义关系，指出从语义综合的角度来看，有些原本分析为处所、结果、目的、施事等的宾语，也具有一定的受动性，可以分析为受事宾语，从而使我们对动宾语义关系的认识更加深入和全面。

1. 语义综合

1.1 什么是语义综合

语义综合是汉语中一种很普遍的现象，概括地讲就是用简单的形式表示复杂形式所表示的内容，或者说是把两个形式表达的

---

* 承蒙徐枢先生、张伯江先生对本文的初稿提出很好的修改意见，在此谨致谢忱。本文的主要内容曾在中国社会科学院语言研究所第183次语言学沙龙（2000年9月14日）上介绍过，此次发表做了较大删改。

内容综合成一个形式来表达。例如：

(1) 抽了三鞭子。

(2) 他跑累了。

例(1)是“动词＋临时动量词”，这是个简单的形式，但是表达的却是“用鞭子抽了三下”这个复杂形式所表达的内容，这里既包含了抽的工具又包含了抽的次数。例(2)谓语部分是“动词＋补语”，虽然整个句子只是一个主谓结构，表达的却是“他跑，(致使)他累了”两个主谓结构所表达的内容。例(1)和例(2)就是“动词＋临时动量词”和“动词＋补语”构成的语义综合。本文要讨论的是动宾式语义综合，即“动词＋宾语”构成的语义综合。先请看下面的例子。

(3) 甲：你们家老五呢？　　乙：没在家。

甲：干吗去了？　　乙：蹬煤去了。

(4) 甲：(甲蹬着小三轮车在街上遇到了乙)您上哪儿啊？

乙：上鼓楼。

甲：走走走，您上车，我蹬您去。

乙(笑着说)：别价，你别蹬我，你蹬我，我受不了。

(5) 特别是在三里屯一带，“趴活儿”的出租车在路边排起了长队。

(6) 银建出租汽车公司的刘师傅隔三岔五就要来这里趴活儿。

(7) 今天的买卖不好，一共才卖了几百块钱。

(8) 今天全车队就拉了几百块钱。

例(3)(4)“蹬煤/您”表示的意思是“蹬车拉(运)煤/您”，例(5)(6)“趴活儿”表示的意思是“(把出租车)停在一个地方(多为宾馆或娱乐场所门口)等活儿(生意)”,例(7)(8)“卖/拉了几百块钱”表示的意思是“卖东西/拉乘客得(得到)了几百块钱”,“蹬煤/您”“趴活儿”“卖/拉了几百块钱”形式上只是一个动宾结构,而包含的却是两个动宾结构所表示的内容。这种语言现象就是动宾式语义综合,也就是把两个动宾结构表示的意义综合成一个动宾结构来表示,在综合中产生了一个新的意义“运”“等”和“得”。“蹬”是及物动词,但是“蹬”的力量不直接作用在“煤”或“您”上,也就是说,在语义上“蹬”并不和它的宾语直接发生联系,直接发生联系的是另一个没有出现的动词“运”。“趴”本是不及物动词,和它的宾语直接发生联系的也是另一个没有出现的动词“等”。“卖/拉”也不和“钱”直接发生联系,直接发生联系的同样是另一个没有出现的动词“得”。这种动宾式语义综合可以概括为:动$_1$(宾$_1$)+ 动$_2$ 宾$_2$ ⇒ 动$_1$ 宾$_2$,其中“动$_1$ 宾$_2$”是综合形式,“动$_1$(宾$_1$)+ 动$_2$ 宾$_2$”是分析形式。这种动宾式语义综合是通过紧缩形成的,可以叫作紧缩动宾式语义综合。动宾式语义综合十分复杂,包括许多种类型,限于篇幅本文只讨论这种紧缩动宾式语义综合,在本文中简称为动宾式语义综合。

动宾式语义综合在日常生活中很常见,由于经常使用,人们往往“习焉不察”。比如:我飞了你的马(我飞象吃了你的马)、他们排豆腐呢(他们排队买豆腐呢)、敲了两千多字(敲键盘写/录入了两千多字)、(一顿饭)吃了一千多块钱(吃一顿饭花了一千多块钱)。另外,从词汇意义上看,动宾式语义综合的动和宾不直接发生语义上的联系,是非常规的搭配,因此有的词汇化程度很高,有的构成了固定短语,词典中往往需要收作条目予以解释,从词典释义中也可以看出这种语义综合的现象。例如:

【骗马】骗腿儿上马。[①]

【陪酒】陪着别人(多指客人)饮酒。

【打更】打梆子或敲锣报时(即打梆子报更数)。

【放荒】放火烧山野的草木(即放火烧荒)。

【赴敌】到战场去跟敌人作战(即赴战场杀敌)。

【吹灯】把灯吹灭(即吹气灭灯)。

【扛大个儿】指在码头、车站上用人力搬运重东西(即用扛的方式运重东西)。

【喊嗓子】戏曲演员锻炼嗓子,不用乐器伴奏,多在空旷的地方进行(即通过喊的方式锻炼嗓子)。

1.2 形成动宾式语义综合的语义条件

动宾式语义综合大致是在一个连动式中截取打头的动词和末尾的宾语重新组合而成的,这种搭配大都不属于常规搭配,也就是说根据词汇意义不能简单地推导出来。因此它不是任意的,而是有条件的。这个条件就是综合形式中的动$_1$和分析形式中的动$_2$在语义上要有所联系。为了说明这种语义上的联系,有必要先对动词的词义进行一下分析。动词词义虽然说千差万别,十分复杂,但是有许多动词有比较明确、固定的目的/结果,可以说目的/结果已经成为这些动词词义的一个组成部分,这在词典释义中往往可以体现出来。例如:

【磨】❶摩擦:脚上～了几个大泡。❷用磨料磨物体使光滑、锋利或达到其他目的:～刀|～墨。

【擦】❶摩擦:手～破了皮。❷用布、手巾等摩擦使干净:～汗|～桌子。

【拉】刀刃与物件接触,由一端向另一端移动,使物件破

裂或断开：把皮子～开|手上拉～了一个口子。

【扭】❶掉转；转动：～过头来向后看。❷拧(nǐng)：把树枝子～断。❸拧伤(筋骨)：～了腰。

以上动词的词义(磨❷、擦❷、拉、扭❸)虽然各不相同，但是都可以分析为两个部分：具体动作＋目的/结果。

动宾式语义综合就是"动作＋目的/结果"的综合，也就是说$动_2$是$动_1$的目的或结果，比如"蹬煤"是"蹬车运煤"的意思，"运煤"是"蹬车"的目的；"趴活儿"是"(把出租车)停在一个地方等活儿"的意思，"等活儿"是"停在一个地方"的目的；"卖了几百块钱"是"卖东西得了几百块钱"的意思，"得了几百块钱"是"卖东西"的结果。当然也可以把$动_1$看作是达到/产生$动_2$这种目的/结果的一种方式，也就是说，用或通过$动_1$表示的动作的方式来达到/产生某种目的/结果。那么，"蹬煤"可以理解为：用蹬(车)的方式来运煤，"趴活儿"可以理解为：通过趴(把出租车停在一个地方)的方式来等活儿，"卖了几百块钱"可以理解为：用(通过)卖东西的方式得了几百块钱。也就是说，只有$动_1$和$动_2$之间存在着动作方式与目的/结果的内在语义联系的时候，才有可能形成这种动宾式语义综合。

2. 语义综合与词义演变

2.1 语义综合造成的词义演变

由于动宾式语义综合可以理解为：$动_1$是实现$动_2$的方式，因此语义综合后语义重心往往会落在未出现的$动_2$上，这样词义就有可能向未出现的$动_2$转移，从而造成词义的演变。例如：

(9) 推磨　　推了一斗麦子

推推子　推头

从词汇意义的角度看,“磨”和“推子”是“推”的直接受动者,“推”的力量直接作用在“磨”和“推子”上,而“麦子”和“头”不是“推”的直接受动者,它们之间没有直接的语义联系,只有间接的语义联系,这间接的语义联系是靠语义综合实现的。推了一斗麦子＝推磨磨了一斗麦子、推头＝推推子理发(头:指头发),和“麦子、头”发生直接语义联系的是未出现的动词“磨、理”。在“推磨磨了一斗麦子、推推子理发”中,“推磨、推推子”只是实现“磨了一斗麦子、理发”的一种手段,或者叫作一种方式。因此,推了一斗麦子＝用推磨的方式磨了一斗麦子,推头＝用推推子的方式理发,这样未出现的动$_2$反而成了语义重心。这种用法如果使用的时间久了,使用的频率高了,人们就会产生一种感觉,似乎是:推了一斗麦子＝(用磨)磨了一斗麦子,推头＝(用推子)理发,这样“推”就含有了“磨”和“理”的意义。久而久之,“推”的词义就会发生演变,这在词典释义中已经有所体现。

> 【推】❶向外用力使物体或物体的某一部分顺着用力的方向移动:～车｜～磨。❷(推磨)磨或(推碾子)碾(粮食):～了两斗荞麦。❸ 用工具贴着物体的表面向前剪或削:～草机｜～头。

有的辞书(如《新华多功能字典》)干脆直接把义项❷释为“磨(粮食);碾(粮食)”,把义项❸释为“用工具剪、铲”。词典中的释义说明了两点:一点是“推了一斗麦子”语义上表示的确实是“推磨磨了一斗麦子”的意思,因此“推了一斗麦子”是“推磨磨了一斗麦子”的综合形式。另一点是通过语义综合词义确实会发生演变。

(10) 吹笛子　　　　　　吹了一首新曲子

弹钢琴　　　　弹《春江花月夜》

拉二胡　　　　拉《二弦映月》

"吹"的原义是"合拢嘴唇用力出气",但是带上"笛子"一类的宾语后,"吹"就含有了明确的目的义:使(笛子)发出有规律的声音,即"奏"或"演奏"。换句话说,也就是:通过(用气)吹(笛子)的方式来演奏。目的义固定在"吹"的词义上后,吹的词义就会演变成"吹气演奏"。如果用一个复音词来表示就相当于"吹奏"。本来是一个动词,但是表示的是两个动词的意义,这就是语义综合造成的。由于"吹"含有了"演奏"的意义,所以吹(吹奏)能带乐曲类宾语从词汇意义角度来讲是非常好理解的了,"吹曲子"语义上相当于"吹笛子、口琴、号等来演奏曲子",也就是"通过吹的方式来演奏曲子"。这样"吹曲子"的"吹"语义重心在"演奏"上,"吹"只是一种方式了。同样"弹钢琴"表示的意思是"通过弹的方式来演奏","弹"就等于"弹奏"。"拉二胡"表示的意思是"通过拉的方式来演奏","拉"就等于"拉"加"奏"。"吹、弹、拉"表示的具体动作截然不同,当它们带上乐器类或者乐曲类宾语时,会产生相同的义素"演奏",这就使得词义发生了演变。在一般的词典中都给它们分立了的义项。例如:

【吹】❶合拢嘴唇用力出气:～了一口气。❷吹气演奏:～笛子。

【吹】❶撮起双唇用力把嘴里的气吐出来:把灯～灭。❷吹奏:～喇叭。(《应用汉语词典》)

【弹】❸一个指头被另一个指头压住,然后用力挣开,借这个力量碰击物体。❹用手指、器具拨弄或敲打,使物体振动:～钢琴|～琵琶。

【弹】❶被其他手指压住的手指用力伸开。❷使弦振动：~弦子.~琵琶.(《新华字典》第10版)

【拉】❶用力使朝着自己所在的方向或跟着自己移动：~锯。❹牵引乐器的某一部分使乐器发出声音：~胡琴|~小提琴。

【拉】❶牵，扯，拽：~车。❻使某些乐器发出声音：~小提琴.~二胡.(《新华字典》第10版)

比较一下《现代汉语词典》(第5版以下简称《现汉》)和《新华字典》第10版的释义，我们会发现：对于"弹"和"拉"《新华字典》第10版没有释出具体动作义(动$_1$)，而只是释出了目的义(动$_2$)。《新华字典》第10版是小型辞书，在释义上讲求精练，释义时往往会舍弃次要部分，保留最重要的部分。《新华字典》第10版这样释义也从一个侧面说明了经过语义综合语义重心会落在未出现的动$_2$上。

(11) 拉车　　拉煤
　　蹬车　　蹬煤
　　推车　　推煤

"煤"虽然直接做了"拉、蹬、推"的宾语，但是语义上却是间接的，和"拉、蹬、推"直接发生语义联系的仍然是"车"。"拉煤、蹬煤、推煤"的意思是"拉车运煤、蹬车运煤、推车运煤"，都包含"运输"义，与"煤"直接发生语义联系的是"运"。在"拉煤、蹬煤、推煤"中"拉、推、蹬"只是"运"的一种方式，语义重心在后面的"运"上，这样使用的时间久了，使用的频率高了，"拉、推、蹬"就会产生"运"的意义。在词义演变过程中，"拉"走得最快，已经完成了词义的演变，产生了"运"的意义。因为可以说"用汽车拉煤"，其中"拉"的具体动作义几乎完全消失，只有“运”的意义了。尽管如此，但是从“拉(车)”演变出“运”的痕迹仍然存在，因为只有“用车运”才能叫作“拉”，而用飞机运、用轮船运”不能叫作“拉”。因此词典把“拉”释义为：“用车载运”“用车运(《新华字典》第10版)”。而“蹬”在“蹬煤”中含有“运”的意义，但是词汇本身似乎都没有产生“运”的意义，因为对语境的依赖性还很强，只能说“用三轮车蹬东西”，不能说“用手推车蹬东西”，更不能说“用汽车蹬东西”。“蹬”的具体动作义仍然非常实在，因此词典中就没有给“蹬”分立出“运”的义项来。相比较而言，“推”在词义演变中似乎比“蹬”前进了一步，因为虽然不能说“用汽车推东西”，但是不仅可以说“用手推车推东西”，还可以说“用三轮车推东西”。例如：

(12) 有的农户用三轮车推着新鲜的鸡蛋到街上去买。

(13) 一对60多岁的夫妇甚至把饭锅和脸盆都搬出来接满水，然后小心翼翼地用三轮车往家推。

这说明“推”的具体动作义已经开始隐退，不过还没有“拉”那么彻底，因为“用三轮车推”可能用的还是“推”的具体动作。因此词典中目前也还没有给“推”分立出“运”的义项来。

(14) 骗人　　骗钱、骗东西
　　蒙人　　蒙钱
　　别逼我　　逼债、逼租、逼粮
　　别催他　　催稿子、催房租、催款

“骗”的宾语可以是人，也可以是物。由于“骗”经常带指人名词和指物名词做宾语，如果不仔细揣摩，就一般的语感来讲，总觉得“骗”带指人名词或者指物名词的时候，“骗”的词义是一样的，是同一个“骗”。但是从词汇意义角度来看，指人名词是“骗”的常规宾语，因为“骗”的意思是“用谎言或诡计使人上当”，指物名词不是“骗”的常规宾语，从词义上讲，“骗”和指物名词是不能直接搭配的，而是绕了点儿弯子。这一点可以用“骗”的同义词进行证明。“欺骗”是“骗”的同义词，它只能带指人名词（欺骗别人/群众/领导），不能带指物名词（*欺骗钱、*欺骗钱财），这就可以证明只有指人名词才是“骗”的常规宾语。“骗钱”的意思是“通过骗人的方式取得钱”，这个“骗”恰恰可以用“骗取”替换。因此“骗钱”通过语义综合产生了一个“取得”义，“钱”跟“取得”发生直接的语义联系。“骗”带指人名词做宾语时，和“欺骗”同义，带指物名词做宾语时，和“骗取”同义。当然我们也可以认为这两个“骗”就是一个“骗”，“骗钱”中的“骗”表示“骗取”，其中“取”是由于语义综合产生的。由于“骗”带指物名词已经经常化了，所以就可以给“骗钱”的“骗”立一个义项：“用欺骗的手段取得”，《现汉》就是这样处理的。这个释义和“骗取”的释义完全相同，“骗取”的释义同样是“用欺骗的手段取得”。从“骗”到“骗取”就是由于语义综合使词义发生的演变。

同样，“蒙”和“骗”是近义词，从词汇意义角度看，也只要求带指人名词，这从几本辞书的释义和举例中就可以看出来。例如：

【蒙】❶欺骗：欺上～下 | 别～人，谁不知道你的用意！

【蒙】❶欺骗：别～人 | 谁也～不住他。（《新华字典》第10版）

【蒙】❶欺骗别人：你别蒙人了，这件事我们都知道了 | 他总是蒙我，我再也不会上他的当了。（《商务馆学汉语词典》）

然而我们也发现“蒙”可以带指物名词。例如：

（15）我可不希望我的读者去摆卦摊蒙人家的钱。

（16）如今的非法婚介蒙钱的招数真是越来越精了。

“蒙钱”和“骗钱”一样，也是“用蒙骗的手段取得钱”的意思，“蒙”带上了宾语“钱”就含有了“取得”义，这也是通过语义综合产生的。由于“蒙钱”的使用频率比“骗钱”要低得多，一般的辞书目前还没有给“蒙钱”的“蒙”分立义项。

再来看“逼”，“别逼我”是“别逼迫我”的意思，“逼债”是“用逼迫的手段或方式索取债务”的意思，也可以说是“逼人还债”，所以“逼债”也是一种语义综合。《现汉》已经把“逼债”的“逼”分立出一个义项。

【逼】❶逼迫……。❷强迫索取：～租｜～债。

“逼债”的“逼”恰恰可以用“逼讨”来替换(讨：索取)。因此“逼债”通过语义综合产生了“索取(讨)”义。“逼”带指人名词做宾语时，是“逼迫”的意思，带“债、租、粮”等指物名词做宾语时，是“逼讨”的意思，逼债＝逼讨债务，逼的还是人，讨的才是债，债跟讨直接发生语义上的联系。这时形式上是一个动词“逼”，表示的却是“逼＋讨”两个动词所表示的内容。

同样，“别催他”是“别催促他”的意思，“催稿子”是“催讨稿子”的意思。有的词典把“催钱、催粮、催税、催租”收作了条目，从对这些条目的释义中可以看出“催”所包含的“索取”义。

【催钱】催索钱粮。(《汉语大词典》)

【催税】催缴租税。(《汉语大词典》)

【催粮】催缴钱粮。(《汉语大词典》)

【催租】向佃户催缴地租。(《汉语大词典》)

把“催钱”释为“催索钱粮”，明确释出了“索取”义。把“催税”释为“催缴租税”，虽然没有明确释出“索取”义，但这里面仍然含有这个意思。因为“催缴租税”的“缴(缴纳)”是就被催的人而言的，就催的人而言就是索取，所以“催缴租税”就等于“催索租税”。不过目前一般的辞书还没有给“催”的这种用法分立出义项来。

(17) 母亲给了儿子一个油瓶和一块钱，让他去打一斤油。

王大娘扯了几尺花布，给他们家二姑娘做了件褂子。

来客人了，快去割二斤肉来。

“打油”的“打”相当于“买”的意思，“打油”也可以说成“买油”。《现汉》已经明确释出了这个意义。(【打】⑰买：～油。)“扯了几尺花布”的“扯”也相当于“买”的意思，“扯了几尺花布”也可以说成“买了几尺花布”。《汉语大词典》已经把“扯衣料”的“扯”解释为“方言。零买。”“割二斤肉来”的“割”也相当于“买”的意思，《汉语大词典》把“割肉”收作条目，解释为“方言。谓到市上买肉”，《应用汉语词典》在“割”的字头下用括注的方式注明：有的地方说“割肉”指“买肉”。“打、扯、割”表示的具体动作各不相同，当它们带上了某种商品类宾语时都含有了“购买”义，而且保留着原来的具体动作义。这一点从它们所带的宾语就能够看出来，“打”作“买”讲时，宾语一般是散装的液体类商品的名词[②]，只能说“打油、打酒、打醋”，不能说“打盐、打糖、打水果”。因为有可能“买”的意义是从“打水”的“打”通过语义综合演变来的，“打水”的“打”是“舀取”的意思，“打油、打酒、打醋”是通过“舀取”的方式来买，因此我们说“打”在产生“购买”义的同时，还保留着原来的具体动作义，这就是语义综合。同样“扯了几尺布”是通过“扯”的方式来买，因此只能带布一类的名词做宾语，而且不能是整匹的布；“割二斤肉”是通过“割”的方式来买，因此只能带肉一类的名词做宾语，而且不能是整扇的肉。

(18) 挑水

扛木头

背沙子

驮粮食

动词“挑、扛、背、驮”表示的都是用身体的某个部位负担物体的意思,动词本身并不含有“运输”义,比如说:“他能挑一百多斤的担子”“她的背上背着一个女孩”。但是它们在一定的组合中又都会含有“运输”义,比如说:“大个子,你到那边扛木头去”“为了挣钱,他给装修的人家往楼上背沙子”“没有车,我们只能用牲口驮粮食”。因为人们经常用“挑、扛、背、驮”的方式来运东西,所以通过语义综合就会产生“运输”义。这种词义变化有的在词典释义中已经有所反映。例如:

【挑】扁担等两头挂上东西,用肩膀支起来搬运。

【扛】用肩膀承担物体。

【背】(人)用脊背驮。

【驮】用背部承载人或物体。

《现汉》只给“挑”释出了“运输”义,“扛、背、驮”都没释出“运输”义。其实“挑、扛、背、驮”用于“运输”义的时候是非常多的,尤其是“挑”和“驮”,因此酌情给它们释出“运输”义来也不是不可以的。

以上列举了六组例子来说明语义综合造成的词义演变,其中(9)(10)(11)(14)四组和(17)(18)两组的区别是前四组的宾$_1$ 和宾$_2$ 是不同的,后两组的宾$_1$ 和宾$_2$ 是相同的,不过它们都是从动$_1$ 向动$_2$ 演变,也就是用表方式的动作来转指表目的的动作,而且大都是用较具体的动作转指与之相关联的较抽象的动作,其实这也就是动词的一种“转喻”用法。我们提出语义综合是想进一步揭示这种词义演变的具体途径和特点。这个具体的途径就是:动宾式语义综合的分析形式(蹬车运煤)好比一根有四段的绳子,其综合形式(蹬煤)是截取这根绳子的头尾两段构成的新组合,从而造成了词义的演变。其特点是:这种词义演变不是动$_1$单纯地代替并转变成动$_2$,而是在保留动$_1$的意义或其痕迹的同时产生动$_2$的意义,如"吹⇒吹奏、骗⇒骗取、驮⇒驮运"。

2.2 在词典释义中如何处理语义综合产生的意义

语义综合虽然可以造成词义演变,但词义演变毕竟是一个渐变的过程,涉及使用的频率、使用的范围以及对语境依赖的程度等诸多因素,因此不能一概而论,而要区别对待。

那么什么时候才可以认为词义发生了真正的演变、需要给动词分立出义项呢?根据语义综合的用法给动词分立出新的义项,也就是把动词的目的义或结果义归入词义的一部分或主要部分。但是目的义或结果义毕竟只是具体动作的连带语义成分,不是动词表示的具体动作的本身;而且大量的动词都可以含有多种目的义或结果义,比如"吹",吹灯(吹气使灯灭)、吹一吹凳子上的浮土(吹气除去浮土)、太烫吹吹再吃(吹气使降温)、吹了一支新曲子(吹气演奏),我们不可能把一个动词的所有目的义或结果义全都在词典中反映出来,实际上也没有这个必要。那么哪些目的义或结果义有必要在词典中予以解释呢?那就是在语义综合中动$_1$表示的具体动作义基本消失,动$_2$(目的/结果)成为语义重心,也就是表达的语义主要由动$_2$来承担的时候,才可以认为词义发生了演变。比如上文讲的"拉煤","拉"表示的具体动作义已经基本消失,表示的语义主要在"运"上,因此就可以给"拉"分立出一个义项:"用车运"。

如果某种语义综合的用法使用频率比较高,使用范围比较广,尽管在语义综合中动$_1$表示的具体动作义并没有消失，有的甚至仍然很实在，但是只要是其目的义或结果义非常明确和固定，并且可以理解为动$_1$是实现动$_2$的一种方式，那么也可以认为词义发生了变化，分立出新的义项。比如上文讲的“挑、扛、背、驮”表示“运输”义是很常见的用法，尤其是“挑”和“驮”用于“运输”义比用于单纯“负担”义的频率要高得多，而且可以理解为“挑、驮”是“运输”的一种方式。因此在词典中，尤其是大型词典中，给“挑、驮”释出“运输”义来也是可行的。不过最好分成两个义项，以使得释义更加细化。现试编如下：

【挑】❶扁担等两头挂上东西，用肩膀支起来：～挑子｜这副担子有小二百斤，我可～不起来。❷用肩挑的方式运：～水｜往地里～粪送肥。

【驮】❶用背部承载人或物体：～运｜这匹马能～四袋粮食。❷用牲口运：他们赶着骡子，替造新房的人家～水泥、～砖瓦。

再比如“拖地板”，《现汉》只是在“拖”字条目下举了“拖地板”的例子，并没有给予解释。

【拖】❶拉着物体使挨着地面或另一物体的表面移动：拖船｜～地板｜火车头～着十二个车皮。

“拖地板”虽然做了义项❶的例子，但与释义并不完全吻合。“拖地板”不是“拉着地板使地板移动”的意思，而是“拖拖把擦地板”，即“用拖拖把的方式使地板干净”的意思。“拖”的这种用法已经比较普遍，它的宾语还可以用同类的其他名词替换，比如还可以说“拖地、拖楼道、拖过道、拖楼梯、拖办公室”等等。语序也是比较自由的，比如可以说“地板拖过两遍了、楼道还没有拖呢”。由此看来，尽管“拖”的具体动作义还很实在，但目的义“擦”也已经非常明确和固定了，成为语义综合的重心，并由“拖”来承担。因此我们可以仿照《现汉》对“墩（❹用拖把擦（地）[③]：把地扫干净再～。）”的释义方式给“拖”增补一个义项：

【拖】用拖把擦（地）：～地板｜把楼道～了一遍。

总之，分立义项应该从严。对那些语义综合中动$_1$的具体动作义很实在，并没有消失，而且使用范围又比较窄的或者使用频率又比较低的，就不宜于分立义项。比如上文讲的“扯了几尺花布、割二斤肉”通过语义综合产生了“购买”义，但是“扯、割”的具体动作义仍然很实在，而且这种用法具有较强的方言色彩，因此一般的词典就可以不给它们分立义项。但是如果要对这一用法有所反映，可以用加括注的办法予以解释。

【扯】撕；撕下：～五尺布（某些方言指买五尺布）｜把墙上的旧广告～下来。

【割】用刀切断：～麦子｜～二斤肉（某些方言指买二斤肉）。

另外，对那些口语性很强，对语境的依赖性也很强，而且通过一定的语境就很容易理解的语义综合，比如“今天一共才卖了几百块钱、用三轮车蹬煤”，一般的词典可以不予反映。

当然，分立义项、加括注予以解释和不予反映，这三种处理方法不是截然分开的，而是互相联系的。因此采用哪种方法并不是非此即彼、说一不二的，不同类型的辞书对同一语言现象完全可以采取不同的处理方法。比如“蹬上裤子（通过蹬腿的动作穿上裤子）”，中型的《现汉》把这种用法的“蹬”解释为“穿（鞋、裤子等）”，而小型的《新华字典》对此就没有反映。再比如“推煤”，中型的词典对于这种用法可以不予反映,而大型词典立一个“用手推车、独轮车等运”的义项也不是完全不可以接受的。这种不同的处理不是对与错的差别,而是粗与细的差别。一般说来,大型辞书分的义项比较细,有些语义综合产生的意义可以分立出义项来。而小型辞书分的义项比较粗,概括性比较强,有些语义综合产生的意义可以忽略不计,或和其他义项合并再用括注的形式予以解释。总而言之,可以根据辞书的不同类型以及语义综合的实际情况,对语义综合产生的意义进行适度的处理。

3. 语义综合与动词的宾语

动词和宾语的语义关系是十分复杂的,如果从语义综合的角度看,对以往划定的某些宾语的语义类型可以做一番新的审视。动词带宾语可以分为两大类,一类是词义上要求共现的名词成分,也就是说从词汇意义角度来看,动词的词义涉及某类名词所表示的事物。不同语义类型的动词要求带不同类型的宾语,比如,制作义动词要求带制作物做宾语(造大船、做家具),表示趋向的动词要求带处所词做宾语(去上海、赴京),表示存在的“有”要求带存在物做宾语(屋里有人),吃喝义动词要求带饮食类名词做宾语(吃饭、喝水,这就是一般所说的受事宾语),等等。这种宾语是动词词义所涉及的,因此在词义上能够直接搭配,这是最普通的宾语。这种宾语很容易被理解,可以叫作常规宾语。另一类不是动词词义上要求共现的名词成分,也就是说动词与所带的名词宾语,从词汇意义角度来看,彼此没有直接的联系。比如“投”是“向一定目标扔”,“投篮”不是“把篮筐扔出去”的意思,仅仅从词义层次来看,“投”和“篮”是不能直接发生联系的。这就是特殊的宾语,可以叫作非常规宾语。非常规宾语，按常理（也就是按照词义的搭配）是不容易被理解的，然而名词“篮”既然做了动词“投”的宾语，形式上组成了动宾结构，语义上二者就应该发生联系。这种联系即使不是直接的，也应该是间接的，并且是能够被理解（解释）的。从动宾式语义综合的角度来观察，我们就能看出和解释某些非常规宾语与动词在语义上的联系。下面举例予以说明。

（19）拿茶壶拽（zhuāi）你｜拿砖头砍人｜投篮｜射靶心

（20）跑了个第一名｜跳了个第一名｜投了个第一名｜唱了个第一名

（21）逼债｜催稿子

（22）床上躺着一个人｜台上坐着主席团｜桌子上放着一本书｜墙上挂着油画

第（19）组动宾组合通过语义综合产生了“击打、攻击”义。“拽”《现汉》的释义是“扔、抛”，根据词义，它的常规宾语应该是投掷物，比如“拽皮球”是“把皮球扔出去”的意思，但是“拽你”不是“把你扔出去”的意思，而是“拽投掷物击打你”的意思，“拽”的仍然是“投掷物”而不是“你”，击打的才是“你”。同样“砍人”是“砍东西击打人”的意思，“投篮”是“投球攻篮”的意思，“射靶心”是“射箭/子弹击打靶心”的意思。有的语法著作把“投篮、射靶心”的“篮、靶心”分析为处所宾语，这是就“投”和“篮”（投向篮筐）、“射”和“靶心”（射在靶心上）之间的语义说的。如果就“击打、攻击”义而言，“篮、靶心”和“你、人”一样，都具有受动性，因此也可以分析为受事宾语。我们说“拽你、砍人、投篮、射靶心”含有“击打、攻击”义，这一点从词典释义中也可以得到印证。

【砍】❸把东西扔出去打：拿砖头～狗。

《现汉》已经把“打”看作是“砍”的词义的一部分,其实这个“打”是由语义综合而产生的。[④]

> 【投鼠忌器】投:掷,扔。忌:怕,顾忌。想扔东西打老鼠,又怕打坏了老鼠旁边的器物。比喻欲除恶人而又有所顾忌,不好下手。(《新华成语词典》)

这个解释非常到位,释出了“击打”义,其中的“扔东西打老鼠”就是我们谈的语义综合。

第(20)组动宾组合通过语义综合产生了“得到、获得”义,“跑/跳/投/唱了个第一名”分别是“跑(步)/跳(高)/投(标枪)/唱(歌)得了个第一名”的意思。语法著作一般都把“第一名”分析为结果宾语,那是就“跑/跳/投/唱”所产生的结果而言的。如果就“得到、获得”义而言,“第一名”仍然具有受动性,也可以分析为受事宾语。

第(21)组动宾组合通过语义综合产生了“索取(讨)”义,“逼债”是“逼讨债务”的意思,“催稿子”是“催讨稿子”的意思。有的语法著作把“债、稿子”分析为目的宾语,那是就“逼”和“债”(为债而逼迫人)、“催”和“稿子”(为稿子而催促人)之间的语义说的,如果就“索取(讨)”义而言,“债、稿子”都具有受动性,也可以分析为受事宾语。

第(22)组表示存在,含有“有”义,“床上躺着一个人、桌子上放着一本书”是“床上有一个人、桌子上有一本书”的意思,“躺着、放着”表示的是具体的存在方式。语法著作一般把“一个人”分析为施事宾语,把“一本书”分析为受事宾语,那是就“躺着”和“一个人”、“放着”和“一本书”之间的语义说的,如果就“有”义而言,“一个人”和“一本书”一样都具有受动性,也可以分析为受事宾语。[⑤]

对动宾语义关系分析的结果不同是由于观察的角度不同,认为这些宾语是处所、结果、目的、施事，那是就语义综合中的动$_1$说的，认为这些宾语也是受事，那是就语义综合中的动$_2$说的，都从某个角度说明了动词和宾语的语义关系。但是二者也有所不同，前者是显性的，而语义上的联系是间接的；后者是隐性的，而语义上的联系是直接的。一般说来，后者比前者更抽象、更具有概括力，因此前者属于低层次的语义关系，后者属于高层次的语义关系（参看朱德熙 1986）。从高层次的语义关系来看，那些原本认为不是受事的宾语也具有了受动性。从语义综合的角度看动宾关系并不是对处所宾语、结果宾语、目的宾语、施事宾语的否定，而是提供了一个新的视角，以便能够更深刻、更全面地认识动宾的语义关系。

附　注

① 对词的解释本文主要以《现汉》（第 5 版）为依据，释义出自《现汉》的不再一一标出，出自其他词典的，则随文注明。另外，为了节省篇幅，对某些释义及例子做了删减。

② “打”表示“买”还可以带“票”做宾语，不过“打票”的“打”和“打油”的“打”词义演变的来源可能并不相同。

③ 《现汉》把“墩”释为“用拖把擦（地）”而没有释为“用墩布擦（地）”，这是因为“拖把”为正条，“墩布”为副条，《现汉》用正条作为释义用语。但是就理解词义演变的来源来说，后者似乎更好一些。

④ “砍”本身并不含有“打”义，比如说，“咱们比一比看谁砍得远”中的“砍”就没有“打”的意思。因此有的辞书（如《新华多功能字典》）把“砍”释为“把东西用力扔出去”，就没有释出“打”义。另外，《现汉》释“砍”的同义词“拽（【拽】扔；抛：拿砖头～狗｜把皮球～得老远）”时也没有释出“打”义。这样看来，删去“砍”释文中的“打”字也是可以的。当然也不可否认，“砍”通过语义综合常常表示“把东西砍出去来击打某物”的意思，所以也可以把“打”放在括号里（【砍】❸把东西扔出去（打）：～瓦片｜拿砖头～狗），来表示“砍”不是总有“打”的意思，只有在特定的组合中才有。这样处理也许会更稳妥些。

⑤　第(22)组虽然不同于本文讲的紧缩动宾式语义综合,但也属于一种语义综合。

参考文献

丁声树等　1961　《现代汉语语法讲话》,商务印书馆。

郭继懋　1999　《试谈"飞上海"等不及物动词带宾语现象》,《中国语文》第5期。

汉语大词典编辑委员会汉语大词典编纂处　1990—1993　《汉语大词典》第1—12卷,汉语大词典出版社。

李临定　1983　《宾语使用情况考察》,《语文研究》第2期。

李临定　1987　《现代汉语语法的特点》,人民教育出版社。

吕叔湘(主编)　1999　《现代汉语八百词》(增订本),商务印书馆。

孟　琮、郑怀德、孟庆海、蔡文兰　1987　《动词用法词典》,上海辞书出版社。

任　鹰　2000　《现代汉语非受事宾语句研究》,社会科学文献出版社。

商务印书馆辞书研究中心　2000　《应用汉语词典》,商务印书馆。

商务印书馆辞书研究中心　2002　《新华成语词典》,商务印书馆。

商务印书馆辞书研究中心　2005　《新华多功能字典》,商务印书馆。

商务印书馆辞书研究中心　2006　《商务馆学汉语词典》,商务印书馆。

沈家煊　2006　《"糅合"和"截搭"》,《世界汉语教学》第4期。

陶红印　2000　《从"吃"看动词题元的动态特征》,《语言研究》第3期。

邢福义　1991　《汉语里宾语代入现象之观察》,《世界汉语教学》第2期。

尹世超、董丽梅　2006　《非买类动词的购买义用法》,第十四次现代汉语语法学术讨论会论文。

张伯江　2002　《施事角色的语用属性》,《中国语文》第6期。

中国社会科学院语言研究所词典编辑室　2005　《现代汉语词典》(第5版),商务印书馆。

朱德熙　1982　《语法讲义》,商务印书馆。

朱德熙　1986　《变换分析中的平行性原则》,《中国语文》第2期。

(原载《中国语文》2008年第2期)

操作语体中动词论元结构的实现及语用原则*

陶红印

（洛杉矶 加州大学 亚洲语言文化系及应用语言学系）

提要 本文利用一个现代汉语书面语语料库（LCMC）中的操作指南语体来讨论论元结构的实现，发现操作语体的基本论元结构特征为：1）以单论元（（X）＋V）为主；2）抑制及物动词的施事（A）；3）突出及物动词的受事（O）。我们用操作语体中动作行为的通用属性以及以行为为中心的语用原则来解释这种论元布局，并说明这种布局给论元优化理论、生命度等级说以及汉语基本语序等理论所提出的问题。文章强调了在语体的基础上研究语法的重要性。

1. 引言

陶红印（2000）曾在讨论论元结构的动态性质时指出，当前对动词论元结构（也称配价结构，argument structure）的研究基本上是以静态研究为主。这种研究方法的主要特征是结合动词的语义特征判断论元数目以及论元的语义类型。而以功能为取向的语言学家则注重于论元结构与语用因素的相互影响，力图解释论元结构的经验现实（Hopper & Thompson，1980）、优化结构（Du Bois，

* 感谢张伯江、肖忠华、井茁对本文所提的意见。文中任何错误概由作者自己负责。

1987；Du Bois, Ashby & Kumpf,2003)以及开放性与动态性特征(Thompson & Hopper,2001；陶红印,2000，张伯江,2002)。本文打算从另一个角度考察影响论元结构实现的语用因素,即语体及与语体相关的交际因素。

当前大多数语法学家对语体的认识还限于口语和书面语的基本区别。对此我们曾经指出,语体实际上还有进一步分类和从多角度分类的必要,以语体为中心的语法研究应该是今后语言学研究的一个基本出发点(陶红印,1999)。本文就打算结合一种具体的书面语体——操作指南语体来讨论论元结构如何受到语体及其相关的交际因素的影响,并通过这些现象讨论一些相关语法理论问题。

本文所用语料是英国兰开斯特大学现代汉语语料库(LCMC,详见 McEnery & Xiao, 2004)。这个书面语语料库是比照美国和英国早期相关语料库的设计而构造的,共有约 100 万词。其中包含了 15 种语体和不同数量的篇目,包括新闻报道、报纸评论社论、宗教文献、科技论说文和各类小说等。本文考察的对象限于LCMC的 E 类文本。

E 类文本类别为“技能、行业和爱好”(Skills, Trades & Hobbies),实际上大多为操作指导性语篇,其范围十分广泛,包括钓鱼、养花、烹饪、装裱、摄影、打桥牌、买股票等。由于选编者追求语料范围的广泛性,并不是每个所收篇目都有同等程度的操作性特点(例如有关人际交往、怎样当好节目主持人的篇目在操作性方面就明显不及其他篇章),因此我们在统计时只选择较典型的 75 个片断(详细篇目见附录)作为考察对象。这些片断的共同特征是描写过程和步骤,较少个性化的评议。

2. 操作指南语体

操作指南语体(下文有时简称操作语体)指的是用书面语或口语指导用户(读者/听者)完成某个具体任务的语言形式(Farkas,1999)。例如菜谱是指导读者做菜,美容产品的说明书是指导消费者正确使用美容商品的,而电脑用户手册是指导用户正确操作电脑的。由于完成任务、达到目的一般需要一些过程和步骤,这种语体也被称作过程语体(廖秋忠,1984/1992),在英语中叫作 procedural discourse。读者可能已经注意到,这个语体类型的确立是以篇章的功能为基准的,而不是以媒体为基准(陶红印,1999),它也可以跨越口头和书面两种媒体。不过本文的讨论范围只限于书面语。

操作指南语体古已有之,例如北魏贾思勰著名的《齐民要术》[①]就含有大量此类语体片断。例如关于种树:

(1) 先为深坑,内树讫,以水沃之,着二令如薄泥,东西南北摇之良久,摇则泥入根间,无不活者;不摇,根虚多死。其小树,则不烦尔。然后下土坚筑。近上三寸不筑,取其柔润也。时时溉灌,常令润泽。每浇水尽,即以燥土覆之,覆则保泽,不然则干涸。埋之欲深,勿令挠动。凡栽树讫,皆不用手捉,及六畜抵突。(栽树第三十二)

在现代社会里,随着科技产品的增多和商品化的发达,操作指导语体在人们的日常生活中显得日益重要、更加常见。这种现象在很多新近提出的语体分类理论中已经有所反映。例如德国篇章语言学家 Werlich(1983)所列出的 5 种语体里就包含指南(instruction)语体,与之并列的是传统的描述(description)、叙事

(narration)、说明(exposition)和论证(argumentation)等语体。美国著名篇章语言学家 Longacre 对操作指导语体的说明更是被广为引用。兰内克(Longacre 1983)在《篇章的语法》一书中根据有无时间连续性(temporal succession)和是否关注动作主体(agent orientation)这两组标准把语体分为表1所示的4类:

表1 Longacre(1983)的语体分类

	时间连续性	关注动作施事
叙事(narration)	+	+
操作指南(procedural discourse)	+	−
行为言谈(behavioral discourse)	−	+
说明(expository discourse)	−	−

这个分类系统的合理性不是我们关注的重点,值得一提的是,Longacre(1983:第一章)归纳了操作指南语体的具体话语特征,这里仅就相关部分简单做些说明:

(一)缺乏对话:这条主要说的是书面语的情况,口语应当有例外。

(二)呈时序性的连接(chronological linkage)而不是逻辑性连接。意思是事件的连接主要靠时间相关性而不是靠逻辑推理。

(三)以目的、行为为中心,不以施事为中心。意思是重点不在于描述谁去做,而是描述做什么,而且假定任何人都可以做。

(四)常用"起始-起始,结尾-起始,总结-起始"的连接方式。这指的是,操作语体一般先交代若干独立的状况,然后以前一单位的末句作为后个单位的首句的开始,加以总结后再开始。

(五)操作程序有通用性。即表示一般如此,最好如此。这点也不需要多加说明。

（六）行为言语的核心是“（我）规定”（“I prescribe”）如何操作执行。

（七）事件内部结构相对复杂，但事件链相对简短。这里的“事件链”指的是多重事件连接以后的大单位，实质上也就是说大段的连接很少。

（八）状语成分多传达时间、状态和原因。

（九）时态以现在和将来为主。

（十）可以分成“如何做”与“怎么做的”两种情形（后者可能对上条关于现在和将来时态的说法构成一个例外）。

尽管以上总结还不尽全面，但至少可以作为我们理解汉语操作语体语言特征的一个基本出发点。

跟英语相比，目前汉语语法学界还缺乏对操作语体的研究，而在语法研究中明确利用这一语体的更少。我们看到的仅有廖秋忠（1984/1992）。他在讨论动词支配成分的省略时特别指出：

> 此外，还有一种极为常见的、有利于动词支配成分从缺的篇章结构，就是过程链结构。这种结构多见于描述过程的文体里。在这种格式里，上一句的结果一般处于宾语的位置，成为下一句的起点。由于结果和起点指同，起点经常从缺。（1992：22）

这里所说的应当与 Longacre 所说的“结尾-起始”的连接方法有关，也跟论元结构的实现有关。除此之外，我们（陶红印，1999）也曾尝试在操作语体的语境下比较处置式的“把”和“将”的用法及其性质，发现“将”字句在操作语体里占优势。总的来说，当前对操作语体的语法研究还远远不够。本文将根据实际语料讨论操作语体如何影响论元结构的实现。

3. 基本论元结构概貌

本文对论元结构的描写是以表层结构为基点的，即以动词性成分(包括形容词)为中心，看其论元或支配成分(参看廖秋忠，1984/1992)是否出现以及出现的位置。

在描写论元类型时，本文采用普通语言学中常用的A，O以及S的三分概念。简单说来，A是及物动词的语法主语，常常是施事；O是及物动词的语法宾语，常常是受事；S是不及物动词的语法主语，可称作系事(有关A，O以及S的概念参看Comrie，1978；Dixon，1979)。举例来说，“AVO”就表示“及物施事＋及物动词＋及物受事”结构，即使语义上施动性不强的“有”字句(如下面例3)也用AVO来表示。

由这样的概念出发，我们发现操作语体在语料中的表层论元结构有以下几个主要特征。

3.1 以单论元为基本格式：(X)＋V

从理论上来说，及物动词可以有两个以上支配论元，不及物动词至少有一个论元。在我们抽样考察的75条典型操作语体语料中共有656个小句(clause)。单论元格式(X)＋V大大超过两个以上的论元格式。先看双论元(AVO)的例子：

(2) 水温最好在70—80℃之间。

(3) 漆器有了油污时，

(4) 锅底会留下烧焦的饭迹，

这些例子中动词前后都有论元成分。

“(X)＋V”是一个广义格式，指在表层上包含不超过一个的动作参与者，这个唯一的动作参与者可能是及物动词的某个出现的论元，也可能是不及物动词的单论元，单个论元（或无任何论元）跟动词一起出现。例如：

（5）a. 将新鲜的苹果皮放入锅中， NP受事＋V及物

b. 加水适量， V及物＋NP

c. 煮沸1刻钟， V

d. 然后用清水冲洗， V

e. “黑锅”会变得光亮如新。 NP系事＋V不及物

在统计时我们把系动词（“是”字句）单独列出，统计结果如表2。

表2 论元结构概貌

类型	频率	百分比（%）
AVO	33	5
X＋V	613	93.4
系动词	10	1.6
总数	656	100

很明显，绝大多数的表层论元格式符合（X）＋V的形式。[②]

3.2 论元结构的第二个基本特征是，抑制及物动词的施事（即所谓的A）。主要表现是，及物动词句中没有给出主语，而只给出宾语（V及物＋NP），如（5b），又如（6c）：

（6）a. 可用醋涂擦。 V及物

b. 这样，既光亮如新， V不及物

c. 又不损伤制品。 V及物＋NP

还有一个可能是主宾语全省（V及物），如上面的（6a）。也有连动（7）和兼语（8b）的无主语格式（VV）：

（7）塑料食具的清洗，只能用布蘸碱、醋或肥皂擦洗， VV

(8) a. 泡上一点水，　　　　　　　$V_{及物}$ ＋NP

b. 使小袋经常保持湿软，　　　VV

c. 置于适当位置。　　　　　　V

语料中的数据表明,"$V_{及物}$ ＋NP" 在这些格式中稍占优势。如果跟 AVO(施事呈现)做比较,可得到表 3 中的情况:

表 3　及物格式中施事 A 的隐现

施事呈现		频率	百分比(%)
AVO		33	7.3
施事隐去		422	92.7
$V_{及物}$ ＋NP	181		
$V_{及物}$	148		
VV	93		
总数		455	100

显然施事隐去的例子大大超过施事出现的情况。

3.3 操作语体论元结构的第三个特征是,突出受事论元。这表现在四个方面。

1) 如上面表 3 所示,跟及物施事(A)相比,及物受事更常出现:有 33 例施受共现,而在 181 个例子里只有受事没有施事。

2) 利用"将"字句、"把"字句和"被"字句等特殊句式把受事移到及物动词前,这都是汉语中常见的语法格式。例如:

(9) 花盆中出现蚂蚁时,可将烟蒂、烟丝用热水浸泡一两天,待水变成深褐色时,将一部分水洒在花茎、花叶上,其余的稀释后浇到花盆里,蚂蚁即可消灭。

(10) 先打鳝鱼头部,将鳝鱼打晕,把鱼头挂在木板的钉子上,用小刀从脊背划开,去掉大梁刺。

（11）烟灰很容易就被擦掉了。

注意在这些句子中，全句的施事主语都没有出现。

3）不用“将”“把”和“被”，受事直接放在动词前（$NP_{受事}+V_{及物}$）。这里的受事是语篇的话题，它们有中性化或朝施事方向“倾斜”的意味（也就是形式句法中所谓的逆受事（unaccusative）现象或中性语态（middle voice），详见下文4.3节）。例如：

（12）然后将柄端插在植株周围的盆土中，飞虫即可消灭。

（13）一端放入器皿水中，另一端埋入花盆土里。

（14）腈纶服装有了皱褶时，可用稍热的水浸一下，然后用力拉平，较轻的皱褶便会消除。

有关这几个格式之间的具体区别我们这里暂不讨论。下面给出的是它们各自出现的频率和相对比例。

表4　及物格式中受事成分的前置

受事前置类型	次数	百分比（%）
将字句	40	42.1
把字句	27	28.4
$NP_{受事}+V_{及物}$	23	24.2
被字句	5	5.3
总数	95	100

4）受事成分变成不及物动词（含形容词）的主语成分（即系事S），也放在动词前。这里说的“变成”是根据上文考察得来的。例如：

（15）毛线衣穿久了会变得宽松肥大，很不合体，且影响美观。

（16）洗涤方法是：用1盆开水，放适量茶叶，待茶叶泡透，水凉之后，滤出茶叶。

根据上下文我们知道(15)的"毛线衣"是"穿"的受事,相对于"变"和"合体"这两个不及物动词成分来说,它是系事。(16)中的"茶叶"情形类似,动结式"泡透"具有不及物性,类似于"化解、分解"的自动意义。S+V 即 $NP_{系事}+V_{不及物}$ 格式在我们的语料里有73 例。如果把这种现象和表 4 所描述的受事前置(共 95 例)相加,我们就得到 168 个受事前置的例子。这样再跟施事隐现的情况相比:施事呈现(在动词前)有 33 例,受事论元跟施事论元的呈现比例超出 5:1,所以受事成分在操作语体里的突出性应该是毫无疑问的。

4. 操作语体基本论元结构的话语解释

4.1 由上可知,操作语体的基本论元结构可以概括为:1)以单论元((X)+V)为主;2)抑制及物动词的施事(A);3)突出及物动词的受事(O)。为什么动词论元结构在操作语体里有这些特性?这些现象说明了什么?本节将尝试回答这些问题。

我们认为操作语体的基本论元结构可以从交际因素上找到根源。在引言部分我们曾经介绍过 Longacre(1983)的说法,认为操作语体从根本上来说是:

1)以目的、行为为中心,不以动作主体为中心。也就是说,操作语体的重点不在于描述谁去做,而是描述做什么,而且假定是任何人都可以做的。

2)操作程序有通用性:表示一般如此,最好如此。

这些特性也完全适用于汉语的操作语体。正是因为行为动作的通用属性,动作执行者(施事)才不需要表达出来,而且还可以说是处处受到"压制"。上面 3.2 节提供的数字已经说明了这一点。

即使在33个有施事出现的AVO例句中，我们发现绝大多数例子里也没有用到高度及物性动词，而是用“有、附、积、沾、贴、留”等兼有动作和状态两种意义的低度及物动词，这些AVO句子在篇章中的作用主要是用来交代一定的背景、前提以及某些可能的状况等：

（17）盆、碗、碟上沾了油污，[©]

漆器有了油污时，

锅底会留下烧焦的饭迹，

表面上附着一层尘迹，

上面会积上一层油污。

小孔贴着泥土，

这说明施事的施动性特点即使在这些AVO句子里也并没有明显地体现出来。

研究操作语体的基本论元结构至少对于我们深入理解以下几个理论问题有帮助作用。

4.2 优化论元结构。Du Bois(1987)、Du Bois 等(2003)提出的论元优化(The Preferred Argument Structure)理论包含四个部分，与我们这里的讨论相关的包括“单一词汇论元成分”(The One Lexical Argument Constraint)的趋势和“施事非词汇化”(The Non-Lexical a Constraint)趋势。在我们的语料里施事常常不出现而受事却频繁出现，这两个趋势为论元优化理论提供了支持。不过由于Du Bois的论元优化理论主要是用来解释口语叙事体材料的，单单用这个理论还不能完全解释我们这里描述的问题。例如，论元优化理论还包含一条“施事为已知成分”(The Given a Constraint)的趋势，而在我们的语料里施事根本就不是表达的中心,正常时常不出现,所以这一条跟我们的材料的相关性不大。

4.3 生命度等级说。生命度等级说(Animacy Hierarchy)关注的是名词所指成分的生命度与施事、主语以及话题的关系。生命度等级假说所预期的是,指人或有生名词常常扮演语义施事的角色,是主语或话题[④]的典型成分(Comrie,1981;Dowty,1987;Givón,1983)。但是在操作语体里,恰恰是受事(以及跟受事相关的系事)在多数情况下是篇章的话题核心。更有意思的是,由于动作的受事得到彰显,施事受到抑制,一个明显的结果是,大量的受事所指几乎被赋予了施事的色彩,至少我们看到在操作语体里对受事主语的容忍度大大增加了。这就是赵元任(Chao,1968)所说的汉语里的中性语态(middle voice)以及形式句法里所说的无人称被动句(impersonal passive)或逆受事现象(unaccusative, Perlmutter,1978;Levin & Rappaport,1995)。上文(12)—(14)以及(15)—16)已经给出了一些例子,下面的例子似乎更能说明问题((19)例重引上文(15)):

(18) 夏季,毛巾<u>擦汗</u>的次数多,即使天天洗涤,也难免黏乎乎的,并有汗臭味。

(19) 毛线衣穿久了会<u>变</u>得宽松肥大,很不合体,且<u>影响</u>美观。

(20) 羊毛皮衣若<u>有</u>灰尘,可先用酒精喷一遍。

(21) 如毛衣的袖口或下摆<u>失去</u>了伸缩性,可将该部位浸泡在40—50℃的热水中,1—2小时捞出晾干,其伸缩性便可<u>复原</u>。

(22) 毛皮衣最<u>怕</u>水,水洗后会使皮板走硝,变硬断裂。

如果撇开语境只看这里的动词:擦汗,穿,变,影响,有,失去,复原,怕,人们恐怕首先想到的是这是人所发出的动作,可这里明明是用来描写无生命的衣饰的："毛巾"可以（"施动"）擦汗，"毛皮衣"甚至可以有"怕（水）"的心理。在现实生活中人们当然不会去做这么实在的理解，但是在客观上由于语句里的受事被放在话题或主语的位置而得到拔高却是不争的事实。

下面两种现象也很能说明问题。有时候谓语成分是否施动（与之相关的问题是有没有施事）无关紧要，似乎语境对此有很大的容忍性。例如：

（23）几种食具的清洗顺序

装过牛奶、面糊、鸡蛋的食具，应该先用冷水浸泡，再用热水洗涤。如先用热水，残留的食物就会黏附在食具上，难以洗净。

这里最后一个复杂谓语结构"难以洗净"可作不同解释。如果把"难以洗净"看成一个及物动词结构，那么整个结构就成了"（施事）＋难以洗净＋（受事）"。不过我们也完全可以说"难以洗净"是一个形容词性质的谓语，那么主语或话题就是"食物/食具"，在这里因承前而省略。这样处理的话整个结构就成了 SV（即 $NP_{系事}$ ＋ $V_{不及物}$）结构，也就在一定程度上使原本的受事体（"洗"的对象）更接近施事的地位。在实际理解上，也许上述任何一种选择都无关宏旨，不过这种模棱两可性恰恰说明操作语体对受事有一种拔高的趋势。

还有一种现象是，及物不及物动词常常连成一片，本来是受事的成分在话语链中与施事、系事甚至领属角色自由交叉，浑然一体。例如上面提到的（14）和（18）两例，其内部语义结构可用下面的方式表示（括弧表示未出现的隐含成分；G 代表领属成分（genitive），画线部分表示身份认同）：

(14) 腈纶服装有了皱褶时,可用稍热的水浸一下,

A　V　O(A)　V (O)

然后用力拉平,较轻的皱褶便会消除。

(A)　V (O)　(G)　S　V

(18) 夏季,毛巾擦汗的次数多,即使天天洗涤,

A/S V O　S　V　(A)　V(O)

也难免黏乎乎的,并有汗臭味。

(S)　V　(A)V O

在(14)中,话题成分("腈纶服装")连续以 A -(O)—(O)-(G)的身份出现,中间穿越了两个未出现的 A 的语义位置。在(18)中,话题成分("毛巾")以 A/S -(O)—(S)-(A)的身份出现,中间也穿越了两个未出现的 A 的语义位置。两句的共同特点是,尽管主要成分都在语段的某个中间地段把它们的受事身份"暴露"出来,但它们都是在语篇的开头以施事或系事的身份出现,确立了在语篇里的话题地位。也就是说,这里的共同话语策略是抬高本来是受事的成分的地位,最大程度地使其朝施事/系事和话题的角色靠拢。

4.4 以上种种把受事抬高到近乎典型施事地位的现象符合 Van Valin & Wilkins (1996) 以及张伯江(2002)提出的"施事取决于语用"的观点。张伯江解释说:

施事常常与说话人的立场和感情合一,说话人的移情焦点优先占据句首位置的时候,叙述立场有可能离开常规施事位置,常规施事位置上就会出现弱施事成分,这是施事语用决定特征的另一方面表现。

操作语体以受事为核心,受事当然也是说话人的移情焦点所

在，因而自然会向施事的方向靠拢，具备了“弱施事”的特点。

这似乎说明了一个观点：语法格式不是固定不变的，而是可以根据交际的需要而构建的。具体来说，我们不能说汉语语法的固有特点跟一般世界语言里的规律不同，即以非人、无生的受事（而不是以属人、有生的施事）为话题核心。事实正相反。但是因为在有些语体里交代操作程序、完成具体任务等内容是最重要的交际需要，受事的地位在这类语体里就被提高了，因此就出现了各种与提升受事相关的并为其服务的语法手段。

4.5 同样的思想也可以帮助我们加深对基本语序的认识。语言学界曾经对汉语的基本语序有过激烈的争论。Li & Thompson（1974、1975）提出汉语是 SOV 语言，很多人不同意。为解决争议，Sun & Givón（1985）利用统计实际语料的方法来研究这个问题。他们发现 OV 语序在语料里不到 10%。Sun & Givón 的这种方法是一大进步，因为大多数语序研究是不借助于任何篇章材料来讨论问题的。不过他们的问题是没有考虑到不同语体的差异：Sun & Givón 使用的材料包含一部长篇小说中的 25 页的语料和 55 分钟的录音材料。而在我们考察的操作语体里，OV 远远超过他们所报告的 10%。首先，如果只统计及物动词句，OV 语序在我们的语料里已达到 31%：

表 5 OV 与 VO 语序的比例（狭义范畴）

VO			214	69%
	AVO	33		
	$V_{及物}$ + NP	181		
OV	（$NP_{受事}$ + $V_{及物}$）		95	31%
总数			309	100%

这个数字虽然还没有在总数上超过VO,但是已经是10%的三倍。其次,如果我们更宽泛地把由受事转化成系事的$NP_{系事}+V_{不及物}$结构(参看第4.3节)也看作是OV的一个类型的话,OV的比例更达到了44%的程度,几乎与VO平分秋色。

表6　OV与VO语序的比例(广义范畴)

VO			214	56%
	AVO	33		
	$V_{及物}+NP$	181		
OV			168	44%
	$NP_{受事}+V_{及物}$	95		
	$NP_{系事}+V_{不及物}$	73		
总数			382	100%

这足见语体对语序的巨大影响力。

事实上,语体不光对语序的频率有影响,它在功能方面也对语法有重大影响。例如,OV语序通常是被看作是跟处置式相对,表达强烈对比意义的一种句法装置(Sun & Givón,1985;Jing-Schmidt,2005),但是在操作语体里OV格式的对比强调意义很弱,有时几乎不存在。尤其是在很多语篇片断中,上下文里根本就不存在有对立项。例如上文例(12)的"飞虫即可消灭"。又如:

(24) 鱼去皮剔骨,制成糊状,加入盐和一碗水捣匀。

"鱼"放在前边,不跟任何成分对比,也就不存在所谓强烈的对比意义了。有的时候上下文似乎有对比项,但是语篇所传达的真正的含义不在于对比而在于前后项的操作顺序,如上文的例(13):

(13) 一端放入器皿水中,另一端埋入花盆土里。

虽然表面连接成分"一端……另一端……"似乎是在标志相对

立的两项，但事实上前后两项所表达的主要是一种顺序结构，因此在句中加入连结词“先……再……”等也不会造成问题，这在对比句中通常是不可能的。Myhill & Xing(1993、1996)虽然指出了OV语序有多能性，包括对比、话题性以及中性语态(middle voice)，但是因所用语料也仅限于小说类材料，因而也没有从话语交际角度提供任何解释。

5. 非支配成分

最后简单讨论一下非支配成分的问题。前面我们看到，动词的核心支配成分有的(施事)受到压制，有的(受事)得到提升。而跟动作相关的各类非支配成分在语篇中常常构成表述的主要对象。Longacre(1983)提出操作语体的状语成分多传达时间、状态和原因。其实更常见的还有工具、地点、方式、数量等成分。例如：

(25) 巧洗蚊帐

蚊帐用久后，会变得陈旧、发黄，用肥皂、洗衣粉洗也很难洗好。若用生姜100克切片放入水中，煮3分钟，然后将蚊帐浸泡在姜水中，另加草酸数粒和纯蓝墨水数滴，用手重压几次，然后在水中按常规搓洗、漂净。这样，陈旧发黄的蚊帐就会变得透亮如新。

在这个短短的片断里，名目繁多的非支配性的、与动作相关的成分都能找到，如时间补语、结果补语、工具状语、地点补语、方式状语等。

跟名词所指相关的非核心成分(修饰语)也常常是重点表述的对象，例如上例中的“生姜100克”“草酸数粒”“纯蓝墨水数滴”等表量的成分。可以说，离开这些具体的细节，指导操作就变得意义不大了。

重视非支配成分的结果是,很多非支配成分占据了接近述语的显著位置,而不是出现在常见的边缘成分位置。例如前面刚刚提到的名词性成分,不说“用100克生姜”,“加数粒草酸”,“加数滴纯蓝墨水”,而说“生姜100克”,“草酸数粒”,“纯蓝墨水数滴”等。

动词性结构也有类似的地位提高现象。例(25)中有“用生姜100克切片放入水中”的说法,就是把一个状态、补足成分突出了,因为我们可以把类似的意思用补语结构说出来:“把100克生姜切成片后放到水中”。又如本文前面例(5)用到的格式:

(5) 将新鲜的苹果皮放入锅中,加水适量,煮沸1刻钟,然后用清水冲洗。

这里也没有用现代汉语常用的定语以及介词结构式说成“加上适量的水”,“把水煮开后保持到1刻钟左右”。

毫无疑问,上述边缘成分的构造方式可以在古汉语语法里找到来源。这样我们似乎可以说操作语体为了满足交际的需要采取了古今语法兼收并蓄的策略。不过值得深思的是,并不是任何古代汉语的格式都能得到这种待遇,恰恰是那些能够突出边缘成分的一些古典格式——也就是最能满足交际需要的格式,在操作语体里得到了“复兴”。由此我们可以推测,所谓有生命力的语言成分能得到延续也是跟具体语体和具体交际需要密切相关的。

6. 余论

本文描写了操作语体里论元结构的常见模式。不管是跟动词支配成分相关的模式还是跟非支配成分相关的模式似乎都指向同一个方向,即操作语体跟叙事体和其他常见语体的对立。就拿叙事体(它实际上包括我们常常拿来作为语法研究对象的小说)来说,它可以说是以人为本,以主要人物的活动为线索而展开事件并加以评论(Labov,1972;Labov & Waletzky,1967)。而操作语体是以物为本,以如何改变物体的状况为线索(Farkas,1999),给出指令和步骤。不同的语体导致截然不同的语法模式。即使不同语体可能拥有一些共同的语法模式,其功能也常常不尽相同(例如OV语序的频率以及这种语序是否表达强烈的对比性、O在篇章中的话题程度的高低等)。可见对语法系统的理解离不开语体的视点。

语体从实质上来说是交际目的和语法结构以及语言手段的结合体。语法因交际目的而存在,而语体(即特殊交际需要)可以为达到自身的目的而创造或调节语法,尽管这种创造并不是撇开已有的语法系统或系统的历史。人们的语言实践(亦所谓语用)无非是在不同语体或语境下的实践,语言的语法系统也不过是围绕着不同的语体而建立的。以这样的观点来看问题,可以说语法研究很难离开语体而进行。抽象的语法研究固然可以让我们发现一定的现象,但紧紧围绕语体和具体的交际目的来研究语法则有可能使我们更深入、更直接地揭示语法的面貌和实质,让我们少走弯路。

附　注

① 缪启愉校释,缪桂龙参校,北京:农业出版社,1982年,第一版。

② 关于口语会话中的"(X)+V"模式,参看 Tao (1996)。

③ 我们意识到这里某些句首处所成分的主语地位还是有争议的。不过这不影响本文的整体结论,因为如果把处所主语去掉,AVO各式的例子就更少了,更支持我们的结论。

④ 本文对主语主题的关系采用一种宽松的看法,认为两者在很多方面相近。

参考文献

廖秋忠 1984/1992 《现代汉语中动词的支配成分的省略》,《中国语文》第4期,收入《廖秋忠文集》,北京语言学院出版社,1992年。

陶红印 1999 《试论语体分类的语法学意义》,《当代语言学》第3期。

陶红印 2000 《从"吃"看动词题元结构的动态特征》,《语言研究》第3期。

张伯江 2002 《施事角色的语用属性》,《中国语文》第6期。

Chao, Y. R. 1968 *A grammar of spoken Chinese*. Berkeley: University of California Press.

Comrie, Bernard 1978 Ergativity. In W. Lehmann, (ed.), *Syntactic typology*, 329-294. Austin: University of Texas Press.

Comrie, Bernard 1981 *Language Universals and Linguistic Typology*. Chicago: University of Chicago Press.

Dixon, R.M.W. 1979 Ergativity. *Language* 55:59-138.

Dowty, David 1991 Thematic proto-roles and argument selection. *Language* 67:547-619.

Du Bois, John W. 1987 The discourse basis of ergativity. *Language* 63:805-855.

Du Bois, John W., WilliamAshby, and Lorraine Kumpf, eds. 2003. *Preferred Argument Structure: The next generation*. Amsterdam & Philadelphia: John Benjamins.

Farkas, David K. 1999 The logical and rhetorical construction of procedural discourse. *Technical Communication* 46:42-54.

Givón, Talmy 1983 Introduction. In Talmy Givón (ed.), *Topic continuity in discourse: A quantitative cross-language study*. 5-41. Amsterdam & Philadelphia: John Benjamins.

Hopper, Paul J. & Sandra A. Thompson 1980 Transitivity in grammar and discourse. *Language* 56:251-299.

Jing-Schmidt, Zhuo 2005 Dramatized discourse: The Mandarin Chinese baconstruction. *Studies in Functional and Structural Linguistics* 56. Amsterdam and Philadelphia: John Benjamins.

Labov, William 1972 The transformation of experience in narrative syntax. *Language in the Inner City*. Philadelphia: University of Pennsylvania Press.

Labov, William and Joshua Waletzky 1967 Narrative analysis: Oral versions of personal experience. In June Helm (ed.), *Essays on the verbal and visual arts*, 12-44. Seattle: University of Washington Press.

Levin, Beth and Malka Rappaport Hovav 1995 *Unaccusativity: At the syntax-lexical semantics interface*. Cambridge: MIT Press.

Li, Charles N. and Sandra A. Thompson 1974 An explanation of word order change: SVO → SOV. *Foundations of Language* 12:201-214.

Li, Charles N. and Sandra A. Thompson 1975 The semantic function of word order in Chinese. In Charles Li (ed.), *Word Order and Word Order Change*, 163-195. Austin: University of Texas Press.

Longacre, Robert E 1983 *The grammar of discourse*. New York: Plenum Press.

McEnery, A. and Zhonghua Xiao 2004 The Lancaster Corpus of Mandarin Chinese: A corpus for monolingual and contrastive language study. *Proceedings of the Fourth International Conference on Language Resources and Evaluation* (*LREC*) 2004 1175-1178. Lisbon, May 24-30, 2004.

Myhill, John and Zhiqun Xing 1993 The discourse functions of patient fronting: A comparative study of Biblical Hebrew and Chinese. *Linguistics* 31: 25-57.

Myhill, John and Zhiqun Xing. 1996 Towards an Operational Definition of Discourse Contrast. *Studies in Language*, 20.2: 303-360.

Perlmutter, David. M. 1978 Impersonal Passives and the Unaccusative Hypothesis, *Proceedings of the Fourth Annual Meeting of the Berkeley Linguistic Society*, 157-189.

Sun, Chaofen and Talmy Givón 1985 On the so-called SOV word order in Mandarin Chinese: A quantified text study and its implications. *Language*

61:329-351.

Tao,Hongyin 1996 *Units in Mandarin Conversation:Prosody, discourse, and grammar*. Amsterdam and Philadelphia: John Benjamins.

Thompson, Sandra A. and Paul J. Hopper 2001 Transitivity, clause structure, and argument structure: Evidence from conversation. In Bybee, Joan and Paul J. Hopper (eds.), *Frequency and the Emergence of Linguistic Structure*, 29-60. Amsterdam and Philadelphia: John Benjamins.

Van Valin, Robert D., Jr. and David Wilkins 1996 The Case for 'Effector': Case roles, agents, and agency revisited. In Masayoshi Shibatani and Sandra A. Thompson (eds.), *Grammatical Constructions: Their form and meaning*. 289-322. Oxford: Oxford University Press.

Werlich, Egon 1983 *A text grammar of English*. 2nd ed. Heidelberg: Quelle & Meyer.

附录:本文所选用的 E 类文本篇目(11 种,75 篇)(材料来源根据 McEnery and Xiao 2004)

E02《钓鱼技艺》,刘铭昌,第 9 章,http://www.easysee.com。

E03《持家小秘诀》,雷毓华,农村读物出版社,1990 年 3 月第 1 版,pp.28-34,SSReader Digital Library。

E04《生活小窍门 1400 例》,戴治平、葛莉萍,金盾出版社,1991 年 8 月第 1 版,pp.124-132,SSReader Digital Library。

E05《生活小窍门 1400 例》,戴治平、葛莉萍,金盾出版社,1991 年 8 月第 1 版,pp.197-202,SSReader Digital Library。

E06《生活小窍门 1400 例》,戴治平、葛莉萍,金盾出版社,1991 年 8 月第 1 版,pp.57-63,SSReader Digital Library。

E07《生活百科诀窍》,左剑强、宋晓玲,延边大学出版社,1990 年 8 月第 1 版,pp.56-62,SSReader Digital Library。

E08《生活百科诀窍》,左剑强、宋晓玲,延边大学出版社,1990 年 8 月第 1 版,pp.130-135,SSReader Digital Library。

E09《小家庭的情趣》,河川、滏鑫,学苑出版社出版,1990 年 9 月第 1 版,pp.69-72,pp.80-82,SSReader Digital Library。

E10《小家庭的情趣》,河川、滏鑫,学苑出版社出版,1990 年 9 月第 1 版,pp.

103-110，SSReader Digital Library。

E11《现代家庭生活指南》，李志儒，中国林业出版社，1990年5月第1版，pp.373-379，SSReader Digital Library。

E12《观赏鱼的饲养》，王占海、王金山，上海书店出版社，1993年7月第1版，pp.53-60，SSReader Digital Library。

（原载《中国语文》2007年第1期）

事态句中的“的”*

完　权

（中国社会科学院　语言研究所）

提要　加在事件句末的“的”不是事态句的形式标准，事件句不加“的”也能表达事态。事件是对行动的陈述，事态是对行动的指称。事态句是表达事件状态的名词性谓语句，和表达事物状态的名词性谓语句本质上一致。言者在事态句中加上“的”来提醒听者注意事态句所表达的事态，是因为“的”具有加强所附着的语言单位的指别度的作用。

1. 事态句不是什么

1.1 “名词化标记”说

近年来，关于句尾的“的”，重要的研究有很多，而袁毓林(2003a)则是其中论述最为深广的一篇。该文认为句尾的“的”也是名词化标记，把“在事件句的后面加上虚词‘的’后”造成的“说明事态的判断句”定名为事态句(state-of-affairs sentences)，其主要类型有：

* 本文修订自作者的博士学位论文之一章。感谢业师沈家煊先生的指导，感谢同门王伟、王冬梅、肖治野、曾骞的意见。本文曾在第三届两岸三地现代汉语句法语义小型研讨会(2011 年 8 月，北京)上宣读。感谢邓思颖、郭锐、刘丹青、潘海华、石定栩、詹卫东、张伯江等诸先生的批评建议。文中错谬当由作者负责。

(1) a.(是)小王第一个跳的。

b. 小王(是)第一个跳的。

(2) a. 我(是)在中山路上车的。

b. 我(是)在中山路上的车。①

此论最值得肯定的有两点。第一,确定了“事态句”这个名称,用以和“事件句”相比较。该术语比“的”字判断句、“是……的”句等更能体现这种句型的本质。第二,在朱德熙(1961)的基础上进一步论证了句尾“的”和“的$_3$”的同一性,强调事态句尽管以动词为核心却具有名词性。这相对于“时体标记”说(宋玉柱,1981)是前进了一大步。但问题在于,如果认为“的”是“名词化标记”,就会和如下语言事实相抵牾。

1.2 “的”字不必有

说“的”是“名词化标记”,就意味着以动词为谓语核心的事件句仅用于陈述事件,在加上“的”字后才能够成为事态句,用以指称事态,“的”是事态句的必有成分。可是,有些事态句中的“的”并非必有成分:

(3) a. 你不必多嘱咐,我知道(的)。(吕叔湘,1944:15.33 节)

b. 你这么一说,我知道了。(吕叔湘,1944:15.33 节)

c. *你这么一说,我知道的。

a 句是事态句,表达“我知道”这个情况,原来知道,现在和将来也都知道;而这个情况是听者所不知道或者不在意的,所以才一再嘱咐。言者试图通过申明事态使听者真正认识到“我知道”这个事态,从而不再多嘱咐。b 句是事件句,表述的是经过“你”的说明以后,“我”从原来不知道转变为知道的变化。a、b 两句只能出现在不同的语境中。即使把 a 句中的“的”删除后也仍然只能表达事态而不能陈述事件,不能出现在事件句的语境中(例3c)。可见,以动词“知道”为谓语核心的小句“我知道”本来就可以表达事态。再如:

(4) a. 阿译:“他有个儿子(的)。在中原战场。”(兰晓龙《我的团长我的团》)

b. 熊猫吃竹子(的)。(唐正大,2008)

c. 这样重要的事情也会忘记(的)?(张谊生,2000)

d. 麻子铁匠和大空、福运则咆哮起来,当下要到下洼村闹事,人已经跳上岸,被韩文举拦腰抱住,说:“使不得(的),使不得(的)!”(贾平凹《浮躁》)

这些例子原文都带“的”,而且删除了“的”依然能够成立,依然表达事态,并且所表达的真值语义也没有变化。更值得注意的是下面这些例子:

(5) a. 当然,应该说,这个传统从马克思起就有了的。(邓小平《在扩大的中央工作会议上的讲话》)

a′. 当然,应该说,这个传统是从马克思起就有了。

b. 他说你这样的做呀,还能促使你对他的学习,这么着,这么样儿学习能看一报纸了的。(1982年北京话调查资料,胡天顺)

b′. 他说你这样的做呀,还能促使你对他的学习,这么着,这么样儿学习是能看一报纸了。

“的”为原句所有。删除“的”后,句中都有“了”。然而这个“了”却不意味着句子表达动态。因为在主语后面可以加上“是”,而系词“是”说明谓语部分具有名词性(王伟、沈家煊,2011;Payne,1997:114—119),表达了事态。

还有一类例子有“是”无“的”：

(6) 原先我的准备是多余的，每个孩子好像都是挺有经验，有备而来，一个个睡袋排开来，乱中有序，煞是好看。（《读者》(合订本)，北大CCL语料）

“有”是动词，带宾语“经验”，表达状态[2]，句末无“的”。可见，“的”字不是事态句的必有成分。而且，事件句本身就具有指称性，可用于表达事态，并不需要加“的”后“名词化”。

1.3 事态句并非派生于事件句

既然“的”不是必有成分，那么事件句和事态句是不是基础句型和派生句型的关系呢？从下面这些事实看来，并非如此。

第一，有些事态句不能还原成事件句。比如例(4d)这样用于祈使的零句性事态句，“*使不得了”。再如，表达恒常事件的事态句也不能还原为事件句：

(7) a. 看，台球这么打的。　　b. *看，台球这么打了。

第二，按照加“的”派生的方法，有些事件句也不能派生出事态句[3]，比如：

(8) a. 我明年去北京。

b. *我明年去的北京。

c. 我明年去北京的。

这是表达意愿的未然事件句，排斥b句这种“的”字前置的格式。c句之所以能成立，是因为隐含了一个表达意愿的“会”，主观性比较强，“的”实际上和这个“会”发生联系：“会的，我明年会去北京的”[4]。也有的未然事件对这两种格式都排斥：

(9) 问：你怎么回去？

a. 答：我在中山路上车。

b. *答：我在中山路上的车。

c. *答：我在中山路上车的。

这是表达计划的未然事件句，客观实现的可能性较强，主观意愿并不显著。

木村英树(2003)也指出，有数量补语的事件句不能转换为事态句：

(10) a. 我今年去了三次北京。

b. *我今年去的三次北京。

实际上，事件句和事态句能以增减"的"的方式相互转换的只有陈述独立事件的已然事件句，以袁毓林(2003a)文中第5组例句为代表，转引如下：

(11) a. 瓦特发明了蒸汽机。　b. 我昨天碰到了小王。

c. 我妈妈前天去了姐姐家。d. 李平今年考上了大学。

这种句子的动词谓语的特点是，言者用以陈述他认为听者未知的动态事件的陈述性最强。所以在指称该事件的事态时，就特别需要"的"的帮助。这和意义稳定的性质形容词可以直接修饰名词("红太阳")，而意义不稳定的状态形容词需要加"的"才能修饰名词有平行性("红彤彤*(的)太阳")。(详后3.3小节)

1.4 "(是)……的"不圈定焦点

袁毓林(2003a)以"(是)……的"的作用是"圈定"焦点作为从事件句派生出事态句的语义动因，并以此解释为什么有的事件句不能转换为事态句。从行文来看，其所论的"焦点"指的是对比焦点(袁毓林，2003b)。但是，"圈定"说会遇到两类反例。

一是没有圈定，真正的焦点其实落在了"(是)……的"这个圈子的外面：

(12) a. 她是生的男孩。　　b. 我是投的赞成票。

c. 我是吃的鸡蛋。　　d. 他是喝的牛奶。

沈家煊(2008)指出,在这类句子里,“生的”并“没有多少语义分量”,焦点其实是“男孩”等“的”后面的名词,根本就不在“(是)……的”圈定的范围内。甚至只说“她是男孩”也可以表达同样的意思。

二是圈而不定。“(是)……的”好像是圈了一个范围,但这个“范围”并不精确。刘丹青等(1998)即已指出这一点。然而,对比焦点应该是可以根据上下文意精确定位的,不能只是一个笼统的范围而已。例如:

(13) a. 我是去年出差去上海的。

b. 我去跟他谈的。

c. 鲁贵:你怎么进来的?

d. 鲁大海:铁门关着,叫不开,我爬墙进来的。

后三例来自袁毓林(2003a)中的例(15),焦点词语为原文所划定。从该文的分析来看,也仅承认这些词语才是焦点,而不是由“(是)……的”圈定的那样一个大范围。圈而不定,就不能说“(是)……的”是焦点结构标记。如果“(是)……的”并不圈定焦点[5],那么从事件句到事态句的派生就失去了语义动因,所谓“的”的名词化标记功能就更无从着落了。

“的”跟自然焦点也没有必然联系。自然焦点是新信息(张伯江等,1996:73;刘丹青等,1998),而言者提请听者注意的却可以是再次申明的旧信息(详后3.2小节)。比如:

(14) “烫坏了吗?”女人大胆地提起了丈夫的手。……“没有没有,没有的。”(王旭烽《南方有嘉木》)

1.5 事态句和判断句

袁文认为事态句属于判断句。而本文认为，二者不在同一层面，既有联系又有区别。

事态句与事件句的划分，主要是就动词核心的句子(包括整句和零句)而言，区分标准是用于指称还是陈述。判断是逻辑思维的基本形式之一，即肯定或否定某事物的存在或指明它是否具有某属性的思维过程。反映这个过程的句子，就是判断句。狭义的判断句，表达逻辑上的等价(equation)和真包含(proper inclusion)，比较客观。广义的判断句，则表达认可或者不认可，即对一个命题做出主观上是或否的断定。因为需要表达一个命题，所以判断句通常需要是整句。

二者的联系在于，有些事态句可以用于做判断。带"是"的事态句是判断句，比如朱德熙(1978)所论的五类句子。不过根据李讷等(1998:94)的分析，这类句子和表示分类或等同的判断句还是有差异。

不带"是"的事态句则包括两种。一种能加上"是"，但常常对一个命题做出主观判断的意味更为薄弱，更多的仅仅是摆出事实，重读"是"才强调判断意味。例(15)如果要加上"是"则需要重读；例(16)中的"是"需要重读，删除"是"后句子也成立。

(15) 我挺感激她的。(冯骥才《一百个人的十年》)

(16) 汪霞扳着手指头说，"一来，你兄弟是不是一准回家料理老娘的后事?""这个，他是会来的。他不是那种没老没少忘恩负义的人。"玉环十分有把握地说。(冯志《敌后武工队》)

另一种事态句不宜加上"是"，并非将事态呈现用于表达判断，所以不能算作判断句。比如前文例(4d),就是将事态用于祈使而不是判断。

2. 事态句是什么

2.1 事态是什么

把以上要素剥离之后,袁毓林(2003a)对事态句的定义似乎只剩下了“事态句是说明事态的句子”。这当然没问题,却不能算作定义。该文也并没有直接对“事态”下定义。不过从一般意义上讲,“事态”是一种“状态”,是“事件的状态”。又据该文第5.1小节可以推断该文中“事态”指的是“对VP造成的事态或属性的指称”⑥。那么事态句就是虽然以动词为核心但却以对事件的状态或属性对指称为手段进行交际的句子,简而言之,是一种指称句。如果以上推论符合该文本意的话,那么该文与本文讨论的起始点是一致的。相对而言,事件句就是以对事件的陈述为手段进行交际的句子。

语言事实使我们既要承认事态句的指称性,承认其中的“的”和“的$_3$”的一致性,又不能把这个“的”解释为名词化标记,这就需要重新认识事态句的本质。

2.2 表达事态的句子

除了袁毓林(2003a)认可的四类典型(例1、例2)外,带有“的”的事态句至少还可以有下面这些例子代表的类型⑦,限于篇幅,不能展开论述:

(17) “我们一次只卖一包的。”撮着更急了,“你要买一千包,不是成心挑衅,不让我们做生意吗?”(王旭烽《南方有嘉木》)

(18) 麻子铁匠和大空、福运则咆哮起来,当下要到下洼村闹事,人已经跳上岸,被韩文举拦腰抱住,说:"使不得的,使不得的!小水已经进了人家门,就是人家人了;下洼村已经嫌了小水,咱再去闹,让人家更见笑了!"(贾平凹《浮躁》)

(19) 要说结婚,你还是找韩劲那样的老实小伙子结婚好,一定会对你好一辈子的。(王朔《一半是火焰 一半是海水》)

(20) "二位要看看?可以的。"(王朔《橡皮人》)

(21) "你有这人地址吗?给我写一份。""有的。"李奎东说,"你们要找他别说我叫你们找的。"(王朔《玩儿的就是心跳》)

需要指出的是,以上例子都是把事态作为一个整体面貌和盘托出,是指称性的交际单位。赵元任(1968:296)即已指出,"的"表示"整个情况(whole situation)",相当于说"事情就是这样(such is the case)","就是这样的情况"(this is the kind of situation)。

这种整体性还可以从"了"和"的"的动静对比中看出来。下面这组例子来自吕叔湘(1944:15.33 节):

(22) a.(你这么一说,)我知道了 。

b.(你不必多嘱咐,)我知道的 。

(23) a. 这本书我看完了。

b. 这本书我看完的 。

(24) a. 他今天不来,明天也该来了。

b. 他今天不来,明天也要来的 。

吕先生就此提出,"了"和"的"在这其中表现出了"动和静的分别"。

所谓动，指的是无论已然或未然，都是变动性的事实，就是事件；所谓静，指的是无论固然或当然，都是静止性的事实，就是事态（吕叔湘 1944：15.71 节）。[8]

2.3 事态句属于名词谓语句

对事态句的非事件性，李讷等（1993）从低及物性特征（背景化、非时间性、宾语的个体性和受动性）、语体特征、语义强度等方面做了详细的论证。本文赞同该文观点，并拟进一步论证事态句的指称性。

事态句是表达事件状态的指称性谓语句，和一般表示事物状态或属性的名词谓语句（predicate nominals，Payne，1997：114）有相当的平行性[9]：

(25) a. 小王第一个跳。　　　　b. 小王黄头发。
　　　小王是第一个跳。　　　　小王是黄头发。
　　　小王是第一个跳的。　　　小王是黄头发的。
　　　是小王第一个跳。　　　　是小王黄头发。

显而易见，肯否表达使用“是”或“不是”，就表明了事态的名词性，因为如果对事件的否定应该使用“没”（李讷等，1998：77）。更重要的是，“第一个跳”和“黄头发”具有同样的名词性，这可以从沈家煊（2007）以来提出的“汉语动词也是名词”的“名动包含模式”的词类系统得到解释。当汉语动词用于表达非事件性的事态句中时，它的名词性就表现出来。袁毓林（2003a）提出一个句法上的证明，“的”在句尾的事态句在不加“是”时可以充当定语：

(26) 小王昨天晚上来的事儿（转引自袁毓林 2003：9，下画线为本文所加）

(27) 我在中山路上车的时候

事态句和事物名词谓语句的平行性还表现在：

(28) a. *我吃的饭。　　　b. *小王头发。

我吃的红米饭。　　　小王黄头发。

*我是吃的饭。　　　*小王是头发。

我是吃的红米饭。　　　小王是黄头发。

有观点认为a组是动词谓语句，所以才会把“的”当成附着在动词“吃”后面的时体标记。袁毓林(2003a)对此有正确的批评，揭示了事态句的名词性，并特别指出表达事态的“VP的”还可以独立做主语和宾语，下面二例选自袁文例(31—32)：

(29) a. 我还是赶紧溜走的好。

b. 听了这话，她心里比针扎的还难受。

最早正式提出事态句属于名词谓语句的是小野秀树(2001)。然而，他的论据是把“V的O”中的“V的”视为对“O”的分类性限制，这一点经不起木村英树(2003)的质疑：“你都买的什么?”中“对某个原本不明确的事物加以分类性限制是不可思议的”。而且，汉语定中结构所表达的语义关系，本来就绝不仅仅是分类性限制。不过，木村英树(2003)的另一个批评，把事态句看作名词谓语句缺乏句式语义上的依据，却可以从例(28)表现出的事件的状态和事物的状态的共性上得到解释。当然，也应当看到，事态句和表示等同(小王上海人)、存在(信封里是照片)和领有(南沙群岛(是)中国的)等意义的名词谓语句并不平行。这说明了事态和事物的差异，但是这种差异不能掩盖事态具有指称性的本质。事态句(例25a)和事物句(例25b)都是名词谓语句。

袁毓林(2003a)用“全局转指”解说事态句的指称性，符合赵元任(1968)“的”表示“整个情况”的判断，比小野秀树(2001)的分类性限制说显然要高明。但“全局转指”的弱点在于不承认事件句本身的名词性，而要以“的”来“化”之。这就多此一举了，既导致遭遇前文所提出的种种问题，也不符合“优雅准则”（沈家煊，2011）。

小野秀树（2001）和袁毓林（2003a）都认识到了事态句的谓语具有名词性、指称性，这和本文一致。按照我们的理解，“全局转指”实质就是“本体隐喻”（ontological metaphor）：“人们用本体隐喻来理解事件、动作、活动和状态。通过隐喻，事件和动作被理解为实体。”（Lakoff & Johnson，1980：31）“陈述语用做指称语就是将一个抽象的事件或动作当作一个具体的实体看待。”（沈家煊，2009）本体隐喻是事件句同样可以表达事态的认知基础。

2.4 事态句和事件句

动词谓语句，加不加“的”都可用于表达事态性，加“了”则可以表达事件性：

(30) a.（你不必多嘱咐，）我知道（的）。

b.（你这么一说，）我知道*（了）。

所以，事态句不是事件句的名词化对应物。事件句和事态句之间既没有“名词化”这个派生过程，事件句也不是事态句的基础。

事态句才是基本的（我知道），事件句是从中分化出来的次类（我知道了）。这个小类仍具有事态句的性质，事件句也可用于表达事态。前文列举了很多不用“的”的事态句，就与以动词为谓语核心的事件句同形。这说明事件句本身也还具有名词性、指称性。因此，事件句可以充当主宾语（你知道我知道了）。并且，事态句和事件句都还可以再加上“的”，凸显其事态性、指称性（我知道的；我知道了的）。

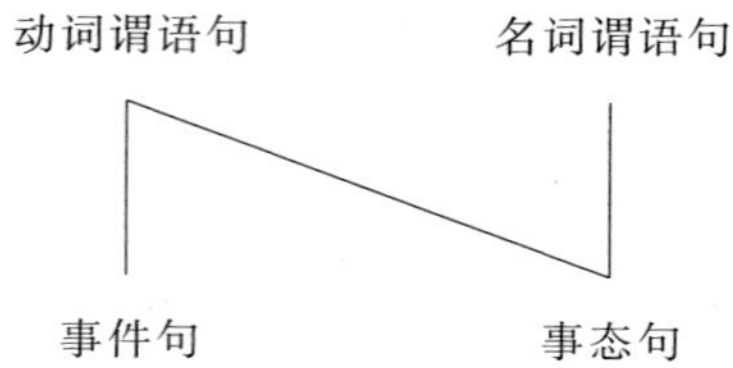

图一

由此看来，汉语的动词谓语句也具有名词谓语句的特性，呈现出一种如图一所示的扭曲对应关系：表达事态的动词谓语句也是名词谓语句。汉语事态句和事件句的这种包含关系正对应于汉语名词和动词的包含关系——汉语动词是名词的次类，具有名词性（沈家煊 2007）。句类关系与词类关系二者得以互证。

正因为事件句是事态句的一个次类，本身同时也仍是事态句，所以在用于表达事态、作指称语时不必加“的”，有时候加了反而不好：

(31) 小王第一个跳(*的)是不可能的。

(32) 我在中山路上车(*的)很方便。

这说明“的”的功能并不是名词化，而是另有他用。

3. “的”的功能

3.1 传信和预设

对事态句中的“的”的功能的考察，最值得肯定的研究成果有二：一是李讷等(1998)从吕叔湘(1944)的确认说发展来的传信说，“的”的传信功能表现为广义的情态作用，表示主观上对事实的确认态度；二是袁毓林(2003a)在修正杉村博文(2001)的承指说后提出来的预设说，主张“事态句‘……V 的(O)’以‘……V 了(O)’作为预设”。

不过李讷等(1998)在文末提到传信说有不能覆盖的用例,原文例(38—40)转引如下:

(33) a. 我没跑远,本来想去我姨妈家的,走了一段路,心里害怕又回来了,加了衣服一直在小花园坐到天亮。

b. 好朋友!你知道吗?她准备给你写信的。她是那么激动地对我讲过想向你倾诉的话,不是一句,而是很多很多。

c. “这里边怎么还不完?”丁小鲁等得有点不耐烦,“哪那么多说的?说好了中午要给人家还服装的。”

(34) “你能不能待会儿再玩?”……

“玩完这阵的,今儿我准备破纪录。”

该文提供了一个初步的解释,认为这些“的”可能有另外的历史来源,在方言中另有对应物,例(33)可能对应“来着”,例(34)可能对应“着”。本文的看法是,即便如此,也不妨碍把普通话中这些句尾的“的”视为同一个“的”。而更重要的是,从整句用于表达事态这个共同的功能来看,这些“的”是同一个“的”。

预设说也会有覆盖不住的例子。一类是恒常事件的预设问题:

(35) a. 中国人是这么谈恋爱的。(杉村博文,1999)

a′. *中国人这么谈了恋爱。

b. 笑是有益于健康的。

b′. *笑有益于了健康。

另一类是未然事件的预设问题:

(36) a. 我明年要去美国的。

a′. *我明年要去了美国。

b. 你会考上大学的。

b′. *你会考上了大学。

再一类是表达某种事态的零句的预设问题,下例中的“′”号句均不能作为对应事态句的预设:

(37) a. “你是要拍这幅手迹吗?”“是的。”来自上海外商投资服务中心的严欣周先生,看到数码相机里自己刚才的留影基本清晰,总算踏实下来。(新华社2004年新闻稿)

a′. *是了。

b. “你说,要是他们知道这个不起眼地站在门口的人就是宝康本人,他们会吃惊吧?”“会的,一定会,我打保票他们会把你围得水泄不通就像前几年围观外国人。”(王朔《顽主》)

b′. *会了。

引起这些问题的原因是,预设说默认事态句表达的是已然事态,而事实并非如此。过去、现在和未来的事件,甚至非时间性的恒常事件,都可能有事态。

传信、预设二说在其适用范围内都值得肯定,弱点在于不够全面,下文试图提出一个吸取两者精华并覆盖更多用例的观点。

3.2 注意

李讷等(1998)发现事态句“都是处在交互作用中的,最典型的是成对出现在征询(anticipate)与回应(respond)过程中的。”这个发现提示我们进一步在言者对听者的互动交际中探索事态句中的“的”的交互主观性(intersubjectivity)意义。本文所谓的交互主观性,可能比李讷等文中的“交互作用”的意思更多一些,指的是建立在胡塞尔现象学基础之上的交互主观性（参看张宪，1997；Verhagen，2005）。简而言之，是指在实际话语中，言者通常会根据自己主观上对听者的身心体验及社会交往等主观世界的理解和拟测，来决定自己采用什么样的语言形式和对方进行交流。而在语篇中常常能找到揭示这种主观性意义的线索。根据对语料的观察，事态句中的“的”的交际功能可以概括为：

言者调动听者的注意力指向“的”前的事态，表达希望听者注意（pay attention）并重视这个事态的主观意向性（intention）。

一言以蔽之，就是“注意”。根据 Talmy（2000：76），注意力的分布（distribution of attention）是决定语法范畴的五大图式系统（schematic system）之一。不同的虚词，以不同强度的各种注意模式，调用人的注意力指向某个指称目标或场景。决定注意力分布的因素主要有：强度、方式（聚焦、范围、层次）、投射等方面。研究突显程度、前景-背景、参照体-目标结构等都需要对注意力的分布进行分析。注意系统也是“的”的功能的重要认知基础，下面几点可以证明：

第一，有些语段中很明确的出现“注意”字样，用词汇形式明示语法意义：

(38) 李：你家在北京什么时候开始的，几代了？

白：不知道这个。

张：不知道，还是你不大关心这个事怎么着？

白：从来也不怎么问，不说我们家人也……

张：这挺有意思的，**注意注意**挺有意思的。（1982 年北京话调查资料，白旭明）

(39) “还有一个细节你也遗忘了或是没有**注意**到，他们是在

你鼻子底下交换的钥匙。”(王朔《人莫予毒》)

“挺有意思”可以独立成句,因此例(38)里的“的”用于句子平面而非构词平面。说话人为特别提请听话人注意,在使用了一个加“的”的事态句后再以“注意”这个词汇形式挑明其意图。例(39)里的“遗忘了”说明言者认为听者曾经知道但没有“注意”,所以接下来用加“的”的形式提醒他。注意不注意,和知道不知道是两回事。说话人认为听话人知道某事态,但是没有把该事态置于注意范围的核心,才需要用加“的”的方式提醒对方。所以,“的”前标示的不一定是在客观上属于新信息的事态。

第二,重复的事态句后一个带“的”。比如前文的例(14),再如:

(40)“呀……不用,我自己会,会的……”张先生搭讪着转过身去,对着一个年轻的人叫喊……(陆文夫《享福〈小巷人物志〉之二十二》《作家文摘》1993年)

(41)“这行吗?”孔昭绶将信将疑。“换吧,校长,一定行,我打包票,一定行的。”(黄晖《恰同学少年》)

这也说明“的”的使用和信息的新旧没有直接关联,不一定附着于新信息之后,哪怕是已经表达过的旧信息,只要言者觉得听者并未如自己所愿的那样加以注意,就可以再说一遍,并且加上“的”提示对方注意或加以特别重视。李讷等(1998)也论证了“的”不是为了“告诉听话人发生了什么”,即并非意在提供新信息。

第三,对于对话中的这种交互主观性,还可以做一个语篇的对比分析:

(42)唐基:“……算啦。不啦。刻作翡翠的又怎样?他家里没人了,没人能记得他……十几年几十年后又有谁记得我们在这里做过什么?”

阿译:“他有个儿子的。在中原战场。”

唐基:“死啦。也是像你一样的大好青年,灰飞烟灭。”(兰晓龙《我的团长我的团》)

(43) 胡雪岩又问:“他是哪里人?”

“靠近沧州的盐山。”

“家里还有什么人?”

“不大清楚。”徐用仪说:“他有个儿子,本来也是牵涉在杨乃武那一案里的,后来看看事情闹大了,刘锡彤叫他回盐山,哪知坐的是福星轮。”(高阳《红顶商人胡雪岩》)

在语篇中,这两个例子中的画线句显然不宜互换。例(42)中言者阿译认为听者唐基不知道“他有个儿子”这件事所以才说出“他家里没人了”等话,为了让对方特别注意这个新信息,才加上了“的”字。但其实对方知道得更多,这很能表明“的”的使用是出于主观因素而不是客观因素。例(43)则只是一个简单的说明,不需要加“的”。再比如:

(44) “你还记得那首绝命诗吗?”福临颇感兴趣。“记得的。”苏克萨哈用生硬的汉语念道:“……”(凌力《少年天子》)

(45) “七姐,我同你谈过的罗四妇,你还记得记不得?”七姑奶奶想了一下,点点头说:“记得。”(高阳《红顶商人胡雪岩》)

(46) “记得。”阿妹想起来了,“那是一个老太婆和一个黄头发的小丫头。”(陆文夫《人之窝》)

例(44)中为臣的苏克萨哈特别想让夫君的福临知道自己记得那首诗,后两例中因为对话双方的身份差异没有那么大,所以言者就没有对听者的特别期待。

第四,由事态句构成的转折关系的复句或句群中,作为语义重心的后一个分句或句子带“的”,两相比较,发话人希望受话人注意和重视的是后者。此类用例一般出现在书面语中。

(47) 但实际上唐末以来所流行的禅宗是由唐中期的被称为六祖的慧(或作“惠”)能创立的。(阴法鲁、许树安《中国古代文化史》(三))

(48) 雾和云都是水汽凝结而成,只是云的底部不接触地面,而雾却是接触地面的。(《中国儿童百科全书》)

第五,在带“的”的事态句中,都可以增补含有关注义的话语,比如“(请)注意”“我要说的是”“我希望你知道的是”之类,用于表达言者希望听者重视而不要忽视下面所提到的事态,但并不是所有用例都可以补出表达确认义的“确实”之类。以李讷等(1998)认为例外的几句为例:

(49) “当然,我气坏了。特别是你这么撒腿一跑,这是他妈电影里的路子,怎么发生在我头上了?你怎么那么傻呀?吵架归吵架,跑什么?不知道城里的坏人天一黑就都出来了,专门收容你这种离家出走的妇女?真出了事你找谁哭去?”

“我没跑远,(请注意/? 确实)本来想去我姨妈家的,走了一段路,心里害怕又回来了,加了衣服一直在小花园坐到天亮。”(王朔《过把瘾就死》)[10]

言者想向听者表明她没有打算离家出走,去姨妈家也还是一种“家”。另外,此前的例(33b)中的设问句“你知道吗”显然也有表达希望听者注意下面所说的事态的意图。例(33c)中在事态句前的是两个反问句,意在告诉听者“该完了”和“别多说了”,而随后的事态句则说明提出此要求的原因，是对方早已知道却似乎忘记了的事态“说好了中午要给人家还服装”。再举一例：

(50) 有些吃惊，在我的印象中，刘丽娜连男朋友都没有，怎么突然就冒出了个“老公”？我不禁脱口问道：“老公？我怎么不知道你有老公？（？确实）你什么时候结的婚呀姐姐？怎么都不告诉我一声？你老公呢，他做什么的？”（冯骥才《一百个人的十年》）

在疑问句中，则是言者请听者注意自己的疑问，等于说“请注意啊，我有个疑问”。这个“的”用在言域上，即疑问这种言语行为上。

3.3 “的”的认知本质

事态句中的“的”之所以有调动听者注意力的功能，是因为这个“的”和参照体—目标结构（沈家煊等，2000）中的“的”一样，具有附着在指称性的语言单位后，提高其指别度的作用。所谓指别度，指的是“说话人觉得，他提供的指称词语指示听话人从头脑记忆中或周围环境中搜索、找出目标事物或事件的指示强度。指示强度高的指别度高，指示强度低的指别度低。”（沈家煊等，2009）提高某个指称性成分的指别度，也就达到增加听者对该指称目标的注意力强度、提高该实体可及度的作用。这个指称性成分，可以表征一个物体，也可以表征一种事态。

注意说可以兼容焦点说，因为“大略地说，焦点是说话人最想让听话人注意的部分”（刘丹青等，1998）。注意的聚焦方式是决定句子信息结构的焦点的认知基础，因而焦点说具有一定的解释力。而焦点说之所以会遭遇前文提出的那些问题，是因为焦点位置在句子中是固定的。但注意系统却具有高度的灵活性和快速转换性（Tamly，2000：304），注意是流动的。在参照体—目标结构“X的

Y”中,注意力从参照体流向目标体,所以,提高对参照体的注意强度能提高对目标体的注意强度,使目标体更为凸显。这正可以解释“她是生的男孩”中为什么焦点是“男孩”而不是“是……的”所圈定的“生”。负载交际背景信息的“生”,脱离语境看是可陈述动作的动词,也是可指称事态的名词,在本句中附有“的”后指别度得以提高,作为参照体把注意力导向并聚焦到负载新的具体信息的目标体“男孩”。这种凸显作用和“男孩”处于句尾的自然焦点位置也相一致。

传信和预设也都和引起注意有关。确认传信就是言者以当前示证为目的而需要听者注意某个事态,然而言者希望听者注意某个事态却不一定是为了传信。预设性则反映了当前的注意力被引到此前的相关事态上,然而注意力却也还可以指向非过去事件的事态上,这都由特定语境中听说双方的交互主观状态决定。

4. 结论

事态句是表达事件状态的名词性谓语句,是以对事态(包括属性)的指称为手段进行交际的句子。言者在事态句中加上“的”,是为了调动听者的注意力指向“的”前的事态,表达希望听者注意并重视这个事态的主观意向性。“的”这个功能和“X 的 Y”中的“的”本质上是一致的,因为“的”具有加强所附着的语言单位的指别度的作用。

附　注

① 原例中有疑问句,本文为取得更纯粹的样本,改用陈述句。例(2 a、b)说明“的”在宾语前后均可,以往研究均忽略位置差异带来的句法影响,本

文也暂不考虑这一点。本文选例以语篇中的对话为主。

② 试比较表达事件的“有了经验”和“有过经验”。

③ 袁毓林(2003a)文中承认他所说的句型 S_{41} 和 S_{42} 中有些句例不能成立，如“姐姐家是我妈前天去的”等。本文认为这是由于话题化的某种因素导致的，在某种语境下，加上话题标记的“姐姐家呢，是我妈前天去的”就可以成立，这和“的”关系并不大。本文暂不论及此类现象。

④ 在语篇中加不加“会”其实是有差异的，本文暂且略而不论。

⑤ 形成“是……的”句焦点的不确定性的历史因素可参看龙海平(2011)。

⑥ 原文是：“‘的’字结构‘VP 的’既可以……，也可以全局性地(globally)转指有 VP 造成的事态或属性(property)。”

⑦ 本文暂不涉及形容词谓语句，尽管汉语形容词一般被认为是动词的一个次类。

⑧ 这里所谈的句子的动静之别，就是事件和事态之别，不同于郭锐(1997)所论的“过程”与“非过程”。事件和事态的差异，着眼于语用上的陈述和指称；过程与非过程的差异，着眼于谓词性成分在句法和语义上表现出来的时间结构，区分的是“陈述性成分与外部时间过程的关系”(郭锐 1997:163)。事件与事态的差异表现为动静差异有其认知基础。

⑨ “是小王第一个跳的”和“*是小王黄头发的”的不平行反映了汉语动名的差异，但大格局是平行的。

⑩ 张伯江先生(个人交流)指出，李讷等(1998)论证了这里的“的”相当于“来着”，而陈前瑞(2008)对“来着”的研究结论是“现时相关”，这和本文的结论正好相互印证。

参考文献

陈前瑞　2008　《汉语体貌研究的类型学视野》，北京：商务印书馆。

郭　锐　1997　《过程和非过程——汉语谓词性成分的两种外在时间类型》，《中国语文》第 3 期。

李　讷、安珊笛、张伯江　1998　《从话语角度论证语气词“的”》，《中国语文》第 2 期。

龙海平　2007　《已然义“是……的”类句式的多角度考察》，华中师范大学博士学位论文。

龙海平　2011　《从焦点不确定性看"他是投的赞成票"句式》,《汉语学报》第2期。

刘丹青、徐烈炯　1998　《焦点与背景、话题及汉语"连"字句》,《中国语文》第4期。

陆俭明　1980　《汉语口语句法里的易位现象》,《中国语文》第1期。

吕叔湘　1944/1982　《中国文法要略》,商务印书馆。

马　真　2004　《现代汉语虚词研究方法论》,商务印书馆。

木村英树　2003　《"的"字句的句式语义及"的"字的功能扩展》,《中国语文》第4期。

杉村博文　1999　《"的"字结构承指与分类》,江蓝生、侯精一主编《汉语现状与历史的研究》,中国社会科学出版社。

沈家煊　2007　《汉语里的名词和动词》,《汉藏语学报》第1期。

沈家煊　2008　《"移位"还是"移情"?——析"他是去年生的孩子"》,《中国语文》第5期。

沈家煊　2009a　《我看汉语的词类》,《语言科学》第1期。

沈家煊　2009b　《我只是接着向前跨了半步——再谈汉语的名词和动词》,《语言学论丛》(第40辑),商务印书馆。

沈家煊　2011　《从"优雅准则"看两种"动单名双"说》,"第三届两岸三地现代汉语句法语义小型研讨会"论文,中国社会科学院语言研究所,北京,8月13日。

沈家煊、完　权　2009　《也谈"之"字结构和"之"字的功能》,《语言研究》第2期。

沈家煊、王冬梅　2000　《"N的V"和"参照体-目标"构式》,《世界汉语教学》第4期。

史有为　1984　《表已然义的"的b"补议》,《语言研究》第1期。

史有为　2000　《"V的N"的"体貌"问题》,《语法研究和探索》(十),商务印书馆。

史有为、马学良　1982　《说"上哪儿的"及其"的"》,《语言研究》第1期。

宋玉柱　1981　《关于时间助词"的"和"来着"》,《中国语文》第4期。

唐正大　2008　《句末"的"的语气词功能及其与"呢"之比较》,《东方语言学》第4期。

完　权　2010　《"的"的性质与功能》,中国社会科学院研究生院博士学位论文。

王光全　2003　《过去完成体标记"的"在对话语体中的使用条件》,《语言研究》第4期。

王　伟、沈家煊　2011　《汉语为什么没有真正的谓语——名动的"指称/述谓"不对称》,"第三届两岸三地现代汉语句法语义小型研讨会"论文,中国社会科学院语言研究所,北京,8月13日。

小野秀樹　2001　《"的"の「モノ化」機能》,《現代中國語研究》第3期。

袁毓林　2003a　《从焦点理论看句尾"的"的句法语义功能》,《中国语文》第1期。

袁毓林　2003b　《句子的焦点结构及其对语义解释的影响》,《当代语言学》第4期。

张伯江、方　梅　1996　《汉语功能语法研究》,江西教育出版社。

张　宪　1997　《胡塞尔现象学交互主观性简述》,《中山大学学报》(社会科学版),第1期。

张谊生　2000　《现代汉语副词研究》,学林出版社。

赵元任　1979　《汉语口语语法》,吕叔湘译,商务印书馆。

朱德熙　1961　《说"的"》,《中国语文》第12期。

朱德熙　1978　《"的"字结构和判断句》,《中国语文》第1、2期。

Chao, Yuanren(赵元任) 1968 *A Grammar of Spoken Chinese*. Berkeley and Los Angles: University of California Press.

Lakoff, George & Mark Johnson 1980 *Metaphors We Live By*. Chicago: University of Chicago Press.

Payne, Thomas 1997 *Describing Morphosyntax: A Guide for Field Linguists*. Cambridge University Press.

Talmy, Leo 2000 *Toward a Cognitive Semantics*, Vol 1. Cambridge: The MIT Press.

Verhagen, Arie 2005 *Constructions of Intersubjectivity: Discourse, syntax, and cognition*. New York: Oxford University Press.

(原载《中国语文》2013年第1期)

试论“不”与“没(有)”语法表现的相对同一性*

王灿龙

(中国社会科学院 语言研究所)

提要 否定词“不”和“没(有)”的句法分布与语义表达的差异为学界所普遍认同。本文探讨它们的另一类语法现象:在某些句子中,用“不”或用“没(有)”,整个句子的表义基本相同。除引言和余论外,文章分上、下两篇。上篇着重于考察和描写,下篇着重于分析和解释。文章认为,“不”和“没(有)”之所以在某些句子中有同一的语法表现,主要在于二者原本的对立或不同被消解了。这种消解的发生一方面是由句子本身的语法特点决定的,另一方面也与人们解读时采取的认知策略和运用的认识机制有关。

0. 引言

现代汉语除祈使句之外,表达否定主要用否定词“不”和“没(有)”。[①]关于“不”和“没”,学界有一个比较一致的看法,即它们有明确的分工,表义不同甚至对立。有学者这样说:“用‘没’否定时,是把动作、行为作为离散的东西看;用‘不’否定时,则是把动作、行为看作是连续性的。表现为,否定动词时,在具体的上下文中,

* 本文根据编辑部的意见做了删改。修改过程中承蒙沈家煊先生不吝赐教,获益良多。谨此一并致以诚挚的谢意。

'没'和'不'往往不能自由地替换，即使可以替换，也必然伴随着语义的改变。"(石毓智 2001:310；双下画线为引者所加)这段话中画线的部分表明：一，"不"和"没"的句法分布不同，它们分别有自己特定的否定对象[②]；二，"不"和"没"即使可以否定某个相同的动词，表现出一种可替换性，但替换后语义有变化。

从总体上说，上面这两点基本上概括了"不"与"没"的主要差别。然而说"不"和"没"句法上有明确的分工，表义方面有不同或对立，概括的只是一般的主流情况。对于有些句子来说，"不"和"没"相互替换后基本语义不变。如果一定要说有什么不同，至多是在语用的某个方面有一点微小的差异。请看下面两个例子：

(1) 我没觉得你有什么与众不同，你不过是个普通人，不要自我感觉太好。(王朔《橡皮人》)

(2) 五十年代和六十年代初，我用大铁壶为县府干部烧水喝，完全供得上，我还能得空儿干些零杂活，比如打扫卫生、分分报纸什么的，不觉得累。(《北京日报》1998-05-11)

例(1)(2)涉及的是同一个动词"觉得"，前者用"没"否定，后者用"不"否定。如果将"没"和"不"互换一下，句子仍然通顺，而且语义也不会改变。以下两例可资证明：

(3) 真的，我不觉得有什么不一样，它仅仅是一枚戒指而已。(《北京日报》1998-04-07)

(4) 两个月收一次，一年才收六次，我不但没觉得累，能为大伙儿做点事反倒让人心情愉快，另外还增进了楼内居民之间的友谊。(《北京晚报》1997-12-24)

同是"觉得累"，例(2)用"不"否定，例(4)用"没"否定，表义没有差别。例(1)跟例(3)的情况类似。"没觉得有什么与众不同"和"不觉得有什么不一样”意思基本相同。即使“没”和“不”调换一下,结果仍然如此。这说明“不”和“没”在这些句子中的使用是两可的。之所以会这样,大概是“不”和“没”的差异在句子中被某种东西消解(至少是削弱)了,从而使人们不太容易感觉到它们的对立与不同。这种情况我们不妨看作是“不”与“没”的语法表现的“同一性”(identity)。当然,这是相对的。

“不”与“没”可以相互替换并且基本上不改变句子的语义,在现代汉语中绝非个别情况,它涉及多种句法单位和形式,必须正视之。

本文重点考察、分析“不”和“没”句法、语义方面的相对同一性。文章除引言和余论之外,主要分上、下篇两大部分。上篇着重对“不”和“没”可以相互替换的句法现象进行观察和描写;在此基础上,下篇重点对这类现象进行分析,并尝试着做出某种解释。

1. 上篇:观察与描写

“不”和“没”作为现代汉语中两个不同的否定词,在句法分布上有明确的分工,即使是相同的分布,一般情况下,它们所表达的语义也明显有别。我们发现,有的动词(含附带的某个成分)受“不”或“没”否定,表义方面基本上没有差别。主要有三类:第一类是心理、感受动词,如“感觉、感到、觉得、打算、在意、介意、留神”等;第二类为处所、时间动词,如“在(家)、到、等”等;第三类是助动词,如“敢、肯、能”等。

还有几类词语也有同样的表现。首先是介词。介词由动词虚化而来,现代汉语里有些介词仍然保留有动词的用法,属动介兼类,介词的用法中有动词的句法特征,可看作是不完全动词(defective verbs),比如“经、跟、像”等。其次是带表示时段成分的动词短语,记为“一直VP、很久VP、几年VP、多年VP”等(VP主要是“见”)。第三种虽是话语标记,但同样具有动词的特征,如“承想、料想、留神”。[③]因此,这三类跟前面三类在动词性上没有太大的差别。

下面主要对前五类的否定用法进行描写。

1.1 心理感受动词

1.1.1 觉得

跟“觉得”类似的还有“感到、感觉”。由于它们是表示某种心理感受的动词,因此,通常可以接一些能够描述人的心理状态的形容词,如“累、冷、热、失望、凄凉、亲切、空虚、孤独”等。例如:

(5) 对于北京一些地方千篇一律的居民楼,贝尔桑妮夫人并不感到奇怪。(《人民日报》1995-04-21)

(6) 我每天都在歌里生活,虽然很苦,但我不觉得苦,反倒觉得天新地也新。(《北京晚报》2001-09-25)

(7) 1976年,条子河生产队长卢志民被批判为“党内走资派”的时候,还不是党员。人们一点没感到奇怪,人们一直以为他是党员。(《人民日报》1990-04-29)

(8) 现在的孩子缺乏吃苦方面的常识,跟孩子说我们小时候吃玉米面、老咸菜,孩子没觉得苦,反倒说,不是挺好吃的吗?(《人民日报》1994-09-27)

这里前两个用“不”否定,后两个用“没”否定。如果将其中的“不”和“没”相互调换一下,句子不仅可以接受,而且表义不变。例(8)更值得玩味。“孩子”并没有经历过“吃玉米面、老咸菜”的日子,但对于这种绝对不是孩子们经历的事情,作者仍然用“没觉得苦”来表达,似乎在作者的心目中,“没”的否定并不跟“已然”相联系。

1.1.2 打算

作为心理动词,“打算”一般都要带动词或动词短语做宾语。例如:

(9) 香雪并没有住,更不打算去找“北京话”的什么亲戚。(铁凝《哦,香雪》)

(10) 原来不打算在此买房的人也不会因为申奥成功就在此买房。(《北京晚报》2001-07-19)

(11) 陶家村门口的田十年九不收谷的,本来也就不打算种谷……(废名《菱荡》)

(12) 瑞全原来没打算惊动人,可是不由自主地喊了起来。(老舍《四世同堂》)

(13) 本来你没打算和我们一起来,后来你却来了,你来干吗?(王朔《橡皮人》)

(14) 他本来就没打算去谁的家,也就是说他本来就没有什么固定的目标。(余华《河边的错误》)

不难看出,上面例子如果将“不”和“没”互换,句子通顺,语义不变。例(9)更有意思,后面小句较前面小句有递进意味,前面用“没有”否定,按理说后面也应该用“没有”。比如我们一般要说“我没有给他打电话,更没有去找他”,而不宜说“我没有给他打电话,更不去找他”。可是这里第二个小句却弃“没有”而取“不”。这说明,在该句中,“没打算”与“不打算”具有充分的同一性。

1.2 助动词

1.2.1 敢

“敢”是助动词,一般认为对它的否定是用“不”,说成“不敢”。但实际上也常用“没”进行否定,说成“没敢”,尤其是在它后面接动词宾语的情况下。例如:

(15) 当时我脑子太乱不敢肯定，这两天我反复想才认定。(王朔《人莫予毒》)

(16) 按理说我应当进点货，等时局稍微一平静，货物看涨，咱们就有个赚头！可是，我自己不敢作主。(老舍《四世同堂》)

(17) 她屡次想把才叔说他的话问他，然而怕词气里不知不觉地走漏心坎里的小秘密，所以始终不敢询问。(钱锺书《纪念》)

(18) 他早就有点疑心，没敢肯定。(汪曾祺《王全》)

(19) 再有件事也得大家议议，我和马青没敢作主。(王朔《一点正经没有》)

(20) 张二嫂始终没敢说话，这时候看出一步棋来，乘机会自己找找脸……(老舍《柳家大院》)

前三例用的是“不敢”，后三例用的是“没敢”。有意思的是，“敢”后的动词宾语例(17)跟(20)意义相近，其他四例则是两两完全一样，例(15)和(18)都是“肯定”，例(16)和(19)都是“作主”。如果将例中的“不敢”和“没敢”互换，丝毫不影响语义的表达。

1.2.2 肯

“肯”的情况跟“敢”属同一类。例如：

(21) 他的腿已发僵，可是仍不肯坐下。(老舍《四世同堂》)

(22) 鸿渐知道铅笔到他手里准处死刑断头，不肯给他。(钱锺书《围城》)

(23) 他定了半天神，天旋地转地闹慌了会儿，他始终没肯坐下。(老舍《骆驼祥子》)

(24) 其中两只是他的杰作，一直没肯给人。(冯骥才《雕花烟

斗》)

例(21)和(23)同是来自老舍的作品,而且都是对"肯坐下"进行否定,但一个用"不",一个用"没";例(22)和(24)涉及的动词都是"给",而且句法结构也相同("给他"和"给人"),前者用"不肯",后者用"没肯"。将它们互换一下,也无不可。

1.3 处所动词

"在"作为动词,在日常的语言交际中出现频率非常高。在它所带的处所宾语中,尤以"家"最为常见。因此,这里主要考察"在家"的使用情况。对于"在家"的否定,人们或用"不",或用"没",一般既不认为二者有什么差别,也似乎没有刻意的选择。例如:

(25) 我来过两次,你都不在家,礼拜一的信收到没有?(钱锺书《围城》)

(26) 白教授和他的夫人不在家,去南方讲学了。(王朔《人莫予毒》)

(27) 我的丈夫一辈子不求人,我不能在他不在家的时候……(老舍《四世同堂》

(28) 吕强没在家,一定是躲出去了,大概又跟女朋友跳舞去了。(谈歌《大厂》)

(29) 长假第一天,杭城很多女性既不出门旅游、上街购物,也没在家修身养性,而是心急火燎地赶到整形医院。(《北京晚报》2001-10-03)

(30) 莫家英回刘家看望婆母与谭桂琼,都是趁丈夫没在家时一个人悄悄回去的。(任艳春等《盆地里,那一桩传奇的姻缘》)

上面例(27)和(30),同是讲"丈夫外出"的事,而且是作为背景时间来说的(后接"时(候)"),结果一个用的是"不在家",一个用的是"没在家";例(29)前面的小句用"不"来否定,其后紧接着的小句却没有一以贯之地用"不",而改用"没",颇值得玩味。

1.4 不完全动词

1.4.1 经

"经"可直接带动词宾语,如"经考察""经研究"等,也可构成兼语式,如"经组织部门考察""经党委会研究"等。实际语言运用中对这两种句法结构的否定是既有"不",也有"没",并且二者可以互换。例如:

(31) 不经您批准,谁敢让他离开您啊。(陈建功 赵大年《皇城根》)

(32) 当时有规定,不经组长同意,编辑是不得随意邀作者面谈的。(梁晓声《京华闻见录》)

(33) 我就知道吧,不经允许拿着人家钱算犯法。(《编辑部的故事》(电视剧))

(34) 对"炮匪三杰",没经省"革命委员会"下令,不得捉拿。(梁晓声《一个红卫兵的自白》)

(35) 她本想不出声,可是声音仿佛没经她的同意便自己出去了。(老舍《四世同堂》)

(36) 一般不会没经允许、也没问那个箱子该拿就来拿人家的箱子。(《文汇报》2010-03-22)

1.4.2 跟

"跟"惯常的句法结构是"跟 NP + VP"。下面的六个例子,前三例用的是"不跟 NP + VP",后三例用的是"没跟 NP + VP"。它们中的"不"和"没"完全可以互换而不影响表义。特别值得一提的是例(38),句中有两个"跟"字短语,而且前后紧随,但一个用"没"否定,一个用"不"否定。如果将它们调换一下,表义不受任何影响。尤其有趣的是,这个句子如果都用"不",或都用"没",在语气上可能更为连贯(因为第二个"跟"字短语前有"也")。作者分别用上不同的否定词,或许为了避免重复(姑且假设作者对"不"和"没"的使用不是随意的)。[④]

(37) 要是不跟我结婚,她完全可以办回上海去。(张贤亮《肖尔布拉克》)

(38) 事先没跟您老爷子讨教,也不跟秀儿商量,腾的一下儿就抱回来个孩子!(陈建功 赵大年《皇城根》)

(39) 这不是件小事,怎么不跟白二叔商量一下呢?(老舍《方珍珠》)

(40) 金秀说:"全义,昨儿的事都怨我没跟你商量。"(陈建功 赵大年《皇城根》)

(41) 好在小孩子们没跟他捣乱,因为他们都疯着心过节,没工夫起哄。(老舍《二马》)

(42) 你怎么没跟燕生他们一起回去?(王朔《橡皮人》)

1.5 时点与时段结构

现代汉语中表时段的语言单位主要有两种:一是词,如"一直""很久""好久";二是短语,如"两年""几年""多年"等。"一直"只限充当状语,其他既可做状语,又能做补语等。当它们充当状语用于否定词之前时,许多情况下用"不"或"没"均可。

1.5.1 等

"等"除了接简单宾语(如"我等小李")之外,还常常接复杂的句法结构。如"你一定要等小李来""等他说完(,你们再说)"。这类复杂结构不妨看作是小句。现代汉语中,"等"后接小句常常用来表示时间,可以看作是一个时间小句。这种时间小句的否定形式在很多情况下,用否定词"不"或"没"基本上是两可的。例如:

(43) 不等乌世保开口,他劈头就问:"怎么你出来这么久竟没来过?"(邓友梅《烟壶》)

(44) 不等他说完,杨妈就火了:"这老东西信口胡诌!"(陈建功 赵大年《皇城根》)

(45) 不等他发话,各种各样的问题就争先恐后地提出来了。(刘心武《班主任》)

(46) 没等金秀开口,杨妈就问开了。(陈建功 赵大年《皇城根》)

(47) 没等她说完,李芒就愤怒地看了她一眼。(张炜《秋天的愤怒》)

(48) 没等我问,这位女同志……轻轻地问道:"还认识我吗?"(官伟勋《林豆豆的三次自杀》)

比较上面六例,我们看到,例(43)和例(46)都是"等P开口"(P,patient,下同),结果却是前者用"不",后者用"没";例(44)和(47)都是"等P说完",但前者用"不",后者却用的是"没"。例(45)的"等P发话"意即"等P问",它跟例(48)也分别用了不同的否定词。这充分说明,"不"和"没"在这六例中具有无可置疑的同一性。

1.5.2 到

"到"本来是一个处所动词。它在继续保持这种用法的同时,又从空间域映射到时间域,可以接表示时间的词语做宾语。充当宾语的时间词语既可以是表示时段的,也可以是表示时点的。对于"到"的这种用法的否定,虽然一般是以使用"不"为常,但也不排

除有相当一部分使用“没”,而且表义没有差别。请看下面例句:

(49) 不到半年我爹死了,不久我妈也相继故去。(尤凤伟《石门夜话》)

(50) 你们结婚还不到一个月就提出离婚,什么原因?(王朔《人莫予毒》)

(51) 领导动员他提前退休,他还不到退休年龄。(汪曾祺《八月骄阳》)

(52) 可是没到两年,我们那县委书记升到省里了;老百姓逃到外地了。(孙少山《八百米深处》)

(53) 都传说他发了横财,可这一回来还没到一个月,就出事了。(方方《埋伏》)

(54) 他还没到那个年龄,还没感到那种诱惑。(邓友梅《别了,濑户内海!》)

上面例(51)(54)“到”后接的是表时点的词语,其他各例接的是表时段的词语(短语)。下面两句更能说明问题,同是做“时候”的限定成分,一个用“不到”,一个却用“没到”:

(55) 别慌,还不到死的时候!(孙少山《八百米深处》)

(56) 还没到死的时候,社会像要把我活埋了!(老舍《我这一辈子》)

“到”除了上面这类用法外,它常跟“地步”“田地”等词语搭配,表示一种处境。这种用法同样既可用“不”否定,也可用“没”否定,而且表义没有分别。例如:

(57) 甭管怎么说,我觉得现在远远不到各自逃生的地步。《编辑部的故事》(电视剧))

(58) (有些同学)都是刚到单位不久,还没到掌权的地步,哪

里办得成？（刘震云《一地鸡毛》）

（59）这个家还没到开不了饭的田地。（陈建功 赵大年《皇城根》）

1.5.3 多年（几年、两年等）

“多年”之类的短语做状语否定动词时，在很多情况下，其否定表达用“不”或“没”，没有明显的差别（特别是当动词为“见”时）。例如：

（60）好久没见，你都上哪去啦？（王朔《顽主》）

（61）两年不见，姐姐显得老了许多。（张平《姐姐》）

（62）他已经多年不养鸭了，现在见到鸭就怕。（汪曾祺《鸡鸭名家》）

（63）我舅舅有好几年不说英文了，一时反应不过来。（王小波《未来世界》）

（64）可是，好几年没通信了，叫我上哪儿去找呢？（老舍《全家福》）

（65）很多年没有吃了，现在吃起来却品出了一种特别令人留恋的乡土味。（张贤亮《灵与肉》）

例（60）和（61）对比很明显。其他各例如果“不”和“没”互换，也基本不改变语义。

2. 下篇：分析与解释

以上我们描写了“不”和“没”具有同一性的有关句法现象。不难看出，这些句法现象无法用量的连续性和离散性理论来解释。

2.1 “不”和“没”的分别

关于否定词“不”和“没”，半个多世纪前，吕叔湘就有过非常精辟的论述。他说,“一般的否定用‘不’,无论现在,过去,未来”,“要是我们的注意点在动词的动作性(做不做这件事),我们用‘不’”,“说‘某人不做如此之事’这里面就往往含有此事不是偶然,也许某人有意不为之意”,“可是这并不是说所有过去之事用‘不’的都有有意不为之意”。在论及“没”时,他说,“‘没(有)’是完成式(即既事相)之否定”,“要是我们的注意点在他的事变性(有没有这件事),我们用‘没’”。(吕叔湘,1990[1942]:237—240)

吕先生上面这段话如结合时体范畴来看,则更容易理解。按Comrie(2005[1985]),“时”是一种指示范畴(deictic category),它把事态放到时间框架里进行考察,[⑤]它以当前时间或其他某个时间做参照。“体”则是对事态内部结构的一种观照方式。可以说,“不”跟时、体范畴没有关系,它充其量只能算是一个泛时意义的否定算子。现代汉语中,任何一个由“不”构成的否定句,它关涉的时间意义只能联系具体的语境(句子本身、上下文等)来确定,其本身并不表达某种特定的“时”(tense)或“体”(aspect)的语法意义。“不”在否定的逻辑意义之外,还附带表达一种语用意义,即吕先生所说的“有意”之义。[⑥]

“没”的指示性非常明显。当我们说“没 VP”时,意味着已经(至少是同时)定位了一个参照时间。该参照时间可以是过去的某个时间。这种情况下,“没 VP”表示的就是纯粹过去的情况。比如“我去年没有休假”;也可以是当前说话的时刻(即“现在”)。这种情况下强调的是过去之事与“现在”的关联,比如“我还没吃饭,你去给我买点面包”。[⑦]可见,“没”与体范畴密切相关。

Givón 认为,否定句是针对一个相应的肯定句而言的,这个相应的肯定句要么出现在已经提及的语境中,要么是说话人假定听话人相信有这么一个肯定表达。(参看 van der Wouden 1997:77)从体范畴角度看,那个相应的“VP”表示的是完成(perfect),因此,“没 VP”就表示非完成(non-perfect)。难怪吕先生说“‘没(有)’是完成式(即既事相)之否定”。一个动作不管是瞬间完成的,还是经过一段时间完成的,我们都可以将它二分:完成之前和完成之后。完成之前就是“非完成”。而且这个“完成之前”和“完成之后”都可以看作是状态。如图一(“0”标示的时间为参照时间):

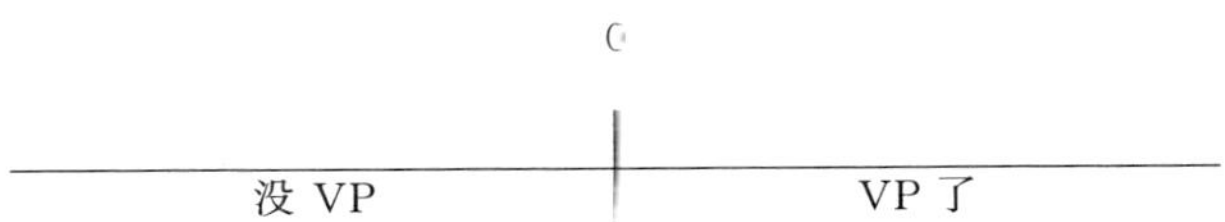

图一

图一表示:不管 VP 是什么样的动词(状态动词、瞬间动词、持续动词),它的动作都是在“0”这个时间完成的(这个“0”不一定就是一闪而过的瞬间,可以是一个宏观的时间点),从这个时间往右,是完成后的状态的延续;从“0”往左,是“VP”未完成状态的持续。我们可以用“没 VP”表示“0”左边的整体状态,也可以用“没 VP”表示其中任何一点上的状态。不管从图一中“0”左边取哪一个点,它都可以用“没 VP”来表达,这跟将“0”左边作为一个整体用“没 VP”来表达在真值义上是一样的。

沈家煊(2010)通过跟英语进行比较,深入分析了汉语否定词“不”和“没”的重要差异。沈先生的研究结论为:汉语注重“是”和“有”的分别(“是”“有”分立),对“是”的否定用“不”,对“有”的否定用“没”。英语明显不同,英语不注重“是”(be)和“有”(there be)的分别(“是”“有”趋同)。因此,英语就没有像汉语“不”和“没”这样明确分工的否定词。英语中只要是否定,几乎都可以用否定算子

"not"。

汉语中的"有"是一个存在动词,因此,对"有"的否定,实际上就是对"存在"的否定。这一点沈家煊(2010)有非常详尽的分析。"是"一般认为是判断动词,因此,对"是"的否定我们不妨看作是对"判断"的否定。[⑧]由此就可以说,"不"和"没"的逻辑语义真值是相同的,都表示否定,不同的只是"不"否定"判断","没"否定"存在"。

我们借鉴以往的研究成果,基本上梳理出了"不"和"没"在语义特征上(涉及语法、逻辑及语用等方面)的异同。现归纳如表1(表中加括号表示此项特征属弱项):

表 1

语义特征等 \ 否定词		不	没
Ⅰ. 否定	判断	+	−
	存在	−	+
Ⅱ. 完成体		−	+
Ⅲ. 时阈	过去	+	+
	现在	+	+
	将来	+	−[⑨]
Ⅳ. "有意"		(+)	−

由表1可知,"不"和"没"的不同,主要在特征 I、II 和 IV 上。关于"判断"和"存在",如果进行深入的分析,我们会发现,二者有一个认知上的契合点:在有些情况(比如表状态)下,一个事物存在与否,其本身就是判断的结果。比如当我们说一个人累还是不累,这就涉及"判断"。有的是在语言表达方面具有判断的属性;对一件事情进行判断,无非是看它属不属于一种"存在"。比如做出"某人在家"的判断,就意味着"某人在家"这个事实存在。我们再通过下例做进一步的分析论证。[⑩]

(66) a. 门前是一棵树。

b. 门前有一棵树。

例(66 a)是判断句,例(66 b)是存在句。两句对应的否定句为:

(67) a. 门前不是一棵树(,是一个人)。

b. 门前没有(一棵)树(,有电线杆)。

很显然,例(67 a)否定关于“一棵树”的判断,例(67 b)否定关于“(一棵)树”的存在。不难看出,如果关于“一棵树”的判断为真,则“一棵树”的存在也为真。反之亦然,如果“一棵树”的存在为真,则关于“一棵树”的判断也必定为真。这说明“不”“没”内在的否定义在认知上就具备相互替换的良好基础。

综上所述,“不”和“没”的区别主要表现在体范畴和“有意”这个语用义方面。完成体义是“没”有“不”无,“有意”义是“不”有“没”无(或者说,“有意”义为“不”所容,为“没”所不容)。可见,“不”和“没”自由互换的前提条件必须是,句子本身既能削弱或消解“没”的完成体的语法义,又不表达鲜明的“有意”语用义,即“没”和“不”的个性色彩“黯然失色”。下面就来分析这一点究竟是如何达到的。

2.2 “不”与“没”的有关语义差别的消解

2.2.1 “有意”语用义的消解

在所有“不”和“没”具有同一性的句子中,时间域都定位于过去[11]。当我们提及过去时间域里的某个动作没有发生时,这实际上采取的是一种追忆的认知方式。这一认知方式虽然不排除对主观意愿的表达,但它本身比较难以激活“有意”这个主观义,除非表达者着意做这方面的强调和安排。因为事后进行追忆,大多注重的是结果,人们所能看到或了解到的也主要是既成的事实。例如:

（68）从那以后他不值班了。

虽然是用“不”来表示的否定，但很难说其中“有意”的意味大于“无意”。当然，这句话如果将“不”重读，“有意”义会有所提升。这就是说，“不”的主观性如果不通过其他手段来激活，一般并不突出，即使是在现在和将来时间域，“有意”和“无意”也好像平分秋色。请比较下面各例：

（69）a. 我明天不去。（有意或无意）[12]

b. 我明天不去，他们爱怎么说怎么说。（有意）

c. 我明天不去，因为家里有点事。（无意）

例（69b）主观性较强，例（69c）主观性很弱，这可以用“就”来验证：

（69′）b. 我明天就不去，他们爱怎么说怎么说。

c. *我明天就不去，因为家里有点事。

以上是自主动词的情况。[13]非自主动词不存在这个问题。比如“他不懂我的意思”就不能表达“有意”的语用义，因为“懂”为非自主动词。如果动词不能激活“有意”之语用义，那么当句子定位于过去时间域时，“没”就有了“可乘之机”。现在来看本文上篇描写的情况。

1.1 节的心理感受动词、1.3 节的处所动词和 1.4 节的不完全动词，基本上都是非自主动词，至少其自主性很弱。1.2 节的助动词“敢”和“肯”看上去自主性较强，实际上都表示一种心理状态，[14]而状态是无所谓什么自主性的。1.5 节表示时点和时段的结构都是非限定性结构，充当时间状语来修饰主句；或者是作为定语修饰某个中心词，因此，即使其中的动词如“等”是自主动词，其主体性（即“有意”义）也明显被削弱。因为作为时间状语或定语，它们在句法和功能上都退居次要地位，只为主句提供一个背景信息，人们关注的焦点在表达前景信息的主句上。

这就是说，上篇考察的五类情况都是缺乏自主性(至少是弱自主性)的句法结构，这就为“没”的使用扫清了一个障碍。

2.2.2 时体语法意义的消解

根据 Radden & Rene Dirven(2007)，体范畴的类型(aspectual classes)可分为三种。第一种是有界事件(bounded events)；第二种是无界状态(unbounded states)；第三种是带隐含边界的无界事件和状态(unbounded events and states with implicit bounaries)。其实质内涵可以通过下面例子来把握：

(70) Ann cuddled the baby. (有界事件)

(71) Ann lives with her parents. (无界状态)

(72) a. Ann is cuddling the baby. (隐含边界的无界事件)

b. Ann is living with her parents. (隐含边界的无界状态)

以此来考察本文上篇描写的现象，我们发现，1.1 节的心理感受动词、1.2 节的助动词“敢”“肯”和1.3节的处所动词，都属上面讲的第三种体类型，均表示带隐含边界的状态。第三种类型的无界事件和状态实际上处于一种中间位置：从内部来看，是无界的；从外部来看，它们因为有隐含的边界，从而又是有界的。无界事件和状态是匀质的，它与“不”的否定内涵相谐，可以受“不”否定；有界事件和状态是异质的，它与“没”的否定内涵相谐，可以受“没”否定。这就决定了 1.1 节的心理感受动词、1.2 节的助动词“敢”“肯”和 1.3 节的处所动词既可以用“不”否定，又可以用“没”否定。

上面曾指出，“不”不表示时体范畴义，而“没”是完成体的否定，与时体范畴联系着。因此，无界事件和状态用“不”“没”否定所能造成的对立与不同只能来自时体范畴方面。那么,"没"在替换"不"的同时又是如何消解自身的时体意义的呢?

考察发现,"没"的完成体意义的削弱或消解是通过两个途径来实现的。首先,就"体"的类型来说,"没"一般是否定有界事件,这是典型用法。至于它用于否定无界事件和状态,那属非典型(或曰边缘)用法。"没"用于否定有界事件时,其内涵语义特征很容易激活,非常凸显。但当它用于否定无界事件和状态时,其内涵语义特征反而在一定程度上受到抑制。其次,本文所讲的削弱或消解实质上是就人们识解过程中的认知解读和感受来说的,即人们认为(或觉得)"没"的完成体意味少了,或者至少在特定的语境中变得无足轻重了。这种认知感受是怎么来的呢?我们认为,主要是心理扫描(mental scanning)的结果。

心理扫描是一种识解方式,一般分连续扫描(sequential scanning)和总括扫描(summary scanning)。人们对"没"否定某些无界事件和状态的解读正是采用了总括扫描的识解方式。对于表示无界事件和状态的"没 VP",人们用总括扫描,将它作为整体一次性激活,淡化甚至忽略它不同时间阶段上的状况,以凸显它的最终状态。由于总括扫描不随时间的自然进展循序渐进,因此,事态的时间色彩大为减弱,几近于无。时间意义的消失带来的一个直接结果就是"体"意义的无所依附(一般不存在脱离时间的赤裸裸的"体")。这就是说,"没"的完成体义在这里被削弱或消解了,从而在表达上几近于"不"。至于人们为什么要选取总括扫描的方式,这应该是由吕叔湘所说的"注意点"决定的。

1.4 节的不完全动词与 1.5 节的时点和时段结构具有同样的理据。1.4 节的不完全动词短语一般是用作状语从句,1.5 节的时点和时段结构大多数情况下也是用作状语(间或用作定语)。汉语中的这两类状语(包括定语)应该属于非限定性结构。非限定性结构与限定性结构的一大明显不同,就是前者的动词没有时范畴意义(atemporal),[15]比如英语中的分词短语。这一点与非限定性结构充当状语或定语表达背景信息的功能密切相关,由于依附于主句或中心词,句子的时体范畴义只能由主句或中心词所在小句的述语动词来表达。既然汉语中充当状语和定语的不完全动词与时点和时段结构也没有时体范畴的意义(或者说时体义很弱),那么参照上面的分析,同样可以得出结论:这类结构中的“没”的完成体义也被削弱或消解了。

像例(60)和(61)等画线的句子虽然不是典型的非限定性结构状语,但由于其中都有时段词语,而且“不 VP”或“没 VP”表示的都是状态,两者结合起来就凸显了状态的连续性,即整个小句表达的是无界状态,加之后面再续上其他小句,由于它表示的是状态持续的时间,因此很容易被重新分析为状语。如果解读者采取总括扫描的策略,则这种结构跟前面分析的形式也就有了同样的表现。

可见,“不”和“没”之所以在某些句法结构中可以互换而不改变基本语义,主要原因在于这些句法结构能消解二者原本的对立和不同。这一方面是由句法结构本身的语法特点决定的,另外一方面也得益于人们解读时所采取的认知策略和机制。

2.3 语用方面的细微差别

上面在界定和分析“不”和“没”语法表现的同一性时,特地加了一个限定词语“相对”。这有两层意思:一是强调这种同一性只表现在某些特定的句子或结构中;二是暗示这种同一性是就一般的基本语义来说的。实际上,即使是可以互换的情况,用“不”或用“没”,仍然存有语用方面细微的差异。本小节我们就此做点简单的探讨。

上文曾明确指出,“不”和“没”可以互换的句子限于过去和现在两个时域。现在时域指的是说话当前时间,过去时域指的是说话之前的时间。考察发现,在现在时域里,“没”对“不”的替换不如在过去时域里“不”对“没”的替换更为自然,可接受性更好。[16]这是因为,“不”是一个泛时间域的否定算子,它对时间没有倾向性的选择。比如我们可以说“他昨天不吃,今天还不吃,到底怎么啦”,而“没”用于否定动词时,主要是对“既事相”的否定,而“既事相”主要说的是过去时域里的事。即使像“他今天又没吃”这样的句子,还是强调在说这句话之前(即“过去”),“吃”的动作没有发生。[17]因此,“不”“没”互换的自然性与否,跟句子的时域也关系密切。过去时域比现在时域更容易接受“不”“没”的互换。

虽然“不 VP”和“没 VP”表示的都是一种状态,但“没 VP”是有界的,而“不 VP”则是无界的。“没 VP”在时间轴上只能向左延伸(以参照时间为临界点),而“不 VP”却可以左右无限延伸。如图二、图三:

图二

图三

这就是说,用“不 VP”时,没有排除说话的时间之后“不 VP”所表达的状态仍有存在的可能,而用“没 VP”时,则明确排除了这种可能。拿例(1)来说,“我没觉得你有什么与众不同”和“我不觉得你有什么与众不同”,用“不觉得”至少不排除将来仍有“这种感觉”的可能,而用“没觉得”至少是将未来的情况完全撇开了。有人可能会问，既然有这种差异，那为什么用“不”或“没”都可以很好地达到交际目的呢？这是因为，在特定的语境中，整个表达定位于当前时域，而且它是人们关注的焦点时域，要传达的信息与此关涉即可，将来时域的情况不是交际双方所关心的。即这种“未来”的差异可以忽略不计。

在“不”和“没”具有同一性的句法表现中，同一个“VP”受“不”否定的概率一般要明显大于受“没”否定的概率。除少数（如“等、一直”）外，[18]用“不”否定的表达式是无标记形式，用“没”否定的表达式是有标记形式。归纳如表2：

表 2

	无标记	有标记
感觉	不～	没～
打算	不～	没～
在家	不～	没～
到	不～	没～
等	不～	没～
敢	不～	没～
肯	不～	没～
经	不～	没～
跟	不～	没～
一直	～没	～不
X 年	～不	～没

以上各形式标记性的分别与我们实际调查的语言材料基本一致。

3. 余论

在“不”、“没”具有同一性的用法中,虽然“不”是无标记用法,“没”为有标记用法,但就本文讨论的大多数情况而言,用“没”的只是相对少一些,并非罕见。还有一类表心理状态的动词,虽然也有用“没”否定的用法,但却很少见。这说明心理状态动词内部的情况不平衡。这种差别因何而来,值得探讨。例如:

(73) 还好,她始终没认为我是“搞艺术”的。(徐星《无主题变奏》

(74) 我从没希望我们之间建立如何亲密的关系。(王朔《玩儿的就是心跳》)

(75) 站着喝了不少啤酒,好像一下子认识了好多人,又好像谁也没认识。(小楂《客中客》)

“没”跟状态动词的搭配还存在一个历史层次的问题。即不同的历史时期,“没”对状态动词的选择面是不同的。有些状态动词,现在可能根本就没有受“没有”否定的用法,但在早期的现代白话作品中这种用法还是不难见到的。例如:

(76) 三闾大学的电报,家里还没知道,报告了父亲母亲,准使他们高兴。(钱锺书《围城》)

这种用法是不是还跟地域方言有关,现在还不敢肯定,留待以后研究。

近现代以前,汉语的否定形式复杂多样,仅否定词就比现在多得多。虽然这些否定词有一定的分工,但同一词语分用几个不同否定词来否定的情况却是常见现象。例如:

(77) 于时,两人对坐,未敢相触。([唐]张文成《游仙窟》)

(78) 新妇向来专心为勾当,已后之事,不敢预知。([唐]张文成《游仙窟》)

(79) 子虽思爱之勤,帝禁深宫,子虽有羽翼,莫敢往也。([北宋]张实《流红记》)

(80) 自禅师殁后,荐经丧乱,坠失不知所在。既而不获,遂放归越中。([唐]何延之《兰亭始末记》)

(81) 唐武德中,遂州总管府记室参军孔恪暴病死,一日而苏。自说被收至官所,问恪何故杀两牛。恪云不杀。官曰:“汝弟证汝杀,何故不承?”([唐]唐临《冥报记·孔恪》)

(82) 大业四年,道州贡矮民王义,眉目清秀,应对甚敏。帝尤爱之。常从帝游,终不得入宫。([北宋]佚名《隋炀帝海山记》卷下,又《唐宋传奇集》卷六)

(83) 苟或身落鼎俎,膏人口腹,又成留滞,未得往生。([北宋]刘斧《青琐高议·小莲记》)

前三例同一助动词“敢”,分别用“未”“不”和“莫”进行否定;例(80)(81)的“不”用于已然的否定;古汉语中“不得 VP”常见,但也有“未得 VP”的用法。由此可知,在近现代以前,“不”和“未”有时也有句法语义上的同一性。当然,现代汉语中“不”和“没”的同一性是否由此而来,这要经过深入的研究才能下结论。

有些“不”和“没”具有同一性句法表现的结构已经词汇化为一个词项,或固化为一个稳定的结构式。前者如“不错”和“没错”;后者如“不承想”和“没承想”,“不留神”和“没留神”,“不当回事”和“没当回事”等。

附　注

① 实际语言运用中,用“没”还是用“没有”,除受韵律的限制外,一般多由习惯决定,二者语义上无对立,故本文不加区分。为行文方便,叙述中径用“没”(对用“没有”的例句的分析例外)。

② 关于否定词(或曰否定算子)到底是否定成分还是否定命题,传统语言学和现代语言学的看法不尽相同,本文不讨论这个问题。为表述上的方便,文章多用“‘不(或没)’否定某某”的说法。

③ 这些动词的标记化是在受“不”或“没”否定之后,即是包含“不”或“没”的整个结构。

④ 不管作者使用“没”或“不”的时候是有意还是无意,都说明,在他的意识深处,“没”和“不”有些情况下是具有同一性的。

⑤ 这里的“事态”是笔者根据英语的“situations”翻译而来,它包括状态、事件、过程等。跟我们通常讲的“事态”不是一个概念。

⑥ 吴福祥先生告诉笔者,“有意”义与“不”无关,它是由句子推得的。这种意见值得重视。但眼下须强调两点:第一,“不”与“有意”义至少相容;第二,“有意”义是“没”否定的句子所无法表达的。

⑦ “没”一般不能用于将来时间域。比如不能说“我明天没出差”。下面这类句子之所以能说,主要是因为它给“做”另设了一个参照时间。即“明天”这个词本身以当前说话时间为参照,而它在句子内部又用作“做”的参照时间(要表达的意思:应该在“明天”之前做好)。因此,这是一个涉及两个参照时间的句子。本文讨论“没”时,暂不考虑这种用法。

(1) 如果到明天这个时候,你还没做的话,我们就取消合同。

⑧ 我们根据沈家煊先生的观点和论述,将其概括为“判断”,为的是与“存在”对举。

⑨ 注释⑦已经说明了“没”用于将来时阈的情况,它相当特殊。故这里暂不考虑。

⑩ 例(66)是沈家煊先生提出来的,谨此致谢。这段分析正由此而得到启发。

⑪ 少数看似是“现在”,但它实际的表达视角仍是“过去”。

⑫ “有意”与“无意”似与人称也有关系。如“他明天不去”的“有意”义就不如“我明天不去”。

⑬ 关于自主动词和非自主动词,马庆株(1988)有系统的论述,可参看。本

文描写的动词中,像"肯""敢""在""觉得"等直接见于马庆株(1988)的非自主动词列表中。

⑭ 这一点有《现代汉语词典》(第5版)的释义为证:

【敢】:表示有胆量做某种事情。/【肯】:表示主观上乐意。

⑮ Comrie(2005[1976]:2)说,非限定动词只有相对时态。

⑯ 后面关于标记性分析的结论("不"为无标记形式,"没"为有标记形式)也能印证这一点。因为按 Tobin(1993:33),无标记形式代替有标记形式,比有标记形式代替无标记形式要更为容易一些。

⑰ 此话一出口,"今天"即成过去,即"今天"的所指截至说话时刻,不像一般情况下截至午夜12点。

⑱ "等""一直"和"好久"参与构成的表达式,用"没"的频率高于用"不"。这也是有原因的。"等"和"VP"都不属于感受之类的状态动词,故在过去时间范畴内,用"没"否定比用"不"否定更常见。

参考文献

吕叔湘 1990[1942] 《吕叔湘文集》(第一卷:中国文法要略),商务印书馆。

马庆株 1988 《自主动词和非自主动词》,《中国语言学报》第3期。

沈家煊 1999 《不对称和标记论》,江西教育出版社。

沈家煊 2010 《英汉否定词的分合和名词的分合》,《中国语文》第5期。

石毓智 2001 《肯定和否定的对称与不对称》(增订本),北京语言文化大学出版社。

王灿龙 2004 《说"VP之前"与"没(有)VP之前"》,《中国语文》第5期。

王灿龙 2006 《关于"没(有)"与"了"共现的问题》,《世界汉语教学》第1期。

王 力 1985 《中国现代语法》,商务印书馆。

朱德熙 1982 《语法讲义》,商务印书馆。

Allwood, Jens, Lars-Gunnar Andersson and östen Dahl 2006 *Logic in Linguistics*. Beijing: Peking University Press.

Bernini, Giuliano and Paolo Ramat 1996 *Negative Sentences in the Languages of Europe: A typological approach*. Berlin / New York:

Mouton de Gruyter.

Comrie, Bernard 2005[1976] *Aspect*. Beijing: Peking University Press.

Comrie, Bernard 2005 [1985] *Tense*. Beijing: Peking University Press.

Horn, Laurence R. 1989 *A Natural History of Negation*. The University of Chicago Press.

Jespersen, Otto 1917 *Negation in English and Other languages*. Bianco Lunos Bogtrykkeri.

Lyons , John 1977 *Semantics* (Vol. Ⅰ & Ⅱ). Cambridge: Cambridge University Press.

Palmer Frank 1987 [1965] *The English verb* (2nd ed.). New York: Longman Inc.

Radden, Günter and Rene Dirven 2007 *Cognitive English Grammar*. Amesterdam / Philadelphia: John Benjamins Publishing Company.

Thelin, Nils 1990 On the concept of time: prolegomena to a theory of aspect and tense in narrative discourse, in *Thelin* 1990:91-129.

Thelin, Nils B. (ed.) 1990 *Verbal Aspect in Discourse*. Amsterdam / Philadelphia: John Benjamins.

Tobin, Yishai 1993 *Aspect in the English Verb: Process and Result in Language*. New York: Longman Publishing.

van der Wouden , Ton 1997 *Negative Contexts: Collocation, polarity and multiple negation*. London & New York: Routledge.

(原载《中国语文》2011 年第 4 期)

从"是"和"的"、"有"和"了"看肯定和叙述的分野*

王　冬　梅

（中国社会科学院　语言研究所）

提要　"是"和"有"是现代汉语中使用频度极高的两个动词，"的"和"了"是使用频度极高的两个虚词。本文证明了，"是"和"的"相通，都表示肯定，"有"和"了"相通，都表示叙述，而"是/的"和"有/了"的区分是汉语里最重要的分野，即肯定和叙述的分野。同时，通过对"是"和"有"共现、"的"和"了"共现情形的考察发现了两者之间的不对称，即叙述可以被肯定，肯定很难再被叙述。而这种不对称关系是汉语中名词和动词之间的包含关系的反映。

"是"和"有"是现代汉语里最重要的两个抽象动词，其使用频率在动词中分别居第1位和第2位，在所有的词语中分别居第3位和第8位；"的"和"了"是常用的两个虚词，使用频率在所有的词语中分别居第1位和第2位（《现代汉语频率词典》，1996）。因此，

---

* 本文在写作的过程中得到导师沈家煊先生的悉心指导，麦耘先生帮助审定了部分方言例句。张伯江、谭景春、方梅诸位先生通读全文并提出中肯的意见。初稿曾在第十七次现代汉语语法讨论会（2012，上海）报告过，与会的学者提出了宝贵的意见。在此一并表示由衷谢忱。本研究获得国家社科基金重大招标项目《汉语国际教育背景下的汉语意合特征研究与大型知识库和语料库建设》（项目批准号：12&ZD175）的资助。

研究汉语语法必须对这几个词语高度重视。我们在研究中发现,“是”和“的”相通,都表示肯定(assertion),“有”和“了”相通,都表示叙述(narration),而“是/的”和“有/了”的区分是汉语里最重要的分野,即肯定和叙述的分野。

1. 多种句式里“是”和“的”相通

1.1 多种句式里“是”和“的”相通

“是”和“的”在名词谓语句、形容词谓语句和动词谓语句等多种句式中都是相通的,这种相通主要表现在“是”字句和相应的“的”字句语义上大致相同。举例如下。

名词谓语句:

(1) a. 国民党是飞机和大炮,我们是小米和步枪。

b. 国民党飞机大炮的,我们是小米加步枪。

(2) a. 干社会主义我是一百个拥护,一千个赞成。

b. 干社会主义我一百个拥护,一千个赞成的。

(3) a. 你这一路上,翻山越岭,又是火车,又是汽车,中间还有一段沙漠……

b. 你这一路上,翻山越岭,火车汽车的,中间还有一段沙漠……

(4) a. 是大白天,有什么可怕的?

b. 大白天的,有什么可怕的?

(5)(导演说要找个黄头发的年轻演员,有人向他推荐)

a. 小王是黄头发。

b. 小王黄头发的。

形容词谓语句:

(6) a. 黑是黑，白是白，黑白分明。

b. 黑的黑，白的白，黑白分明。

(7) a. 这事是真是假，谁也不知道。

b. 这事真的假的，谁也不知道。

(8) a. 他的声音的确是很特别。

b. 他的声音的确很特别的。

(9) a. 他整天是婆婆妈妈，唠哩唠叨。

b. 他整天婆婆妈妈，唠哩唠叨的。

(10) a. 他对工作是认认真真，一丝不苟。

b. 他对工作认认真真，一丝不苟的。

(11) a. 这一仗打得是惊心动魄。

b. 这一仗打得惊心动魄的。

(12) a. 我看了刘翔在预赛和半决赛中的表现，他胜得是轻轻松松。

b. 我看了刘翔在预赛和半决赛中的表现，他胜得轻轻松松的。

动词谓语句：

(13) a. 我喝酒是自己花钱。

b. 我喝酒自己花钱的。（我喝酒自己花的钱。）

(14) a. 这种天气我是非常喜欢。

b. 这种天气我非常喜欢的。

(15) a. 我是随口问问，没有别的意思。

b. 我随口问问的，没有别的意思。

(16) a. 他去火车站是接人不是送人。

b. 他去火车站接人的。

(17) a. 他是有事,不是偷懒。

b. 他有事的,不是偷懒。

(18) a. 他是一定会对你好。

b. 他一定会对你好的。

(19) a. 我想你们是做得对。

b. 我想你们做得对的。

(20) a. 干社会主义我是绝对拥护,坚决赞成。

b. 干社会主义我绝对拥护,坚决赞成的。

(21) a. 他们俩在一起是说说笑笑,开心得不得了。

b. 他们俩在一起说说笑笑的,开心得不得了。

上面每组例子中的 a 句都是"是"字句,与之相应的 b 句是"的"字句,从形式上看,a 句和 b 句之间唯一的不同就是用"是"还是"的",而语义上大致相同,这表明"是"和"的"是相通的。这种相通在名、动、形各种不同的谓语句中都有体现,则说明其不是偶然现象,而是具有普遍性的。

1.2 "是"和"的"相通的原因

"是"和"的"之所以相通,是因为二者都出现在肯定性(assertive)的句子中,起到"加强一个肯定(assertion)"的作用。"加强一个肯定"就是增强所肯定的事态的指别度(完权,2013)。所谓指别度,指的是"说话人觉得,他提供的指称词语指示听话人从头脑记忆中或周围环境中搜索、找出目标事物或事件的指示强度。指示强度高的指别度高,指示强度低的指别度低。"(沈家煊、完权 2009)增强某个指称性成分的指别度,也就达到了增加听者对该指称目标的注意力强度的作用。比如说,导演要找一个黄头发的年轻演员,小王是黄头发,符合条件,一般的肯定句是:

小王黄头发。

一般的肯定句不用加“是”，要加强这个肯定，我们说：

是，小王黄头发。

停顿取消就是：

是小王黄头发。

也说：

小王是黄头发。

虽然“是”在句子中间，但仍然是对“小王黄头发”的强调。如果“是”重读，就更加加强这个肯定。

假如有人怀疑小王不是黄头发，我们也说：

小王黄头发的。

“的”是“小王黄头发”的附缀，加强了肯定。如果还要加强，就把“是”和“的”一齐说：

小王是黄头发的。

有时，从单个句子来看，“是”的出现似乎是不必要甚至是不恰当的，可恰恰表明了作者强烈的强调的意愿。如：

(22) 什么是“自然”？仿佛当然是大地、森林、草原等大自然；可你当真想想，对于现代城市人而言，他“自然”的生活环境究竟是什么？其实，是钢筋水泥的森林！这意味着，是高楼大厦才是城市人从小耳濡目染的“自然”……(毛尖《巨大灵魂的战栗》)

如果只看最后一句“这意味着，是高楼大厦才是城市人从小耳濡目染‘自然’”，第一个“是”字的出现完全是多余的，可是放在整个语境中去读，恰恰是这个“是”起到了进一步加强肯定的作用。“的”字适用范围则更加广泛，几乎所有的句子都能够在后面加

“的”字而并不显得特别不自然。

总之，“是”和“的”一前一后，都起加强肯定的作用。因此，二者在多种句式中是相通的。

加强肯定也就是增强指别度。“是”和“的”之所以能够起到增强指别度的作用，可能与其来源有关。“是”本来是指示词，其作用是增强指别度。“的”来自方位词“底”的可能性很大（江蓝生，1999），方位词就是给事物“定位”的，也起增强事物指别度的作用。所以“是”和“的”殊途同归。

1.3 “是”和“的”的不同

“是”和“的”既是相通的，又有区别。区别主要表现在二者的虚化程度不同：“的”的虚化程度比“是”高，已经成为一个附缀，不能独立使用；“是”还是一个独立的动词。

二者的区别在它们连用时表现得比较明显。“是”和“的”连用可以构成“是的”，“是的”是对“是”的强调，其中“的”可以省略，只说“是”。而“的”和“是”连用时，“多的是”“有的是”是对“多”“有”的强调，“是”不但不能省略，还要重读。可见，“的”比“是”的虚化程度高。

虚化程度高则意义宽泛，所以“的”的意思可以包括“是”的意思，如：

(23) a. 黑是黑，白是白，黑白分明。

　　b. 黑的黑，白的白，黑白分明。

(24) a. 来是来了，可很不情愿。

　　b. 来的来了，可很不情愿。

(23)中 b 句除了有“黑的东西黑，白的东西白”这一个意思外，也有 a 句的意思；(24)中 b 句除了有“来的人来了，可很不情愿”这个意思外，也有 a 句的意思。也就是说，"的"字句的意思中包含了相应的"是"字句的意思，其意义更加宽泛，这和"的"字的虚化程度比"是"高是一致的。

2. 多种句式里"有"和"了"相通

2.1 多种句式里"有"和"了"相通

与"是"和"的"在多种句式里相通类似，"有"和"了"在多种句式中也是相通的，主要表现在"有＋V""V＋有"都和"V 了"语义相近。

1）有＋V

现代汉语中，一般的动词不能在"有"后面出现，只有名动词可以（朱德熙，1982）。"有＋名动词"语义上大致相当于"名动词＋了"。如：

（25）a. 他有进步　　　b. 他进步了

（26）a. 情况有变化　　b. 情况变化了

（27）a. 病情有好转　　b. 病情好转了

（28）a. 产量有增加　　b. 产量增加了

（29）a.（西藏你有没有去过？）西藏我去过了。

b.（西藏你有没有去过？）西藏我有去过。

但是，在闽粤等多种南方方言中，"有－V"是一种常见句式，其中 V 不受名动词的限制，可以是一般动词，而且可以是形容词。这些方言句子翻译成普通话，通常译作"V 了"，也就是说，方言中"有＋V"语义上也和普通话中的"V 了"大致相当。如：

我有接到通知。——我接到通知了。福州（郑懿德，1985）

地下有焦。——地板干了。莆仙(李如龙,1986)

我有食饭。——我吃了饭了。汕头(李如龙,1986)

汝有无买书?——你买书了没有?宁德方言(李如龙,1986)

我有计划今年寒假兀活动。——我计划了今年寒假的活动。厦门(宋金兰,1994)

伊有去学堂。——他去了学堂。潮州(宋金兰,1994)

伊昨方有写好啊。——他昨天写好了。闽南话(李如龙,1986)

我阿哥这年有走归。——我阿哥今年回家了。吴语(颜逸明,2000)

汝大概无食饱。有饱。——饱了。福州(郑懿德,1985)

这蕊花有红。——这朵花红了。台湾话(张振兴,1983)

衬衫有燥。——衬衫干了。吴语(颜逸明,2000)

近年来,这种方言句式开始逐渐进入普通话。除了在日常口语和电视谈话节目中经常出现以外,公开发行的报刊上也出现得越来越多。王玲(2011)调查了厦门、南京、合肥、芜湖、阜阳、包头六个城市的高校中"有+VP"的使用情况,发现自南向北使用概率是递减的。但即使在最北方的包头高校中,也有83%的人听过,30%的人在口语中使用过,14%的人在书面语中使用过该句式。如:

我有去。/我去了。

他有说出打架的原因吗?/他说出打架的原因了吗?

我让你去找一下你妈单位的领导,请他们给你们家报一点医药费,你有去找吗?/你去找了吗?

2）V＋有

"V＋有"是现代汉语中的一种常见格式，和"V＋了"格式语义上相当。如：

（30）a. 桌上放有一本书。

b. 桌上放了一本书。

（31）a. 墙上写有"肃静"两个大字。

b. 墙上写了"肃静"两个大字。

（32）a. 县城内密密麻麻的挂有近百家商行的牌子。

b. 县城内密密麻麻的挂了近百家商行的牌子。

詹开第（1981）曾指出，"动词＋有""可以看作是'动词＋着/了'的变体"，也说明了二者是相通的。

3）固定用语

现代汉语中存在较多带"有"字的成语、熟语，这些固定用语如果用一般的、普通的话来说，也就是"V 了"格式。如：

（33）a. 有来无回　　b. 来了回不去

（34）a. 有失公平　　b. 失了公平

类似的例子还有"有负众望、有闻必录、有伤风化、有备无患、有辱门风"，等等。

上面的分析说明，在多种句式中"有"字句和"V"字句的语义都是大致相同的，即"有"和"了"的相通是有普遍性的。

2.2 "有"和"了"相通的原因

"有"和"了"都出现在叙述性（narrative）的句子中，二者之所以相通，是因为它们都和动作的实现相关。我们看下面着一对例子：

墙上写了三个字。

墙上写有三个字。

助词“了”是从表示“终了、完毕”义的动词发展而来的(刘坚等,1992),动作的“实现”就是一个从无到有的过程,这是“了”和“有”相通的基础。同样,动作的结果,比如动作“写”的结果“字”也有一个从无到有的过程,“写了”和“写有”都既是有字,也是有写。

2.3 “有”和“了”的不同

“有”和“了”既是相通的,又有不同。其不同主要在于“了”比“有”的虚化程度高,“了”已经虚化成一个附缀,“有”还是动词,经常独立使用,如:

西藏你有没有去过?——有,西藏我去过了。

他有没有跟你生过气?——有。

你为什么要骗我?——我没有。——你有!

“了”既可以出现在行域的句子中,也可以出现在知域和言域的句子中(沈家煊,2003;肖治野、沈家煊,2009;张宝胜,2011;邓思颖,2013)。而“有”可以出现在行域的句子中,一般不出现在知域或言域的句子中。如:

(35) 这双鞋变小了。(行域)　这双鞋有变小。

这双鞋太小了。(知域)　*这双鞋有太小。

(36) 他把枪放下了。(行域)　他有把枪放下。

你把枪放下了!(言域)　*你有把枪放下!

(37) 昨天我们上课了。(行域)昨天我们有上课。

安静,上课了。(言域)　*安静,有上课。

(38) 他去吃饭了。(行域)

她有去吃饭。

我去吃饭了。(言域)

*我有去吃饭。(不是不能说,而是变成了行域)

(39) 自己人帮自己人了。(行域)

自己人有帮自己人。

自己人肯定帮自己人了。(知域)

*自己人肯定有帮自己人。(不是不能说,而是变成了行域)

从上述例句可以看出,行域的“了”都可以用“有”表达(至少在南方方言里),知域和言域则不能。这也说明“了”的适用范围比“有”广,适用范围广,虚化程度也就高。

3. 多种句式里“是”和“有”的对立

“是”和“有”在句法和语义上存在着一系列的对立,本节将说明这些对立实际上都是肯定和叙述的对立。

3.1 有无排除义的对立

“是”字句常有排除义,而“有”字句没有。如:

(40) a. 兜里有包烟卷。

兜里有包烟卷,还有毛巾、牙刷等日常用品。

b. 兜里是包烟卷。

兜里是包烟卷,还*是/?有钢笔、毛巾等日常用品。

(41) a. 参加比赛的有北京队和山东队。

参加比赛的有北京队和山东队,还有辽宁队。

b. 参加比赛的是北京队和山东队。

参加比赛的是北京队和山东队,还*是/?有辽宁队。

(42) a. 有两个人躺在地上。

有两个人躺在地上,还有一只小狗。

b. 是两个人躺在地上。

是两个人躺在地上,还*是/?有一只小狗。

从对后续句的接受程度上可以看出,"有"字句只表示存在,没有排除义;而"是"字句除了表示存在之外,还有排除其他的意思。

从下面的例子中也可以看出"是"字句隐含排除义而"有"字句没有:

(43) a. 有客从远方来。

b. 是客从远方来。

(不是别的什么人,也不是从近处来)

(44) a. 墙上有我写的诗。

b. 墙上是我写的诗。

(不是别人写的,也不是诗以外的什么东西)

(45) a. 我有一个美国太太。

b. 我是一个美国太太。(不是日本太太。)

下列现象也和排除义有关:

(46) a. 这条鱼有三斤。(可以超过三斤)

b. 这条鱼是三斤。(只能是三斤)

"有"字句不排除这条鱼是三斤以外的其他重量[①],而"是"字句则强调只能是三斤,不能是其他任何重量。

同样,不管是"是"字句还是"有"字句,当我们肯定一点,排除其他的时候,只能用"是"而不能用"有",如:

(47) a. 我有/是个弟弟在上海,不是哥哥。

b. *我有/是个弟弟在上海,没有哥哥。

(48) a. 他有/是一只耳朵聋了,不是两只。

b. *他有/是一只耳朵聋了,没有两只。

(49) a. 他有/是一双大眼睛，不是小眼睛。

b. *他有/是一双大眼睛，没有小眼睛。

这是因为"是"和"不是"是个是非问题，"有"和"没有"是个有无问题，是非问题就要肯定或接纳一个，有无问题只是陈述有还是没有或者有多少。所以"是"和"有"在排除义上的对立就是肯定和陈述的对立。

3.2 主观判断和客观描写的对立

"是"字句通常表示主观的判断，而"有"字句表示客观的描写。如：

(50) a. 是一个人慢慢走了过来。

b. 有一个人慢慢走了过来。

上面的一组句子中，a 句是"是"字句，表示一种主观的判断，即通过观察慢慢走过来的物体的形状、行为等判断出走过来的是人，不是别的什么，而 b 句是"有"字句，用于事件的客观描写，没有一个判断的过程。再看例子：

(51) a. 桌子上有书　　　桌子上是书

b. *桌子上都有书　　桌子上都是书

(52) *满桌有书　　　满桌是书

*浑身有土　　　浑身是土

(51)中"桌子上有书"和"桌子上是书"都能说，但是如果加上表示总括的"都"以后，只能用"是"，不能用"有"。一般我们都把"都"说成表示"总括"的副词，这种说法并没有完全说到位。跟英语的"all"不同，"都"是个带有主观判断色彩的总括副词，而 all 则是客观的。表现在句法上，就是汉语中总括部分可以用"都"，而英语中不可以。如汉语说"很多人都来了"，来的人是一部分，并不是全部,这时英语一定不能说"Many people have all come"。"有"字句和"是"字句对"都"接受与否,也说明了它们在主客观方面的对立。(52)中的"满""浑"与"都"类似,也是有主观色彩的,它们与"有"字句和"是"字句组合时也和"都"有平行的表现。

另外,"是"出现在主语前有"确定责任者"的含义(李讷等,1998),主观性较强,"有"字句没有。如:

(53) a. 有谁来过这里?

——?有几个小孩来过,你就别再追究了。

b. 是谁来过这里?

——是几个小孩来过,你就别再追究了。

主客观对立在词汇化上表现得更加明显。"X+有"构成的词汇,除少量副词外,多为动词性的,整个句子表示客观存在。而"X+是"构成的词汇,多为副词性的,整个句子带有强烈的主观性。

"X+有"

常和"有"组合的词语,除少量形容词和副词外(如:唯有、稀有、固有),多是动词。如:"挂有、印有、写有、装有、雕有、建有"等。

项链上嵌有钻石。

卫生间里带有淋浴。

水里含有丰富的矿物质。

孙宏林(1996)以《汉语水平大纲》中的动词为基础,并结合同类联想等,共找出88个可以和"有"组合的动词,这些动词中除少数几个表示包含或存在("包含、包括、带、含""藏、存、散落"等)以外,绝大多数都是动作性及物动词。V和"有"结合紧密,是"介于词和短语之间的语言成分"(史有为,1984),"类似一个词"(吕叔湘主编,1980)。有些的确已经成词,并收入《现汉》,如"领有、拥有、占有、具有、保有"。

"V＋有"出现的基本句式为：NP_1 ＋V有＋VP_2，基本的语法意义是NP_2在NP_1处存在。这种句式多为肯定句，基本上没有否定、疑问、祈使等句子，而且后面一定带宾语。显然，整个句式表示的是一种客观的存在。

X＋是

常和"是"组合的一般是连词或者副词（董秀芳，2004），也有少量动词。和"是"组合的词有单音节的，也有双音节的，很多"单音节＋是"的组合已经成词，收在《现汉》中。

单音节连词＋是：但是、可是、就是、要是、若是、而是、还是、或是

单音节副词＋是：只是、总是、准是、真是、别是、光是、老是、愣是、倒是、很是（很是喜欢）

双音节连词＋是：无论是、不管是、虽然是、不论是、或许是、即便是、即使是、就算是、哪怕是、虽说是、如果是、只要是

双音节副词＋是：好像是、的确是、仅仅是、甚至是、特别是、首先是、尤其是、主要是、听说是、据说是

"X＋是"组合表达的意义和X没有多少差别。从上面的例子来看，能和"是"组合的多是表示假设关系的连词和表示强调的副词，带有鲜明的主观性。

有些单音节动词也能和"是"组合。组合后的词性发生了变化，不再是动词，而是副词，从语义上看不再表示陈述，而表示一种推测，主观性很强。如：

动词＋是：说是、想是、看是、怕是

“是”字句多与主观性相关，“有”字句则与客观性相关，这是因为“是”表示肯定，是主观的判断，而“有”则表示客观的叙述。也就是说，主客观对立的深层原因是肯定和叙述的对立。

3.3 事变性和动作性的对立

“有”的否定是“没有”，注意点在动词的事变性(有没有这件事)；“是”的否定是“不是”，注意点在动词的动作性(做不做这件事)。(吕叔湘，1942/1982：238)如：

(54) 花有红。　　　　花有(没有)红。

他有去北京。　　　　他没有去北京。

有客人来了。　　　　没有客人来。

(55) 他是很漂亮。　　　　他不是很漂亮。

他是去北京。　　　　他不去北京。

是客人来了。　　　　不是客人来了。

而有没有是个“有无”问题，是直陈，“做不做”和“是不是”都是“是非”问题，不是直陈，是肯定。所以“是”和“有”在否定上的对立实际上就是肯定和陈述的对立。

4. 多种句式里“的”和“了”的对立

赵元任(1968/1979)指出，“的”是针对整个句子来说的。“他昨天来的”意思是：有那么一件事，他昨天来了。也就是说，带“的”的句子都是静态的，指称一个事物或事件，不陈述事件，在话语中处于背景(李讷等，1998；木村，2003)。而带“了”的句子都有明显的动态性质，表示陈述，在话语中高度前景化，“可以看作动和静的分别”(吕叔湘，1944)。“的”和“了”的区别体现在各种不同的句式中，如：

(56) 他昨天来的。/ 他昨天来了。

(57) 他先动了手。/ 他先动的手。

(58) 阿眉胖了。是在她同餐桌一个老飞行员的督促下胖的。(转引自李讷等，1998)

(59) 当然，也还说了四五句别的寒暄的话，但都是站在门口说的。(转引自杉村博文，1999)

上例中的"的"字句都是静态的，表示肯定，而"了"字句则表示动作或者变化，是叙述。表现在句法上，就是"了"字句常常可以和表示时间的"已经、早就"之类的词搭配，而"的"字句不可以。如：

(60) 他昨天来了。　他早就来了。
　　他昨天来的。　*他早就来的。

(61) 上个星期他来了。　上个星期他已经来了。
　　上个星期他来的。　*上个星期他已经来的。

这是因为叙述有时间性，而肯定没有时间性。

另外，从否定形式上也可以看出"的"和"了"的区别。如：

(62) 瓦特发明蒸汽机的。　不是瓦特发明蒸汽机的。
　　瓦特发明了蒸汽机。　瓦特没发明蒸汽机。

(63) 他昨天来的。　他不是昨天来的。
　　他昨天来了。　他昨天没来。

而"有没有"是个"有无"问题，是直陈，"是不是"是"是非"问题，是肯定。所以"的"和"了"在否定上的对立实际上也是肯定和陈述的对立。

5. "是"和"有"的同现

上面我们讨论了"是/的"和"有/了"之间存在的一系列对立现

象,并说明了这些对立在本质上都是肯定和叙述的对立。但是,二者在汉语中的对立不是绝对的,也有不对立的情形存在。表现在形式上,即"是"和"有"、"的"和"了"在句子中可以同时出现。下面我们分别论述。

"是"和"有"出现在同一个句子中,如:

(64) 这个这个彩色的电视机,我是有一个九寸的……(北京大学 CCL 语料库)

是有过几天清闲的日子,不过现在老主顾又都回来了,跟以前差不多。

(65) 在这方面,美联储是有过深刻教训的。

这一数字与上世纪 90 年代早期不足 0.5%的数字相比更是有了显著增长。

我们问过当地的侨民,这儿中国的书多吗?他们说中国香港、台湾的书倒是有见,但大陆的书很少。

我是有听过传闻,但是战况真的有这么糟糕吗?

需要指出的是,"是"和"有"的同现是有顺序的,只能是"是有",不能是"有是"。二者同现,说明肯定和叙述的对立不是绝对,存在不对立的情形。二者同现时的顺序,说明了肯定和叙述是不对称的,肯定可以包含叙述。具体说就是对于一个叙述,我们仍然可以肯定,即我们可以指称一个事件,所以有"是有";而对于一个肯定,我们则很难再加以叙述,所以没有"有是"。

6. "的"和"了"的同现

6.1 前人的研究

关于"的"和"了"的关系,前人已有过一些研究。杉村博文

(1999)指出,"V的O"是"VO了/V了O"的承指形式,如:

(66) A:"……后来他们就动了手……"

B:"谁先动的手?把话说清楚!"(转引自杉村博文,1999)

b句中的"动的手"是a句中"动了手"的承指形式。这种说法的确能够解决一些问题,如为什么"V的O"中V后面不能附有各种时态成分等。但是正如袁毓林(2003)所说的,这一说法解释力有限,如无法解释"VP的"不表示已然事件的现象。我们看下面一组例子:

(67) a. 他是站在门口说的。

b. 他是一定会说的。

a句中的"说"是已经发生的动作,"说的"可以说是"说了"的承指形式。但是b句中的"说"是未发生的事件,显然不能用"承指"的观点加以说明。而上述两个"的"是同一个"的",这一点前人的研究中已经证实了。显然,"承指说"是有缺陷的。而且,这一说法无法解释"了、的"同现的情形(具体例子见下文)。

袁毓林(2003a)则对此做出了调整,认为"V的O"是以"V了O"作为预设的,而预设具有可取消性的特点,当句子是无标记的,可以确定这种句子表示已然义,当句子出现"会、要"等跟已然义相冲突的标记成分的时候,默认的预设被取消,语义方面的理解随之调整。这一说法解决了杉村的问题,但是新的问题又随之而来,即:有些句子,我们很难说它带了什么预设。如:

(68) 他一定会对你好的。

(69) 中国人就是这样谈恋爱的。

也就是说,对"的"和"了"的关系,袁文同样也没有很好地解决。但是上述两种观点都有合理之处,即:1)认为陈述是可以被指称的;2)"先'了'后'的'"的观察有道理。

6.2 "了的"和"的了"

"了"和"的"的同现有"了的"和"的了"两种不同的顺序,"了的"句如:

(70) 当然,应该说,这个传统从马克思起就有了的。(转引自完权,2013)

(71) 妈妈的手起了层鳞,叫她给搓搓背顶解痒痒了。可是我不敢常劳动她,她的手是洗粗了的。(老舍《月牙》)

"的了"句如:

(72) 我不知道回去该怎么向马导解释,反正挨通"骂"是免不了的了。(《体坛周报》)

(73) 如果说他们都是作家,仍有重视文学而轻视历史的嫌疑,那么那位从来没有写过文学作品而恰恰写过《历史哲学》的黑格尔应该是持论公平的了。(余秋雨《山居笔记》)

上文我们说过,肯定和叙述是不对称的,肯定可以包含叙述。对于一个叙述,我们仍然可以肯定,而对于一个肯定,则很难再加以叙述。"VP了的"句中,"VP了"表示叙述,加上"的"后则对这个叙述进行肯定,整个句子是个判断句,和我们关于肯定和叙述不对称的观点是一致的。那么"VP的了"句该怎么看待?是不是表示对"VP的"这个肯定的叙述,因而是上述观点的反例呢?

我们认为,"VP的了"句不表示对肯定的叙述,只表示肯定实现了。这种不同可以通过"了"所属的认知域的不同加以证明,即"了的"中的"了"是了$_{行}$,"的了"中的"了"是了$_{知}$。关于了$_{行}$和了$_{知}$,

张宝胜(2011)和邓思颖(2013)通过考察河南话和粤语得出了相同的结论,即行域和知域的“了”或相当于“了”的助词读音有区别,行域只有一读,知域可以两读,这证实了它们的区别是客观存在的。上例(70)(71)中的“了”都表示一种新行态的变化,可以带副词“已经”,是属于行域的。如:

(70′) 当然,应该说,这个传统从马克思起就已经有了的。

(71′) 妈妈的手起了层鳞,叫她给搓搓背顶解痒痒了。可是我不敢常劳动她,她的手是已经洗粗了的。

而(72)(73)中的“了”表示的是一种主观的评价或者认识,属于知域。再看下面的句子:

(74) a. 北京电影票价贵得很,100 元一张,顶我在我们那个县城看两三场的了$_{知}$。(知域)

b. *北京电影票价贵得很,100 元一张,顶我在我们那个县城看两三场了$_{行}$的。

(75) 在他们眼里,没有比做演艺明星更能名利双收,出人头地的了$_{知}$。(知域)

*在他们眼里,没有比做演艺明星更能名利双收,出人头地了$_{行}$的。

(74)(75)两句是典型的知域的句子,只能用“的了”,不能用“了的”。有些句子,是既可以用“的了”,也可以用“了的”的,这时,“了的”中的“了”只能理解为行域的,“的了”中的“了”只能理解为知域的。如:

(76) a. 你们一辈子的温饱是没有问题了的。

b. 你们一辈子的温饱是没有问题的了。

a 句对“你们一辈子的温饱没有问题了”这样一个客观行态的

变化进行肯定,“了”是行域的;b句则表示“你们一辈子的温饱没有问题的”这个肯定实现了,“了”是知域的。

“了的”中的“了”是了行,“的了”中的“了”是了$_{知}$。“了$_{行}$”句叙述一个客观事件,“了的”句则是对这个叙述进行肯定。“的了$_{知}$”句则仅仅表明说话人的主观知觉和认识,并不是对肯定进行叙述。所以,从“的”和“了”的共现来看,肯定和叙述仍然是不对称的。

7. 结论

7.1 肯定、叙述大分野

赵元任(1968/1979)指出,传统上将谓语的类型分为动词性谓语、形容词性谓语、名词性谓语,但“在形式上更有依据”的分类应该是对比、肯定、叙述,这个新的三分横贯(cut across)原来“动词、形容词、名词”的三分。

沈家煊(2012a)指出,汉语的形容词属于动词,所以传统的三分可以看作动词性谓语和名词性谓语二分,但是汉语里找不到二者之间明显的形式区别。同时,沈文进一步把赵先生的三分归并为二分:肯定性谓语和叙述性谓语二分,并指出这个二分有明显的形式依据:肯定性谓语常用判断动词“是”,否定的时候用“不”,叙述性谓语常用时体助词“了”,“了”和“有”相通,否定的时候用“没(有)”。也就是说,赵先生认为,要给谓语分类,找形式依据的话,“是”和“有/了”的对立、“不”和“没”的对立是重要的,而“名”和“动”的区别不重要。

本文的研究进一步证明了肯定和叙述的分别在汉语中是重要的,肯定的形式依据为“是”和“的”,在多种句式里,“是”和“的”是相通的;叙述的形式依据为“有”和“了”,在多种句式里,“有”和

"了"也是相通的。而"是"和"有"、"的"和"了"之间存在着一系列的对立现象,体现了肯定和叙述的分野在汉语中是非常重要的。

7.2 肯定和叙述是横贯名词和动词的

上文我们用语言实例证明了肯定和叙述的形式标记都出现在多种句式中,既包括名词性的,也包括动词性的。这说明了肯定和叙述的对立是横贯(cut across)"动词、名词"对立的。下面的现象能更清晰地说明这一点。

同一个 NP,既可以出现在肯定性句子中,也可以出现在叙述性句子中,如:

(77) 今儿是礼拜。(肯定性)

今儿礼拜了。(叙述性)

(78) 他是教授。(肯定性)

他教授了。(叙述性)

名词"礼拜、教授",既可以出现在肯定性的句子中,做指称语,也可以出现在叙述性的句子中,做陈述语。

同一个 VP,既可以出现在肯定性句子中,也可以出现在叙述性句子中,如:

(79) 我考上大学了。

a. 我有考上大学了。b. 我没有考上大学。(叙述)

a. 我是考上大学了。b. 我不是考上大学了。(肯定)

(80) 我去过北京。

a. 我有去过北京。

b. 我没有去过北京。(叙述)

a. 我是去过北京。

b. 我不是去过北京,我是去过上海。(肯定)

(81) 那个女生一直在看我。

a. 那个女生一直有在看我。

b. 那个女生一直没有在看我。(叙述)

a. 那个女生是一直在看我。

b. 那个女生不是一直在看我。(肯定)

(82) 脸上挤出白色的东西了。

a. 脸上有挤出白色的东西了。

b. 脸上没有挤出白色的东西。(叙述)

a. 脸上是挤出白色的东西了。

b. 脸上不是挤出白色的东西了,是挤出黑色的东西了。(肯定)

上例中的四个句子的谓语都是VP,既可以出现在肯定性谓语中,做陈述语,也可以出现在叙述性谓语中,做指称语。也就是说它既是陈述语也是指称语,既是VP,也是NP。可见,汉语中不太注重指称和陈述、NP和VP的区分。这一点和英语有着显著的区别。我们比较下面的两组句子。

(83) 他考上大学了?他没有考上大学。

He did not VP

(84) 他考上大学了?他不是考上大学了,他是中彩票了。

It's not that S+VP

汉语中无论是肯定性的还是叙述性的,"考上大学"的形式都是一样的。而英语中叙述性的"没有考上大学"说did not VP,VP是陈述性的;而肯定性的"没有考上大学"说It's not that S+VP,S+VP是"潜在的指称语",加上that标记后,that S+VP是小句(clause),"实现为指称语"。也就是说,在英语中陈述和指称是截然分开的，陈述出现在叙述性谓语中，指称出现在肯定性谓语中。VP只有陈述性，没有指称性，而小句有指称性，没有陈述性。而汉语中，如前所述，VP和小句都是有指称性的，这跟以下两点一致：

1）汉语中没有主语的VP也是小句。

无主句是汉语中的一种自然现象。如：

（85）有人来了。

是谁告诉你的？

出太阳了。

轮到你了。

上例中的“有人来了”“是谁告诉你的”等既是VP，又是小句，既是叙述性的，又有指称性。

2）汉语主语和谓语的关系是话题和说明的关系，语义联系可以极其的松散（赵元任 1968:2.4.1）。如：

（86）他是美国太太 / 他是娶了美国太太

他是骗子 / 他是骗人

她是演员 / 她是演戏

上面三组句子中，宾语可以是NP，也可以是VP，正是由于VP有指称性，所以和NP一样，可以自由地做宾语。

由上面的分析可以看出，汉语中肯定性和叙述性的对立是横贯名词和动词的区分的。也就是说，名词和动词区分不重要，即是不是这样东西和是不是这件事情的区别不重要；有没有这样东西和有没有这件事情区别也不重要。重要的是“是”和“有”的区别，即肯定和叙述的区别。

7.3 名词和动词是既对立又不对立的包含关系。

上文中我们证明了,肯定和叙述之间既存在一系列的对立,同时通过对“是”和“有”共现、“的”和“了”共现情形的考察也发现两者之间的不对称:即叙述可以被肯定,而肯定很难再被叙述。而肯定和指称相联系,叙述和陈述相联系,所以汉语中的指称和陈述是既对立又不对立的关系,指称是可以包含陈述的。而名词是指称语,动词是陈述语,因此,我们可以说,汉语中的名词和动词也是既对立又不对立的包含关系。

从“肯定和叙述”的角度着手,能使语法简单、清晰,可以把汉语中和“是、的”、“有、了”相关的各种语言现象联系起来,把看似复杂的事情讲得简单清晰,符合简单原则。

这样的分析为西方哲学中的 being 与中国哲学中的“是/非”“有/无”之辨提供语言学证据。

附　注

① 通常的理解是超过三斤而不是不到三斤,这是因为“有”字有领有句具有表好(褒义)和表多的语义倾向(刘丹青,2011)。

参考文献

北京语言学院语言教学研究所　1986　《现代汉语频率词典》,北京语言学院出版社。

宋继杰编　2011　《BEING 与西方哲学传统》,广东人民出版社。

邓思颖　2013　《再谈“了$_2$”》,《中国语文》第 3 期。

董秀芳　2004　《“是”的进一步语法化:由虚词到词内成分》,《当代语言学》第 1 期。

江蓝生　1999　《处所词的领格用法与结构助词“底”的由来》,《中国语文》第 2 期。

李　讷、安珊笛、张伯江　1998　《从话语角度论证语气词“的”》,《中国语文》

第 2 期。
李如龙　1986　《闽南方言的"有"和"无"》,《福建师范大学学报》第 2 期。
刘丹青　2011　《"有"字领有句的语义倾向和信息结构》,《中国语文》第 2 期。
刘　坚等　1992　《近代汉语虚词研究》,语文出版社。
吕叔湘　1944/1982　《中国文法要略》,商务印书馆。
吕叔湘　1980　《现代汉语八百词》,商务印书馆。
木村英树　2003　《"的"字句的句式语义及"的"字的功能扩展》,《中国语文》第 4 期。
杉村博文　1999　《的字结构承指与分类》,江蓝生、侯精一主编《汉语现状与历史的研究》,中国社会科学出版社。
沈家煊　2003　《复句三域"行、知、言"》,《中国语文》第 3 期。
沈家煊　2007　《汉语里的名词和动词》,《汉藏语学报》第 1 期。
沈家煊　2008　《"移位"还是"移情"?——析"他是去年生的孩子"》,《中国语文》第 5 期。
沈家煊　2009a　《我看汉语的词类》,《语言科学》第 1 期。
沈家煊　2009b　《我只是接着向前跨了半步——再谈汉语的名词和动词》,《语言学论丛》(第 40 辑),商务印书馆。
沈家煊　2010　《英汉否定词的分合和名动的分合》,《中国语文》第 5 期。
沈家煊　2011　《从"优雅准则"看两种"动单名双"说》,"第三届两岸三地现代汉语句法语义小型研讨会"论文,中国社会科学院语言研究所,北京,8 月 13 日。
沈家煊　2012a　《零句和流水句》,《中国语文》第 5 期。
沈家煊　2012b　《名词和动词:汉语,汤加语,拉丁语》,《现代中国语研究》第 14 期,日本朝日出版社。
沈家煊　2013　《谓语的指称性》,《外文研究》第 1 期。
沈家煊、完　权　2009　《也谈"之"字结构和"之"字的功能》,《语言研究》第 2 期。
沈家煊、王冬梅　2000　《N 的 V 和参照体-目标构式》,《世界汉语教学》第 4 期。
施其生　1996　《论"有"字句》,《语言研究》第 2 期。
史有为　1984a　《表已然义的"的$_b$"补议》,《语言研究》第 1 期。

史有为 1984b 《关于“动+有”》,《语言学论丛》第十三辑。
宋金兰 1994 《“有”字句新探——“有”的体助词用法》,《青海师专学报》第2期。
孙宏林 1996 《由“V+有”构成的存在句》,《世界汉语教学》第2期。
完 权 2013 《事态句中的“的”》,《中国语文》第1期。
王 玲 2011 《句法结构的定量分析——以“有+VP”格式为例》,《汉语学习》第8期。
肖治野、沈家煊 2009 《“了$_2$”的行、知、言三域》,《中国语文》第6期。
颜逸明 2000 《浙南瓯语》,华东师范大学出版社。
袁毓林 2003a 《从焦点理论看句尾“的”的句法语义功能》,《中国语文》第1期。
袁毓林 2003b 《句子的焦点结构及其对语义解释的影响》,《当代语言学》第4期。
詹开第 1981 《有字句》,《中国语文》第1期。
张宝胜 2006 《也说“复句三域”》,《语法研究和探索(十三)》,商务印书馆。
张宝胜 2011 《也说“‘了$_2$’的行、知、言三域”》,《中国语文》第5期。
张振兴 1983 《台湾闽南方言记略》,福建人民出版社。
张豫峰 1998 《有字句研究综述》,《汉语学习》第3期。
郑懿德 1985 《福州方言的“有”字句》,《方言》第4期。
赵元任 1979 《汉语口语语法》,吕叔湘译,商务印书馆。
朱德熙 1978 《“的”字结构和判断句》,《中国语文》第1、2期。
朱德熙 1982 《语法讲义》,商务印书馆。
Chao, Yuan ren(赵元任) 1968 *A Grammar of Spoken Chinese*, Berkeley and Los Angles: University of California Press.

(原载《中国语文》2014年第1期)

区分"了$_1$"和"了$_2$"问题初探*

王　伟

（中国社会科学院　语言研究所）

提要　本文的第一部分从句中"了$_1$"与句尾"了$_2$"句法功能的对立和使用条件的不同，论证了为什么研究"了"采取"二元论"比"一元论"好，而且这一结论得到了语言习得研究以及方言类型学方面材料的佐证。本文的第二部分结合具体例证初步探讨了在单句句尾、复句小句句尾等位置如何区分"了$_1$"和"了$_2$"。

"了"毫无疑问是现代汉语中出现频率最高的词之一[①]，也是任何一部汉语语法著作中地位最为举足轻重的句法单位之一。任何对"了"的系统研究，都需要首先回答以下几个问题："了"是单讲一个好，还是分开讲好？如果分开好，究竟分几个好？如果有几个"了"，究竟如何在句中进行辨别？

---

* 本文根据作者博士学位论文《现代汉语"了"的句法语义定位》（王伟，2006）的第二、七章改写。本文的主要内容曾以"如何区分了$_1$和了$_2$"为题成文，于 2007 年在纽约哥伦比亚大学举行的国际中国语言学学会（IACL）第十五届年会上宣读，并获得学会"青年学者奖"（YSA）。涉及"了"历史演化的"双重隐退"机制从略。本文此前没有正式发表，基本保留原貌。

1. 坚持"二元论"

关于"了"的分合,主要是两大派:大部分学者虽然对具体怎么分意见未必一致,但都主张分,可名为"多元论";也有少数学者认为不宜分,只有一个统一的"了",可名为"一元论"。

"多元论"的主流是"二元论"[②]——区分动词后面表动态的"$了_1$"和句子末尾表事态、语气的"$了_2$"(黎锦熙,1992 [1924];赵元任,1926;Chao,1948、1979;吕叔湘,1999 [1980];王还,1992;Xu,1996;刘月华等,2001;Li and Thompson,1981)。

主张"一元论"的学者(Thompson,1968;Huang,1987;Shi,1990;石毓智,2000;Arin,2003;Lin,2003)大都强调:"了"的词汇来源一致[③],而所有用法在语义上是一致的,是同一个句法语义成分。比如,石毓智(2000:20)就相信:"'$了_1$'和'$了_2$'实质上是同一个东西在不同句法位置上的语法变体,使用条件是一致的。"

本文将通过揭示"一元论"和"多元论"主张的问题,坚持"了"分合上的"二元论"。

1.1 句法功能和使用条件的证据

语言现象的特点是,如果对其概括足够抽象,就比较倾向于总结共性的东西;但是深入了解情况,接触足够多的细节之后,则往往倾向于讨论个性的东西。但是无论强调哪一方面,根本的立足点都是为了更好地解释具体的语言现象,更有利于我们的研究和教学。

"一元论"面临的主要问题,是如何解释下面这组简单例子所表明的"了"的句法功能的不对称性:

(1) *他吃了饭。

(2) 他吃饭了。

这对例句强有力地传达了一个信息:“了”处于句中时和处于句尾时,体现出来的句法功能是不同的;从能否成句的角度来看,句中“了”与句尾“了”不在一个层次上,前者只能指向核心谓语“吃”,后者却管辖整个句子的命题“他吃饭”。

石毓智(2000)的“一元论”认为:句中成分能否与“了”搭配,遵循着一条共性,即该成分要有“实现过程”。这个思想可能受到刘勋宁(1988)观点的影响,即认为词尾“了”表“实现”。但是这最多也只是阐明了“了”的使用在语义上的共性,而无法解释既然都表“实现”,为什么会有上面两个例句的对立。

Arin (2003) 的“一元论”认为“了”是有界标记。但是,此论仍然无法逾越两者句法功能上的对立——既然同样都是提供界限,词尾“了”无法帮助成句,而句尾“了”则可以。

如果“一元论”反驳说,以上对立只是因为“了”的位置不同所致,比如上文提到的石毓智(2000:20)就认为,“了$_1$”和“了$_2$”实质上是一对语法变体,使用条件是一致的,这实际上就承认了,在句中处于不同位置的“了”具有不同的句法功能。句法功能都变了,即使语义上一致,使用条件怎么可能一致?

石毓智判断副词是否与“了”共现的论证,是看副词是否表达“实现过程”[④],但是,说副词有无“实现过程”是较模糊的讲法,因为副词本身并不表示动作。比如副词“就”和“才”,哪一个有“实现过程”,哪一个没有,似乎就不好判断:

(3) 他昨天 8 点就到了。

(4) 他昨天 8 点才到。

例(3)(4)中肯定有“实现过程”,而且根本都已经实现了,但是为什么“就”可以和句尾“了”共现，而“才”不能？如果因此认为“就”有“实现过程”，而“才”没有，且不管如何证明，如何解释下面的情形：

(3a) 他昨天 8 点就到了学校。

(4a) 他昨天 8 点才到了学校。

现在，是不是只好又说“就、才”都有“实现过程”了？这至少说明：句尾“了”和词尾“了”的使用条件并不相同，不分开来就根本说不清楚。[⑤]

刘勋宁(2000:16)也认为：“了”看作两个比较好。这是因为看作一个，不好解释双“了”句为什么要用两个“了”。他举了一些“地地道道的北方话，包括北京话，而且是常用句型”的例子：

吃饭了/丢了东西/去了东京了/过了一个小时了

既然都是表达“实现过程”或者“有界性”，那么同一个标记有什么必要非得使用两次？使用两次和使用一次的区别在哪里？这些问题都是讨论现代汉语当中“了”的句法语义地位的基本语法问题，但恐怕都是“一元论”所难以解释的[⑥]。

1.2 语言习得的证据

从习得角度来看，根据孔令达(1994)对汉族儿童习得“了”字句的取样调查，在 1.5 岁和 2 岁的年龄段中，儿童只会使用“了”字出现在句末（他称为“$了_b$”，即“$了_2$”）的句子；“了”字出现在句中（他称为“$了_a$”，即“$了_1$”）的句子要晚至 2.5 岁才发现。

孔令达(1994)如此解释儿童习得“了”的顺序：首先，从语义内容上看，“$了_2$”句通常是对眼前事件的评说，句中事件发生的时间距说话时刻很近，在儿童最早出现的“了 2”句中尤其如此（在 1.5 岁儿童“$了_2$”句习得用例中没有例外）；而“$了_1$”句则往往是对过去发生事件的陈述，句中事件发生的时间距说话时刻较远。这样，“了$_1$”句对儿童记忆能力的要求更高。其次，从句法结构上来看，“了$_2$”句可以很短，短到只有两个词（如“跌跤了”“没有了”“坏了”），而“了$_1$”句从理论上说至少要有三个词，结构更加复杂，提高了学习难度。

本文认为：“了$_2$”是“综合”，把命题作为一个整体来讲，有完型效应，比较直观；“了$_1$”是“分析”，把谓词和宾语分开，认知负担更重。“了$_2$”句是二元的“主位—述位”结构；“了”句是三元的“主语—谓语—宾语/补足语”结构，所以，“了$_1$”句比“了$_2$”句更加复杂难学。

这种整齐划一的规律性说明：儿童在习得“了”的过程中，“了$_1$”和“了$_2$”确实是两个不同的阶段，应该看作两个不同的类，而不是同一个“类”的两个“型”。

无法想象，涵盖如此复杂语义语用现象的“了”，如果不分开来讲，能合理地说明儿童对“了”的习得过程。可见，从儿童习得“了”的角度，可以作为“了”二分的旁证。

1.3 方言中“了”分合的事实

从方言角度来看，有许多方言中相当于普通话“了”的成分，往往有不同的语音表现，在母语者看来是不同的成分。最早主张“了”二分的赵元任（1926），就是通过北京话和吴方言中的苏州话以及常州话的对比得出“二元论”的结论。

比如在作者的母语杭州话中，相当于“了$_1$”的成分主要是“勒”[lɐʔ/lÈʔ][7]；相当于“了$_2$”的成分有强弱两种语音形式，强式为“特雷”[dɐʔlei /dɐʔlE]，弱式为“特”[dɐʔ]。（转写用字和国际音标依据钱乃荣，1992：103[8]）

史有为(2005)发表的“汉语方言‘达成’类情貌的类型学考察”[⑨]是目前为止对现有汉语方言材料中相当于“了”的成分的最为全面系统的一个类型学综述,其参照系统就是北京话的“$了_1$—$了_2$”。他把方言中相当于北京话“$了_1$”的成分命名为A1,“$了_2$”则命名为A2,发现方言中“A1—A2”的分布规律如下(2005:92—103):

(一)附加型:即利用附加助词形式而非语音变化形式来表达相关情貌;

(二)变音型:儿化;超音段变音性质的变调;混合变音性质的“变韵+长音+变调”;

(三)助动词“有”型。

由于第二、三型采用的对立手段不同,数量较少,且多与其他类型同现,可以不考虑。

第一种附加型共列出了104种方言,内部又分为两个大类:“A1—A2”对立型(93种[⑩]);“A1/A2”合一型(8种[⑪])。前者是可以区分出两个“了”的类型;后者是只有“$了_2$”,没有“$了_1$”的类型。

再看“A1—A2”对立型内部,又分三个小类:

(一)“A1/A2”同源同形(32种[⑫]);

(二)“A1/A2”同源异形(45种);

(三)“A1/A2”异源异形(16种)。

这里的“源”指语法化的词汇来源;“形”指语音形式。“同源同形”指北京话这样“$了_1$”和“$了_2$”都来源于动词“了”且语音形式相同的类型;“同源异形”指太原话这样“$了_1$”和“$了_2$”语音形式不同[⑬]但来源相同的类型;“异源异形”指杭州话这样“$了_1$”和“$了_2$”语音形式和来源都不同[⑭]的类型。后面两种类型由于语音形式不同,可以清楚地区分“了$_1$”和“了$_2$”。

“A1/A2”同源同形这一类具有两面性：一方面是无法从语音直接区分“了”；另一方面又可以在位置对立清晰（句中或者句尾）时参照语法功能加以区分。如果把这一类看作居于中立地位，那么在受调查方言总数中，完全不区分“A1/A2”的合一型方言，以及可以从语音清楚区分“了$_1$”和“了$_2$”的方言，各自所占的比率基本上可以反映出“了”的分与合在汉语方言中究竟哪一种是主流。“合”型方言在总数101种方言中共8种，占7.92%；“分”型方言共61种，占60.4%。

我们又对41卷本的《现代汉语方言大词典》（1993—1998）的41种代表性方言进行了统计，得出结果如下：“分”型方言共19种，占46.3%；“合”型方言共6种，占14.6%；中立方言共17种。

这两项统计没有总结性的意义，但是毕竟表明：汉语存在着数目可观的“了”二分的方言，是一个无法忽视的客观事实。

我们从句中“了$_1$”与句尾“了$_2$”句法功能的对立和使用条件的不同，论证了为什么研究“了”采取“二元论”比“一元论”好，而且这一结论得到了语言习得研究以及方言类型学方面材料的佐证。

2. 如何区分“了$_1$”与“了$_2$”

在具体句子中如何区分“了$_1$”和“了$_2$”？典型的情形很容易区分，例如：

(5) 我吃了$_1$ 饭了$_2$。

但是真实语料中总还是有一些难以区分“了”身份的情形。

根据从文献（王直，1957；李兴亚，1989；卢英顺，1991；李铁根，1993；金立鑫，1999；吴凌非，2002）中总结的情况，问题比较大的有三种处理方法：一、句尾“了$_1$”论；二、句尾“了$_{1+2}$”论；三、复句中小句句尾“了$_1$”论。可见，问题的焦点主要集中在单句句尾以及复句中小句句尾的情形。

2.1 单句句尾

这里说的“单句句尾”，典型的是句尾 VP 句，指光杆动词、内部不可插入其他成分的动词、离合词和“光杆动词无界宾语”短语位于句尾的句子，例如：

(6) 于德利干笑一声，抬头向李冬宝眉飞色舞地说：嘿，中国队又输了。

(7) 什么都教了。

(8) 真是国难之时，妖孽四起，各种假龙天子都出世了。

(9) 这个我们早发觉了。

(10) 我们早光明正大了。

(11) 这我们就无能为力了。

(12) 现在，法庭开庭了。

(13) 戈玲道：帮牛大姐攒演词儿呢，人家要上千人大会上讲话了。

(14) 人现在写小说了——碰！丁小鲁忙不迭地碰出三张白板。

(15) 吴胖子和刘会元对换，他写乡下事，刘会元现代派加性，我接了于观的衣钵重点写社会，丁小鲁接了我的位子当文人，而于观改搞评论了。

以上例句中处于句尾的成分(6)(7)是单音节光杆动词，(8)(9)是双音节光杆动词；(10)(11)是内部无法插入其他成分的成语；(12)(13)是离合词；(14)(15)是“光杆动词＋无界宾语”构成的短语。

对于这些例句中句尾“了”的句法身份，有以下几种主张：一、“了$_1$”；二、“了$_{1+2}$”；三、“了$_2$”。本文持有的论点是第三种，下面对前两种主张进行分析。

2.1.1 句尾“了$_1$”论

第一种主张就是句尾“了$_1$”论，该论认为：以上例句中出现在句尾的VP都可以看成是独立适用的一个谓语，光杆动词和内部不能插入其他成分的动词自不待言，离合词和“光杆动词＋无界宾语”短语中的名词部分无指，也可以看作和动词部分融为一体，所以“了”的指向就是动词，应该分析为“了$_1$”，即：

(16) VP＋了$_1$。[15]

我们来分析一下。以上例句中动词带宾语时，“了”若紧随动词，则通常认为是“了$_1$”：

(6a) 输了(球)

(7a) 教了(本事)

(8a) 出世了(好几年)

(9a) 发觉了(问题)

(10a) 光明正大了(一辈子)

(11a) 无能为力了(一辈子)

(12a) 开了庭

(13a) 讲了话

(14a) 写了小说

(15a) 搞了评论

其中(6a)(7a)(9a)(12a)(13a)(14a)(15a)是及物动词，可以补出宾语[16]；“了”进入词/短语内部，可以形成“分离式”；(8a)

(10a)(11a)是不及物动词,则可以补出时量短语做宾语。

以上例(6a)至(15a)中的“了”处于句中,都还是短语,作为句子是不够充分的,可表示为:

(17) *V+了+NP。

而例(6)至(15)中“了”处于母句尾,都是完整充分的句子。此外,由补出宾语的例(6a)至(11a)可以进一步发现,“了”放到动词和补出的宾语末尾也可以构成完整充分的句子:

(6b) 中国队输(球)了。

(7b) (老师)教(本事)了。

(8b) 各种假龙天子出世(好几年)了。

(9b) 我们发觉(问题)了。

(10b) 我们光明正大(一辈子)了。

(11b) 我们无能为力(一辈子)了。

再看例(12)至(15),“光杆动词+无界宾语”和离合词共同的一点是都具有两重性,可分可合,合则表现得像一个整体的动词V,而分离式则可以分析为V+NP。于是(6)至(15)可以表示为:

(18) V+了。

而(6b)至(11b)和(12)至(15)这10个例句可以总结为:

(19) V+NP+了。

以上的总结式可以构成以下对比:

(17a) *V+了$_a$+NP。

(18a) V+了$_b$。

(19a) V+NP+了$_c$。

选取有代表性的例句,就可以构成以下例句组:

(6c) *中国队输了$_a$球。

中国队输了$_b$。

中国队输球了$_c$。

(8c) *假龙天子出世了$_a$好几年。

假龙天子出世了$_b$。

假龙天子出世好几年了$_c$。

(13c) *牛大姐讲了$_a$话。

话牛大姐讲了$_b$。[17]

牛大姐讲话了$_c$。

(14c) *于观写了$_a$小说。

小说于观写了$_b$。

于观写小说了$_c$。

从纯形式的角度来看，将例(6)至(15)总结为"VP＋了$_1$。"的观点实质上就是认为(17a)中的"了$_a$"和(18a)中的"了$_b$"是一回事，这种观点不容易解释清楚，为什么(17a)句式不完整，而(18a)句式完整。而认为(18a)中的"了$_b$"和(19a)中的"了$_c$"是一回事，则很自然，因为一方面两个句式都成立，另一方面两个句式本来就是同一个表达式

(20) VP＋了

的两个变体。如果是不懂汉语的语言学家来调查，得到这样的语言材料，那么他将"了$_b$"和"了$_c$"分析成同一个类的倾向性，一定远远高过将"了$_a$"和"了$_b$"分析成同一个类。由此可见，将例(6)至(15)中的"了"分析为"了$_2$"，比分析为"了$_1$"有道理。

这种观点也有习得材料的佐证。本文在2.2.2中批评"了"的"一元论"时，曾提到习得上的证据表明，汉族儿童习得"了"的顺序是"了 2"先于"了$_1$"[18]。这个证据不仅支持"二元论"，同时也表明：

如果把句尾“了”分析成“了$_1$”,就会破坏这种习得上的顺序。

2.1.2 句尾“了$_{1+2}$”论

第二种主张就是句尾“了$_{1+2}$”论,该论认为:例(6)至(15)中表达动作完成的例(6)(8)的“了”同时是“了$_1$”和“了$_2$”—— 一方面是动态助词“了$_1$”,表示“了”前面的动词所表达的动作是完成或者实现的;另一方面又是语气助词“了$_2$”,说明一个事态,即在说话时主语处于上述动作完成或者实现之后的状态。

表面上看,这样的分析似乎颇为可取,但仔细追究起来,其实不然。

首先要考虑是否必要。如果我们暂且将“了$_1$”与“了$_2$”的主要区别定位为辖域的不同,表达的核心句法意义都是“实现”,那么可以认为“了$_1$”只管辖动词,“了$_2$”则管辖整个命题。现在的问题是句子中的命题缩小到了一个动词,或者可以看作一个相当于动词的动词短语(光杆动词+无界宾语),“了$_1$”与“了$_2$”在辖域上的区别就无从体现。这是认为“了”可以分析为“了$_{1+2}$”的根本原因。但是,从逻辑上来讲,如果整个命题是实现了的,命题中的动词就一定也是实现的。简单地说,就是:

命题实现 → 动词实现

或者简化为:

了$_2$→ 了$_1$

下面以一个双“了”句的例子来说明“了$_1$”和“了$_2$”的这种语义推导关系。还是回到开头的例子:

(21) 我吃了$_1$ 饭了$_2$。

例(21)中,“了$_2$”管辖命题“吃饭”,说明该事件已经实现。如果“吃饭”是已经实现的,那么其中的谓词“吃”必然也是已经实现的动作,从语义上来说,这里的“了$_1$”可以看作是冗余的,这就是为什么这样的双“了”句子往往可以省略“了$_1$”，成为：

(21a) 我吃饭了$_2$。

这正是现代汉语双“了”句衰落的动因所在（参见陈前瑞，2006）。但另一方面也要看到，“实现”(actualized)并不等同于“完成”(completed)。我们的工作假设是：“了$_2$”本身只表达“实现”，未必表达“完成”，而从“命题实现”无法推导出“动作完成”，所以单纯的“了$_2$”句与双“了”句还是有不同之处的，比如：

(22) *中午我吃了$_1$饭了$_2$，可是没吃完午休就结束了。

(23) 中午我吃饭了$_2$，可是没吃完午休就结束了。

(23)中“了$_2$”仅仅表示“吃饭”是实现了的，就是说吃上了，但是由于午休结束没有吃完，所表达的“实现”其实是指“中止”(terminated)；而(22)中的双“了”句强制要求“吃饭”不仅是实现的，而且是“完成”的事件，所以才与后半分句产生语义上的矛盾。可见，作为一个在语言历史演化中形成的固定句式，双“了”句有专门的构式义，强调动作和事件“已经完成”[19]。也正是双“了”句这种独特构式义，使得它的使用频率自清代以来迅速萎缩的同时（陈前瑞，2006），仍然能够继续存在。

通过对双“了”句的分析，我们阐明了“了$_1$”和“了$_2$”在逻辑和语义上的推导关系。双“了”句中两个“了”的位置由宾语隔开，一目了然，句尾VP句就没有这个条件，但其中“了$_1$”和“了$_2$”的关系还是一样的。既然有了“了$_2$”，“了$_1$”所表达的“谓词实现”义就可以推导出来，所以应该服从“奥卡姆剃刀”原则，承认位于句尾VP句末尾的“了”只需要分析成“了$_2$”就可以了。

孔令达在习得调查基础上，也对句尾“了$_{1+2}$”论提出了批评。按照“了$_{1+2}$”论者的说法，在孔令达调查到的1.5岁儿童所使用的

16 个“了”字句用例中,四分之三可以分析成“了$_{1+2}$”。如果这种分析成立,那就是说儿童在 1.5 岁就会使用复杂的“了$_{1+2}$”句,而要等到一年以后才会使用单一的“了$_{1}$”句。这显然违背了儿童思维发展由低级到高级,语言发展由简单到复杂的普遍规律(1994:201—206)。

基于逻辑语义分析和习得上的证据,传统上分析为“了$_{1+2}$”的“了”字句,都应该看作是“了$_{2}$”。

2.2 “V ＋ 有界宾语/时量短语 ＋了”句

除了以上典型的句尾 VP 句以外,还有一种变体,就是“V ＋ 有界宾语/时量短语 ＋了”句,例如:

(24) “吴胖子,你开不开门,不开我可卸门板了——于观拿改锥去。”“不行我得去看看了。”吴胖子坐不住了,“不然我们家改过道了。”

(25) 工作失误总是难免的,我不是已经批评马青了? 他也答应改,要不你再批评批评他,大伙儿再批评批评他。

(26) 吴胖子堵着门说,说好了下半辈子再见,就你不守规矩,这礼拜我见你八回了。

(27) 我帮伙里都呆那么些年了。

这种句子的特点是:和句尾 VP 句一样句尾有“了”,不同的是,句尾是有界宾语,或者同样表达有界量的时量短语,而不是光杆动词或者无界宾语;语义上都表达“完成”,其中例(24)也表示在特定条件下(坐视于观卸门板),“吴胖子家变成过道”会成为一个“完成”了的事件。这种结构有条件在动词和宾语之间用“了$_{1}$”,却没有用:

(28) 我昨天看凤凰卫视了。

（28a）我昨天看了凤凰卫视了。

分析这种"了"之所以产生分歧，是因为许多研究者定位"了$_1$"和"了$_2$"依据的是前者表"完成"，后者表"起始"（容新，1997 等），所以必须把这里表"完成"的句尾"了"分析成为"了$_1$"。但是无法合理地解释：为什么在方言中这种句尾"了"的发音还是"了$_2$"的发音？比如，例（28）用杭州话说就是：

（28b）我昨天子看凤凰卫视待雷。

显然，在杭州话里，这个句尾"了"仍然是"了$_2$"。此外，这种"了$_1$"的分析法和前文所说的汉族儿童习得"了"顺序的事实不合。也没有历史语法上的证据表明，"了"在完成语法化、进入动词后的位置成为动态助词以后，怎么能一方面跑到句尾的位置上去，一方面还保留住了辖域仅为谓词的动态助词身份。

还有的把句尾"了"分析成"了$_{1+2}$"，理由是：在例（28）中，"了"一方面表示"看"这个动词所表达的动作得到了实现；另一方面又说明"我昨天看凤凰卫视"这个事件处于实现的状态。

但是，和句尾 VP 句一样，如果整个事件处在实现的状态，则一定可以推导出命题中的动词也得到了实现。换言之，只需要把句尾的"了"分析成"了$_2$"，则原先的"了$_1$"在动词后面所表达的实现义就足以得到确认，而"了$_1$"就不必需要出现了。这时"了$_1$"可以看成是羡余成分，这是这类句子中"了$_1$"省略在句法上的动因。

可见，"V ＋ 有界宾语/时量短语 ＋了"句中的句尾"了"仍然是"了$_2$"。

2.3 复句中的小句句尾"了"：前分句为句尾 VP 句

当复句中的前分句为句尾 VP 句时，句尾"了"究竟是"了$_1$"还是"了$_2$"，一直是个难题。这方面看到的最早的研究是王直

(1957),后来的研究者实际上并没有超越他的研究水平。他的办法是“根据分句之间的意念关系把复句分成几类”来谈。他把这种意念关系分为两大类:“非连续发生”类和“连续发生”类。为说明问题,他举了两组例子:

下面这5句复句,前面的分句末尾的“了”都是“了$_2$”:

A. 并列关系——“桃花红了,杨柳也绿了。”[20]

B. 交替关系——“他不是病了,就是事情太忙。”

C. 递进关系——“不但人都走了,连行李也送去了。”

D. 转折关系——“我在年轻时候也曾经做过许多梦,后来大半忘却了,但自己也并不以为可惜。”(鲁迅)

E. 因果关系——“老头子的岁数到了,没有儿女帮他的忙,他弄不转这个营业。”(老舍)

下面这几种复句,前面的分句末尾的“了”都是“了$_1$”:

F. 累积关系[21]——“吴新登的媳妇听了,忙答应了个‘是’,接了对牌就走。”(《红楼梦》)

G. 条件关系——“只有把这些弄清楚了,我们的文艺才能有丰富的内容和正确的方向。”(毛泽东)

H. 假设关系——“你再病了,越发难了。”(《红楼梦》)

I. 连锁关系——“你什么时候看见了,什么时候告诉我一声。”

具体分析如下:上面A至E类,各个分句所说的都是已经实现的事实,而且这些事实并不是连续发生的,因此前一分句末尾的“了”都是语气助词,表示肯定或者决定的语气。F类的各个分句所说的也都是已经实现的事实,但是这些事实是连续发生的,因此前一分句末尾的“了”都是时态助词,表示动词完成以后又发生的别的动作。G至I类,各个分句所说的都是没有实现的虚拟,而且只有在前一分句所表示的前提实现之后，后一分句所表示的结论才能产生，因此，前一分句末尾的“了”都是时态助词，它们是假定某一动作或变化已经完成的。

他最后总结出一个简单的辨别方法：前一分句末尾的“了”字后面可以加上“之后”或者“以后”的，它是“了$_2$”，不可以的就是“了$_1$”。（王直，1957：30—32）

首先要指出的是，王直对“了$_1$”和“了$_2$”的定位分别是“表示动作、变化已经完成”的时态助词和“表示事情变化的情况”的语气助词。结合他采取的标准，可以发现，它认为“了$_1$”是前时标记，“了$_2$”是后时标记，所以只要是连续发生的事件，表达前时的前分句句尾是“了$_1$”；只要是非连续发生的事件，排除“了$_1$”，所以就是“了$_2$”。王伟（2006：62—63）第三章中分析“了$_1$”语法化进程时，提到了“了”在“一事毕，一事起”的语境中如何通过“双重隐退”机制，从补语动词虚化为动态助词。而在变成“完整体”标记之前，“了$_1$”差不多就是个“前时完成体”标记。看来，这样的辨别依据有一定道理。我们用杭州话来验证一下：

A′ 桃花红特，杨柳儿嗄绿特。

B′ 他要么生毛病特，要么事情忒忙。

C′ 不光人去特，连行李嗄送了去特雷。

D′ 我辣哈年轻辩辰光嗄做过木佬佬辩梦，后赛一大半都忘记歪特，不过自己嗄不觉着可惜。（鲁迅）

E′ 老头儿辩年纪到特雷啦，没儿女帮他辩忙，他撑不起这爿生意。

F′ 吴新登的新妇听勒，连忙话了声“噢”，当马接了付对牌就去特。

G′ 只得把搿种事体都弄灵清特，个么我们搿文艺才至会得有丰富搿内容还有正确搿方向。

H′ 你再生毛病[特]么，就越发讨债特。

I′ 你啥辰光看到[特]么，啥辰光同我话一声。

可见，王直对 A 至 F 类的判断符合杭州话的语言事实，但是 G 至 I 却不然。为什么会这样？我们认为这与“事件连续性”的判定有关。

首先，例 A 至 E 前分句讲的事件与后分句没有时间上的先后关系，所以相应的句尾“了”只是表达前分句的事态，是管辖整个命题的事态助词的用法；例 F 中“听”与“说”之间是明确的时间先后关系，是实际发生的连续事件，前分句的“了”只管辖谓词“听”，所以是“$了_1$”。

其次，例 G 至 I 三例讲的都不是实际发生的事件，而是一种条件关系。说话人这里关心的不是前后分句所说的事件在时间上的先后关系，而是在说一种条件关系，即如果有前分句所说的条件，那么后分句所说的情况即成为或要求成为事实。

这里可以借用哲学上讨论因果律时会用到的一对概念——“逻辑在先”和“时间在先”——来说明问题。通常，我们认为因先于果，这个“先”是时间上的先后，但是因果同时发生的事情也普遍存在的——飞机动，我们才飞，前者是后者之因，但两者确实是同时发生。可见“先”未必是指“时间在先”。

按照康德的说法，因先于果“针对的是时间秩序，而不是时间过程；即使没有任何时间流逝，这种关系仍在[22]”。“时间秩序”是逻辑范畴，“时间过程”才是“时间范畴”——因果关系中“因”的“在先”实际上是“逻辑在先”，而“时间在先”不是必然的。因果关系如此，其实一般的条件关系也可以如此理解。

杭州话的事实表明：客观的时间先后与一般条件关系的逻辑先后，表达事件不同方面的“连续性”，在句法上会导致对前分句句尾“了”性质的不同界定。一般条件关系是事件与事件，命题与命题之间的关系，所以连续前后分句的“了”必然是在事件和命题的层次，而不是在动作和谓词的层次，应该是“了$_2$”，而非“了$_1$”。

基于“时间在先”和“逻辑在先”对立的语义分析，可以较好地解决复句前分句为句尾 VP 句时，分句句尾“了”的身份辨别问题。

附　注

① 北京语言学院语言教学研究所 1985 年编写的《汉语词汇的统计与分析》切分出的总词次为 374 654 个，约 52 万个汉字，统计到的“了”共 9 144 次，频率为 2.44057%，名列高频词第二，仅次于“的”20 184 次（5.38 720%）（1985：701）。

② 马希文（1983）、木村英树（1983）主张北京话中做补语的[.lou]应该另立一类；金立鑫（1998、1999）提出“太＋形容词＋了”里去掉后不影响句子成立的这类“了”也应该另立一类。本文主旨在于批评“一元论”，限于篇幅，以上问题暂不讨论。

③ 尽管不同用法的“了”词汇来源都是实义动词“了”[liao]，但是如果语法化的路径不同，各自演化，那么历史上未必有派生关系，其同一性也就大可怀疑了（详见王伟，2006）。

④ 其具体分析也存在着一些问题（详见王伟，2006）。

⑤ 关于“就、才”句在与“了”共现上的不同，本文限于篇幅，不展开讨论，详见王伟（2006）。

⑥ 刘勋宁（2000）说曾经看到美国出的一本专书和日本的一篇专论，把两个“了”当作一个描写，两种“了”的例句都有，可是全书的例句没有一句是两个“了”同时出现的。这也难怪。

⑦ 有一些北京话里用“了$_1$”的地方，杭州话是用作补语的“好”“掉”等成分。但是因为“了$_2$”的对应性很好，所以不影响其参考价值。

⑧ 史有为(2005:98)标记为"了"和"得",没有标出喉塞、宽窄变体和强弱式;"得"疑与清声母的结果补语标记混淆,"特"和"特雷"应都是浊声母。

⑨ 《语言研究》2003 年第 3 期上先发表过一个较精简的版本。

⑩ "A1/A2"同源同形的数量减少后,总数相应减少。

⑪ 原本是包括 8 种后置型和 1 种中置型,由于后者资料不足,不能确定,故算作 8 种(史有为 2005:99-101)。

⑫ 原来一共是 34 种,其中青海西宁话和江西南昌话还有认为两者有变调差异的另一种看法,姑且都算不分;新派太原话和新派长沙话"$了_1$、$了_2$"不分,但是老派都分,总的来说总归还是可分的,所以不算入不可分的情形。数据由此变为 32 种(史有为,2005:92-3)。

⑬ 老派太原话相当于"$了_1$"的是"咾"[lau];相当于"$了_2$"的是"咧"[lie](史有为 2005:94)。

⑭ 杭州话"特雷/特"的来源至今不清楚,可能与"仔"系字同源(史有为,2005:98)。

⑮ 由于以上例句成立与否与主语的性质无关,所以在表达式中省略。

⑯ 以括号标注,下同。

⑰ 也许会有人觉得这句话的可接受性有点问题,但是这里要证明的是:分析为"V+NP"的离合词中的 V 在句尾和"了"能够构成完整的句子,而这与 NP 无关。

⑱ 张相华(Chang,2002)认为出现在句尾 VP 后的"了"都是"$了_1$",并由此得出结论:儿童在早期(两岁零一个月至两岁零三个月)所使用的"了"中既有"$了_1$",也有"$了_2$"。但是她给出的所谓"$了_1$"句都是句尾"了",根据本文的分析,其实都是"$了_2$"句,而这与孔令达(1994)的发现一致:儿童首先习得"$了_2$"。

⑲ Chappell(1986)认为双"了"句的语义特征是"确认某个事件已经发生",涉及的都是会话双方已知的旧信息。陈前瑞(2006)梳理了双"了"句的历史演化进程,认为其构式义是"报道新情况"。本文认为:双"了"句通过"命题实现"和"谓词实现"的双重肯定获得了"确认事件已经完成"的构式义,"报道新情况"是其语用法。这两者并不矛盾,因为已经完成的事件未必是听话人已经了解的,而情况的"新"正是对听话人而言的。

⑳ 为了避免与本文例句序号混淆,将原来的括号数字序列,改成字母序列。

㉑ 指主语相同而谓语陈述的行为在时间上有先后的。

㉒ 为了解释为什么在时间秩序上的“先后”可以体现为时间过程上的“同时”，康德使用了数学上的无穷小理论，认为从因到果的变化是由一系列更小的变化累积出来的，任何变化之间所隔的时间趋向于无限小，这就使整体的因果关系可以被感知为是同时的。康德认为这就是变化的连续律。（参见杨祖陶、邓晓芒编译，2001，《康德三大批判精粹》北京：人民出版社。第181—182页。）

参考文献

陈前瑞 2006《汉语双“了”句的兴衰及相关的理论问题》，见中国语文杂志社编《语法研究和探索》（十三），商务印书馆。

金立鑫 1998 《试论“了”的时体特征》，《语言教学与研究》第1期。

金立鑫 1999 《现代汉语“了”研究中“语义第一动力”的局限》，《汉语学习》第5期。

孔令达 1994 《儿童“了”字句的发展及相关问题的讨论》。见余志鸿主编，《现代语言学》：理论建设的新思考，（第三届全国现代语言学会议论文集），语文出版社。

黎锦熙 1992［1924］《新著国语文法》，商务印书馆。

李铁根 1993 《“了$_1$”“了$_2$”区别方法的一点商榷》，《中国语文》第3期。

李兴亚 1989 《试说动态助词“了”的自由隐现》，《中国语文》第5期。

刘勋宁 1988 《现代汉语词尾“了”的语法意义》，《中国语文》第5期。

刘勋宁 2000 《答友人》，《世界汉语教学》第3期。

刘月华、潘文娱、故 韡 2001 《实用现代汉语语法》，外语教学与研究出版社。

卢英顺 1991 《谈谈“了$_1$”和“了$_2$”的区别方法》，《中国语文》第4期。

吕叔湘 1999［1980］《现代汉语八百词（增订版）》，商务印书馆。

马希文 1983 《关于动词“了”的弱化形式/.lou/》，《中国语言学报》第1期。

木村英树 1983 《关于补语性词尾“着/zhe/”和“了/le”》，《语文研究》第2期。

钱乃荣 1992 《杭州方言志》，（东京）好文出版社。

石毓智 2000 《语法的认知语义基础》，江西教育出版社。

史有为 2005 《汉语方言“达成”类情貌的类型学考察》，见徐杰主编，第一届肯特岗国际汉语语言学圆桌会议论文集《汉语研究的类型学视角》,北京语言大学出版社。

王　还　1992　《汉语虚词词典》,华语教学出版社。

王　伟　2006　《现代汉语"了"的句法语义定位》,中国社会科学院研究生院博士论文。

王　直　1957　《时态助词"了"和语气助词"了"》,《语文知识》第8期。

吴凌非　2002　《论"了$_1$"和"了$_2$"》,《语言研究》第1期。

赵元任　1926　《北京、苏州、常州语助词的研究》,《清华学报》第三卷第二期。

Arin, M. Ljungqvist　2003 *Aspect, Tense and Mood: Context dependency and the marker le in Mandarin Chinese*. Ph.D. diss., Lund University, Sweden.

Chang, Hsiang-Hua　2002 Child acquisition of the aspect marker - le in Mandarin Chinese. MA thesis, Michigan State University.

Chao, Yuan Ren(赵元任) 1948 *Mandarin Primer*. Cambridge, MA: Harvard University Press.

Chao, Yuen Ren(赵元任) 1968 *A Grammar of Spoken Chinese*. Berkeley / Los Angeles, CA: University of California Press. 吕叔湘译,1979,《汉语口语语法》。北京:商务印书馆。

Chappell, H. 1986 Restrictions on the use of 'double le' in Chinese. *Cahiers de Linguistique Asie Orientale* 15, 223-52.

Huang, L. Meei-Jin　1987 *Aspect: A general system and its manifestation in Mandarin Chinese*. Ph.D. diss., Rice University.

Li, Charles N. and Sandra A. Thompson 1981 *Mandarin Chinese: A Functional Reference Grammar*. Berkeley, CA: University of California Press.

Lin, Jo-Wang(林若望) 2003 Temporal reference in Mandarin Chinese. *Journal of East Asian Linguistics* 12, 259-311.

Shi, Ziqiang　1990 Decomposition of perfectivity and inchoativity and the meaning of particle le in Mandarin Chinese. *Journal of Chinese Linguistics* 18:1, 95-165.

Thompson, C.J. 1968 Aspects of the Chinese verb. *Linguistics* 38, 70-6.

Xu, Dan(徐丹) 1996 *Initiation à la Syntaxe Chinoise* (《汉语句法引论》). Paris: Langes & Mondes L'Asiathèque.

（本文系首次发表）

汉语体标记"了""着"为什么不能强制性使用*

吴 福 祥

（中国社会科学院　语言研究所）

提要　本文尝试从语法化和语言类型学的角度解释汉语体标记"了、着"在形态和使用上的某些特征。初步结论是：1)汉语体标记"了、着"之所以不能强制性使用，是因为汉语的完成体和进行体不是强制性范畴；2)体标记"了、着"既非词缀也非语法词，而是一种附着词；3)汉语的完成体和进行体是语法化程度较低的语法范畴。

1. 引言

很多学者注意到，汉语体标记"了""着"在某些句法环境里可以实现为零形式。比如吕叔湘（1999：353—55）指出，在"动＋了$_1$＋宾＋了$_2$"和"动/形＋了$_1$＋数量＋了$_2$"格式中，当"动"表示结束性动作时，后面的完成体标记"了$_1$"常可省略。李兴亚（1989：334）详细考察了现代汉语完成体标记"了$_1$"自由隐现的具体情形，发现决定"了$_1$"自由隐现的因素主要有五个：1)动词前面有表示过去时

*　本文先后在"商务印书馆语言学出版基金第二届中青年语言学者论坛"（2004年5月，杭州）和"第二届海外中国语言学者论坛"（2004年6月，徐州/拉萨）上宣读。沈家煊对本文初稿有所指正，谨致谢忱。文中错误概由作者负责。

间的词语；2）动词后面有数量短语；3）有表示连续动作的后续小句；4）动词后面有结果意义的补语；5）句末有"了$_2$"。陆俭明（1999：333—34）也注意到，"着"虽然能表示行为动作或状态的持续，但行为动作或状态的持续不一定必须由"着"来表示，普通话里有若干词汇或句法手段可以用来表达"动作或状态持续"的语法意义。陆俭明据此而认为，汉语并不存在像印欧语里的那种"体"范畴，汉语的"着""了"也不是体标记或形尾，而应该分析为助词。

以上学者所揭示的事实，显示汉语的"了、着"跟我们比较熟悉的英语体标记之间在形态和使用上存在明显的差异。我们感兴趣的问题是：1）汉语的体标记"了""着"在话语中的使用为什么没有强制性？2）汉语究竟有没有"体"这种语法范畴？3）体标记"了""着"到底是什么性质的语法语素？本文尝试从语法化和语言类型学的角度对上述问题做出初步回答。

2. 强制性语法范畴与非强制性语法范畴[①]

按照最一般的理解，语法范畴是指具有语法功能（grammatical role）的范畴（Dahl，1985），是特定的语义对立或语义区别的语法化（Lyons，1977、1995）。如果在一个L语言里，某种语义对立或语义区别是用明确的语法手段来编码的，那我们就说这种语义对立或语义区别在L语言里已经语法化，变成了语法范畴。（Lyons，1977、1995）。

比如一个情状或事件发生的时间，是先于说话时刻、后于说话时刻、还是同于说话时刻，几乎每种语言都有特定的手段来表达这种"指示性时间指称"（deictic temporal reference）。在英语里，这种"指示性时间指称"是用明确的语法标记来表达的：过去时用屈

折后缀 -ed,将来时用助动词 will,现在时用“零形式”(“零形式”在这种对立中也是一种“语法标记”,因为缺少标记就意味着现在时)。因此我们说,事件或情状的“指示性时间指称”在英语里被语法化了,“时”范畴在英语里是一种语法范畴。

另一方面,人类语言中特定的语义对立或语义区别也可以通过词汇化而编码为词汇范畴。比如在汉语里,情状或事件的“指示性时间指称”是用某些时间词语来表达的(如“过去”“现在”“将来”“以前”“今后”“昨天”“明天”等),我们并没有明确的语法标记来对“过去时”“现在时”或“将来时”进行编码,因此在汉语里,“时”的表达手段是词汇范畴而非语法范畴。事实上,在英语里情状或事件的“指示性时间指称”既被语法化为时范畴,又被词汇化为若干副词(如 now, then ,recently, soon, today, yesterday 等)(Comrie, 1985; Lyons, 1977、1995)。

既然一个特定的语义对立或语义区别既可以语法化又可以词汇化,那么面对一个特定的表达式,我们如何判定它是语法范畴还是词汇范畴呢?

Jakobson(1971[1959])和 Mel’čuk(1976)主张最重要的标准是强制性。Jakobson(1971[1959]:489)认为“语法范畴的强制性是其区别于词汇意义的一个重要特征”,“有些概念在某些语言里被语法化了,因而是强制性的;但在另外一些语言里这些概念被词汇化了,而仅仅是可选的。”Mel’čuk(1976:84)指出:“如果 L 语言的使用者对一个意义不能做出不加指明的选择,那么这个意义在 L 语言里是语法的。”

但强制性是一个相对概念,不同的语法范畴,其强制性可能有所不同。同一种语法范畴在不同语言里强制性也会有所差别。而且正如 Lehmann(1995[1982])所指出的，语法范畴的强制性往往与语境有关：一个范畴在一种语境里可能是强制性的，但在另外的语境里则可能是可选的，甚至在第三种语境里是不可能使用的。拿数范畴来说，在拉丁语里每个名词要么属于单数，要么属于复数。说话人不可能选择让"数"不加指明。因此就强制性而言，数范畴在拉丁语里无疑是语法范畴。另一方面，在土耳其语里绝大多数名词可以通过增加复数后缀对"数"加以指明；但某些名词则不然，比如表示国籍和职业的名词，如果它们充当谓语就无须指明"数"的概念；如果名词用于基数词之后，那么没有任何名词在数范畴方面加以指明。在另外的大多数语境里，数范畴是可选的，比如无标记名词可以指明是单数或复数。(Lehmann 1995[1982]:12)很显然，数范畴在土耳其语里是否具有强制性，是一个不容易回答的问题，但我们又不能说"数"在土耳其语里不是语法范畴。正如 Lehmann(1982[1995])所强调的，更合适的说法应该是：数范畴在拉丁语里比在土耳其语里更为语法化。

也有一些语言学家倾向于将"形态的黏着性(morphological boundness)看作语法范畴的定义性特征，而将由助动词和小品词等"迂说式"(periphrasis)表达的范畴排除在外。比如 Klein(1974：76)就曾对某些语言学家将英语的进行体(Progressive)看作语法范畴加以指责，因为在他看来，英语进行体的表达手段是动词的迂说式，不应看作语法范畴。问题在于，英语进行体跟"非进行体"形式有着成系统的对立，而且在典型用法上也具有强制性。将英语进行体排除在语法范畴之外不符合人们的语感。另一方面，正如 Dahl(1985)所指出的，跨语言的调查显示，同样一种语义范畴，在不同语言里甚至在同一种语言里，其迂说式和屈折式具有等价的功能。比如拉丁语的“完成时”(perfect)在主动语态里是屈折式而在被动语态里则是迂说式。更重要的是,如果将屈折式表达手段视为语法范畴的必要条件,那么会将某些比较典型的语法范畴排除在外。比如英语里限定词(determiners)是一个无争议的语法范畴,它的使用是强制性的:英语名词短语对有定性(definiteness)和特指性(specificity)具有语法决定的解释(Bybee 1997: 28)。但限定词在英语里并不是黏着语素。可见“形态的黏着性”这个标准也不足以独立地对语法范畴进行界定。

与上述学者不同,Comrie(1985)和 Dahl(1985)主张将“使用的强制性”或“形态的黏着性”视为语法范畴的典型特征而非定义属性。Comrie(1985)认为,既然语法范畴、词汇范畴分别是语法化和词汇化的产物,那么语法范畴和词汇范畴的区分实际上也就是词汇化和语法化的区别。他认为语法化和词汇化的差别可以基于“强制性表达”和“形态黏着性”这两个交互影响的参数来理解[②]。最明显的语法化实例是同时满足上述两个标准(即它们是强制性的而且在形态上是黏着的),最明显的词汇化实例是上述两个标准均不满足。比如英语过去时与非过去时的对立是一个清楚的语法化了的语义对立。英语里,一个包含限定动词的句子,过去时与非过去时是一种自然的对立(如“John runs”与“John ran”),不可能具有既不是过去时又不是非过去时的第三种情形。而且这种差别是用黏着语素来表达的(包括其形态音位的交替形式)。

但 Comrie(1985)的“参数互动”说仍未完全解决问题。因为全部满足上述两个参数自然是语法范畴,完全缺少这两个参数自然是词汇范畴。但是不具备上述任何一个参数的未必不是语法范畴。比如英语的将来时就是一个例子。第一,英语将来时标记

will 不是黏着语素；第二，will 使用的强制性也是一个不容易回答的问题，因为在英语中还可以用"现在时"形式来指称将来时间（Lyons，1977；Comrie，1998）。而且英语将来时标记也有 shall，be going to（verb）等交替形式。我们可以认为英语将来时不是最典型的语法化实例（Comrie，1998），但我们似乎没有多少理由认定它不是语法范畴。

与 Comrie（1985）不同，Dahl（1985：21—23）认为，语法范畴都是"聚焦"（focused）和"不精确"（imprecise）范畴，这类范畴中既有中心或核心成员也有边缘成员。他主张用三个特征来界定语言里 TMA（时、语气和体）系统的"中心"范畴，即 1）屈折形态的表达式，2）强制性或系统性的使用，3）缺少交替形式。最后一个特征可以区分英语进行体（就其典型用法而言它是强制性的）和瑞典语中功能相同但属于可选和非唯一的结构式（hållå på att，sitta och，vara i färd med att）。

我们赞同 Dahl（1985）的看法，认为语法范畴就像人类建立的大多数范畴一样，也是一种"原型范畴"（prototype category）（Taylor，1995；沈家煊，1999）：1）语法范畴的边界是模糊的，它跟词汇范畴之间难以划出清晰的界限；2）语法范畴内部成员的地位是不平等的，有些语法范畴的语法化程度高，是典型的语法范畴；有些语法范畴的语法化程度低，是不太典型的语法范畴。因此我们认为，以上学者提出的各种参数均不足以有效地离析词汇范畴和语法范畴，但它们可以用来区分语法范畴的典型成员和非典型成员。

原型范畴理论认为，在人类的范畴化过程中，"原型"具有关键作用：人们首先从一个集合中认识到一个典型样本，并从中抽象出原型(即该集合的一组典型、显著的属性),然后根据与这个原型的相似程度将其他实体依次归入该集合。

同样,在语法范畴的范畴化过程中,原型也具有显著效应:我们之所以知道什么是"时"范畴(tense),是因为我们熟悉英语过去时的一些特点(Dahl,1985)。那么英语过去时有什么特点呢？在我们看来,英语的过去时至少有:

1) 使用的强制性:在给定的形态句法环境中,英语过去时的使用具有强制性,不用过去时就意味着非过去时。

2) 标记的黏着性:英语过去时标记 -ed(包括其他形态音位变体)是屈折词缀,具有高度的黏着性。

3) 语法的规定性:英语过去时的使用是由语法规定而非话语驱动的,也就是说,它可以被冗余使用。比如在一个过去时语境里,即使已有其他成分(如指示过去时间的副词)表达了特定情状的时间指称,但作为一条语法规则过去时标记仍须用在限定动词之后(如"He arrived yesterday")[③]。

以上从英语过去时观察到的三个特征"聚集"在一起,就可以用来对语法范畴做出界定。同时具备上述特征的就是最典型的语法范畴,不具备上述所有特征的就是最不典型的语法范畴。

上述特征中"使用的强制性"是最重要的特征,因为由它可以预测或隐含其他特征。比如一个语法范畴如果具有"使用的强制性",那么该范畴也必然具有"语法的规定性";同时这个范畴通常也具有"标记的黏着性"。

Bybee(1997)正是基于语法范畴的"强制性"这一特征,做出"强制性范畴"与"非强制性范畴"的区分。她对强制性范畴的界定是:

(1) 强制性范畴指的是这样的一种范畴:它们在给定的形态句法环境里必须有某种"释示"(exponent)。拿英语可数名词来说,"数"是强制性的,因为所有包含可数名词的名词短语都有"数"的表达。在这种情形里,缺少标记就表示单数。(Bybee 1997:27—28)

Bybee(1997)的"强制性范畴"与我们所说的"典型的语法范畴"是相近的概念。强制性范畴往往也就是典型的语法范畴,因为强制性范畴通常也具备"标记的黏着性"以及"语法的规定性"。比如英语复数标记 -s 是黏着性的屈折词缀;其使用也是由语法规定的:在一个包含可数名词的名词性短语里,即使"非单数"的语义信息已由该短语的其他成分指明,作为一条语法规则复数标记 -s 仍须冗余地加在可数名词之后(如"three books")。

同样,"非强制性范畴"与"非典型的语法范畴"也是相近的概念,因为非强制性范畴通常也不具备"使用的强制性""标记的黏着性"以及"语法的规定性"等特征。我们看两个非强制性范畴的例子:

(2) Sango 语(Samarin,1967;Bybee,1997)

kɔli ɑsií gígí ɑwe, ɑ́lɑ ziɑ lɔ́rɔ́ dɑ,

man SUBJ: arrive outside finish 3PL put speed there

ɑkpé nɑ wɑ́le bíɑrí ɑwe.

SUBJ: run and woman truly finish

'When the man had come out, they put speed into it, and ran away with the woman.'

Sango 语(中非的一种克利奥尔语,分析性语言)的"ɑwe"是一个"先时"(anterior)范畴的语法标记(字面意思是"完成"),表达带有现时相关性的过去时或“完结体”(completion)。首先,这个语法标记是个独立的小品词,不是黏着性语素。其次,这个例子包含了三个小句,都是在过去时语境里;但只有第一小句和第三个小句用“ɑwe”加以标记(在第一个小句里“ɑwe”表示“先时”,在第三个小句里“ɑwe”表示“完结”)。在一个具有强制性过去时范畴或完成体范畴的语言里,上面例子里的第二个小句同样也需要标记。可见在Sango语里先时标记“ɑwe”的使用不具有强制性,它只是在其语义非冗余的时候才被使用,而且它本身对话语的新信息有所贡献。(Bybee *et al.*, 1994;Bybee,1997)也就是说,“ɑwe”的使用是由话语驱动而非语法规定的。

在我国境内的阿昌语(戴庆厦、崔志超,1985)和傈僳语(徐琳等,1986)里,当宾语是人称代词或指人名词时要带宾格标记:

(3) ŋɔ^{55} ȵaŋ^{31} te^{55} kʐə^{55}. 我叫他。(阿昌语)

我 他 (助)叫

mɑ^{44} tɛ^{55} go^{31}. 给妈妈(傈僳语)

妈妈(助) 给

但宾语不是指人的体词性成分,宾格标记则不加。例如:

(4) ȵaŋ^{31} kă^{31}tsuiʔ^{31} ʐoʔ^{55}. 他挑谷子。(阿昌语)

他 谷子 挑

hɑ^{33}mi^{33} khɯ^{35} 开荒地。(傈僳语)

荒 地 开

很明显,阿昌语和和傈僳语中的宾格也是非强制性范畴。首先,这个范畴的使用不是强制性的;其次,宾格标记te^{55}和tɛ^{55}是独立的小品词,不是黏着语素;最后,这两个宾格标记的使用是由话语因素驱动的:在这两种语言里只有当宾语名词的题元角色有可能被理解为施事时才使用宾格标记。但在拉丁语这类宾格标记是强制性范畴的语言里，宾格标记对宾语名词的语义类别以及宾语成分和动词的语义关系是没有任何选择的，所有具有宾语角色的名词都要带上宾格标记（Hopper & Traugott，1993：91）。

Bybee（1997）认为，强制性范畴可以作为一个参数对分析性语言（孤立语）做出独立的界定，并能有效地区分分析性语言（孤立语）和综合性语言（屈折语、黏着语以及多式综合语）。因为普遍的语言调查表明，分析性语言的一个重要属性是缺乏强制性语法范畴，综合性语言通常既具有强制性语法范畴，也具有非强制性语法范畴。

鉴于词汇范畴与语法范畴之间、典型的语法范畴（强制性范畴）与非典型的语法范畴（非强制性范畴）之间并没有严格的边界，（Comrie，1976、1985；Dahl，1985；Lyons，1995）我们将词汇范畴、非强制语法范畴和强制性语法范畴看成一个连续统。这个连续统的两极分别是词汇范畴和强制性语法范畴。可用图一表示：

（5）词汇范畴　　非强制性语法范畴　　强制性语法范畴

|————————————————————————|

词汇化程度高	语法化程度高
可选性	强制性
非黏着性	黏着性
话语驱动性	语法规定性

图一

现在我们来看汉语的体范畴属于哪种性质的范畴。

首先，汉语完成体标记“了”在五种条件下可以自由隐现（李兴亚，1989），进行体的表达除“着”外还有其他交替形式（陆俭明，

1999)。换言之,在某些句法环境里"了、着"的不出现并不意味着特定情状是"非完成体"或"非进行体"。这说明汉语的完成体和进行体不具有强制性。

其次,"着、了"是一个迂说式语素而非屈折词缀,这说明汉语完成体标记和进行体标记是非黏着性语素。

第三,"了"有条件的自由隐现和"着"具有其他交替形式,已蕴涵了这两个语法标记的使用不具有语法规定性。其实李兴亚(1989)所概括的制约"了"自由隐现的五种因素,已显示汉语完成体标记"了"的使用具有话语驱动性。根据 Bybee *et al*.(1994:54),完成体(Perfective)的功能是表示一个情状被看成时间上有界的,即将一个特定的情状描写为一个具有时间边界的、单一而不可分解的离散事件(Comrie,1976;Li & Thompson,1981;Bybee *et al*.,1994;Lyons,1995;Lindstedt,2001)。换言之,完成体的本质功能是将一个情状"有界化"。所谓"有界化"是指将一个无自然终止点的情状变为有自然终止点或者将一个情状的自然终止点变为实际终止点(沈家煊,1995)。李兴亚(1989)所指出的决定"了"自由隐现的五种因素中,"'已经'之类的时间副词""动词后面的数量短语""位于句末的'$了_2$'"以及"动词后面的结果补语",同样都能使一个情状有界化,也就是说,它们同样都能将无自然终止点的动作变为有自然终止点或者将动作的自然终止点变为实际终止点(沈家煊,1995)。另一方面,在报道一个连续发生的事件序列的话语里,后续小句所述事件对前现小句所述情状的时间边界具有限制作用。因为连续事件的典型特征是,第一个事件发生之后,另一个事件接着发生或新的情况相继出现。在这种情形下,第一个事件因为受到后续事件的"限制"从而具有整体而不可分解的特征。

(Li & Thompson，1981) 特别是当“后续小句表示的动作多为完成”(李兴亚，1989)时，其前小句所述情状更容易被理解为有界事件。所以“表示连续动作的后续小句”对前面小句的情状同样也具有使其有界化的作用。由此可见，完成体标记“了”之所以能在上述五种条件下省略，是因为“了”所标记的完成体与这些条件的作用相同，都能使特定的情状有界化。正是因为功能相同，所以“了”的不出现是为了避免冗余使用，可见“了”的隐现在很大程度上是由话语驱动的。

另一方面，进行体标记“着”在某些条件下也可以自由隐现，比如在一个句子里当动词前有时间副词“正、在”或句尾带语气词“呢”时，“着”常可省略：

(6) 他们正看着节目呢 ～ 他们正看[ ]节目呢

下着雨呢，你带把伞吧 ～ 下[ ]雨呢，你带把伞吧

我们正念叨着你呢 ～ 我们正念叨[ ]你呢

我们一直在等着你 ～ 我们一直在等[ ]你

你在干吗？我看着书呢 (我看书呢/我在看书)

“着”表示动作或行为的持续，动词前的副词“在”“正”以及句尾的“呢”也有表示持续的功能(吕叔湘，1999[1980])。可见“着”的不出现也是为了避免信息冗余，换言之，“着”有条件的隐现也是由话语因素驱动的。

从以上的分析我们可以看出，汉语完成体和进行体不具备“使用的强制性”“标记的黏着性”和“语法的规定性”，可见它们不是典型的语法范畴，也就是说，它们不是强制性语法范畴。

但另一方面，我们又必须承认，汉语的完成体和进行体并非词汇范畴，因为第一，“了、着”表示的“完成、进行”是一种抽象、概括

的语法意义而非具体、特指的词汇意义，换言之，它们表达的是一种“关系概念”而非“具体概念”(Sapir,1921)。第二，体标记“了、着”显然是一个典型的语法语素而非词汇语素。第三，体标记“了、着”的使用虽不具备强制性，但其可选性显然也很低。

因此我们认为，汉语的完成体和进行体是一种语法化程度较低的语法范畴，也就是说，是一种非强制性范畴。现在我们可以回答本文开头的问题：汉语的体标记“了、着”为什么不能强制性使用？因为汉语的完成体和进行体是一种非强制性的语法范畴(即语法化程度较低的语法范畴)。

3. 体标记“了”“着”的语法性质

我们通常将“了”“着”称为体标记，主要是就其语法功能而言的，也就是说，“了、着”是表示体范畴的语法形式。不过“体标记”这个标签并没有告诉我们“了、着”到底是什么性质的语法语素，换言之，“体标记”这个术语本身并没有告诉我们“了”“着”的“语法身份”(grammatical status)。

关于“了、着”的语法性质目前主要有两种看法：[4]

1)动词后缀(动词词尾/后附成分)(Chao,1968;Comrie,1976;朱德熙,1982;蒋绍愚,1994)

2)助词(动态助词/语助词/小品词)(刘坚等,1992;吕叔湘,1999;陆俭明,1999)

我们认为，在讨论“了”“着”的语法性质之前，有必要从一般语言学的角度对语法语素的类型和特点做些介绍，然后看看汉语的“了、着”究竟跟哪类语法语素的性质相近。

按照描写语法学的分类，语言中的语素可以分为词汇语素和语法语素两大类别，其中语法语素又包含若干小类。不同层次的语素大致如图二所示。

（7）语素的类别及层次：

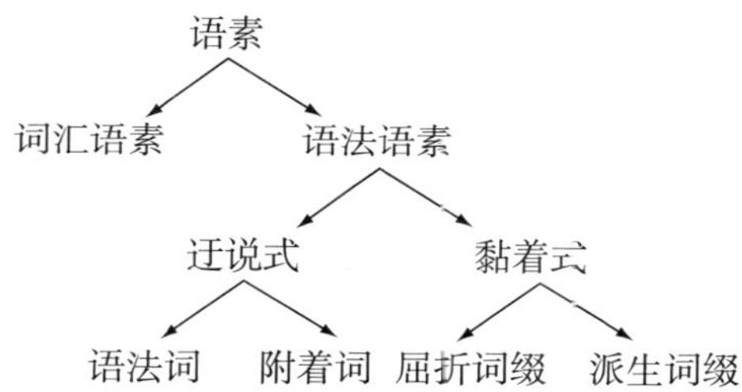

图二

“语法词、附着词、词缀”都是人类语言中常见的语法语素，它们在形式上的主要特点是：

语法词在音系和句法方面具有相对的独立性，通常具有完整（full）的音段结构（segmental structure），有些语法词还可以有完整的韵律结构（比如可以读重音）[5]（Hopper & Traugott 1993）。

词缀（包括构词词缀和屈折词缀）是词的构成部分。其主要特点是：1）词缀不能独立于它所依附的词干而出现，而且在词缀和词干之间不能有停顿甚至“犹豫性停顿”。2）词缀总是不能重读。3）词缀和词干通常整合成一个词的音系实体。词缀的音系实体可能受所附词干的影响，词干的音系实体也可能受词缀的影响。4）词缀对所附词干的类别有很高的选择性。比如英语第三人称单数标记 -s 以及构成分词的 -ing 只能附着于动词词干。5）词缀不能独立于其词干而移位，词缀的第二次出现也不能省略；比如在英语里“singing and dancing”不能省略为“*singing and dance”；同样“sings and dances”也不能被“sings and dance”替代（Taylor，1995）。

附着词(clitic)是一种语法行为介于语法词和词缀之间的语素形式。典型的附着词具有完整的音系形式但不能重读，它必须出现在句子里的特定位置，在句法上和音系上依附于其宿主(host)之上。附着词的宿主可以是单个词，也可以是词组，甚至是小句。如英语 be 动词的缩约形式 I'm，he's 中的'm，'s；助动词缩略形式 we'll 中的'll。有些附着词的语法行为近于词缀，可以看成"像词缀的附着词"(affix-like clitic)，如英语属格标记"'s"。有些附着词的语法行为则近于语法词，可以视为"像词的附着词"(word-like clitic)，如英语的定冠词 the(Zwicky，1985；Klavas，1985；Hopper & Traugott，1993；Taylor，1995；Payne，1997)。

那么"了""着"究竟属于上面的哪种语法语素呢？首先我们认为，"了、着"肯定不是词缀(动词词尾/后附成分)，因为词缀根据定义是一个词的构成部分，而"×了""×着"显然不是一个词。其次，词缀对所附词干的类别有很强的选择性，比如英语过去时词缀-ed只能附着于动词之上，而汉语的"了""着"可以接在动词、形容词之后，而且"了"还可附着于述补结构(如"买到了一本书")甚至四字格熟语之后(如"他们两位钩心斗角了一辈子")。

其次，我们认为"了、着"也不是典型的语法词。因为"了、着"必须出现在句子里特定的位置上，而且在句法和音系上依附于其前的谓词(即句法和音系上缺少独立性)。另一方面，"了、着"总是念轻声，而且元音弱化；也就是说，它们并没有完整的音段结构和韵律结构。

可见，"了""着"应该是附着词，至少是"像词的附着词"。

4. 余论

在汉语学界，汉语有没有体范畴一直是个颇有争议的问题。主张汉语没有体范畴的学者所基于的三要证据是，"体是动词的语法范畴之一，指动词通过形态变化所表示的动作进行的情况。一种语言有没有体范畴要看这种语言的动词有没有形态变化，每种变化都有自己独特的、与其他变化对立的形态标志。汉语是孤立语，动词没有形态变化"（刘一之，2001），因此汉语"没有像印欧语里那种体"[⑥]。

我们觉得，在对汉语有没有体范畴这个问题做出结论之前，有必要先考虑下面几个问题：

第一，时体范畴是形态（morphological）范畴还是形态句法（morphosyntactic）范畴？在西方的传统语法里动词的时体范畴通常被视为形态范畴，即认为"时、体"的语义对立或语义区别只有用屈折形态手段来表达才可以认为是时体范畴。不过，这种观点现在已被很多类型学家所抛弃，因为近年来跨语言的调查表明，时体范畴的表达手段在人类语言里既可以是屈折式（inflection），也可以是迂说式（助动词、小品词以及特定的结构式）。（Comrie，1976、1985；Anderson，1985；Dahl，1985；Bybee，1985；Bybee & Dahl，1989；Bybee *et al*.，1994；Lyons，1995；Whaley，1997；Dahl，2000a；Binnick，2001；Lindstedt，2001）类型学家们观察到的一个重要事实是，几乎所有的时体范畴在人类语言里都可以找到迂说式的表达。比如过去时、未完成体（imperfective）以及完成体（perfective）被认为是高度语法化的语法范畴（Dahl，1985；Bybee & Dahl，1989；Bybee *et al*.，1994；Bybee，1997），这些语法范畴虽然在很多语言里是用黏着语素(屈折词缀或派生词缀)来表达的,但也有一些语言用的是迂说式。比如过去时标记,丹麦语用词缀,Achin 语用助动词,怒语(Nung)用小品词,而布里亚特语(Buriat)既可以用后缀也可以用助动词;完成体标记,布里亚特语(Buriat)用词缀,巴斯克语(Basque)用助动词,特鲁克语(Trukese)用小品词;未完成体标记,俄语等斯拉夫语言用派生词缀,提格雷语(Tigre)用助动词,马耳基语(Margi)用小品词(Bybee *et al.*, 1994)。拿我们比较熟悉的英语来说,过去时的语法标记固然是屈折词缀 -ed (包括其形态音位变体),但其将来时、完成时和进行体等语法范畴的表达手段都是迂说式:将来时用助动词 will,完成时和进行体则分别用"助动词 have + 过去分词"结构式和"be going to (verb)"结构式。事实上,在英语里所有的体范畴都是用迂说式来表达的(Payne,1997)。

另一方面,不同的时体语法范畴其语法化程度有高低之别,所以其表达式用屈折式或迂说式的可能性也有所不同。Dahl (2000b)认为,人类语言中主要语法语素类型(major gram types)可据其语法化程度分为"核心语法语素类型"(core gram types)和"边缘语法语素类型"(peripheral gram types)[⑦]。核心语法语素类型主要用屈折式表达,而且在其典型用法上通常具有不同程度的强制性;边缘语法语素类型倾向于用迂说式表达。在世界语言中,最常见的屈折式时体语法语素类型,依次是"未完成体""过去时""完成体"以及"将来时";常见的边缘语法语素类型是"完成时"、"结果体"(resultative)、"进行体"、"反复体"(iterative)、"惯常体"(habitual)、"年轻将来时"(futuroids)。

Dahl(2000b)的上述论能断得到两个统计数据的支持:其一,

在时体范畴的跨语言研究中，Dahl（1985）、Bybee & Dahl（1989）以及 Bybee（1997）注意到，进行体和先时（即“完成时”）倾向于迂说式表达，而由此衍生的未完成体、过去时以及完成体倾向于屈折式表达，请看表1：

表1 Dhal（1985）和 Bybee & Dahl（1989）里主要语法语素类型的表达式

迂说式		词缀式	
先时（完成时）	88%	完成体	73%
进行体	95%	过去时	85%
		未完成体	100%

（引自 Bybee，1997）

其二，我们对 Dahl（1985）报道的64种语言时体范畴的标记类型做了相关的统计和测算，结果如表2：

表2 Dhal（1985）里主要语法语素类型的表达式

屈折式		迂说式
未完成体	100%	0%
过去时	88.2%	11.8%
完成体	86%	14%
将来时	57%	43%
完成时	11%	89%
进行体	5.2%	94.8%

上面两个数据显示，在 Dahl 和 Bybee 所调查的语言中除“未完成体”外所有的时体范畴都在不同程度上具备迂说式表达。正因为如此，现在很多语言学家主张，时、体、情态、语气乃至语态其实都是形态句法范畴而非形态范畴。（Taylor，1995；Thieroff，2000）[8]

第二,印欧语的时体范畴是不是都用屈折式表达手段？我们过去在讨论汉语有无时体范畴时,通常以印欧语时体范畴的表达形式作为参照或标准。其实印欧语的时体范畴并不像我们想象的那么典型和整齐。拿欧洲语言来说,在整个北欧地区的语言中没有语法化的完成体(Dahl,2000b)。欧洲的很多语言都有将来时范畴,但完全语法化的将来时范畴并不多见,多数欧洲语言的将来时范畴处于未语法化或部分语法化的状态。表现之一是缺少屈折式将来时,所有日耳曼语和芬兰-乌戈尔语、部分罗曼语的将来时范畴都只有迂说式。表现之二是,绝大部分欧洲语言在相当程度上不区分"现在"和"将来"的时间指称(用"现在时"形式表达将来时),不管是迂说式还是屈折式。表现之三是,很多罗曼语的将来时范畴既有屈折式,也有迂说式(如意大利语、法语、西班牙语、葡萄牙语、罗曼什语、Occitan、Catalan等),在这些语言里,迂说式有明显的替代屈折式的趋势。比如法语的将来时范畴既有迂说式的 je vais travailler(我将要工作),又有屈折式的 je travaillerai("我将要工作")。其迂说式正逐渐替代老的屈折式用法;另一方面,屈折式主要用于正式谈话和书面语,而迂说式则多用于口语(Dahl,2000c)。相比较而言,英语的将来时范畴在北欧的日耳曼语和芬兰-乌戈尔语中是语法化程度最高的。因为在大多数语境里,其语法标记 will 还是能够被系统地使用,尽管其表达手段是迂说式(Dahl,2000c)。Dahl(2000b)强调,如果以强制性使用作为语法化的主要标准,那么在北欧存在一个"无将来时区域"(futureless area),这个区域至少包括芬兰-乌戈尔语系和除英语之外的日耳曼语族。

再以进行体而言。在欧洲语言中,土耳其语是唯一用词缀表达进行体范畴的语言,其余欧洲语言的进行体都是迂说式,最常见的是助动词结构式和小品词结构式(Bertinetto *et al*., 2000)。另一方面,英语、冰岛语、西弗里西亚语(West Frisian)和马耳他语(Maltese)之外的日耳曼语,整个罗曼语族以及芬兰语、爱沙尼亚语的进行体都是非强制性范畴。这些语言中的进行体范畴都不同程度上具有若干交替的结构式,这些结构式在话语中的使用都是可选的,没有专门用来表达进行体的句法手段,而且各种结构式加在一起,在口语中的使用频率还相当低[⑨](Thieroff,2000;Bertinetto,2000;Ebert,2000;Tommcla,2000)。英语的进行体尽管也是迂说式,但在欧洲语言中被认为是语法化程度最高的。因为其一,英语进行体在合适的语境里其使用是强制性的;其二,英语进行体只有"be going to (VP)"这种迂说式,没有其他交替形式;其三,英语进行体几乎可以与所有时态搭配使用,甚至包括完成时和惯常体的迂说式(Thieroff,2000)。

可见印欧语的时体范畴并不像我们过去设想的那么高度语法化,如果以屈折式表达手段或强制性使用作为标准,那么很多欧洲语言都没有将来时、进行体以及完成时等语法范畴。

第三,语法范畴的语法化程度在分析性语言里和综合性语言里是不是都一样?按照形态类型学的界定,分析性语言的本质特征是缺少词缀(尤其是屈折词缀)。而根据 Bybee(1997),分析性语言的另一个重要属性是缺乏强制性范畴。普遍的语言调查表明,如果一个语言没有屈折词缀或强制性范畴,那么这个语言也就不可能有高度语法化的"完成体/未完成体"或者"现在时/过去时"这样的时体意义;同样,缺少屈折形式(即缺少强制性和黏着性的语法范畴)的语言也倾向于没有屈折形式的"完成体/未完成体"的对立或者"现在时/过去时"的区分。这正是 Dahl(1985)、Bybee &

Dahl(1989)、Bybee *et al*. (1994)、Bybee(1997)等学者通过跨语言比较得到的一个重要发现。根据类型学的调查,分析性语言主要集中于南亚语(Austroasiatic)、大洋洲语言(Oceanic languages)、汉藏语、尼日尔-科尔多凡语(Niger-Kordofanian)以及克利奥尔语(Creole)等语群(phyla)里,考察发现,这些语群不仅普遍缺少过去时和未完成体等语法范畴,而且通常也没有用屈折手段表达的强制性的完成体范畴。相反,过去时和未完成体等语法范畴在综合性语言里则普遍可见,而且通常是强制性和黏着性范畴(Dahl,1985;Bybee *et al*., 1994;Bybee,1997)由此可见,语法范畴在分析性语言和综合性语言里的语法化程度有别,我们不能用综合性语言里语法范畴的形态模式来衡量分析性语言的语法范畴。

认识到上述三个基本的类型学事实,再来观察汉语完成体和进行体范畴的表现,我们认为,我们可能对汉语有没有体范畴这个问题有一个新的判断。

重要的是,我们应该切记,人类语言的语法范畴都是语法化的产物。跟语法成分的语法化一样,语法范畴的语法化既是一个历时过程,也是一个共时状态。历时地看,不同的语法范畴或者同一个语法范畴在不同的语言里可能处于语法化过程的不同阶段;共时地看,同一个语法范畴在不同语言里的语法化程度也会有高低之别。汉语完成体、进行体使用的非强制性以及体标记"了、着"的非黏着性,显示汉语这两个体范畴还处于语法化的过程之中,语法化程度还不高。但我们似乎没有多少理由认为汉语的完成体和进行体不是语法范畴。

附 注

① 在语言学文献里"语法范畴"的所指往往随着不同的语法理论或不同的描写层次而有所不同。本文的语法范畴主要指语法化了的名词的性、数、格以及动词的时、体、语气、情态、人称等范畴。

② Comrie 后来(Comrie,1998)又增加了第三个参数,即"与其他语法现象的互动"。他举的例子是英语名词单/复数的对立。比如 dog 与 dogs 的区别是强制性的:每个英语名词要么是单数,要么是复数,不存在这样的名词,它在数的对立上是中性的。就复数后缀-s 而言,数区别的形态标记显然是黏着的。最后,名词数的区别通过"一致现象"跟其他语法现象互动,比如英语里单数指示代词要求用 this dog 这样的形式,但复数指示代词则用 these dogs。

③ 逻辑上,特征(3)(即"语法的规定性")为特征(1)(即"使用的强制性")所隐含,因此将这二者并列并不合适,感谢沈家煊先生指出这一点。本文之所以这样处理,纯粹是为下文讨论的方便。

④ 陆俭明(1999)和刘一之(2001)有比较详细的介绍,可参看。

⑤ 比如汉语副词"还"是典型的语法词,"还"不仅具有完整的音系形式(声韵调俱全且无弱化表现),而且在某些话语环境里还可重读(如"我已经够胖的了,没想到小刘比我**还**胖")。

⑥ 相反,在国外有关时体研究的类型学文献里,汉语被公认是一种没有时范畴但有体范畴的语言(如 Comrie,1976;Dahl,1985;Smith,1991;Bybee *et al*., 1994;Payne,1997)。

⑦ Dahl(2000b)的"核心语法语素类型"(core gram types)和"边缘语法语素类型"(peripheral gram types),在概念上大致相当于时体范畴。

⑧ 比如 Taylor(1995:142—183)将"时、体"看成形态句法范畴,将"数、格"看作形态范畴;而他的"语法范畴"则包括词汇范畴(即词类)和句法范畴(即名词短语、句子以及其他句法结构式)。

⑨ Lindstedt (2001)认为,当一个语言同时具有未完成体和进行体时,这个语言的进行体范畴的语法化程度一般较低,在合适的语境里较少具有强制性;因为该语言中的未完成体范畴已足以表达进行体意义,反之则不然。Lindstedt(2001)这个观察似乎可用来解释罗曼语以及部分日耳曼语进行体范畴语法化程度低的现象,因为这些语言多数具有未完成体范畴。

参考文献

戴庆厦、崔志超 1985 《阿昌语简志》,民族出版社。

蒋绍愚 1994 《近代汉语研究概况》,北京大学出版社。

李兴亚 1989 《动态助词"了"自由隐现的条件》,《中国语文》第5期。

刘 坚等 1992 《近代汉语虚词研究》,语文出版社。

刘一之 2001 《北京话中的"着(· zhe)"字新探》,北京大学出版社。

吕叔湘 1999 《现代汉语八百词》(增订本),商务印书馆。

陆俭明 1999 《"着"(· zhe)字补议》,《中国语文》第5期。

沈家煊 1995 《"有界"与"无界"》,《中国语文》第6期。

沈家煊 1999 《不对称与标记论》,江西教育出版社。

徐 琳等 1986 《傈僳语简志》,民族出版社。

朱德熙 1982 《语法讲义》,商务印书馆。

Anderson, Stephen R. 1985 Inflectional morphology. In Timthy Shopen (ed.) *Language typology and syntactic description*, Vol.III. Cambridge: Cambridge University Press.

Bertinetto, Pier Marco, Karen H. Ebert, Casper de Groot 2000 The progressive in Europe. In Dahl (ed.) 2000a.

Bertinetto, Pier Marco 2000 The progressive in Romance, as compared with English. In Dahl (ed.) 2000a.

Binnick, Robert I. 2001 Temporality and aspectuality. In Haspelmath, Martin & Ekkehard Konig & Wulf Oesterreicher & Wolfgang Raible (eds.) *Language Typology and Language Universals: An international handbook*, 557-567. Berlin: de Gruyter.

Bybee, Joan 1985 *Morphology: A study of the relation between meaning and form*. Amsterdam: John Benjamins.

Bybee, Joan 1997 Semantic aspects of morphological typology. In Joan Bybee, John Haiman, and Sandra A. Thompson (eds.). *Essays on language function and language type*. Amsterdam/Philadelphia: John Benjamins Publishing Company.

Bybee, Joan & Dahl, Osten 1989 The creation of tense and aspect systems in the languages of the world. *Studies in Language* 13: 51-103.

Bybee, Joan & Pagliuca, William 1985 Cross-linguistic comparison and the development of grammatical meaning. In Jacek Fisiak (ed.) *Historical semantic, Historical word-formation*, 59-83. Berlin/New York/Amsterdam: Mouton.

Bybee, Joan., Revere Perkins, and William Pagliuca. 1994. *The evolution of grammar: Tense, aspect and modality in the languages of the world*. Chicago: University of Chicago Press.

Chao, Yuen-ren(赵元任) 1968 *A grammar of Spoken Chinese*. Berkeley: University of California Press.

Comrie, Bernard 1976 *Aspect: An introduction to the study of verbal aspect and related problems*. Cambridge: Cambridge University Press.

Comrie, Bernard 1985 *Tense*. Cambridge: Cambridge University Press.

Comrie, Bernard 1998 Perspectives on Grammaticalization. In Toshio Ohori (ed.) *Studies in Japanese grammaticalization: Cognitive and discourse perspectives*. Tokyo: Kurosio Publishers.

Dahl, Osten 1985 *Tense and Aspect Systems*. Oxford: Basil Blackwell.

Dahl, Osten (ed.) 2000a Tense and Aspect in the Languages of Europe. Berlin/New York: Mouton de Gruyter.

Dahl, Osten 2000b The tense-aspect systems of European languages in a typological perspective. In Dahl (ed.) 2000a.

Dahl, Osten 2000c The grammar of future time in European languages. In Dahl (ed.) 2000a.

Ebert, Karen H. 2000 Progressive markers in Germanic languages. In Dahl (ed.) 2000a.

Hopper, Paul J. & Traugott, Elizabeth C. 1993 *Grammaticalization*. Cambridge: Cambridge University Press.

Jakobson, Roman 1959 Boas' view of grammatical meaning. Jakobson, R. 1971, *Word and Language, Selected writings*, vol. 2. The Hague & Paris: Mouton, 489-496.

Klavas, Judith L. 1985 The independence of syntax and phonology in Cliticization. *Language* 61:95-120.

Klein, H. G. 1974 *Tempus, aspect, aktionsart*. Tubingen: Niemeyer.

Lehmann, Christian 1995[1982] *Thoughts on Grammaticalization*. Munich: Lincom Europa.

Li, Charles N. and Thompson, Sandra A. 1981 *Mandarin Chinese: A functional reference grammar*. Berkeley, Los Angeles and London: University of Californian Press.

Lindstedt, Jouko 2001 Tense and Aspect. In Haspelmath, Martin & Ekkehard Konig & Wulf Oesterreicher & Wolfgang Raible (eds.) *Language Typology and Language Universals: An international handbook*. Berlin: de Gruyter. 768-783

Lyons, John 1977 *Semantics*, 2 vols. Cambridge: Cambridge University Press.

Lyons, John 1995 *Linguistics semantics: An introduction*. Cambridge: Cambridge University Press.

Mel'cuk, Igor A. 1976 *On suppletion*. *Linguistics* 170:45-90.

Payne, Thomas E. 1997 *Describing Morphosyntax*. Cambridge: Cambridge University Press.

Samarin, William 1967 *A grammar of Sango*. The Hague: Mouton.

Sapir, Edward 1921 *Language*. New York: Harcourt.

Smith, Carlotta S. 1991 *The Parameter of Aspect*. Dordrecht: Kluwer.

Taylor, John R. 1995 *Linguistic categorization: Prototypes in linguistic theory*. (2nd ed.) Oxford: Oxford University Press.

Thieroff, Rolf 2000 On the areal distribution of tense-aspect categories in Europe. In Dahl (ed.) 2000a.

Tommola, Hannu 2000 Progressive aspect in Beltic Finnic. In Dahl (ed.) 2000a.

Whaley, Linndsay J. 1997 *Introduction to Typology: The unity and diversity of language*. Thousand Oaks: Sage Publications.

Zwicky, Arnold 1985 Clitics and particles. *Language* 61:283-305.

(原载《当代语言学》2005 年第 3 期)

同形异构体 V+ N 的复合化及其整合效应*

吴 为 善

(上海师范大学　对外汉语学院)

提要　语言成分整合并产生"浮现意义"是常见的语言现象。语言成分的整合依赖于两个因素,一个是整合的"框架",另一个是输入的"元素",在"框架"的作用下"元素"产生整合效应,浮现新的意义。韵律框架是句法和节律共同作用产生的语言模式,为语言成分的整合提供了条件。本文主要讨论汉语中同形异构体"V + N"的复合化及其整合效应,如"出租汽车",2 + 1 韵律框架能有效地凸显这类同形异构体的偏正关系,操作程序是将后边的双音节压缩为同义位的单音节形式,比如"出租车"。这类整合的结果主要表现为"隐退"效应。本文还具体分析了"V 双 + N 单"复合化整合框架的韵律特征,并讨论了"V 双 + N 单"复合化整合元素的条件选择。

0. 引言

沈家煊(2006)在论述概念整合和"浮现意义"时指出:语言中的整合现象无处不在。其中提到了两类复合词的实例:一类是"大车""轮椅""烟火"。两个成分整合后,"大车"不等于"大的车",指

* 本论文的研究课题获得上海市重点学科建设项目资助,项目编号:T0405。

“牲口拉的两轮或四轮载重车”;“轮椅”不是简单的带轮子的椅子,产生的浮现意义是“医院或残疾人用的”;“烟火”可以指战火、熟食或燃放时发出各种颜色的火花而供人观赏的东西,但不等于“烟＋火”。另一类是“兄弟”“东西”“买卖”。这些组合可能是短语,分别指“兄和弟”“东和西”“买和卖”,但前字重读后字轻读就肯定是词,“兄弟”指“弟弟”,“东西”指“物品”,“买卖”指“经商”。

我们认为这两类实例都属于韵律构词,产生的整合效应都是双音节韵律框架作用的结果。前一类实例是由于双音节韵律框架的作用使两个成分的意义融合而产生了新的专指义,这是常见的双音化现象。后一类实例是通过改变双音节韵律框架的重音模式,由“中重”变为“重轻”,导致意义的区别。语言成分的整合效应依赖于两个因素,一个是整合的“框架”,另一个是输入的“元素”,在“框架”的作用下“元素”产生整合效应,浮现新的意义。韵律框架是句法和节律共同作用产生的语言模式,为语言成分的整合提供了条件。本文主要讨论的是汉语中同形异构体“V＋N”的复合化及其整合效应。

1.“V双＋N单”的整合效应

一个动词和一个名词直接组合,在我们的结构识别中有两种可能的关系模式,一种是述宾关系,另一种是偏正关系。识别的依据有两条:A是动词能否带受事宾语,即动词和名词之间是否具有“动作”和“受事”的语义关系;B是动词对名词是否具有分类的认知基础,即动词能否直接修饰名词表示名词在功能属性上的类别。假如一个动词和一个名词直接组合,具有A的特征而排斥B的特征,那么这个组合在结构上一定是述宾关系,比如“制造汽车”。假如一个动词和一个名词直接组合，具有 B 的特征而排斥 A 的特征，那么这个组合在结构上一定是偏正关系，比如“采访汽车”。假如一个动词和一个名词直接组合，同时具有 A 和 B 的特征，那么这个组合一定是一个同形异构体，也就是通常所说的歧义形式，比如“出租汽车”，既可以理解为述宾关系“V ＋ O”，也可以理解为偏正关系“出租的汽车”。因此一个动词和一个名词直接组合在我们的结构识别中形成如下非离散性的连续统：

述宾关系 ———— 同形异构 ————→ 偏正关系

制造汽车　　　　出租汽车　　　　采访汽车

本文主要讨论“出租汽车”这类同形异构体在“$V_{双}$ ＋ $N_{单}$”（2 ＋ 1）的韵律框架中的复合化整合效应。

一个动词和一个名词直接组合，述宾关系是一种优选模式，因此“出租汽车”类的同形异构体要凸显偏正关系，通常需要更大的句法结构的支撑，比如“三辆出租汽车”“这些是出租汽车”“出租汽车来了”。2 ＋ 1 韵律框架能有效地凸显这类同形异构体的偏正关系，要求是将后边的双音节压缩为同义位的单音节形式，比如“出租汽车 → 出租车”。这种整合结果集中体现为两种效应。第一是“隐退”效应。整合理论认为：“隐退”是相对“凸显”而言的，“一隐一显”才形成一个整体。如经典的心理实验“图像-背景倒换”所证明的那样，在一个视觉领域内必须有一部分凸显一部分隐退，作为一个“完形”的图像“花瓶”或“人面”才会浮现出来（参看沈家煊，2006）。这种“隐退”效应具体表现为：在句法结构关系上“偏正关系”凸显，“述宾关系”隐退。“出租车”内部的关系被锁定为偏正关系，排斥了述宾关系的可能性。第二是“复合”效应。凸显了的“偏正关系”的两个成分在 2 ＋ 1 韵律框架的作用下“固化”为

“复合词”。原偏正关系的“出租汽车”是短语,可以扩展,如“出租的新款汽车”;“出租车”是典型的三音节复合词,已经成为某个范畴的类名,如“出租车 / 自备车 / 公用车”。同类实例如下:

(A) 设计图纸 → 设计图　　译制影片 → 译制片
储备资金 → 储备金　　复印文件 → 复印件
雇佣士兵 → 雇佣兵　　装修房屋 → 装修房
修改稿件 → 修改稿　　承包项目 → 承包项

(B) 测量仪器 → 测量仪　　检测车辆 → 检测车
搜查证件 → 搜查证　　选修课程 → 选修课
报销单据 → 报销单　　讨论题目 → 讨论题
筹备会议 → 筹备会　　传染疾病 → 传染病

这种整合结果对原 2 + 2 的述宾关系所陈述的行为动作而言,2 + 1 的偏正复合词的意义表现为两种类型。上面列举的 A 类中整合后的复合词表示原组合陈述的行为动作产生的结果,比如“设计图”是“设计图纸”的结果,“译制片”是“译制影片”的结果,“储备金”是“储备资金”的结果,余例类推。上面列举的 B 类中整合后的复合词表示原组合陈述的行为动作进行时所需要的工具、依据、手段,比如“测量仪”是“测量”的工具,“搜查证”是“搜查”的依据,“筹备会”是“筹备”的手段,“检测车”是“检测”的对象,余例类推。

2. 整合框架的特征分析

本文讨论的同形异构体 V + N 的整合框架是“$V_{双}$ + $N_{单}$”(2 + 1)的格式,是一种典型的韵律框架,表现为句法上的黏合性和节律上的紧密性,这种特征导致了 2 + 1 成为汉语三音节复合词的构成模式。周韧(2006)从语言类型学的角度对汉语动宾饰名复合词现象进行了深入的研究，指出汉语“单单式 VON 型复合词”(如“碎纸机”)的成因应归结为“韵律构词”，也证实了 2 + 1 是汉语韵律构词的模式。

汉语 2 + 1 韵律模式的特征与它的相对格式 1 + 2 的韵律模式形成对立。在考察汉语单双音节组合规律时，我们曾提出过一条规则：单数音节段与双数音节段组合“前松后紧”。即当一个单数音节段处于双数音节段之前，结合比较松散；而处于双数音节段之后，结合比较紧密。可描写为：

× // ×× ；×× / ×(或× // ×× / ×)

其中×代表单数音节段，××代表双数音节段，// 或 / 表示音节之间组合的紧密度，其中// 大于 / 。这条规则表明，当一个单音节处于双音节之后，具有极强的黏附性(参看吴为善，2003)。这个特征可以从汉语上声连读变调现象得到证实。汉语中的上声曲折而略长，在语流中几个上声字连读会产生有规则的连读变调现象。一般有两种变化，一种是“半上”(小变化：214 → 211)；一种是“全上”(大变化：214 → 24，近乎阳平)。若音节结合不太紧则变调呈小变化(半上)，反之则出现大变化(全上)，因此上声连读变调是鉴别音节组合相对松紧的一个较为灵敏的“试剂”。根据北京语言学院一些老师的听辨实验，发现三个上声字连读，凡 1 + 2 音段中前一个单音节变为“半上”；而 2 + 1 音段中后边单音节前一个音节变为“全上”。如：

	偏　正$_1$	偏　正$_2$	动　宾	主　谓
1 + 2：	很//勇敢	好//雨伞	有//影响	我//也有
2 + 1：	也许/有	展览/馆	领导/我	旅馆/少

1 + 2 中“很”“好”“有”“我”表现为一种小变化，这是因为这些单音节与后边的双音节结合相对较松散；2 + 1 中“许”“览”“导”“馆”表现为一种大变化，这是因为后边的单音节与前边的双音节结合相对较紧密(参看胡炳忠，1985)。吴宗济(1984)用声学实验的方法对普通话三字组的变调规律进行了深入考察，其中三个上声字组的连读变调结果与上述听辨实验的结果一致。上述两类实验中所用实例，不论 1 + 2 还是 2 + 1，都包含了各种句法结构类型，但变调规律却是一致的。这说明“前松后紧”的规则是有事实支撑的：前置单音节具有相对独立性，后置单音节具有黏附性(参看吴为善，1989)。

近些年来，随着国外非线性音系学研究的深入，汉语韵律层级系统及“韵律构词”的研究取得了较大的进展，对于汉语音节组合的规律有了更为科学的解释。较为一致的看法是 2 + 1 属于“韵律词”范畴，而 1 + 2 属于“韵律短语”范畴。王洪君(2000)认为前者表现出来的区别性特征是：(1)在更大的组合中音步不再分裂，(2)音步内顺向连调。具体表现为：

2.1 连调模式。就单说时可以是单音步的三字组而言，“雨伞厂”(韵律词)和“小雨伞”“买雨伞”(韵律短语)最明显的区别在于连调式的不同，前者的连调只能是“顺向”的，后者可以是“逆向”的。普通话中上声字的连调与单字调的区别最明显，所以下面均以上声字为例。它们虽然不能反映连调状态的精确值，但应该可以反映“位”的区别。比如(括号表示音步的界限，笔者引用时略作了简化)：

雨伞厂	跑雨伞厂	老跑雨伞厂
(35 - 5 - 213)	(213)(35 - 5 - 213)	(35 - 213)(35 - 5 - 213)

小雨伞　　　　　　买小雨伞　　　　　　想买小雨伞

(21 - 35 - 213)(213)(21 - 35 - 213)(35 - 213)(21 - 35 - 213)

(213)(35 - 213)

买雨伞　　　　想买雨伞　　　　　早想买雨伞

(21 - 35 - 213)(35 - 213)(35 - 213)(35 - 213)(21 - 35 - 213)

(213)(35 - 213)

从上面的实例可以看出："雨伞厂"只有一种连调式(35 - 5 - 213)。很明显，这一连调式是按从左至右的次序连续运用"连上前字变阳平(213 → 35)"的结果。首字受次字影响变阳平，次字又受末字影响变阳平(因中间音节短促声调 35 描写为 5)，这就是从左至右的"顺向连调"。"小雨伞""买雨伞"更常用的是(21 - 35 - 213)式。这种连调只能是按内部语法结构(1 +(1 + 1))的次序运用"连上前字变阳平"的结果：先是次字与末字结合，然后才是首字与次字的结合。这与说话时实际出现的先后次序相反，所以称为"逆向连调"。

2.2 音步稳定性。韵律词和韵律短语的第二个区别与第一个有关，这就是三字组的首字是否可以取"三摩拉(mora)调"。"三摩拉调"是指相当于曲折调长度的调，如全上调 213、全去调 51 和略带降尾的阴平、阳平(可分别记作 554、354)。较紧密的顺向三字连调，首字只能是两摩拉调(如半上 21，半去 53 和不带降尾的阴平 55，阳平 35)。"雨伞厂"的首字"雨"在各种组合环境中都只能用无降尾的阳平(35)，而不能用有降尾的阳平或全上。较松散的逆向三字连调则完全不同。如"小雨伞"和"买雨伞"的第一个音节，单说时除了半上 21 外，也可以选择拖长的 213(见上例)。同时，许多学者已经指出，普通话语流的特点是，声调只有在音步、停延段、句段的分界前才取三摩拉长度,不在分界前(如两字组前字)的音节则取两摩拉长度,也就是说三摩拉调有标界作用。所以全上调的 213 能够标志音步的界线。2 + 1 定中式的“雨伞厂”在各种组合中都只有末字一个字是 213 调,也就是说它在各种组合都是一个三音节的单音步,单音步构造稳定。而 1 + 2 定中式“小雨伞”和“1 + 2”述宾式“买雨伞”在更大的组合中首字、末字可能都用有标界作用的全上(213),这说明它们有可能组织为 1 + 2 的两个音步(如“想买 / 雨伞”)。也就是说,逆向连调的三音节音步是不稳定的单音步。

综上所述,节律结构层面上的“松”和“紧”必然和句法结构层面上的“松”和“紧”相匹配,而节律层面的“松”“紧”在句法层面的投射结果,是对不同等级的语言单位的选择:

节律结构		语言单位
1 + 2	→	短　语(或“类短语”)
2 + 1	→	复合词

3. 整合元素的条件选择

同形异构体 V + N 的复合化及其整合效应是在 2 + 1 的韵律框架中实现的,结果是构成了“$V_{双}$ + $N_{单}$”格式的偏正型复合词,表示某个范畴的类名。其中输入的整合元素有两个,一个是动词,另一个是名词。在这类格式中,显然对动词的选择性要求比较高:(1)必须具有直接修饰名词的句法功能,(2)能从功能属性的角度对所修饰的名词产生一种分类的效应。而对名词的选择要求相对比较单一,即能表示某个范畴的类名。对于整合元素的选择性条件分析,属于功能解释的范畴。近些年来随着认知语言学的研究进展，学界开始关注汉语中的诸多语言现象，并力求给出认知层面的功能解释，使本文的探讨有了更多的理论支撑。

3.1 动词的特征考察

上文举出的典型实例中包含如下这些动词：

设计 译制 储备 雇佣 复印 装修 修改 承包

测量 检测 搜查 选修 报销 讨论 筹备 传染

分析这些动词的构成特征，一个明显的倾向是这类动词基本上都属于联合式双音动词。值得研究的是为什么这类动词能作为“元素”参与同形异构体 V ＋ N 的复合化整合。我们可以从两方面来考察这个问题。

3.1.1 关于汉语单双音节动词的功能差异。王灿龙(2002)认为双音节动词跟与之对应的单音节动词相比，它们的语法范畴特征都有不同程度的变化。试比较：

收收	割割/*收割收割	种种/*种植种植
收了	割了/?收割了	种了/?种植了
收过	割过/?收割过	种过/?种植过
收一收	割一割/*收割一收割	种一种/*种植一种植

他对此的解释是双音节动词跟单音节动词在基本层次范畴和原型性方面有较明显的对立。单音节动词具有典型的动词语法特征，而由这些单音节动词作为语素参与构成的双音节动词，其动词的语法特征都弱化或部分丧失了。从表义方面看，单音节动词通常表示的都是人或事物(含动物)的基本动作，动作性都较强，动作义也很具体。在人们的认知范畴中有一个明晰的、有界的关于某一动作的意象与表示该动作的动词相对应。而双音节动词的情况则不同，由于它是两个语素的结合，无论其中的两个语素或某一语素

的动作性多强,整个词的语义只能是两个语素义的最大公约数,这样,所得的语义就相对比较抽象、比较间接。张国宪(1997)的相关研究证明双音节动词的“动性”强度存在差异,这种差异与词的内部构造密切相关。他根据语料的概率分析将双音节动词的强度等级序列描述为:

前加/后附>偏正>补充>陈述>支配>联合(强→弱)

研究表明联合式双音动词的动性最弱。我们基本同意上述两位学者的意见。这说明联合式双音动词的“动作性”有所弱化。

3.1.2 关于汉语动词直接修饰名词的功能。学界研究表明,定语在名词性结构中的作用可分为两个类型:一类是确定指称,另一类是刻画概念。前者的功能是个体指称的确定,主要作用于中心语概念的外延;后者的功能是概念属性的刻画,主要作用于中心语概念的内涵。Seiler 认为,定语的限定作用实际上构成一个非离散性的连续统,其两端分别是“确定指称”(离中心语远)和“刻画概念”(离中心语近),并依据英语事实给出了一个限定序列,体现了多项定语语序规律的距离动因。张敏(1998)根据汉语的实际情况,给出了汉语定语的限定序列:

词类:乙类形容词　甲类形容词　区别词　名词　动词　+　名词

表义:情状　　　　属性(形体、颜色、质料、功能等)

恒定性:小 → 大

客观性:小 → 大

上述“恒定性”指定语与中心语事物内在联系的稳定程度,“客观性”指定语表示的性状与事物的联系在多大程度上以个体的主观判断为转移。事实证明,这两个“参数”都是从左到右依次增大。从中可见“功能”属性反映了事物的本质,几乎完全不以个体的主观判断为转移，是事物最稳固的属性，而双音节动词所表示的往往是这类属性。这和陆丙甫(1993)关于汉语多项定语的两条相关的顺序原则是一致的：(A)越是反映事物稳定的内在本质的定语越靠近核心，(B)外延性定语在外层，内涵性定语在内层。

综上所述，参与整合的联合式双音动词的动作性弱化了，动作性的弱化必然导致修饰性的强化，在句法功能上表现为述语功能向定语功能的“漂移”。联合式双音动词的这种特征为它直接修饰名词性成分，并从功能属性的角度对所修饰的名词产生一种分类的效应提供了现实的可能性。因此这类动词直接做定语时，与中心语名词成分在概念意义上的整合度极高，对中心语概念内涵的影响最大。本文所列举的典型实例中的双音动词充分体现了上述特征。多数动词如“设计、译制、储备、装修、测量、检测、搜查、选修、报销、讨论、筹备”等，都是一些随着社会发展后来出现的概念，两个构词语素的意义已高度整合，行为特征明显而动作意义弱化，并没有对应的那种带有原型性特征、表示基本层次范畴的单音节动词。还有些动词能找到对应的单音节动词，如“修改/改、承包/包、传染/传、雇佣/雇、复印/印”，但两者的句法表现功能差异很大，这是显而易见的。

3.2 名词的特征考察

上文举出的典型实例中包含如下这些名词：

图纸　影片　资金　士兵　文件　房屋　稿件　项目

仪器　车辆　证件　课程　单据　题目　会议　疾病

这些名词都属于双音节的事物名词，从构成方式来分析，多数是联合式复合词，也有一部分“名量式”复合词，如“稿件”“车辆”。值得研究的是这类名词具有什么特征，又是如何作为“元素”参与同形异构体 V + N 的复合化整合的。

汉语双音节事物名词的特征,是与对应的单音节事物名词的比较中体现出来的。王灿龙(2002)认为双音节名词一般都不表示基本层次范畴,它们的原型性较弱,跟对应的单音节词相比,这些双音节名词的语法特征明显发生了变化。试比较:

一枝花　一根草/*一枝花草　*一根花草

一抔土　一块地/*一抔土地　*一块土地

一张纸/*一张纸张

一本账/*一本账本

他对此的解释是单音节名词具有典型的名词语法特征,而这些单音节名词作为语素构成或参与构成的双音节名词,其语法特征却有所丧失,或者说弱化了。这种情况对于并列式或名量式复合名词来说尤为突出。从语义的虚实来看,单音节名词通常都可指称客观世界的某类事物,人们可以在词与事物之间直接建立一种语义关联;在人们的认知范畴里有一个具体可感的关于该事物的"意像"与词相对应。而双音节名词则不同,它不是两个语素简单的相加,它的语义也不是两个语素义之和。在"完形"心理学看来,整体总是大于部分之和。因此,双音节词的语义应是对两个语素义的更高层次的抽象,它既与语素义相关联,同时又获得了一种语素义所不具备的抽象义。在人们的认知范畴里该意像既不是直接的,也不是清晰的,甚至还是无界的。因此从总体上说,单音节名词的语义大都很具体、很直接、很明晰,双音节名词的语义一般都较抽象、较间接、较模糊。

我们认为王灿龙的思路是值得肯定的,双音节事物名词在认知范畴层次等级上的抽象,充分体现了词语搭配在认知范畴层次等级上的“同一性原则”，双音节事物名词实体义的虚化与双音节动作动词动作性的弱化相适应。但值得注意的是，这些双音节事物名词在更高一个层次上形成了新的概念，这些概念是随着社会发展后来出现的，表示的往往是新事物的总称或集合类名。因此在现代汉语中很多双音节事物名词并没有对应的那种带有原型性特征、表示基本层次范畴的单音节名词，比如本文列举的典型实例中的“影片、资金、文件、稿件、项目、仪器、证件、单据”。这些双音节事物名词进入“$V_{双}$ + $N_{单}$”格式后，“$N_{单}$”都是不能单用的黏合语素，如“片、金、件、稿、项、仪、证、单”。正因为汉语中的双音节事物名词是随着社会发展而产生的更高认知层次的事物类名，就使得它们有资格作为“元素”参与同形异构体 V + N 的复合化整合。同时也证实“$V_{双}$ + $N_{单}$”格式中的“$N_{单}$”不是天然的单音节“元素”，而是双音节事物名词音节长度压缩所致。这好比“削足适履”，为了适应 2 + 1 的韵律框架，双音节必须压缩为单音节，这是“$V_{双}$ + $N_{单}$”格式整合的关键程序。这样解释才能说明为什么“$V_{双}$ + $N_{单}$”格式中的“$N_{单}$”同“$V_{双}$ + $N_{双}$”格式中的“$N_{双}$”属于同一义位，同时也能说明为什么不少“$V_{双}$ + $N_{单}$”格式中的“$N_{单}$”是不能单用的黏着语素。还有些名词能找到对应的单音节名词，比如本文列举的典型实例中“图/图纸、兵/士兵、车/车辆、课/课程、题/题目、会/会议、病/疾病”，但两者在范畴概括范围及句法表现功能方面差异很大，这是显而易见的。

3.3 动词名词的分类性选择

上面我们考察了“$V_{双}$ + $N_{单}$”复合化整合中双音节动词和名词所具备的选择性条件，但并不是所有的双音节动词和名词都能实现“$V_{双}$ +$N_{单}$”的整合，整合动因还取决于动词所表示的动作行为对名词所表示的事物范畴是否具有分类性。这种分类性取决于人们的经验认知，是建立在人们范畴化认知系统中的稳定性基础之上的，通常我们用于解释语言现象的所谓“约定俗成”，实质上是人们范畴化经验认知的“规约化”。比如：

修改稿件 → 修改稿(相对于“原稿”)

校对稿件 → 校对稿(相对于“样稿”)

装修房屋 → 装修房(相对于“非装修房”)

租赁房屋 → 租赁房(相对于“非租赁房”)

讨论题目 → 讨论题(相对于“非讨论题”)

选择题目 → 选择题(相对于“非选择题”)

测量仪器 → 测量仪(相对于“非测量仪器”)

观察仪器 → 观察仪(相对于“非观察仪器”)

假如充当定语的动词所表示的动作行为对名词所表示的事物范畴不具有分类功能，即使是符合整合条件的同形异构体 V ＋ N，也不可能产生“$V_{双}$ ＋ $N_{单}$”的整合效应。比如“复印文件”可以整合为“复印件”，那是因为“文件”通常有“原件”，这个类名可以成立；而“学习文件”不能整合为“学习件”，那是因为下发的“文件”通常都是要学习的，分类缺乏基础。又如“表演节目”不能整合，是因为排练节目就是为了表演的；“开发产品”也不能整合，是因为任何产品都是开发出来的；它们都不具备分类的认知基础。

4. 余论

第一，本文集中讨论同形异构体 V ＋ N(如“出租汽车”)的复合化整合效应。相关格式如“制造汽车”是单一的述宾关系，不存在潜在的偏正关系，因而不具备复合化整合的条件，不在本文讨论范围之内。另一相关格式如"采访汽车 → 采访车"是单一的偏正关系，当然具备复合化整合条件，而且是更常见、更能产的现象。其中双音动词主要是联合式的，如"防御圈、创造欲、警戒线、纪念碑、购买力、流行色、拆迁户、试验田、参考书、陈述句"，其次是述宾式的，如"环城路、领头羊、养鸡热、读书梦、放心肉、蓄水池、观光客、保险箱"。其中"$N_{单}$"有明显的"后缀化"倾向。这些是本文的后续研究课题，拟另文撰述，在此不再展开。

第二，偏正关系是 2 + 1 韵律框架的优势选择，但不排除述宾关系的可能性。实际语料显示，约有 10% 的 2 + 1 格式表现为述宾关系。常见的有"尊重人、相信鬼、依靠党、浪费钱、节约电、爱惜书"等，而其中"VV 人"又占了近 80%。对这类现象王灿龙(2002)曾从认知的角度做过探讨，比如"尊重人"是典型的述宾型 2 + 1 格式，但"人"在这里体现出来的绝不是"能制造工具并使用工具进行劳动的高等动物"的自然属性(外延意义)，而是作为社会的"人"所应有的社会属性，包括人格、权利、地位等内涵意义。我们认为这应该是"人"在同"尊重"的意义组合后产生的"语义溢出"效应。究竟如何解释这种现象，有待于进一步的研究，在此不再赘述。

参考文献

胡炳忠 1985 《三声三字组变调规律》，《语言教学与研究》第 1 期。

匡腊英 2003 《"V 双 + N 单"的性质及其相关问题》，上海师范大学硕士学位论文。

陆丙甫 1993 《核心推导语法》，上海教育出版社。

沈家煊 2006 《概念整合和浮现意义——在复旦大学"望道论坛"报告述要》，《修辞学习》第 5 期。

王灿龙 2002 《句法组合中单双音节选择的认知解释》,《语法研究和探索》(十一),商务印书馆。
王洪君 2000 《汉语的韵律词与韵律短语》,《中国语文》第6期。
吴为善 1989 《论汉语后置单音节的黏附性》,《汉语学习》第1期。
吴为善 2003 《汉语节律的自然特征》,《上海师范大学学报》(哲社版)第3期。
吴宗济 1984 《普通话三字组变调规律》,《中国语言学报》第2期。
张国宪 1997 《"V双 + N双"短语的理解因素》,《中国语文》第3期。
张 敏 1998 《认知语言学与汉语名词短语》,中国社会科学出版社。
周 韧 2006 《共性与个性下的汉语动宾饰名复合词研究》,《中国语文》第4期。

(原载《语法研究和探索》(十四))

“了$_2$”的行、知、言三域

肖治野　　沈家煊

（杭州师范大学　人文学院；中国社会科学院　语言研究所）

提要　以往对句尾语气词“了$_2$”的语义刻画存在过于繁杂和过于概括两种倾向，本文提出用“行、知、言”三域将“了$_2$”的语义刻画为表示“新行态的出现”、“新知态的出现”和“新言态的出现”，同时将“了$_1$”的语义归入“行”域。三域的刻画框架能更好地说明“了$_2$”的各种意义和用法之间的区别和联系，并能更好地说明“了$_2$”和“了$_1$”的区别和联系。最后说明在刻画汉语各类虚词的语义和用法时“行、知、言”三域是一个很实用的框架。

1. 引言

本文主要讲“了$_2$”，兼及“了$_1$”。[①] 对句尾语气词“了”(一般所说的“了$_2$”)的语义刻画，有两种做法，一种是分离出许多种不同的意义，一种是概括为一个意义。前一种做法，如萧国政(1999)共分出8种“相互对立而不交叉”的意义：表已然，表开始，表消失，表继续，表变化，表偏离，表强调，表委婉。这样的分法完全抹杀了这些意义之间实际存在的联系。赵元任(1968/1979：354—356)虽然也分出七种意义，但是说明其中有些意义之间有联系，例如一种意义是表“新出现的情况”(如：糟了，下雨了)，一种意义是表“情节的一个进展”(如：后来天就晴了)，就说后者“也是一种新情况”。但是多数意义之间的联系还是不明显，比如“表示显而易见”(如：这个你当然懂了)跟“出现新情况”有什么联系呢？“适应新情况的命令”(如：吃饭了！)跟“出现新情况”又有什么联系呢？《现代汉语八百词》(下简称《八百词》)是另一种做法，概括为一个意义：“主要肯定事态出现了变化或即将出现变化，有成句作用。”概括的好处是简练，但是忽视了不同用法之间的差异，有的用法用这个概括义来解释就很牵强，例如“这个办法最好了”“这双鞋太小了”这样的用例，《八百词》也不得不说并“不表示有过什么变化”。金立鑫(1998)认为这里的“了”表达的是“一种主观情态”，将其单独归为一类，但是这种“主观情态”究竟是什么？跟表示“出现了变化”的“了”又有什么联系？此外，“即将出现变化”(如：来了！来了！)实际是“还未出现变化”，怎么跟“出现了变化”(如：刮风了)联系起来也是个问题。

我们拟提出一种新的刻画方法，将“了$_2$”的种种用法归入沈家煊(2003)界定的三种既有区别又有联系的意义：行域义，知域义，言域义。

沈家煊(2003)在Sweetser(1990)的基础上区分和界定了三个既有区别又有联系的概念域，即行域、知域、言域。“行”指现实的行为和行状，跟“行态”或“事态”有关，“知”指主观的知觉和认识，跟说话人或听话人的知识状态即“知态”有关，“言”指用以实现某种意图的言语行为，如命令、许诺、请求等，跟言语状态即“言态”有关。这三个概念域在语言的许多方面都有反映，区分这三个域有利于厘清许多复杂的语义现象。比如：

(1) 小王能说法语。

(2) 我能骗你吗？

(3) 小王,能把笔记借我看看吗?

(1)的“能”指小王说法语的能力,能力跟行为直接相关,因此这个“能”是属于行域的“能$_行$”。(2)不是问我是否有能力骗你,而是问是否有可能骗你,是要你根据知识对骗你的可能性做出推断,这个“能”是属于知域的“能$_知$”。(3)既不是问能力,也不是问可能性,其实句子是表示“请求”的言语行为,这个“能”属于言域的“能$_言$”。再例如用连词“如果 p 就 q”连接的复句:

(4) 如果明天下雨,比赛就取消。

(5) 如果比赛取消了,昨天就下雨来着。

(6) 如果比赛真的取消,太阳就从西边出来了。

上面三句“如果”一词引出的充分条件小句在三个域中的性质可以这样来表述:

1) 行域:p 的发生是 q 发生的充分条件。(如果 p,那么 q)

2) 知域:知道 p 是我得出结论 q 的充分条件。(如果知道 p,那么我推断 q)

3) 言域:状态 p 是我声称 q 的充分条件。(如果 p,那么我声称 q)

行域里小句是一般的句法语义单位,知域里小句是逻辑推理单位(前提和结论),言域里小句是言语行为单位(声称、请求、提问等)。

从语义引申的角度看,行域义是原始的基本意义,然后引申出较抽象的知域义,再引申出更抽象的言域义。

从行域义、知域义、言域义的角度刻画,我们把“了$_2$”分为“了$_行$”“了$_知$”“了$_言$”三个:

了$_行$:表示“新行态的出现”

了$_{知}$:表示“新知态的出现”

了$_{言}$:表示“新言态的出现”

我们认为这样的刻画既不烦琐又不过分简单,既能说明不同用法之间的区别,又能说明不同用法之间的联系(都是表示“新情况的出现”)。[②]

2. 表示“出现新言态”的“了$_{言}$”

先说“了$_{言}$”。《八百词》说“了$_{2}$”可以表示“事态即将出现变化”,前面常有副词“快”或助动词,例如:

(7) 吃饭了(可以或就要吃饭了)/ 要下雨了/ 快放假了/ 你该回家了/ 现在可以通知他来了

其实,仔细分析就会发现带副词“快”或助动词的例子也是表示“事态出现了变化”,例如“快放假了”是“时间上已经接近于放假”(原先没有接近),“现在可以通知他来了”是表示“现在已经可以通知了”(原先不可以),这可以从下面的说法看出:

(8) 快放假了,快了。

(9) 现在可以通知他来了,可以了。

我们还应该区分与“吃饭了”相关的两种情形,“可以吃饭了”或“就要吃饭了”还是在陈述“事态出现了变化”,从“不可以”到“可以”,从“未接近”到“接近”,而“吃饭了!”则是一个命令,是赵元任(1968/1979:355)说的“适应新情况的命令”。同样,“该休息了”是一个陈述(出现从“不该”到“该”的变化),而“休息了!”则是一个命令,要对方适应新情况“休息”的命令。黄伯荣和廖序东(2002:46)也认为“吃饭了”“休息了”属于祈使句,其中的“了”表示祈使语气,彭利贞(2007:289)也说是表示“指令”。当然,当我们陈述“可以吃饭了"和"该休息了"的时候也可能隐含"命令"的语力，但这种语力是隐含的、间接的，在一定的上下文是可以取消的：

(10) 可以吃饭了，但你可以不吃。

(11) 该休息了，但你可以继续干。

关键是要弄清楚"新事态出现的陈述"和"适应新事态的命令"二者之间的区别和联系，特别是联系。我们用下面一对例子来说明：

(12) 他把枪放下了。

(13) 你把枪放下了！

要回答的问题有两个：1）后一句的"了"跟前一句的"了"有什么区别和联系？2）为什么"你把枪放下了！"听上去比"你把枪放下！"（不带"了"）委婉一些？

语句可以用来陈述一个行为（depictive use），如陈述句"他把枪放下了"，也可以用来实施一个行为（performative use），如命令句"你把枪放下了"是在实施一个命令的行为，是一个"实施句"。从"词"与"物"的关系来说，陈述一个行为的陈述句是"使词适应物"，也就是陈述要适合所陈述的外界事物，陈述句因此有真假之分，我们可以问："他把枪放下了"这个陈述句是真的还是假的？而实施一个行为的实施句是"使物适应词"，也就是要使外界事物来适合所说的话，用说的话来改变外界事物的状态，实施句因此没有真假之分，只有适宜与否或成功与否的差别，我们只能问：在一定场合发出"你把枪放下了"这个命令是否适宜、是否有效？陈述和实施的适应方向相反，这好比"记录的购物单"和"制定的购物单"之间的差别，前者是让记录单适应所购之物，如果记录错了就只能改变记录；后者则是让所购之物适应制定好的单子，如果购错了就必须到商店去调换。同样,如果说了“他把枪放下了”而事实上他没有把枪放下,我们只能修改这个陈述;如果你不执行我的命令“你把枪放下”,我不是修正我的命令而是上前把你手中的枪强行夺下(Searle,1979:3—4)。现在来看下面两句的区别和联系:

(14)你把枪放下!

(15)我命令你把枪放下!

这两句都是实施同一个命令的实施句,都是让外界适应词语,而区别在于预设的不同:说“你把枪放下”时说话人预设外界不会自动变化来适应词语,需要有听话人的顺应外界才会变化;说“我命令你把枪放下”时说话人预设只需要说出这句话就能使外界变化而适应词语。从这个角度看,一般人会觉得这句话的“命令语力”弱一些,除非是“命令”一词重读。另一方面,语句“我命令你把枪放下”在它是一个命令的同时又是一个陈述:对命令这个行为加以陈述,通过这一陈述,或者在这一陈述之中命令行为得到实施。只要这个命令是适宜的或有效的,这个陈述就为真。从这个角度看,一般人也会觉得这句话的“命令语力”弱一些,除非“命令”一词重读。(参看 Sweetser,2000)

现在我们可以看清楚命令句“你把枪放下了!”里的“了”到底表达什么意义:

(16)你把枪放下了!

= 我命令[你把枪放下]了。

= 你把枪放下,我命令了。

这个“了”是表示“一个新的言态的出现”,是“$了_{言}$”,这个“新的言态”就是“我命令[你把枪放下]”。由于这个命令行为是通过陈述新言态出现而实现的,或者说是在新言态出现这一陈述中实现的,而"命令"一词又隐而不现,所以它的命令语力就弱一些,听上去委婉一些[③]。

总之,把"你把枪放下了"里的"了"解释为"了$_言$"比解释为"表示事态即将出现变化"要好,第一,在这个命令发出之后,对方完全有不执行命令的可能,那就谈不上"事态即将出现变化";第二,说"了"是"表示事态即将出现变化"并不能解释加"了"和"不加"了"的区别和联系。

"命令"只是言语行为的一种,"宣布、请求、许诺、劝告、提问、声称"等都是言语行为。我们可以概括地说"了$_言$"出现在下面格式的末尾:

我说[P]了。

黑体字"说"代表所有表示言语行为的概念(说,命令,宣布,请求,许诺,劝告,提问,声称等),在实际的言语中这个"说"经常没有实现的形式。先看下面一类句子:

(17) 主席:现在开会了。
老师:安静,上课了。
经理:你被录用了。
拍卖师:这件拍卖品归你了。

这类句子如果改用英语来说都用一般现实时,用事态"已经发生变化"或"即将发生变化"来解释都很牵强。其实这些句子都属于"我宣布[P]了",说话人必须是根据某种制度或仪式被承认为具有特定权力的人,一旦说话人具备这种权力,那么在话语说出的同时,宣布的行为就得以实施。这里的"了$_言$"就是把"宣布"这一言语行为作为一种新事态(新言态)提供给听话人。再看下面各类句子:

(18) 帮帮我了! / 给碗粥喝了! / 千万别开除我了!

这类句子都属于“我请求[P]了”，不加“了”也可以，只是生硬一点。这个“了$_{言}$”就是把“请求”这种言语行为作为一种新事态（新言态）提供给听话人。再看下面一类句子：

(19) 快点了！/ 抓牢了！/小心了！/ 当心摔倒了！/ 别去了！

这类句子都属于“我提醒/警告/规劝[P]了”[④]，不加“了”也可以，只是生硬一点。这个“了$_{言}$”就是把“提醒”“警告”或“规劝”这种言语行为作为一种新事态（新言态）提供给听话人。再看下面一类句子：

(20) 去了老李、小张，还有谁了？

(21) 每天迟到，你还想不想要这工作了？

(22) 这衣服怎么不漂亮了？

(23) 甲：说了半天，你怎么不问我姓什么？

乙：贵姓了？贵姓了？

这类句子都属于“我问[P]了”，不加“了”也可以，只是生硬一点。例如“这衣服怎么不漂亮了?”实际是“我问[这衣服怎么不漂亮]了”，“贵姓了”实际是“我问[贵姓]了”，这个“了$_{言}$”就是把“询问”或“反问”这种言语行为作为一种新事态（新言态）提供给听话人。再看下面一类句子：

(24) 就这样了！/ 包在我身上了！/ 不逼你了！/ 是了！/ 不了！

这类句子都属于“我承诺/应允/拒绝[P]了”，不加“了”也可以，只是生硬一点。这个“了$_{言}$”就是把“承诺”“应允”或“拒绝”这种言语行为作为一种新事态（新言态）提供给听话人。再看下面一类句子：

(25) 再见了！/保重了！/走好了！/请了！/拜年了！/对不起了！/没关系了！/咱们坐了！/请喝茶了！

这些句子都是日常交际习语，见面或告别的时候常说的，不加“了”也可以，只是生硬一点。它们都属于“我说[P]了”，这个实际不出现的“说”代表日常交际场合的习惯言语行为，“了$_{言}$”就是把这种言语行为作为一种新事态（新言态）提供给听话人。我们甚至可以在共时平面上把句末的“了$_{言}$”看作“我说了”的缩略形式：

(26) 你把枪放下！我说了。→ 你把枪放下了！

现在开会，我说了。→ 现在开会了。

帮帮我！我说了。→帮帮我了！

小心！我说了。→小心了！

包在我身上！我说了。→包在我身上了！

没关系！我说了。→没关系了！

要特别说明的是，“了$_{言}$”在“表示新言态出现”时，“新言态”的具体种类是随语境或上下文而变化的，这正是“了$_{言}$”的特点，拿最简单的“走了”来说：

(27) 走了！别挡道。　这个新言态是“命令”。

走了，别催了。　这个新言态是“答应”。

走了，明天见。　这个新言态就是习惯的“说”。

再比如“吃饭了”。妈妈看见孩子临吃饭前还在吃零食，于是说：“吃饭了！”这个新言态是“提醒”。病人没有食欲不想进食，亲属说：“来，吃饭了！”这个新言态是“请求”或“规劝”。在亲属的不断请求或规劝下，病人最后说：“好，吃饭了。”这个新言态是“答应”。

3. 表示"出现新知态"的"了$_{知}$"

再说"了$_{知}$"。先看《八百词》里举的一类例子：

(28) 这个办法最好了。/ 这双鞋太小了。/这出戏可好了。

很难说这几句里的"了"是表示"事态出现了变化"或"新事态的出现",《八百词》虽然用"事态出现了变化"来概括句末"了"的意义，但也不得不承认这里的"了"并"不表示有过什么变化"。同类的例子还很多,如：

(29) 再好没有了。/ 他最喜欢吃鱼了。/ 这个你当然懂了。/ 名牌自然贵了。/ 难怪他不去西湖了。/ 你应该知道她在哪儿了。/ 自己人肯定帮自己人了。/ 能过这一关就算厉害的了。/ 这就是传说中的千里马了。/ 听这口气,你就是张经理了。

赵元任(1968/1979:356)认为这个"了"是表示"显而易见",问题是这些句子去掉"了"字大多仍然有"显而易见"的意思,如"这个你当然懂""你应该知道她在哪儿""自己人肯定帮自己人"。另外,"显而易见"跟"新事态的出现"又有什么联系呢？我们还需要回答为什么这类句子都带有一层感情色彩。

张斌(2001:340)指出有时说话双方可能都知道某个事实,"可是说话人对这个事实的评价,对方不一定了解。说话的人预设对方不了解自己的想法,所以仍旧属于表达新情况。"这一见解跟我们说的"了"表示"新知态的出现"十分接近,比如,"自己人肯定帮自己人"是说话人的一个评价或一种认识,说话人预设对方不了解自己的这一想法,于是"我把这一新的想法提供给你了"。

(30) 自己人肯定帮自己人了。

= 我觉得[自己人肯定帮自己人]了。

= 自己人肯定帮自己人,我觉得了。

这个"了"是表示"一个新的知态的出现",是"了$_{知}$",这个"新的知态"就是"我觉得[自己人肯定帮自己人]"。

"认识"只是知态的一种,"推测、推断、猜想、评价"等也都是知态,这类句子常常包含表示主观认识的副词和情态动词,如"当然、应该、肯定、自然、难怪"等词,我们因此可以概括地说"了$_{知}$"出现在下面格式的末尾:

我想[**P**] 了。

黑体字"想"代表所有的表示知态的概念(想,认为,觉得,推测,推断,猜测,评价等),在实际的言语中这个"想"经常没有实现的形式。

(31) 这就是传说中的千里马了。= 我推断[这就是传说中的千里马]了。

这双鞋太小了。= 我评价[这双鞋太小]了。

听这口气,你就是张经理了。= 听这口气,我猜想[你就是张经理]了。

他最喜欢吃鱼了。= 我认为[他最喜欢吃鱼]了。

我们甚至可以在共时平面上把句末的"了"看作"我这么想了"的缩略形式:

(32) 这就是传说中的千里马,我这么想了。→这就是传说中的千里马了。

这双鞋太小,我这么想了。→这双鞋太小了。

听这口气,你就是张经理,我这么想了。→听这口气,你就是张经理了。

他最喜欢吃鱼,我这么想了。→他最喜欢吃鱼了。

我们的解释有利于说明为什么这类句子往往带上一层说话人的感情色彩。我的想法告诉了你,为什么还要说“我这么想了”呢?就是因为说话人要在表达一种想法的同时还要表达一种感情或态度,“传情”和“达意”同时进行,所以有人认为这个“了”有“强调”的作用。这类句子有的已经形成一种固定的格式:“最/太/可×了”,拿掉“最/太/可”就不能表达所要表达的意思。“自己人肯定帮自己人了”里的“肯定”也不大能拿掉,如果拿掉就要学广东人说话的腔调说成:

(33) 自己人帮自己人啦。

最后的“啦”(了+啊)拉得长长的。

要特别指出的是,知态也是随语境或上下文的变化而变化的。例如“这双鞋太小了”在一个语境里是评价,在另一个语境里是推断或猜测:

(34) 穿不进去,这双鞋太小了。 (评价)

(35) 不用试,这双鞋太小了。 (推断)

4. “了$_{行1}$”和“了$_{行2}$”

最后说说“了$_{行}$”。《八百词》说“了$_{2}$”和“了$_{1}$”是“二者本来密切相关”,十分正确。“了$_{2}$”分为“了$_{行}$”“了$_{知}$”“了$_{言}$”,而“了$_{1}$”都是“了$_{行}$”。“了$_{1}$”表示行态是“表示动作的完成”,我们标为“了$_{行1}$”;“了$_{2}$”表示行态是“表示事态出现了变化”,我们标为“了$_{行2}$”。标为“了$_{行1}$”和“了$_{行2}$”既能表明二者的区别又能表明二者的密切联系。

原来标为“动 +了$_{1}$+ 宾 + 了$_{2}$”的句子实际有以下三种情形:

(36) 我写了$_{行1}$回信了$_{行2}$。

(37) 她肯定喝$_{行1}$了敌敌畏了$_{知}$。

(38) 这件拍卖品归了$_{行1}$你了$_{言}$。

原来标为“动 ＋ 了$_{1+2}$”的句子实际也有三种情形：

(39) 他已经来了$_{行1+行2}$，不用打电话了。

(40) 他一定走了$_{行1+知}$，不用等他了。

(41) 对不起了$_{行1+言}$。

5. 交叉的情形

从“行域”到“知域”再到“言域”，这是一个语义逐渐引申和虚化的过程。“行域”和“知域”之间有交叉，“知域”和“言域”之间也有交叉。

“行域”和“知域”交叉的例子有：

(42) 你再等半点钟，他就出来了。

(43) 他若不肯过来，此事便休了。

(44) 我们若去求他，这就不是品行了。

(45) 若还是这样傻，便不给你娶了。[⑤]

这些句末的“了”可以视为“了$_{知}$”，表示“在这种条件下我做了这样的推测”，但要是视为“了$_{行}$”也未尝不可，表示“在一定的条件下出现新的事态”。这是因为我们不仅有“知行分离”的情形也有“知行合一”的情形，知道该怎么做实际就怎么做。

“知域”和“言域”交叉的例子有：

(46) 如果[说]你是武松，我就是老虎了。

(47) 如果[说]你是织女，我就是牛郎了。

(48) 如果[说]重庆的地形像一条长长的舌头，那么朝天门就是舌头尖了。

这些句末的“了”可以视为“了$_{言}$”,表示“在你这么说的情形下我就有了相应的说法”,但要是视为“了$_{知}$”也未尝不可,表示“在你这么说的条件下我就做出了相应的推断”,这是因为我们不仅有“知而不言”的情形也有“知无不言”的情形,心里怎么想嘴上就怎么说。

A 域和 B 域有交叉不等于没有 A 域和 B 域的区分,中间交叉,两头还是分明的。交叉的情形比我们现在想到的要复杂,还可以深入研究。

6. 同形歧域及其区分

同一个语句用在不同的语境或上下文里按不同的域来理解,这叫“同形歧域”。李讷等(1994)曾举过这样一个例子:

(49) 这个木瓜很甜了。

他们认为这个句子可以用于几种语境:“如果我曾猜想木瓜是甜的,吃后发现确实是这么一回事,或者相反,如果我曾猜想木瓜不甜,但尝后发现并非这么一回事”,“如果某人想要宣布木瓜甜这一新‘发现’,或者想要听者发现木瓜是甜的,这样听者就会吃木瓜”,这时都可以说“这个木瓜很甜了”。我们用“行、知、言”三域分析如下:

新行态的出现:原来不甜,现在不一样,[这个木瓜很甜]了$_{行}$。

新知态的出现:从瓜皮看,我推测[这个木瓜很甜]了$_{知}$。

新言态的出现:你真倔,我重申[这个木瓜很甜]了$_{言}$!

武果(2007)认为这三种情况只有第一种理解最为自然,这也符合语义在三域中的演变规律,行域义最基本,知域义和言域义都是在行域的基础上引申出来的,因此在缺乏语境支持的情况下,人们总是倾向于行域的理解。

下面这些 a 和 b 成对的例子，靠上下文很容易区分不同域的"了"：

（50）a. 现在孩子已经交给你了$_{行}$，可我到现在为止，还是人财两空。（海岩《平淡生活》）

b. 老邢，正好逮个贼，交给你了$_{言}$。（剧本《武林外传》）

（51）a. 我现在跟几个大哥做生意了$_{行}$。过去做一个小小的服装店都觉得累得要死，现在做大笔生意，才知道什么叫商海无涯。（海岩《河流如血》）

b. 不要再吃了，去把大门打开。秀才，大嘴，开门做生意了$_{言}$！（剧本《武林外传》）

（52）a. "现在懂事了？""嗯……现在更不懂了$_{行}$。"（王朔《我是你爸爸》）

b. 他们大约是太愚蠢了，不晓得遵从官家卫生运动的纲领！至于"孝悌忠信；礼义廉耻"对于他们当然更不懂了$_{知}$——我研究着。（萧军《我研究着》）

（53）a. 范虎说："容易。你只要把赵氏给灭了，就像当年你爷爷灭了栾氏一样。她自然就归你了$_{知}$。"（冯向光《三晋春秋》）

b. 县令把 15 张钱钞交给农人的母亲，说："你是位贤德的母亲，这钱就归你了$_{言}$！"（《中国寓言故事》）

我们还可以借助一些形式标志来区分不同域的"了"。"了$_{行}$"句可以直接加上表示事态实现的副词"已经"，而"了$_{知}$"句和"了$_{言}$"句不能直接加"已经"，例如：

（54）快看，外面下雨了$_{行}$。

快看,外面已经下雨了。

(55) 听这口气,你就是张经理了$_{知}$。

听这口气,*你已经就是张经理了。

(56) 走了$_{言}$! 别挡道。

*已经走了! 别挡道。

有时"了$_{知}$"句似乎也可以加上"已经",如:

(57) 这双鞋太小了。

这双鞋已经太小了。

但这两个句子中的"了"并不完全一样,前一个"了"是单纯的"了$_{知}$",后一个"了"则是上面说过的"了$_{行1+知}$",加不加"已经"句子的意思有差别。

另外,"了$_{行}$"句描述新出现的现实事态,语义相对客观,言谈双方的主体作用并不突出。而"了$_{知}$"句和"了$_{言}$"句都强调言谈主体"我"对事态的影响,"我"是相对于另一个主体"你"出现的(除非是自言自语),在交际中突出"我"和"你"之间的互动(interaction)。认识有正确与错误之分,所以"了$_{知}$"可以换成附加问句"对吧";言语行为有合适与不合适之分,所以"了$_{言}$"可以换成附加问句"行吧";而"了$_{行}$"一般不能这么替换:

(58) 抬头一看,外面下雨了$_{行}$。

抬头一看,外面下雨,*对吧/*行吧。

(59) 听这口气,你就是张经理了$_{知}$。

听这口气,你就是张经理,对吧/*行吧。

(60) 走了$_{言}$! 别挡道。

走,*对吧/行吧! 别挡道。

还有,表示推测意义的副词和情态动词如"一定""可能""应该"等总是出现在"了$_{知}$"句，上面已经说明。

7. 结语

本文对"了$_2$"兼及"了$_1$"的语义刻画可以概括为："了"表示"新情况的出现"，分为"了$_{行}$""了$_{知}$""了$_{言}$"，而"了$_{行}$"又分为"了$_{行1}$"和"了$_{行2}$"：

了
- 了$_{行}$表示"新行态的出现"
  - 了$_{行1}$表示"动作的完成"，位于动词后。
  - 了$_{行2}$表示"事态出现变化"，位于句尾。
- 了$_{知}$表示"新知态的出现"，位于句尾。
- 了$_{言}$表示"新言态的出现"，位于句尾。

这样的刻画既便于说明传统上"了$_1$"和"了$_2$"之间的区别和联系，又便于说明传统上"了$_2$"内部各种用法之间的区别和联系。按照这样的刻画，"了"的语义不包含什么"即将出现变化"，这种意义难以和"了"的本义联系起来。胡适(1921)就质疑：明明是未了的动作，为什么须用那表示已了的"了"字？刘勋宁(2002)想用"新事态的提前挪用"来解释句尾"了"表示"即将出现变化"，但是他并没有说明为什么能提前挪用，提前挪用的条件是什么，因而只能看作是一种主观假设。陈前瑞(2005)认为句尾"了"表将来时的用法是语法化的结果，但从他所提供的历时材料中看不出"了"的这一语法化过程。事实上他自己也指出，类型学的研究表明用完整体或完成体来指称将来是极为罕见的，我们在 Heine & Kuteva(2002)对世界各种语言语法化途径的记录中也找不到完整体或完成体演化为将来时的个案。按照我们的刻画，"了"也没有《八百词》说的"不表示有过什么变化"的用法，这种说法跟"肯定事态出现了变化”的说法是直接矛盾的。

用“行、知、言”三域来分析和综合一些副词、连词和情态动词的意义和用法已经有了较多的成果(沈家煊,2001、2003;朱冠明,2003;李晋霞、刘云,2004;史金生,2005),这里再以副词“也”为例:

(61) 你迟到了,我也$_{行}$迟到了。

(62) 既然比赛取消了,昨天也$_{知}$就下雨来着。

(63) A:我是你丈夫!

B:我也$_{言}$是你妻子!

一般认为“也”的语义是“表示类同”(马真 2004:231),例如第一例“我迟到了”类同于“你迟到了”,但是后面二例却很难找到一个“类同”的事件。如果从三域的角度看,第一例的“也”属于行域,是类同一个行为;第二例的“也”属于知域,别人推断昨天下雨来着,我也这么推断,是类同一个推断;第三例 B 的应答里的“也”属于言域,你说“我是你丈夫”,我也说“我是你妻子”,是类同一种说法,言下之意是“请你也像要求我尊重你那样尊重我”。

用三域来分析句尾语气词的研究还比较少,除了本文对“了”的研究还有刘丹青(2008),他发现粤语里句尾的“先”和“添”有三个域的用法:

(64) 阿良饮啲酒先$_{行}$。(阿良先喝点儿酒。)

(65) A:你叫阿良饮多啲酒。(你叫阿良多喝点儿酒!)

B:阿良饮唔饮酒先$_{言}$?(阿良到底喝不喝酒?≈[我先要问]阿良喝不喝酒!)

(66) 阿良饮咗三杯酒添$_{行}$。(阿良又喝了三杯酒。)

(67) 阿强饮咗两杯酒,阿良饮咗三杯酒添$_{知}$。(阿强喝了两杯酒,[我还知道]阿良喝了三杯呢!)

讲汉语的语法，讲解虚词特别重要，而要刻画各类虚词的意义和用法，“行、知、言”三域既有区别又有联系，既不烦琐又不过于概括，是一个很管用的刻画框架。

附 注

① 马希文(1983)指出句末的“了”有时也可以读成“/·lou/”。这个“了/·lou/”是相当于补语“掉”的成分，当它和“了$_1$”或“了$_2$”连用时会省略，因此有时光从字形上无法分辨是哪个“了”。本文主要研究“了$_2$”，这类“了/·lou/”不属于我们的考察范围。

② 王伟(2006)也指出“了$_2$”存在三域的用法，但他没有进行全面的考察和分析。本文不打算深究“表示实现”和“表示新情况出现”有什么区别，某种情形的实现也就是一种新情况的出现。

③ 下面谈到的其他种类的“言态”(如提问、宣布、许诺等)，加了“了$_{言}$”都比较委婉，道理跟这里讲的是一样的，下面不再赘述。

④ 袁毓林(1993:40—45)认为否定式祈使句“别/甭+V+了!”中的“了”有三个，“了$_1$”即上面注①谈到的“了/·lou/”，充当补语。“了$_2$”句表示说话人要求听话人停止其正在进行的动作和行为，如“(再等他一会儿)别等了！我不耐烦了。”“了$_3$”句表示说话人要求听话人不做某事，如“(要不要等小王?)别等了！他自己认识路。”我们认为“了$_2$”句和“了$_3$”句都可以有这两种解读，其中的“了”都是“了$_{言}$”。

⑤ 这些例子转引自胡适(1921)，该文指出这些句子相当英语里的虚拟式，英语用过去时的动词来表达。

参考文献

陈前瑞 2005《句尾“了”将来时间用法的发展》，《语言教学与研究》第1期。

胡 适 1921 《国语文法的研究方法》，《新青年》第九卷第四号。

黄伯荣、廖序东(主编) 2002 《现代汉语》(增订三版)，高等教育出版社。

金立鑫 1998 《试论“了”的时体特征》，《语言教学与研究》第1期。

李晋霞、刘 云 2004 《“由于”与“既然”的主观性差异》，《中国语文》第2期。

李　讷,S. A. Thompson & R. M. Thompson　1994　《已然体的话语理据:汉语助词"了"》,载戴浩一,薛凤生主编《功能主义与汉语语法》,北京语言学院出版社。

刘丹青　2008　《粤语"先"、"添"虚实两用的跨域投射视角》,第13届国际粤方言研讨会论文,香港城市大学。

刘勋宁　2002　《现代汉语句尾"了"的语法意义及其解说》,《世界汉语教学》第3期。

吕叔湘(主编)　1999　《现代汉语八百词》(增订本),商务印书馆。

马　真　2004　《现代汉语虚词研究方法论》,商务印书馆。

彭利贞　2007　《现代汉语情态研究》,中国社会科学出版社。

沈家煊　2001　《跟副词"还"有关的两个句式》,《中国语文》第6期。

沈家煊　2003　《复句三域"行、知、言"》,《中国语文》第3期。

史金生　2005　《"要不"的语法化》,《解放军外国语学院学报》第6期。

王　伟　2006　《现代汉语"了"的句法语义定位》,中国社会科学院研究生院博士学位论文。

武　果　2007　《语气词"了"的"主观性"用法》,《语言学论丛》第三十六辑,商务印书馆。

萧国政　1999　《现代汉语句末"了"意义的析离》,载陆俭明等主编《面临新世纪挑战的现代汉语语法研究》,山东教育出版社。

袁毓林　1993　《现代汉语祈使句研究》,北京大学出版社。

张　斌(主编)　2001　《现代汉语虚词词典》,商务印书馆。

赵元任　1968/1979　《汉语口语语法》,吕叔湘译,商务印书馆。

朱冠明　2003　《汉语单音情态动词语义发展的机制》,《解放军外国语学院学报》第6期。

Heine, Bernd & Tania Kuteva　2002　*World Lexicon of Grammaticalization*. Cambridge University Press.

Searle, John R.　1979　*Expression and Meaning: Studies in Theory of Speech Acts*. Cambridge: Cambridge University Press.

Sweetser, Eve　1990　*From Etymology to Pragmatics: Metaphorical and Cultural Aspects of Semantic Structure*. Cambridge: Cambridge University Press.

Sweetser, Eve　2000　Blended spaces and performativity. *Cognitive*

Linguistics 11, 3/4, 305-333.

（原载《中国语文》2009 年第 6 期）

“差点儿”中的隐性否定及其语法效应*

袁毓林

（北京大学　中文系）

提要　本文尝试用“差点儿”中隐性否定的语义溢出，来解释“差点儿没（有）VP”格式中冗余否定的形成机制；用句式的“肯定 vs. 否定”和其中 VP 的“积极 vs. 消极”的配置方式，来推导整个句式评价意义的“正面 vs. 反面”（庆幸 vs. 遗憾）；进而用“乐观原则”来解释“差点儿 VP”格式三缺一格局的语用动因，以便用句式缺位来说明“差点儿 VP”格式中隐性否定的语义溢出的条件。文章还基于对真实文本中 400 多个“差点儿 VP”实例的分析和统计，说明在语言运用层面的语法中，对于歧义句式“差点儿没（有）VP”，以至于所有的“差点儿 VP”格式，语言使用者都有可能采用概率性的处理策略，来自上而下地获取其语义解释。文章还指出，“差点儿（没有）VP”格式的使用受到社会道义的约束，这保证了概率语法的实施。

1. 从隐性否定看“差点儿 VP”格式的不对称性

本文打算从副词“差点儿”所包含的隐性否定的角度，[①] 来观

* 教育部人文社会科学重点研究基地重大研究项目“面向语义搜索的汉语词汇本体知识研究”（批准号：10JJD 740008）和国家自然科学基金项目“面向文本推理的汉语语义计算模型研究”（项目号：90920011）的资助。本文承施春宏、周韧教授指正，谨此致以诚挚的谢意。

察和讨论这种隐性否定意义溢出的有关语法效应,特别是"差点儿(没有)VP"格式中形式与意义之间复杂的对应关系。着重回答下面三个问题:1)为什么"差点儿考上"(=没有考上)的否定式"差点儿没有考上"(=考上了)是合格的,但是"差点儿摔倒"(=没有摔倒)的否定式"差点儿没有摔倒"(=摔倒了)是不合格的? 2)为什么"差点儿摔倒"(=没有摔倒)可以有冗余否定形式"差点儿没有摔倒"(=没有摔倒),但是"差点儿考上"(=没有考上)却没有冗余否定形式"差点儿没有考上"(=没有考上)? 3)"差点儿(没有)VP"格式的形式与意义之间的对应关系是如此不对称、甚至乖违吊诡,以至于语法学家都不堪忍受;那么,在实时的语言交际中,言语大众为什么能够快速而准确地理解这种格式的意义?

2."差点儿"中隐性否定的语义溢出及其条件

2.1"差点儿 VP"句式中的形式和语义因素

袁毓林(2011)已经证明,"差点儿 VP"格式的断言意义是其预设和推演的合取:"接近 VP,但是没有 VP","差点儿"是一种否定性的副词。由于"差点儿 VP"中的 VP 又可以是否定形式"～VP′",因而"差点儿+～VP′"的意思便是肯定性的"VP′"。这种复杂的、带有转折性的、有时甚至是双重否定式的语义结构,使得这种格式易于成为一种主观化的表达形式,可以表达说话人的对于 VP(或 VP′)所表示的事态的实现与否的心理评价。例如:

(1) a. 范进差点儿考中。(没考中)

b. 范进差点儿没考中。(考中了)

c. 范进差点儿落榜。(没落榜)

d. *范进差点儿没落榜。(落榜了)

e. 范进差点儿没落榜。(没落榜)

(2) a. 金融改革差点儿成功。(没成功)

b. 金融改革差点儿没成功。(成功了)

c. 金融改革差点儿失败。(没失败)

d. *金融改革差点儿没失败。(失败了)

e. 金融改革差点儿没失败。(没失败)

(3) a. 公牛队差点儿赢了这场比赛。(没赢)

b. 公牛队差点儿没赢这场比赛。(赢了)

c. 公牛队差点儿输了这场比赛。(没输)

d. *公牛队差点儿没输了这场比赛。(输了)

e. 公牛队差点儿没输了这场比赛。(没输)

经过朱德熙(1959、1980)、吕叔湘(2009/1980)、毛修敬(1985)、石毓智(2001/1992)和沈家煊(1999)等的一系列研究,我们可以知道这样的事实:“差点儿 VP”格式的成立与否及其语义解释,跟其中的 VP 是肯定形式还是否定形式有关,还跟说话人对于 VP(或 VP′)所表示的事情的期望还是不期望有关。具体地说:

1) 肯定形式的“差点儿 VP”差不多总是成立的,其语义解释是否定性的“接近 VP,但是没有 VP”,如例(1—3)的 a 和 c 所示。

2) 否定形式的“差点儿 VP”(即“差点儿+～VP′”)能否成立跟说话人的期望有关,如果 VP′所表示的事情是说话人所期望的,那么“差点儿+～VP′”可以成立,其语义解释是肯定性的“接近～VP′,但是 VP′了”,如例(1—3)的 b 所示;反之,如果 VP′所表示的事情是说话人不期望的,那么“差点儿+～VP′”不能成立,如例(1—3)的 d 所示。

3) 说话人的期望 vs.不期望这种语言之外的意思(extra-

linguistic force),往往通过选择具有积极 vs.消极意义的词语来传达,比如例(1—3)中的"考中 vs.落榜、成功 vs.失败、赢 vs.输";这种积极意义的词语可以记作"VP+",这种消极意义的词语可以记作"VP—";这样,不能成立的"差点儿+～VP′"可以改写为"差点儿+～VP′—"。

4) 虽然表示肯定意义"VP′—了"的"差点儿+～VP′—"是不能成立的,如例(1—3)的 d 所示;但是,表示否定意义"没有VP′—"的"差点儿+～VP′—"是可以成立的,如例(1—3)的 e 所示。这样,这种否定形式的"差点儿+～VP′—"跟肯定形式的"差点儿+VP—"成为同义异形句式;也就是说,"差点儿+～VP′—"是一种冗余性的否定格式。

5) 肯定形式的"差点儿 VP+"表示说话人希望实现的事情接近实现而最终没有实现,含有遗憾的意思,如例(1—3)的 a 所示;肯定形式的"差点儿 VP—"表示说话人不希望实现的事情接近实现而最终没有实现,含有庆幸的意思,如例(1—3)的 c 所示;否定形式的"差点儿+～VP′+"表示说话人希望实现的事情接近没有实现而最终实现了,含有庆幸的意思,如例(1—3)的 b 所示;冗余否定形式的"差点儿+～VP′—"也表示说话人不希望实现的事情接近实现而最终没有实现,含有庆幸的意思,如例(1—3)的 e 所示。

2.2 "差点儿 VP"句式中有关语义因素的配置格局

在上述现象中,有两个事实特别重要,需要从理论上做出解释:1)为什么例(1—3)d 这种表示肯定意义"VP′—了"的"差点儿+～VP′—"格式是不能成立的? 2)为什么会出现例(1—3)e 这种表示否定意义"没有 VP′—"的冗余否定格式"差点儿+～

VP′－”?显然,这两个问题有某种内在的相关性;但是,为了简单和方便,下面我们还是依次分别讨论。

对于上面第1个问题,江蓝生(2008:492)从有没有“实际的交际意义”的角度进行了解释,大意是:如果不希望的事情已经不幸发生了,还从反向计量它离没有发生有多少距离,通常是没有什么实际意义的。比如,一个人既然已经感冒了,再说“差点儿没感冒”是毫无意义的。这种基于交际价值的功能主义解释有一定的道理,但是比较模糊,不容易给出明确的证伪性条件。比如,一个人丢了钱包和装在里边的火车票,差点儿不能乘火车;碰巧车站的工作人员捡到了那个钱包,通过车站广播招领,使得他终于坐上了那趟火车。但是,不幸的是那趟火车在途中发生了脱轨事故,使他最终赶上了那场车祸。陈述这个差点儿就可以躲过一劫(即没有遭遇车祸)的事情,应该是有实际的交际意义的。但是,对于这种相同的真值条件,不同的表达形式的合格性和可接受性却是很不一样的。例如:

(4) 王光明差点儿躲过这场车祸。

(5) ?王光明差点儿免遭这场车祸。

(6) ??王光明差点儿就可以没有赶上这场车祸。

(7) *王光明差点儿没有赶上这场车祸。

在上面这些例子中,虽然“躲过这场车祸”跟“免遭这场车祸、没有赶上这场车祸”的真值条件意义相同,但是前者是一种比较积极、主动和正面的表达方式,后者是一种比较消极、被动和负面的表达方式。因此,我们猜测:“差点儿＋～VP′－”格式不能成立的原因,可能不是单纯的表达内容,而是表达内容跟表达方式之间的组配关系;特别是句子的语气形式(肯定 vs.否定)、说话人的心理期望(希望 vs.不希望)及其所用的词语的价值取向(积极 vs.消极)和说话人最终的主观评价(正面 vs.负面)这几种语义因素之间的配置和推导关系;也就是说,隐性否定副词"差点儿"之后的谓词性成分是肯定形式(VP)还是否定形式(~VP′)、所表示的事情是说话人希望发生的(VP+或VP′+)还是不希望发生的(VP-或VP′-)、以及由前面这两对因素的不同配置方式而造成的说话人的主观评价意义的正面(庆幸)还是负面(遗憾),这些语义因素之间的配合关系有特定的选择限制。可以列表举例如表1:

表 1

评价 (正面 z,负面-z)	希望 (积极词语(y))	不希望 (消极词语(-y))
肯定形式 (单重否定:"差点儿"为隐性否定(-x))	A:差点儿 VP+ "差点儿考上北大" (-x) ×(y) → (-z:遗憾)	B:差点儿 VP- "差点儿摔断大腿" (-x) ×(-y) → (z:庆幸)
否定形式 (双重否定:隐性否定(-x)×显性否定"没"(-y))	C:差点儿~VP′+ "差点儿没考上北大" (-x) ×(-y) → (z:庆幸)	D:*差点儿~VP′- "*差点儿没摔断大腿" (-x) ×-(-y) → (-z:遗憾)

在A型格式"差点儿VP+"(差点儿考上北大)中,隐性否定意义跟积极的希望意义互动,负乘以正得负,希望实现的事情接近实现而最终没有实现,从而得出负面的评价意义"遗憾"——对人的好梦难成、事不遂愿表示同情或可惜;在B型格式"差点儿VP-"(差点儿摔断大腿)中,隐性否定意义跟消极的不希望意义互动,负乘以负得正,不希望实现的事情接近实现而最终没有实现,从而得出正面的评价意义"庆幸"——为了人的幸免于难、侥幸脱祸而感到高兴;在C型格式"差点儿~VP′+"(差点儿没考上北

大)中，隐性否定意义跟显性否定意义互动，负乘以负得正(两种否定意义相互抵消)，再跟积极的希望意义互动，正乘以正得正，希望实现的事情接近不能实现而最终居然实现了，从而得出正面的评价意义"庆幸"——为人的出乎意料的成功或意外地得到好的结局而感到高兴；在D型格式"差点儿～VP′－"(差点儿没摔断大腿)中，隐性否定意义跟显性否定意义互动，负乘以负得正(两种否定意义相互抵消)，再跟消极的不希望意义互动，正乘以负得负，似乎可以得出负面的评价意义"遗憾"——对人的最终没有逃脱不幸遭遇或事物的最终还是不如人意表示同情或可惜。但是，这最后一种(即D型格式)却是不合格的，结果造成表达形式(肯定 vs.否定)、心理预期(希望 vs.不希望)和评价意义(庆幸 vs.遗憾)互相关联的三缺一的配置格局。

2.3 "差点儿VP"句式三缺一格局的语用动因

为什么D型格式不合格、不可接受呢？我们可以通过它跟其他几种格式的比较来寻找答案。拿D式跟A式来比较，A式是为希望之事的未成而遗憾，十分自然；D式是为不希望之事的成而遗憾，相对折绕一点儿，但也说得过去。拿D式跟C式来比较，C式是用双重否定这种比较复杂的强调性肯定表达形式，来表达为希望之事的成而庆幸，虽然山重水复、峰回路转，但是柳暗花明、风景绮丽，结果很正面、很积极、很给力，这种表达十分自然；相反，D式是用双重否定这种比较复杂的强调性肯定表达形式，来表达为不希望之事的成而遗憾，虽然峰回路转、云山雾罩，但是依然不见柳暗花明、小桥人家，结果很负面、很消极，这种表达十分不自然。也就是说，双重否定这种强调性肯定表达形式，适宜于表达正面的、积极的评价意义，不适于表达负面的、消极的评价意义。尤其在句子的时态意义中有"最终"意义的时候[②]。这种语言表达的组配限制的理据是人类心理的乐观原则,即 Boucher & Osgood(1969)通过心理实验所证明的"乐观假设"(The Pollyanna Hypothesis)[③]:人总是乐于看到和谈论生活中光明的一面(好的事情、好的品质),摒弃坏的一面;因此,造成一种普遍的人类倾向:积极评价的词语比消极评价的词语用得更加频繁、多样和随意。既然最终的结果是消极的,那么就不必兜一个圈子,用双重否定这种强调性肯定表达形式来表达了。这种语用法的语法化,使得 D 式"差点儿～VP′－"(差点儿没摔断大腿[＝摔断了大腿])成为不合格的构式。

现在,我们讨论第二个问题:为什么会出现"差点儿＋～VP′－"(差点儿没摔断大腿)这种表示否定意义"没有 VP′－"(没摔断大腿)的冗余否定格式(简称 E 型格式,或 E 式)?事实上,当我们说 E 式是冗余否定格式时,就已经假定其基础形式是 B 式"差点儿 VP－"(差点儿摔断大腿[＝没摔断大腿])。这样,问题就变成:为什么 B 式中的隐性否定意义要在表层结构上表达出来,从而造成冗余否定格式 E 呢?这也可以用乐观原则来解释:因为 B 式"差点儿 VP－"(差点儿摔断大腿[＝没摔断大腿])的断言意义是正面的"接近 VP－,但是最终没有 VP－",评价意义是积极的"庆幸最终没有发生不希望的事情"。为了强调甚至夸大这种人们乐于见到的"好的一面",不惜在负面词语 VP－前加上显性的否定词"没(有)",把 B 式"差点儿 VP－"的推演意义"没有 VP－"显性地表达出来。正好,在"差点儿 VP"的句式矩阵中,没有 D 式"差点儿～VP′－"(差点儿没摔断大腿[＝摔断了大腿]);于是,冗余否定的 E 式"差点儿～VP′－"(差点儿没摔断大腿[＝没摔断大腿])就可以填补这个句式空缺,又不至于造成歧义(一种形式"差点儿～VP′－",同时表示"VP′－了"和"没有VP′－"两种意义)。也就是说,E式这种冗余否定句式的出现,既有语用上强烈的表达动机作为促动因素,又有语法上合适的句式空位提供可能性。

如果上面这种解释是合理的,那么可以预测:A式"差点儿VP＋"(差点儿考上北大[＝没考上北大])中的隐性否定意义一定不能在表层结构上表达出来,从而造成冗余否定格式F:"差点儿没VP＋"(差点儿没考上北大[＝没考上北大])。因为,这种表达方式,首先缺少语用上的表达动机。正是"差点儿"中的隐性否定,逆转了"VP＋"的评价意义,使得"差点儿VP＋"(差点儿考上北大)表示消极的评价意义"惋惜事不遂愿、好梦难成"。在这种情况下,强调甚至夸大人们不乐于见到的"坏的一面",大大地违背了人类的乐观原则。其次也缺少句式矩阵的支持。因为F式"差点儿没VP＋"(差点儿没考上北大[＝没考上北大]),跟C式"差点儿～VP′＋"(差点儿没考上北大[＝考上了北大]),将是同形异义(一种形式"差点儿～VP＋",同时表示"没有VP＋"和"VP＋了"两种意义),造成了歧义句式。事实也正好是这样,F:"差点儿没VP＋"(差点儿没考上北大[＝没考上北大])是不合格和不可接受的句式。这说明,冗余否定格式的成立,以尽量不造成歧义句式、不引起误解为前提条件。

3. 冗余否定格式"差点儿没VP"的形成机制

3.1 "差点儿没VP"形成机制的省略与叠加假设

上面讨论了格式E:"差点儿＋～VP′－"(差点儿没摔断大腿[＝没摔断大腿])的语用动机和句式条件。下面,讨论这种冗余否定格式形成的语法机制(grammatical mechanism)。

沈家煊(1999:81)婉转地提出了一种推演意义追加的假设,可以通过例子来说明:

(8) a. 黑桃差点儿全了,(但)没全。

b. *黑桃差点儿,(但)没全。

c. 差点儿,没全。

d. 黑桃差点儿没全。

沈先生的思想大致是:例(8d)中的"没全"是"黑桃差点儿全了"的一个追加的推演意义。虽然推演意义一般不可追加,追加了会产生语义重复;但是,在特殊情形下也可以追加。这个特殊情形是推演意义是一种消极意义,或者是说话人不希望发生的事情;这时,说话人感到有强调事情没有发生的必要。我们发现,沈先生对于例(8d)这种冗余否定格式的产生条件的描述和例析,可能容易使人产生误解。从真实文本的语料来看,只有当"差点儿 VP"(差点儿淹死)的推演意义"没 VP"(没淹死)是积极的(其中的 VP(淹死)倒的确是消极的)这种情况下,说话人才会强调"没有 VP—"这种推演意义,才会造成冗余否定格式Ⅲ:"差点儿+～VP′—"(差点儿没淹死[=没淹死])。[④]并且,例(8d)也不可能是由完整的基础形式例(8a)省略为例(8c)这种简略形式,再拼合成例(8d)这种紧缩形式的。因为,在例(8d)这种紧缩形式中可以出现主语"黑桃",但是在例(8c)这种简略形式中却不能出现主语;即例(8b)这种省略形式是不合格的。于是,无论是例(8b)还是例(8c),都不能成为推导出例(8d)的基础形式。因此,推演意义的追加假设,不能解释例(8d)一类冗余否定格式的形成机制。

江蓝生(2008:486—7)受到"瞎混+胡混→瞎胡混 | 果然+

不出所料→果不然｜难道+不成→难不成”这类构词层面的同义概念叠加紧缩现象的启发，认为“差点儿没 VP”这类句式的生成也可以用同义概念的叠加和构式整合来解释：说话人为了达到加强语义强度、凸显主观情态等交际意图，有意识地把“差点儿 VP”的推演意义“没 VP”明示到句法平面上来，从而整合为否定式“差点儿没 VP”。可以图示如下：

差点儿 VP+没 VP→(差点儿+没)VP→差点儿没 VP

江蓝生(2008:491)指出，在叠合句“差点儿没 VP”中，“没”跟“差点儿”先叠加在一起，再共同去修饰 VP。这就是说，“差点儿没”是一个隐性否定和显性否定叠合在一起造成的结构成分。她还以此从结构层次上说明：为什么这种否定式的“差点儿没+VP”会跟肯定式的“差点儿 VP”句式语义相同，从而导致否定式与肯定式的不对称。显然，这种叠合成一个成分的假设多少是特设的(ad hoc)，不能解释其他的隐性否定和冗余否定不挨在一起的格式；比如：“避免……(不)VP”(避免今后[不]犯错误)、“(在)……(没有)VP 前”(在[没有]下雨前赶回了家)等。

3.2 “差点儿没 VP”形成机制的影子成分假设

我们认为，这种否定式的层次构造应该是“差点儿+没 VP”。这样，不仅可以从层次构造上解释这种句式所明示的强调性意义“没 VP”的结构来源，而且还可以解释当这种句式的 VP 是“把”字结构时，一种可能的省略形式是“没 VP”。例如：[⑤]

(9) a. 差点儿没把我累死。

b. 没把我累死。

(10) a. 差点儿没把姑娘急疯了呢！

b. 没把姑娘急疯了呢！(《红楼梦》第四十三回)

(11) a. 好太太,你别说我了,差点儿没把个妹妹急疯了呢?

b. 好太太,你别说我了,没把个妹妹急疯了呢?(《儿女英雄传》第三十五回)

(12) a. 我的菩萨!差点儿没把我唬(吓)煞了!

b. 我的菩萨!没把我唬(吓)煞了!(《儿女英雄传》第十回)

例(9)是现代北京话的例子,例(10—12)是稍早一些时候的书面用例。显然,从形式结构上看,“差点儿+没VP→没VP”这种省略一个直接成分的方式,要优于“(差点儿+没)+VP→没VP”这种省略一个间接成分(直接成分中的直接成分)的方式。

关于冗余否定格式“差点儿没VP”的形成机制,我们的假设是:由于强调乐观、积极的推演意义“没有VP”等语用动机的促动,“差点儿”中的隐性否定意义发生语义溢出(semantic overflow),实现为显性的否定词语“没(有)”,并且寄生和黏附到“差点儿”所修饰的VP上;结果,造成“差点儿没VP”这种冗余否定格式。其中,“没(有)”作为一个后来加入的冗余性否定词,不影响原来句子的结构格局和句法语义限制。因此,VP中可以出现表示实现体意义的“了”,尽管真正的否定词“没”和“了”是不能共现的[⑥]。例如[⑦]:

(13) a. 他的脑袋搬了家 ~ *他的脑袋没有搬了家

b. 他的脑袋差点儿搬了家 ~ 他的脑袋差点儿没搬了家

(14) a. 韩秋云叫了起来 ~ *韩秋云没有叫了起来

b. 韩秋云差点儿叫了起来 ~ 韩秋云差点儿没叫了起来

(15) a. 门上的锁弄断了 ～ *门上的锁没有弄断了

b. 门上的锁差点儿弄断了 ～ 门上的锁差点儿没弄断了

(16) a. 家长们急疯了 ～ *家长们没有急疯了

b. 家长们差点儿急疯了 ～ 家长们差点儿没急疯了

虽然“没有＋VP－了”格式是不合格的,但是“差点儿＋没有＋VP－了”是合格的;因为,它是从“差点儿＋VP－了”格式上衍生出来的冗余否定格式。这种冗余否定成分只是隐性否定副词“差点儿”的一个影子,可以称为影子成分(shadow forms)。影子成分依赖于主体成分(subject forms),并且显性地标示(indicate)主体成分的某种隐性的语义。

在语义溢出思想的照耀下,可以假设冗余否定格式“差点儿没VP”的如下句法组合和语义演算步骤:1)冗余否定词“没(有)”首先跟“VP(－了)”组合,通过否定操作,得出局部意义“～VP”;2)“差点儿”再跟“没(有)＋VP(－了)”组合,当隐性否定形式后面出现否定形式时,触发并启动某种核查机制(详见4.4小节),以确定“没(有)”是不是“差点儿”的影子成分:如果不是,在语义组合时进行双重否定的抵消和归零操作;如果是,在语义组合时做吸收和归一处理,得出全局意义“接近VP & ～VP”;3)对于冗余否定这种特殊表达进行语用推理,得出会话含义:否定意义“～VP”是一种强调性的意义,强调对负面的“VP－”的否定,从而突出对于“～VP－”的庆幸这种乐观的情绪。显然,隐性否定的影子成分这种假设,对于同类的冗余否定格式“避免……(不)VP”(避免今后[不]犯错误)、“(在)……(没有)VP前”(在[没有]下雨前赶回了家)等也是适用的。

4. 如何消解否定格式“差点儿没 VP”的歧义？

4.1 说话人的期望与“差点儿没 VP”的语义解读

其实，不管怎样假设冗余否定格式“差点儿没 VP”的形成机制，都面临着一个无法回避的问题：听话人怎样（凭什么）识别他所听/读到的语言符号串“差点儿没 VP”，是 C 式“差点儿～VP′＋”（差点儿没考上北大[＝考上北大]），还是 E 式“差点儿～VP′－”（差点儿没摔断大腿[＝没摔断大腿]）？如果出现在“差点儿没 VP”的 VP 位置上的词语的评价色彩十分鲜明，不是积极、希望、乐观的，就是消极、不希望、悲观的；那么，可以据此断定：积极类词语的句子是真正的否定格式“差点儿～VP′＋”（差点儿没中了头奖[＝中了头奖]），消极类词语的句子是冗余性否定格式“差点儿～VP′－”（差点儿没暴尸街头[＝没摔暴尸街头]）。但是，当出现在“差点儿没 VP”的 VP 位置上的词语的评价色彩是中性的时候，就不可避免地要产生歧义。例如：

（17）差点儿没踢进去[＝a. 踢进去了；b. 没踢进去]

（18）差点儿没跟他结婚[＝a. 跟他结婚了；b. 没跟他结婚]

对于诸如此类的“差点儿（没）VP”句式，朱德熙（1980）给出的规则是：

> [1]凡是说话的人企望发生的事情，肯定形式表示否定意义，否定形式表示肯定意义；[2]凡是说话的人不企望发生的事情，不管是肯定形式还是否定形式，意思都是否定的。

但是，企望不企望往往因人而异。比如，甲乙两方比赛足球，球踢进甲方球门这件事是乙方企望实现的，甲方可不希望它实现。因此甲方说“差一点踢进去了”或“差一点没踢进去”，两句话意思一样,都是说没有踢进去。同样两句话由乙方来说,意思就不一样:“差一点踢进去了”是说没有踢进去,“差一点没踢进去”倒是说踢进去了。像例(18)这样的情况,可以理解为说话的人想跟“他”结婚,事实上也跟“他”结婚了;也可以理解为说话的人不想跟“他”结婚,事实上也跟“他”结婚了;还有一种可能是说话的人觉得跟不跟“他”结婚都无所谓,不过事实上没有跟“他”结婚。因此,“差一点+没+VP”可以有三重歧义。从这些句式的结构本身,是无法把它们分化为单义句式的(朱德熙,1980:188—192)。

情况真的是这样毫无希望吗?果真如此,语言使用者又是怎样做到应付裕如的呢?

4.2 句子的语音形式与“差点儿没 VP”的语义解读

李小玲(1986)指出,朱德熙先生引入“企望与否”这种“语言以外的”因素是为了帮助判断书面上的“差点儿(没)VP”句式的歧义;但是,朱先生又把这种“企望与否”当作句子本身的意义,说“差点儿跟他结婚”有三重歧义(说话人想跟“他”结婚、或不想、或无所谓);这种把说话人的各种态度当作句子的歧义的做法是没有根据的;并且,从“差点儿(没)VP”句式不一定能推求出说话人的态度(李小玲,1986:6)。她通过调查北京口语,尝试从停顿、轻音等语音形式上,来分化“差点儿没 VP”句式的歧义:真性否定格式“差点儿没 VP”(差点儿$^{\vee}$没咽下去[=咽下去了]),在“差点儿”与“没VP”之间有停顿(记作:$^{\vee}$);冗余否定格式“差点儿没 VP”(差点儿·没$^{\vee}$咽下去[=没咽下去]),在“差点儿没”与“VP”之间有停顿,这种“羡余成分”的“没”读轻音(记作:“·没”)(李小玲,1986:7)。于是,我们在足球场上如果听到“差点儿·没$^{\vee}$踢进去”,就知道球没进;如果听到“差点儿$^{\vee}$没踢进去”,就知道球进了。而不必像朱先生假设的那样，要预先知道说话人是甲队的拉拉队，还是乙队的"拥趸"。其实，我们倒是能从这两个不同[语音形式]的句子中，听出说话人在为哪个队加油。由于引进了语音形式，我们不仅推知语义，而且还能推知说话人的态度（李小玲，1986：10）。

王还（1990：12）认为可以从重音和轻声上来区分两种"差点儿（没）VP"格式：真性否定格式"差点儿没 VP"（差点儿没踢进去[＝踢进去了]），VP 最后的"去"要重读；冗余否定格式"差点儿没 VP"（差点儿没踢进去[＝没踢进去]），VP 中居先的"踢"要重读，后面的"进去"要读轻声；即使没有这个羡余的"没"，读法也不变。

句子的语音形式和语义解释的关系，要是果真像她们两位所说的那么理想和整齐，就再好也不过了。但是，朱德熙（1982：128）说"趋向补语总是读轻声"。吕叔湘（2009：39）也说："动趋式里的趋向动词读轻声"。可见，四位先生对于有关格式的韵律模式意见不同。因此，要依靠"踢进去"的重音模式来区分歧义，恐怕有点难办。同样，要依靠"没"的轻读与否、是向前附着（后有停顿）还是向后附着（前有停顿），也不太现实。因为，口语交际的环境是嘈杂的，也就是说，信道（channel）中充满着噪音；尤其是在足球比赛现场那种疯狂的场合，对于句内停顿和轻读等语音线索，再训练有素的耳朵恐怕也是无能为力的。

4.3 语言运用语法中的"差点儿（没）VP"格式

既然听话人无法从形式上识别"差点儿没 VP"（差点儿没踢进去）的意义究竟是"VP 了"（踢进去了），还是"没有 VP"（没踢进去）；那么，受制于语言交际的合作原则及其方式准则，说话人只得或者尽可能地让听话人了解他的期望（希望或不希望进球），或者避免使用这种容易使人误解的句式。无数个语言使用者的决策选择的结果,应该呈现出某种总的倾向和趋势,显示出说话人是怎样为听话人正确地理解这种歧义格式而提供有关的线索;并且,这种语言运用的趋势在大规模的真实文本中应该可以明确地统计出来。为了确切地了解这种语言运用的结果,我们调查了CCL语料库中所有的"差点儿(没)VP"句式,得到如下的统计数据[⑧]:

1) 刨除述宾短语的"差点儿"(条件~),得到"差点儿(没)VP"格式415例;

2) 肯定式的"差点儿VP"343例,占82.65%。其中,(a)VP为积极意义的1例(~获胜),确定地属于表示遗憾意义的A型"差点儿VP+"格式,占0.24%;(b)VP为消极意义的317例,确定地属于表示庆幸意义的B型"差点儿VP—"格式,占76.386%。其中,肯定形式301例(~急疯/流产/掉泪/送命/被挤翻/忘了/落水/翻脸/枪毙/被打倒/割破了手腕/错怪),占72.53%;否定形式16例(~认不出/不那么平和/喘不过气/没喘过气来/找不着北/使他没走出老爷岭/不敢冒险通过/不能和你见面),占3.855%;(c)VP为中性意义的25例(~跳起来/把电话挂上/以为她生来如此/告诉尹小帆/走到一起/雇个挑夫/走过来/发现了他们的秘密/为之倾倒/就接着说),占6.024%;不能确定它们到底属于表示遗憾意义的A型格式,还是属于表示庆幸意义的B型格式;不过,这些例句的VP前都可以加上"没(有)",转变成表示庆幸意义的冗余否定式E"差点儿没(有)VP";可见,它们倾向于表示庆幸意义;

3) 否定式的"差点儿没(有)VP"72例,占17.35%。其中,(a)VP为积极意义的2例(~没托稳/吃好),确定地属于表示庆幸意义的C型"差点儿没(有)VP+"格式,占0.481%;(b)VP为中性意义的2例(~没有把她抓住/跑成),占0.481%;不能确定它们到底表示庆幸意义或遗憾意义，还是无所谓；显然，这些例句中的"没(有)"是真性否定，而不是冗余否定；(c)VP为消极意义的66例(～没(有)背过气去/晕过去/给烧死/误会/摔跟斗/叫他们把你捕了去/掉下泪来/笑死/哭起来/拉断/打起来/大叫起来/把它丢掉/给憋死)，确定地属于表示庆幸意义的冗余否定的E型"差点儿没(有)VP—"格式，占15.904%；(d)VP为中性意义的2例(～没在画廊中央跳起舞来/乐出声儿来)，占0.481%；也属于表示庆幸意义的冗余否定的E型格式，其中的"没(有)"是冗余否定；

4）总计起来，"差点儿(没)VP"句式表示庆幸意义的385例，占92.381%；表示遗憾意义的1例，0.24%；表示庆幸还是遗憾不明确(但倾向于表示庆幸)的27例，占6.506%。其中，VP为消极意义的383例，占91.99%；VP为积极意义的3例，占0.72%；VP为中性意义的27例，占6.505%。可见，句式的评价意义与VP的评价意义有着极高的相关度。

这样看起来，听话人如果不管"差点儿(没有)VP"格式中的"没(有)"是真性否定还是冗余否定，甚至不管其中有没有否定词"没(有)"；听到"差点儿VP"格式以后，只是孤注一掷地把宝押在表示庆幸意义上；那么，他胜算的概率居然高达98.8%以上。

4.4 理解"差点儿(没)VP"格式意义的概率语法模型

上面假设的这种定向猜测的语言理解模型是自上而下(top-down)的，带有较大的概率性；并且，可以通过辨认"差点儿VP"中有没有否定副词"没(有)"和VP的评价意义是积极还是消极来提高其正确性。具体地说，听话人可以先默认听到的"差点儿VP"格式是表示庆幸意义的。再往下观察和推导，假如VP是表示消极意义(或中性意义)的词语，那么它所表示的事情一定是几乎要发生了,但是最终还是侥幸地没有发生;在这种情况下,如果“差点儿 VP”格式中有否定词“没(有)”,那么它表示冗余性否定(所以跟“差点儿”中的隐性否定重合);假如 VP 是表示积极意义的词语,那么看“差点儿”之后有没有否定副词“没(有)”;如果有,VP 所表示的事情一定是几乎不能实现,但是最终还是幸运地实现了;在这种情况下,否定词“没(有)”表示真性否定(所以跟“差点儿”中的隐性否定抵消);如果无,VP 所表示的事情一定是几乎快要实现,但是最终还是遗憾地没有实现,于是回过头来把整个格式的默认性评价意义“庆幸”修正为“遗憾”。比如,听到“乔老爷差点儿没喘过气来”后,先默认这个句子表示庆幸意义;由于“喘过气来”是积极的,因而断定“没”表示真性否定,整个句子表示:“乔老爷”几乎不能“喘过气来”,但最终还是幸运地“喘过气来”了。不过,有的听话人倾向于把“没喘过气来”看作是一个惯用语(=“喘不过气来”),结果怎么样呢?也没有问题。他可以先默认这个句子表示庆幸意义,由于“没喘过气来”是消极的,因而整个句子表示:“乔老爷”几乎“喘不过气来”,但最终还是幸运地“喘过气来”了。虽然两种理解方式的词汇一句法分析程序不同,但是在上述概率语法的指导下,最终得到的语义解读是一样的。可见,这种概率语法对于理解“差点儿(没有)VP”格式的意义,有近于瓮中捉鳖、手到擒来之效。

这种自上而下的概率语法模型,或许能够较好地逼近人们理解“差点儿(没有)VP”格式时实际的认知加工过程。可以把相关的判决程序概括成如下的算法流程:

[1] 读入“差点儿(没有)VP”格式的实例,默认其评价意义为“庆幸”;

[2] 检查其中 VP 的评价意义，

[2.1] 如果 VP 表示消极（或中性）意义，

那么句子的意思为“接近 VP，但没有 VP”；

[2.1.1] 如果“差点儿”与“VP”之间有否定词“没（有）”，

那么这个“没（有）”表示冗余否定；

[2.2] 如果 VP 表示积极意义，

那么检查“差点儿”与“VP”之间有没有否定词“没（有）”；

[2.2.1] 如果其间有否定词“没（有）”，

那么这个“没（有）”表示真性否定，

句子的意思为“接近没有 VP，但最终 VP 了”；

[2.2.2] 如果“差点儿”与“VP”之间没有否定词“没（有）”，

那么句子的意思为“接近 VP，但没有 VP”，

必须把句子的评价意义修正为“遗憾”。

可见，在语言能力的语法这种抽象的平面上（at the level of grammatical competence），“差点儿没 VP”可能是歧义格式；因为，当其中的 VP 是中性词语时，根据说话人是否期望 VP 的发生而产生两种意义相反的解读（readings）。但是，在语言运用的语法这种现实的平面上（at the level of grammatical performance），[9]“差点儿没 VP”格式的实例（instantiation）几乎是没有歧义的；因为，其中的 VP 要么是积极的、要么是消极的，极少是中性的。即使是中性的，说话人也通常通过上下文、情境、信念、习俗等语境线索等，明确地向听话人传达自己希望还是不希望 VP 发生。比如，“跳起来”本来是中性的，但是在“差点儿没 VP”格式中却总

是实现为消极性评价。比如:“(高兴/惊奇得)差点儿(没)跳起来”,其中肯定式与否定式意义相同。“把球踢进球门”本来也是中性的,但是在“差点儿没 VP”格式中却多半是实现为积极性评价;因为不带偏见的观众总是乐于看到进球,至于哪个队攻进哪个队的球门是无所谓的。[10] 比如:“(那个队员)差点儿(没)把球踢进球门”,其中肯定式与否定式意义不同。只有当说话人不希望“那个队员”把球踢进球门,并且他相信听话人也知道他的这种期望时;他才能用冗余否定形式“(那个队员)差点儿没把球踢进球门”,来表示跟肯定形式“(那个队员)差点儿把球踢进球门”相似的意思。并且,从真实文本的统计来看,在“差点儿没 VP”格式的实例中,VP 以消极的占绝对多数(92%左右)。[11] 也就是说,语言使用者通过具体的使用和频率来造成一种倾向,让抽象、多义的“差点儿没 VP”格式在言语中专化为跟“差点儿 VP－”同义的冗余否定形式。

这样看起来,语言使用者远比语言研究者聪明。在语法学家为“差点儿没 VP”格式的歧义消解而上下求索、无计可施时,说话人早已悄悄地通过不用或少用中性词语来避免可能的歧义;而听话人则采用自上而下的语义理解策略,由占绝对优势(92%—98%左右)的句式评价义“庆幸”引导,再通过 VP 的评价意义来推导有关事件的发生与否、其中的否定词“没(有)”是真性否定还是冗余否定,甚至修正默认的句式评价义,从而全面地理解这种句式的各种实例的意义。

5. “差点儿(没有)VP”格式的道义约束

从上文对于真实文本语料的统计和分析,可以看出:在语言运用的语法这种层面上,“差点儿(没有)VP”是一种表示道义情态

(deontic modal)的格式;其表达方式与这种表达内容之间的匹配关系,受到汉语使用者社团(即中国大部分人口)及其文化中的一般公认的道德规范和行为准则的约束,涉及公众对于事件或行为的好还是坏、是否应该期望等的评价。这种道义约束具体地表现为:1)尽可能多地在"差点儿VP"格式的VP位置上填入消极意义的词语"VP-",让隐性否定格式"差点儿VP"尽可能多地表示"庆幸"这种积极的评价意义;为了突出这种积极乐观的评价意义,可以让"差点儿VP-"中的隐性否定意义溢出,并且用否定副词"没(有)"来显性地标记,形成冗余否定格式"差点儿[没]VP-"。2)尽可能少地在"差点儿VP"格式的VP位置上填入积极意义的词语"VP+",让隐性否定格式"差点儿VP"尽可能少地表示"遗憾"这种消极的评价意义;为了避免突出这种消极的评价意义,禁止"差点儿VP+"中的隐性否定意义溢出,因此就没有"差点儿[没]VP+"这种冗余否定格式。3)为了避免跟冗余否定格式"差点儿[没]VP-"混淆,尽可能少地在"差点儿没VP"格式的VP位置上填入积极意义的词语"VP+",尽管双重否定格式"差点儿没有VP+"也可以表示"庆幸"这种积极的评价意义。4)为了遵循乐观原则,禁止在"差点儿没VP"格式的VP位置上填入消极意义的词语"VP-",以免让双重否定这种强调性格式表示"遗憾"这种消极的评价意义,也正好避免跟冗余否定格式"差点儿[没]VP-"混淆。

并且,由于道义是一种公共的社会约束和惯例性的文化约束,因而通常可以超越说话人特定的好恶,巨倒说话人个人性的企望。例如[12]:

(19) 你在朝鲜战场是个怕死鬼!我差点儿没有枪毙你!(丁隆炎《最后的年月》)

(20) 这一下差一点儿没有把张维气死,气得他直瞪着眼,大张着嘴,足有一分钟没说上话来。(赵树理《张来兴》)

例(19)是说话人(彭德怀)对所斥责的对象(你)说的话。虽然“枪毙你”是说话人是期望的,但是它仍然是消极性的词语,所以可以用冗余否定格式“差点儿[没]VP－”来表达。(20)中的“张维”是说话人的仇人。虽然“把张维气死”是说话人是期望的,但是它仍然是消极性的词语,所以可以用冗余否定格式“差点儿[没]VP－”来表达。

可见,即使是在特定的语境中,说话人也无法顺从自己的情绪倾向,强行扭曲他的期望与词语的积极/消极之间自然的组配关系。正是这种处于道义约束下的词语的评价意义与句式的评价意义的自然组配,保证了上述概率性的语言运用语法在理解“差点儿(没有)VP”格式的意义时得以实施。

6. 结语

上文尝试从副词“差点儿”所包含的隐性否定的角度,来观察和讨论这种隐性否定意义溢出的有关语法效应,特别是“差点儿没(有)VP”格式中形式与意义之间的复杂的对应关系。文章着重用“差点儿”中隐性否定的语义溢出,来解释“差点儿没(有)VP”格式中冗余否定的形成机制;用“差点儿(没有)VP”句式的“肯定 vs.否定”(包括隐性否定)和其中 VP 的评价意义的“积极 vs.消极”的配置方式,来推导整个句式的评价意义的“正面 vs.反面”;进而用“乐观原则”来解释“差点儿 VP”格式三缺一格局的语用动因,以便用句式缺位来说明“差点儿 VP”格式中隐性否定溢出的条件。文章还基于对真实文本中 400 多个“差点儿 VP”实例的分析,来说明在语言运用平面上的语法中，对于歧义句式"差点儿没(有)VP"，以至于所有的"差点儿 VP"格式，都有可能采用概率性的语义理解策略：先默认"差点儿 VP"格式表示积极的评价意义(即庆幸)，然后根据"差点儿(没有)VP"格式的道义约束，凭借其中 VP 的评价意义的"积极 vs.消极"来推断整个句子的语义解释，从而快捷而正确地理解整个"差点儿(没有)VP"格式的各种实例的意义。

附　注

① Givón(1978:89)指出：从历时的角度看，语言中的否定标记大多源于否定性动词，最通常的是"refuse, deny, reject, avoid, fail, lack"等。更加详细的讨论，见 Givón(1973)。关于汉语中的隐性否定动词，详见袁毓林(2012)。本文讨论的副词"差点儿"，也含有隐性否定的动词性语素("差"≈缺少、不够)。

② 一个旁证是，副词"终于"表示经过较长过程最后出现某种结果，较多地用于希望达到的结果。例如：

(1) a. 反复试验，～成功了。

～ b. *反复试验，～失败了。

(2) a. 等了很久，他～来了。

～ b. *等了很久，他～没来。

详见吕叔湘(2009:687)。

③ Pollyanna 是 Eleanor Porter 的同名小说的女主人公，以特别乐观著称。详见沈家煊(1999:185,194)。

④ 沈家煊(1999:81)似乎也意识到这一点，所以有一个说明："就(8)c、d 而言，是说话人不希望黑桃全了"。

⑤ 下面 4 例的 b，转引自江蓝生(2008:496)附注 4。

⑥ 参考朱德熙(1980:190)。

⑦ 下面这些"差点儿＋没有＋VP－了"格式的例句，搜自 CCL 语料库，但做了精简处理。

⑧ 北京大学中国语言学研究中心的 CCL 语料库，现代汉语部分有 3 亿多字语料。

⑨ 关于这两种平面的语法的差别,详见 Givón(1978:72-9)。

⑩ 参考沈家煊(1999:82)的有关说明。

⑪ 毛修敬(1985:60-1)指出,在他收集的 100 个“差点儿(没)VP”例句中,VP 表示消极意义的有 98 个,占 98%。

⑫ 例(19)(20)转引自沈家煊(1999:120)。

参考文献

陈 刚 1985 《关于“没 V 了”式》,《中国语文》第 5 期。

江蓝生 2008 《概念叠加和构式整合——肯定否定不对称的解释》,《中国语文》第 6 期。

李小玲 1986 《北京话里的“差点儿”句式》,《汉语学习》第 1 期。

吕叔湘 1985 《疑问·否定·肯定》,《中国语文》第 4 期。

吕叔湘 2009/1980 主编《现代汉语八百词》(增订本),北京:商务印书馆。

毛修敬 1985 《汉语里的对立格式》,《语言教学与研究》第 2 期。

沈家煊 1999 《不对称和标记论》,南昌:江西教育出版社。

石毓智 2001/1992 《肯定和否定的对称与不对称》(增订本),北京:北京语言大学出版社,学生书局(台北)初版。

王 还 1990 《“差(一)点儿”和“差不多”》,《语言教学与研究》第 1 期。

袁毓林 2011 《“差点儿”和“差不多”的意义同异之辨》,《语言教学与研究》第 6 期。

袁毓林 2012 《动词内隐性否定的语义层次和溢出条件》,《中国语文》第 2 期。

朱德熙 1959 《说“差一点”》,《中国语文》第 9 期。

朱德熙 1980 《汉语句法中的歧义现象》,《中国语文》第 9 期。

朱德熙 1980 《现代汉语语法研究》,北京:商务印书馆。

朱德熙 1982 《语法讲义》,北京:商务印书馆。

Allwood, Andersson & Dahl 1977 *Logic in Linguistics*. Cambridge: Cambridge University Press.《语言学中的逻辑》,王维贤等译,河北人民出版社,1984 年。

Boucher, J. & C. E. Osgood 1969 The Pollyanna Hypothesis, *Journal of Verbal Behavior* 8: 1-8.

ChaoYuen Ren 1968 *A Grammar of Spoken Chinese*, University of California Press. 据中国台湾版,敦煌书局,1981 年。丁邦新全译本《中国话的文法》,香港中文大学出版社,1980 年,据刘梦溪主编《中国现代学术经典·赵元任卷》,胡明扬、王启龙编校,河北教育出版社,1996 年。吕叔湘节译本《汉语口语语法》,商务印书馆,1979 年。

Givón, Talmy 1973 The time-axis Phenomenon, *Language* 49(4): 890-925.

Givón, Talmy 1978 Negation in Language: Pragmatics, Function, Ontology. In Peter Cole (ed.) *Syntax and Semantics*, Volume 9: *Pragmatics*. New York: Academic Press. pp. 69-112.

Jespersen, Otto 1917 Negation in English and Other Languages, in *Selected Writings of Otto Jespersen*. London: George Allen & Unwin Ltd. pp. 3-151.

Jespersen, Otto 1924 *The Philosophy of Grammar*. London: George Allen & Unwin Ltd.《语法哲学》,何勇、夏宁生、司辉、张兆星译,王静甦、韩有毅校,廖序东审订,语文出版社,1988 年。

Osgood, E. Charles & Meredith Martin Richards 1973 From Yang and Yin to and or but, *Language* 49(2): 380-412.

Leech, Geoffrey 1981 Semantics: *The Study of Meaning*. Penguin Books.《语义学》,李瑞华等译,何兆熊等校订,上海外语教育出版社,1987 年。

Levinson, Stephen 1983 *Pragmatics*. Cambridge: Cambridge University Press.

(原载《语言研究》2013 年第 2 期)

从人称和“了$_2$”的搭配看汉语传信范畴在话语中的表现*

乐　耀

（中国社会科学院　语言研究所）

提要　本文通过一定规模的真实语料对不同人称主语“了$_2$”句与传信语的使用情况进行了定量考察，发现“了$_2$”偏爱出现在与话主第一人称相关联的句子之中；第三人称主语“了$_2$”句使用传信语的数量要比其他人称多；第一人称主语“了$_2$”句偏爱主观传信语而第二、三人称则偏爱客观传信语。并从交际双方对信息的知晓度和权威性角度来解释上述规律。本文从人称、语气、信息传递等多角度研究汉语传信范畴在言语交际中的表现，有助于动态考察传信范畴本身，以及传信范畴与其他语言范畴的互动关系。

* 本研究得到教育部人文社科重点研究基地重大项目“现代汉语语篇的结构和范畴研究”的资助（项目批号：2009JJD740001）。文章是笔者在美国洛杉矶加州大学(UCLA)联合培养期间完成，得到了2009年“国家建设高水平大学公派研究生项目”的资助。文章的初稿以英文形式曾在美国加州大学圣芭芭拉分校(UCSB)举办的第16届东亚语言学研讨会(The 16th Workshop on East Asian Languages, WEAL)上宣读(2010年2月20日)，会上Patricia M. Clancy教授、Kobin H. Kendrick博士等对文章提出了很好的建议。在文章写作过程中，王洪君、陶红印和董秀芳诸位老师给予了很好的指导，匿名审稿专家也对本文提出了宝贵意见，在此一并表示谢忱，文中的错误概由笔者负责。

1. 引言

1.1 现象观察

在现代汉语中，句末助词“了$_2$”和句首的主语人称代词的搭配使用往往会影响到句子是否成立。请看下面两组例子：

（1）a. *你去商店了。——我去商店了。——他去商店了。

b. *你去商店了。——听说你去商店了。——我看见你去商店了。——你去商店了吧。

上面例(1a)中，“你去商店了”要想独立成为陈述句很难。要么是“你去商店了？”问句可以成立；要么还需要后续句作为话语的延续才能成立。但是将其中的第二人称代词换成其他人称就没有问题。在(1b)中，依旧是“你去商店了”不成立，但在第二人称不变的前提下，加上表信息来源的成分“听说”“我看见”或者是句末语气词“吧”，它就合法了。

为什么不同的人称代词和“了$_2$”搭配使用会影响上述句子的成立？为什么表示信息来源的成分能挽救上述句子的合法性？我们将带着这些问题展开研究。

1.2 研究设想

本文以汉语人称代词和句末助词“了$_2$”在语句中的搭配使用为例，来讨论汉语传信范畴在话语中的使用情况。我们将上文提到的“听说”，“看上去”等称作传信语（evidential）。下文将先对学界关于句末助词“了$_2$”的已有研究做简要梳理；然后给出本文对汉语传信范畴的界定；接着着重通过定量分析人称代词和句末助词“了$_2$”的搭配来讨论汉语传信范畴的使用情况；并试图从话主对信息的知晓度和权威性角度来解释其制约因素。

本研究所使用的语料来自三部分:一是北京大学中国语言学研究中心CCL现代汉语语料库;二是电视情景喜剧《我爱我家》台词;三是真实口语对话语料[①]。下文在引用语料时分别用CCL、TV和TALK表示不同的语料来源。

2. “了$_2$”的已有研究和汉语的传信范畴

2.1 “了$_2$”的已有研究

学界关于“了$_2$”的研究成果很多,尤其是对它时体义的研究,如实现体(刘勋宁,1985、1988)、已然体(Li, Thompson & Thompson 1982)、先事时(郑素英,2004)等。不同学者对“了$_2$”时体义的定性各有异同,可参看王洪君等(2009)的详细介绍。这里我们主要讨论“了$_2$”语用方面的已有研究。

刘勋宁(1990)的申明语气说。该研究发现,“了$_2$”用于陈述句表示“申明新事态、新情况”,这里的申明可以是肯定性的也可以是否定性的。但是这不能解释我们在上文所观察的语言现象和由其引发的问题。为什么同样是申明和陈述一个肯定的事实“你去过商店”,但是话主在向受话“你”陈述该事实时一般不能仅说“你去商店了”,一定还要说明话主申明此事实的依据是什么。同样是申明语气,为什么“了$_2$”结构完整的句子还是不能成立?

武果(2007)“了$_2$”的主观性用法说。该文认为“情状变化”和与情状变化相关的“出现新情况”是“了$_2$”的基本意义。这一意义的归纳其实和刘勋宁(1990)的申明语气说相似,都与新情况、新变化相关。武文发现“了$_2$”表示作者根据一些现象而得出的新的不同程度的主观性判断、认识等。在我们看来,汉语的句末语气词都有不同程度的主观化语用意义。同样,“了$_2$”表示作者主观性判断、认识这一用法也不能回答我们文章开头提出的问题。比如,当话主看见听话者正满头大汗抱着篮球,发现他好像刚打球回来,此时,话主要表达这一信息似乎不能直接用陈述的语气说"你去打球了"。而要加上一些表达信息来源和推测的语言成分才更合适,如"你去打球了**吧**"或者"**看样子**你去打球了"。为什么同样是说话者的主观判断,句子结构也完整,也用了"了$_2$"却还是不能保证句子成立呢?

王洪君等(2009)"了$_2$"与话主显身的主观近距离交互式语体说。该文关心的重点是"了$_2$"使用的更高一层的语体限制。作者通过分析"了$_2$"使用的不同场景精辟地概括出了"话主主观显身、主观上与受话共处一个话语时空、与受话主观近距交互"是"了$_2$"在语篇中使用的最高层制约。也就是说"了$_2$"是在话主显身的主观近距交互式语体中使用的。但是,从我们上面所提到的会话场景中可以看出,在主观近距交互式语体中"了$_2$"的使用也不能保证句子的成立,得需要传信范畴的帮助。

2.2 汉语的"传信范畴"

传信范畴(evidentiality)所表达的意义就目前学界的研究看,有两层:(1)指明信息的来源(the source of information);(2)表达话主对知识的态度(the attitudes towards knowledge)。在研究中只考虑前一层意义的是狭义的传信义研究,以从事传信范畴类型学视角研究的学者为代表,如 Dorothy Lee(1944、1950)、Lazard(2001)和 Aikhenvald(2004)等。而两层意义都涉及的是广义的传信义研究,以做话语语言学、人类语言学、社会语言学和一些做情态研究的学者为代表,如 Lyons(1977)、Chafe and Nichols(1986)、Palmer(1986/2001)和 Fox(2001)等。本研究取向后者。

汉语传信范畴的研究成果还不多。从已有的研究看,多是广义的传信研究,并且主要集中在对该范畴的语言表现形式的描写和分类上。还未涉及从话语互动角度探索传信范畴在言语交际中的表现,以及它和其他语言范畴的关联。本研究认为汉语传信范畴是一个语义-语用范畴,不像类型学家所报道的那些语言,它们的传信范畴已经语法化成一种语法范畴了,都具有成体系的传信形态变化标记。汉语的传信范畴主要由词汇和句式等手段加以体现(张伯江,1997;张成福、余光武,2003;陈颖,2009),我们管这些手段叫作传信语。关于传信语的类型,下文将会通过一定规模语料的考察来具体分析。

3. 不同人称和"了$_2$"在话语中与传信语的使用情况考察

3.1 "了$_2$"在句中与主语人称的使用情况

我们将北京大学中国语言学研究中心 CCL 现代汉语语料库中的部分语料作为统计对象。统计方法是用检索工具自动检索"了。"和"了!"[②],从检索的"了。"和"了!"中各选取了 1000 条,共约 174 827 字符(不计空格)。在这些语料中,有的例子含有多个"了$_2$",有的不是"了$_2$"用例,我们对此进行了人工统计和排除。有些句末"了"是"了$_1$"还是"了$_2$"尚有争议,本文未加区分,由于只是很少一部分,应该不会影响本文的研究。最终我们得到"了$_2$"1961 例。

据统计,"了$_2$"出现在不同人称主语句中的频率不同。按照出现次数和百分比由低到高依次是:第二人称主语句(119;6.1%)[③],第一人称主语句(630;32.1%),第三人称主语句(1212;61.8%),

详见图一。

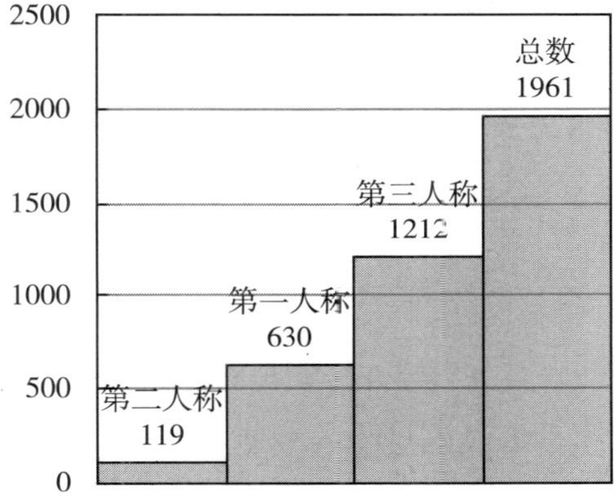

图一 “了$_2$”在不同人称主语句中的使用频率统计表

从图一我们可以看到，“了$_2$”出现在第二人称主语句的频率最低，在我们所考察的语料中仅占6.1%。这与我们开篇初步观察到的语言现象一致。下文将会解释这一小部分出现了“了$_2$”的第二人称主语句的使用条件。相比之下，“了$_2$”出现在第三人称（1212例）和第一人称（630例）主语句的频率要高很多，分别是第二人称的10倍和5倍。

我们进一步观察发现，第二人称和第三人称“了$_2$”句所传达的信息有很多是和第一人称话主“我”相关联的。具体统计数据如表1。

表1 第二、三人称“了$_2$”句与第一人称“了$_2$”句的关联数量统计表

第二人称与第一人称关联的“了$_2$”句	第二人称关联句数量	＞11	＞9.2%
	第二人称“了$_2$”句总数	119	
第三人称与第一人称关联的“了$_2$”句	第三人称关联句数量	＞143	＞11.8%
	第三人称“了$_2$”句总数	1212	

从表1中我们可以清楚地看到，在仅有的119例第二人称主

语“了$_2$”句中有近10%的句子是与第一人称相关联。而在第三人称主语“了$_2$”句中有143例是与第一人称相关联，大约占第三人称“了$_2$”句总数的12%。我们所谓的“相关联”是说这些“了$_2$”句所传达的信息有很多都关涉到第一人称话主“我”，都是与“我”相关的人、事等信息。这主要从句子的主语、宾语、状语、前后小句等可以看出。例如：

(2) 你们“害得”我们快要昏倒了！(宾语)(CCL)

(3) 我们年级打架厉害的全集中到我们班了。(主语)(CCL)

(4) 这个家再也容不下我了。(宾语)(CCL)

(5) 对我来说，这已经很好了。(状语)(CCL)

(6) 我本能地用手捂住胸口，对方却生气了。(上文小句)(CCL)

这里需要说明的是，我们统计的都是像上面(2)到(6)例那样，可以观察到与第一人称之间存在显性的关联，但还有一些像下面例(7)那样是隐性的关联，因此上表相应的数据前用了大于号(“＞”)。

(7) 一退休没几个月就生了小孙女儿，小孙女儿三岁多了。(第一人称话主“我”的小孙女)(CCL)

由此可见，在第二、第三人称“了$_2$”句中，有很多句子传递的信息都关涉到第一人称，要么直接与话主相关，要么与话主所知晓的人、事等间接相关。因此，“了$_2$”的使用和第一人称话主具有高关联性，它偏爱出现在第一人称句和与第一人称相关联的句子中。

3.2 不同人称主语“了$_2$”句中传信语的使用情况

在汉语话语中，传信语在不同人称主语的“了$_2$”句中都有使用。但是，经过统计发现，不同人称主语“了$_2$”句中使用传信语的频率不一样，请详见表2。

表 2　不同人称“了$_2$”句中传信语的使用频率统计表

第一人称“了$_2$”句		第二人称“了$_2$”句		第三人称“了$_2$”句	
＋传信语	总数	＋传信语	总数	＋传信语	总数
57	630	8	119	140	1212
9.0%		6.7%		11.6%	

根据表 2 显示，按照不同人称主语“了$_2$”句中传信语的使用数量和百分比由高到低依次是：第三人称主语“了$_2$”句（140；11.6%）＞第一人称主语“了$_2$”句（57；9.0%）＞第二人称主语“了$_2$”句（8；6.7%）。可见，第三人称关涉他人信息的句子使用传信语的比率最高；而第二人称关涉受话信息的句子使用传信语的数量最低，其次是第一人称关涉话主自己信息的句子。

仅仅对不同人称“了$_2$”句使用传信语数量的统计还不太能说明问题，我们还对不同人称“了$_2$”句使用传信语的类型做了统计。按照上文 2.2 关于汉语传信范畴和传信语的讨论，在所使用的语料中搜集到了感官亲历、确认性、主观认识、证据推断和传闻听说这五类表达信息来源和可靠性的传信语。它们在各种不同人称主语“了$_2$”句中的使用频率各不相同，如表 3 所示。

表 3　各类传信语在不同人称主语的“了$_2$”句中的使用频率统计表

感官亲历	第 1 人称	17	29.8%	感官动词等
	第 2 人称	3	37.5%	
	第 3 人称	4	2.8%	
确认性	第 1 人称	18	31.6%	“也许、其实、我肯定”等
	第 2 人称	0	0.0%	
	第 3 人称	24	17.1%	
主观认识	第 1 人称	7	12.3%	认识认知动词等
	第 2 人称	1	12.5%	
	第 3 人称	29	20.7%	

续表

证据推断	第1人称	14	24.6%	推理关系的复句等
	第2人称	3	37.5%	
	第3人称	46	32.9%	
传闻听说	第1人称	1	1.7%	“人们认为、听说、据说”等
	第2人称	1	12.5%	
	第3人称	37	26.5%	

首先,感官亲历(sensory experience)④类传信语主要是指信息来源于话主感官的亲身经历,是通过“看见、听见、感到”等感官动词(sensory verbs)体现。例如:

(8) 你唱得非常投入,我看到你都流泪了!(CCL)

(9) 每分钟增高约5毫米,这时肉眼能看清楚它是个像蘑菇一样的了。(CCL)

(10) 从悉尼到雅典,这四年我都觉得太快了。(CCL)

这一类传信语的使用在第一人称主语“了$_2$”句中最多,在二、三人称中都比较少。虽然,感官经历所感知体验的对象不仅可以是关于自身的还可以是对他人的,但是似乎第一人称主语“了$_2$”句更偏爱使用这类传信语来加强关于话主自己信息的可信度。

“确认性”是表达话主对信息可靠度(the degree of reliability)评价的一类传信语。它在汉语中主要由一些情态副词和一些表示确认语气的施为动词(performative verbs)体现。前者如“也许、其实、可能、好像”⑤,后者如“(我)保证、(我)确信、(我)打赌”等。例如:

(11) 木星上最为壮丽的奇景,大概要数众多的卫星了。(CCL)

(12) 不容置疑地说:“这是假的!开什么玩笑,魔鬼糖我们已经查封了!”(CCL)

（13）这时我已经知道，或者说已经确信自己能去 NBA 了。（CCL）

这里的"确认性"有一个度的问题，有的是十分肯定、确信甚至不容置疑，有的则只是一种不确定的估计。在使用了传信语的 57 例第一人称主语"了$_2$"句中，有 18 例使用的是"确认性"传信语。而在这 18 例中有 15 例是表示高度确认性的传信语，如"我肯定、确信、相信"等，超过了一半还要多。在第二人称主语"了$_2$"句中没有使用这类传信语的用例。而在使用了该类传信语的 24 例第三人称主语"了$_2$"句中，有 11 例是表示高确认性的传信语，其余的是确信度低的。有意思的是，这 11 例中大部分句子传递的都是和第一人称话主相关联的信息，如：

（14）确切地说，我的文凭太低、资历太浅了。（CCL）

（15）奶奶那时候当然在家里头了。（CCL）

再来看主观认识(recognition)类传信语。这类传信语表明信息来自话主自己的认识、想法等。主要是由认知类动词(cognition verbs)（如"（我）想、（我）意识到、（我）认为"等）和语法化了的感官动词（如"（我）看、（我）说、（我）觉得"等）体现。例如：

（16）我全力以赴避免失败，但我认为最重要的是我努力过了。（CCL）

（17）马布里径直从他身边过去，我想体育馆的每个人都笑了。（CCL）

（18）但意识到，不下死力解决乱种乱葬乱建问题，工作永远启动不了！（CCL）

从表 3 中可以看到，这类传信语在第三人称主语"了$_2$"句中使用的最多，有 29 例，约占它使用传信语句子总数的 21%。而在第一人称和第二人称主语“了$_2$”句中使用的数量不多,分别只有7例和1例。

接下来是证据推断(inference)类传信语。这里要强调的是有证据的而不是凭空推断。最典型的是具有逻辑推断关系的表假设、因果类复句,它们正好分别是演绎推理和归纳推理,如“那么……、因此……”等;另外,该类传信语还可以通过感官推测(如“看上去、看样子”等)来体现。例如:

(19) 那天我拿到驾驶执照,因此我终于可以开自己的车了。(CCL)

(20) 今年如果一个月就要多交几百元,那就要亏本了!(CCL)

(21) “泰森”和“熟人”都在,只有那个操着东北腔的瘦子没有上来,看来是“落选”了。(CCL)

据统计,这类传信语在第三人称主语“了$_2$”句中使用的最多,占该人称使用传信语句子总数的三分之一。其次是第二人称主语“了$_2$”句中有近38%使用“证据推断”传信语。最少的是第一人称主语“了$_2$”句中只有不到四分之一的数量使用该类传信语。

最后,传闻听说(hearsay)类传信语。这一类信息不是通过话主亲身经历获得,而是来自于他人的传闻或他人的经历。主要通过“××认为/发现/说”等语言形式体现。例如:

(22) 村里人纷纷议论张兴把妻子忘了!(CCL)

(23) 当我开始连最擅长的跳投都不准的时候,人们认为我太累了。(CCL)

(24) 考古学家发现,早在近万年前,人类就开始驯化并饲养野猪了。(CCL)

传闻听说类传信语在第一人称主语“了$_2$”句中只有一例,如上面例

(23)。这一例中关于话主自身的信息来自于他人，是他人根据“我最擅长的跳投不准”推断而来。第一人称主语“了$_2$”句中使用该类传信语如此之少是因为话主在获取关于自身信息时一般不需要来自他人，自己最知晓和自己相关的信息。相反，在第三人称主语“了$_2$”句中使用这类传信语比较多，有37例。这同样符合常理，因为话主对关于他人信息的获取，一般不可能亲身体验，最常见方式就是间接听说等。

上文以传信语类型为标准横向比较不同人称主语“了$_2$”句使用不同传信语的多寡。下面简要地以人称主语为标准纵向小结同一人称主语“了$_2$”句使用传信语的差异。如表4。

表4 不同人称主语“了$_2$”句中使用不同类型传信语的频率排序表

第一人称 数量(57例)	确认性＞	感官亲历＞	证据推断＞	主观认识＞	传闻听说
	18例 31.6％	17例 29.8％	14例 24.6％	7例 12.3％	1例 1.7％
第二人称 数量(8例)	证据推断＞	感官亲历＞	传闻听说＞	主观认识＞	确认性
	3例 37.5％	3例 37.5％	1例 12.5％	1例 12.5％	0例 0.0％
第三人称 数量(140例)	证据推断＞	传闻听说＞	主观认识＞	确认性＞	感官亲历
	46例 32.9％	37例 26.5％	29例 20.7％	24例 17.1％	4例 2.8％

4. 信息知晓度与传信范畴在话语中的互动关系

4.1 信息传递/接收者和信息知晓者的关系

我们打算在对不同人称主语“了$_2$”句中传信语使用所表现出来的差异给予解释之前，先弄清楚信息传递者(话主)、信息知晓者、信息接收者(受话)与信息知晓度的关系。然后再来讨论信息知晓度与传信范畴在话语中的互动关系。

信息传递/接收者和信息知晓/未知者并不是对应关系。作为信息传递者的话主并不总是信息的权威知晓者,只有当信息是关涉自己的或者是与自己有密切关系的,这时他才是真正的信息知晓者。同样,作为信息接收者的受话也并不总是被动接收未知信息,当话主的信息是关于对方受话的或者是一些常识性信息,这时受话就是权威的信息知晓者(参看 Kamio,1997)。如图二所示:

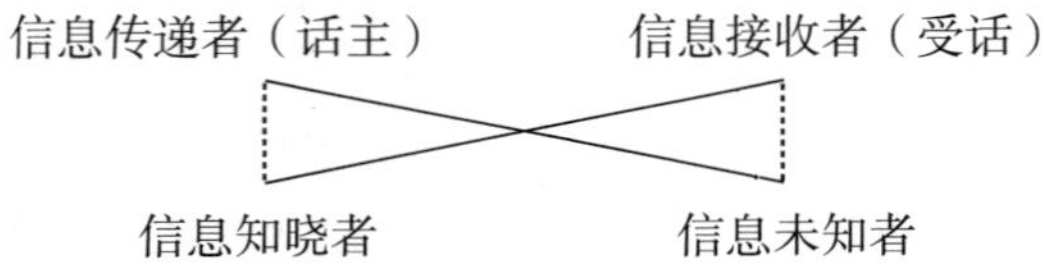

图二 信息传递/接收者和信息知晓/未知者关系图

下面进一步举例说明话主、受话与信息知晓、信息共享的关系。例如[6]:

(25) a. 我今年 27 岁了。/我家有三口人。

b. *我今年好像 27 岁了。/*听说我家有三口人。

(26) a. *你要去美国了。/*你肚子疼了。

b. 听说你要去美国了。/看上去你肚子疼了。

(27) a. 医生对患者说:你可以出院了。

b. 一位患者的朋友对患者说:*你可以出院了。/听医生说你可以出院了。

(28) a. 话主仰头看着天空对受话说:今晚的月亮很圆。/*今晚的月亮大概很圆

b. 一位中国人说:中国的首都是北京。/*据说中国的首都是北京。

上面(25)例是关于话主自身信息的,一般情况下话主是信息的权威知晓者,不能用不确定或者听说传闻的方式来传达这条信息。

例(26)是关于受话的信息,受话"你"是信息的权威知晓者,话主在传递这条信息时一般需要交代信息来源。而例(27)涉及谁是信息的权威享有者,就关于患者病情的信息而言,虽然关涉到作为受话的患者"你",但是相比之下医生是该信息的权威享有者,因此(27a)不需要交代信息来源。若交际双方是朋友关系,就病情信息而言,朋友相对于患者来说不具有权威性,因此(27b)需要交代信息来源。最后,(28a)是言谈双方共享的交际场景信息;(28b)是交际双方共知的常识信息,所以这两种情况中,话主和受话都是信息的权威知晓者。

基于上述对交际双方和信息知晓之间关系的认识,下文将对我们考察发现的不同人称主语"了$_2$"句中传信语的使用差异给予解释。

4.2 对不同人称主语"了$_2$"句中使用传信语的差异的解释

4.2.1 为什么"了$_2$"用在第一、第三人称的主语句中多而用在第二人称主语句中少

我们可以先看"了$_2$"的意义,《现代汉语八百词》(1980)认为"'了$_2$'用在句末,肯定事态出现了变化或即将出现变化,有成句作用。"《现代汉语词典》补充说明了"了$_2$"的出现位置还可以在"句中停顿的地方",表示的意义还可以是"在某种条件下出现的情况"和"认识、想法、主张、行动等有变化"等。那么,这些新情况、新看法、新事态的变化所关涉的对象是谁?当话主所传递的这些"新变化"的信息是关涉自身的,那么话主对信息具有高知晓度,当然可以用"了$_2$";若话主所传递的这些"新变化"的信息是关涉其他人的,那么话主对信息可能具有低知晓度,这时用了"了$_2$"还得需要传信语的帮助。可见,"了$_2$"的使用是与信息知晓度相关的。

从图一的统计看,"了$_2$"出现在第三称主语句中的频率最高,其次是第一人称,使用频率最低的是第二人称。为什么"了$_2$"出现在第三称主语句中的频率比第一人称还要高?按理说,话主对所传递的关涉自己的"新变化"的信息是最知晓的。其实,这只是一个表面现象,因为通过表1可以发现第二人称和第三人称"了$_2$"句所传达的信息有很多是和第一人称话主"我"相关联的,上文3.1有过介绍。下面通过真实口语例子来加以说明,例如:

(29) 反正我们那,那老老太太就是脾气大,那会儿都,好那会儿都有脾气,不照这会儿工商户似的,好,儿媳妇都随随便便的。那会儿,都脾气大着呢。我乍一过门儿的时候儿,什么都不敢说。你要好比是住家去吧,这会儿走时候儿,还得给磕头。你(=话主"我")要好比结了婚以后哇,住家去了,住家去回头得先得给婆婆磕仨头给你几天是几天。说给你五天,你就得五天,你就得回来,你要不回来就不成。(转引自方梅,2006)

(30) 当妻子的女人都这样儿,你(泛指:包括话主"我")下班回家晚了,她就不高兴了。(TALK)

上例(29)是媳妇在谈论自己的婆婆脾气很大,这不是好言。在此,话主在表达关涉自己结婚以后出现的新情况时不用第一人称而用第二人称是有语用动因的。根据董秀芳(2005)的研究认为,这种用法是说话人在思想中脱离自身,用一个第二人称代词"你"所指对象作为外在的被观察者,这样话主就对作为外在观察对象的自我降低了移情度。而例(30)中"你"是泛指任何一个丈夫,包括话主和受话,但从信息内容看,其实是话主的自身经历,这种经历他认为带有普遍性,于是用指称受话的"你"来拉近谈话对象"当妻子的女人"和受话的距离以求得受话和话主的共鸣。总之，这些第二人称主语"了$_2$"句所表达的信息都是与"话主"相关的。

再来看第三人称，下面两例中第三人称其实都是第一人称的用法，例如：

(31) 你要吃苹果，人家(＝话主"我")给你削了，你又不吃。(转引自董秀芳，2005)

(32) 老人还是不能相信这一切都是真的，熬到天亮，坐出租车来到了哈尔滨市道外区富锦街227号三楼毕强的住处，连连呼唤："毕强，奶奶(＝话主"我")来接你了，奶奶来接你了！"(CCL)

例(31)中"人家"来指称第一人称，这是跳出对话的"我-你"关系，话主将自己外化为"我-你"关系之外的他人，这样拉开了与受话的距离。而(32)例中"奶奶"以孙子"毕强"的口吻自称，这样拉近了话主"奶奶"与受话"孙子"之间的情感距离。

通过上面特例和上文3.1表1的分析，我们可以看到第二、第三人称"了$_2$"句中，有很多句子传递的信息都关涉到第一人称，要么直接与话主相关，要么与话主所知晓的人、事等间接相关。若把这些情况考虑在内的话，那么"了$_2$"出现在与话主第一人称主语相关联的句子中的频率最高。所以，"了$_2$"偏爱出现在句法上是话主第一人称主语的句子和在语义上是与话主相关联的句子之中。

4.2.2 为什么第三人称主语"了$_2$"句使用传信语比第一人称使用的数量多

上文3.2中的表2显示，第三人称主语"了$_2$"句中传信语的使用频率最高，其次是第一人称和第二人称。关于此，我们依旧可以从话主对信息的知晓度来解释。一般而言，关涉他人的信息对于话主来说是知晓度低的或未知的,除非该信息和自己相关联。说话要言之有据,不能断然说自己没有把握的话。因此,在第三人称主语"了$_2$"句中常常会使用传信语说明信息的来源和可靠性,这也符合言语交际中合作原则的质的准则:不要说缺乏足够证据的话。下面我们分析几个口语材料来加以说明,例如:

(33) R:哪科考得不好?(笑声)

L:Mm,哪科考的都不好。最不好的就是,那个,那个,那个,咱先把窗户关上吧。

R:好吧 好吧 好吧(好)。其实,<u>我觉得电工确实已经考得很简单了</u>。我都会做。

L:哼——,你是看那么久肯定会做。我一晚上没睡光看那个。你知道吗,后来就是那天,完了之后,那个我下楼,不是送你吗,回来之后碰见 Huor 跟 Xie Chen 聊天儿呢。……(TALK)

(34) L:嗯,他们俩的贫可不一样,Cao Liang 那贫可烦死啦。整个一,哎呀,不说啦。Yang Yansheng 挺逗的。我,我第一次见着他,以前没见过他。

R:选修没见过?

L:没,没仔细看。我一直觉得他长的那样,不是那样。昨天我一看,哟,挺像小姑娘儿的。

R:特好玩儿,然后说<u>如果我借他作业抄嘛,以后星期一来了,一周作业就可以搞定了</u>。(TALK)

上面两组对话中,例(33)话主 R 是站在自己的立场上来评价"电工"这门课程的考试难度的。R 认为"考试很简单"这条信息对于自己来说是可靠的,但对于受话 L 来说则未必,因为从之前的言谈来看，L这门课考的并不好，对她来说有一定难度。所以，当话主R在传递该信息时，需要加上表示主观认识的传信语"我觉得"来阐明自己对信息的态度。同样，例(34)话主R不能毫无根据就说"一周作业可以轻轻松松搞定"，前面"如果"假设条件复句是话主所言的依据，可见该信息是经过推理所得。

按理说，涉及第一人称主语的信息对话主来说应该是最具权威知晓性的，为什么它还会有那么多使用传信语来说明信息的来源和可靠性呢？我们仔细观察表3会发现，第一人称主语"了$_2$"句所使用的传信语大部分都是表示感官亲历、确认性、证据推理的，占86%之多。这些都是帮助话主增加信息可靠性的，这里不再举例说明，下文4.2.3会有讨论。

最后我们再来看第二人称的情况。第二人称主语"了$_2$"句中大部分是感叹句和祈使句。感叹句是话主对受话的主观情感的表达和评价等，祈使句表达话主作为强势权威的一方向受话发布命令。这些都和话主有密切关联，因此，话主对这些句子所传达的信息具有权威知晓性，一般不用传信语。如果用传信语则主观情感、评价的表达会比较委婉，例如：

(35) A：我课修完了，现在就是写就写毕业论文。

B：有机会出去还是好。

A：呃，在外面反正就是——是另外一种感觉。呃 我觉得你还是应该出来，反正到现在的感觉还是觉得外面反正不算白待。

B：就是啊，<u>我想最起码你在知识上和语言上根本就不会有任何问题了！</u>过关了！(TALK)

(36) B：我天天就是上午上班，就是跟着主任啊，一起看病人。

A:唉,我觉得你这比当老师好几百倍了!而且你学一点具体的技术,到哪都行了

B:对。我觉得也是这样的。因为这个眼科,像我们这单位搞的显微眼科哈……(TALK)

这两例中前一例是话主 B 对受话 A 的出国求学经历的认识和评价,句子前面用了表示主观认识的传信语"我想",使自己的评价认识更委婉;后一例是话主 A 对 B 目前职业的评价,同样使用了表示主观认识的传信语"我觉得"。这两例的传信语都可以去掉不影响信息的交流。这类表感叹、祈使的"了$_2$"句若使用传信语则多使用表主观认识一类的。

但是,还有一些第二人称主语"了$_2$"句是陈述关于受话一方信息的,这时受话是信息的权威知晓者。因此,话主在传递这类关涉受话信息的时候需要使用表信息来源的传信语,这样才不会违反语用上合作原则中质的准则。例如:

(37) B:我上次碰到你弟弟了,他说你有孩子了,所以这一阵儿比较忙。

A:是啊,我一直没有给你们写信,乱七八糟一大堆事情。

B:我也没有。本来我想的,那个给你写个信的,杂事情很多也比较忙。(TALK)

(38) 圆圆:我告诉您,我这速写啊是最快的,等到吃完晚饭啊我还准备画一张头像素描。

和平:不是,你打算画谁呀你?

圆圆:我无所谓呀,反正是你们中间的某一个……

(家人晚饭,圆圆吃完放下筷子,看众人,众人躲避)

圆圆：看样子你们是没有人自告奋勇给我当模特儿了，我先回屋准备准备，你们商量完了派个代表——别耽误我的宝贵时间(下)(TV)

上面两例，"你有孩子了"和"你们不愿给我当模特儿了"都是关涉受话的。前一例"对方生孩子了"是听受话弟弟说的；后一例"没有人愿意当模特儿了"是圆圆看见大家躲避她而推断出来的。所以这两例分别使用了听说传闻类传信于语"他说"和证据推断类传信语"看样子"。这两例如果去掉传信语就会显得很突兀。

4.2.3 为什么第一人称主语"了$_2$"句偏爱主观传信语而第二和第三人称偏爱客观传信语

这里所谓的主观传信语和客观传信语是从我们搜集的语料所涉及的五类传信语类型来看的。从表4中可以看到，第一人称主语"了$_2$"句偏爱使用"确认性"类传信语；第二、三人称主语"了$_2$"句则偏爱使用"证据推断"类传信语，其使用频率都超过了各自带有传信语句子总数的三分之一。

"确认性"类是表达话主主观上对信息可靠度评价的，而"证据推断"类是说信息的获得是通过客观证据推断而来的。这样也就不难理解为什么不同人称主语"了$_2$"句对传信语类型有不同的偏爱了。因为第一人称主语"了$_2$"句所关涉的是话主自己的信息，虽然他自身就是信息的权威知晓者，但是仍然可以使用加强确信度的传信语来增加信息的可靠度[⑦]。如上文3.2例(13)，在此不再另举例说明。

而第二人称和第三人称主语"了$_2$"句偏爱使用"证据推断"类传信语是因为它们所关涉的信息一般都是和话主不太知晓或不相关联的，需要通过一些证据推理获取。如例(39)：

(39) R:有,当然有啦。咱们,咱们那个考试不是说了,卷面儿不能就是有任何的那个,他可以说你这是做记号。

L:哦,对啦,对,对,对,对,想起来了

R:要求可严啦!

L:卷面儿不能写东西,你可以在那个选择题那块儿写,对吧?

R:反正你就不能多一个字儿,你不能写。所以说呀,他很有可能平时做题做得太多了,拿出一道题就在卷子边儿上就写上了。你想,够快!肯定是。(TALK)

上例中,话主所要传达的信息是要说明第三人"他"考试丢分的原因。而话主R对该信息不是权威知晓者,只能通过一些常识以此作为证据来推断"他"考试丢分可能是因为在卷面上而未在答题卡上答题造成的。因此,话主R在此传递自己不知晓的信息时应该要使用表示因果推理的传信语来说明信息的来源。

5. 余论

文章的初衷是想要从人称和"了$_2$"的搭配看汉语传信范畴在话语中的表现。我们通过一定规模的语料对不同人称和"了$_2$"在话语中与传信语的使用情况进行了定量考察,发现了下列规律:1)"了$_2$"偏爱出现在句法语义上和话主第一人称相关联的句子之中;2)第三人称主语"了$_2$"句使用传信语的数量要比其他人称多;3)第一人称主语"了$_2$"句偏爱主观传信语。上述规律和信息的知晓度相关。原则上,当信息是关涉说话人自己的或者是与自己有密切关系的时候,作为信息传递者的话主就是信息的权威知晓者;当话主所传递的信息是关于对方受话的时候,作为信息接收者的受话就是权威的信息知晓者；当话主所传递的信息是交际双方共享的时候，那么话主和受话都是信息的权威知晓者。

因此，回到文章开篇提出的问题，为什么"你去商店了"要想独立成为陈述句似乎很难；但是将其中的第二人称代词换成第一人称和第三人称就没有问题，或者在第二人称不变的前提下，加上表示信息来源的成分就合法了？这个可以利用作为话主的"我"、信息关涉对象和交际双方对信息的知晓性之间的关系来回答这个问题。

我们认为，汉语的传信范畴还是一个语用范畴，或者说是广义的语义范畴。它还没有语法化，不能像北美一些语言那样用句法形态来体现信息来源和可靠性，而只能通过词汇形式甚至句子类型来表达这一意义。之所以说汉语的传信范畴是属于语用范畴还在于它的使用与话语内容（语场：field）、交际方式（语式：mode）、交际双方的关系（语旨：tenor）等方面都有密切的关系⑧。

另外，我们认为从传信范畴来关照汉语句末语气词的研究应该会有新的发现。本研究涉及"了$_2$"的使用，王洪君等（2009）对"了$_2$"在语篇中的用法已经做了很好的研究，认为"了$_2$"使用在话主主观显身、主观上与受话共处一个话语时空、与受话主观近距交互的语体之中。但是，我们通过语料统计发现，在不使用传信语的前提下，第二人称主语"了$_2$"句使用的很少（除了感叹句和祈使句）。正如上面总结的，这和话主与所言信息关涉对象的亲疏、生熟有关，也就是与"信息的知晓度"相关。因此，我们可以说"了$_2$"句的使用与人称和传信语密切相关。关于从传信范畴角度来看汉语句末语气词的研究，张伯江（1997）、李讷、安珊笛和张伯江（1998）就已经对"的"和"吧"有新认识⑨。

最后，从研究方法上来看，基于一定规模真实语料的定量研究有助于我们对语言现象准确定性。就拿本文所涉及的研究对象来说，通过对真实口语的考察，可以从人称、语气、信息传递等多角度研究汉语传信范畴在言语交际中的表现，它们之间的互动研究为我们动态考察传信范畴本身，以及传信范畴与其他范畴的关系提供了有价值的视角。

附　注

① 这部分真实口语对话语料的影音文件来自陶红印教授，在此表示深深的谢意。该语料中包括电话言谈和当面交谈两部分，其中当面交谈的汉语文字转写由笔者完成。

② 其实，"了$_2$"的检索还可以通过"了，""了……""了？"或"了＋嘛(啦)等语气词"获得。本文的研究只检索"了。"和"了！"，我们认为这足以能说明要研究的问题。

③ 这里我们统计的第二人称主语句包括省略第二人称代词的句子。如：(你)再不撤就出不来了。另外，需要说明的是"了$_2$"用于第二人称的句子并非全然不能说，像用于感叹句中，例如："幸好，吴强先是掉到一棵树上，然后掉到地上，否则，(你)那天真的没命了！"(CCL)其实，这类例子也是与第一人称话主相关联的，因为说话人也经历了该事件的发生，所以说话人对信息是知晓的。并且，这类使用了"了$_2$"的第二人称感叹句多是话主的主观评论。感谢匿名专家向笔者提出这点思考意见。

④ 汉语中的感官动词有的已经语法化为表示主观认识的动词，比如"我觉得、我看"等，我们对这两类进行了区分，后者归入"主观认识"类传信语。

⑤ 这里"好像"是一个跨类的传信语，除了可以表示确信程度不高，还可以用于表示证据推断类。我们在统计时都根据具体的语境进行了区分。

⑥ 文中未标明出处的例句为笔者自造的。

⑦ 这里需要说明的是，"确认性"有一个度的高低问题。而在第一人称主语"了$_2$"句 18 例使用了"确认性"传信语的句子中，有 15 例是表示高确认性的传信语，如"我肯定、确信、相信"等。

⑧ 关于语域理论中涉及的语场、语式、语旨三种变量，可参看 Eggins (1994)。

⑨ 张伯江从传信角度对汉语句末“的”，有专文研究，详见李讷、安珊笛和张伯江（1998）。而对句末语气词“吧“的新认识在张伯江（1997）文章结尾处有所提及。

参考文献

陈　颖　2009　《现代汉语传信范畴研究》，中国社会科学出版社。

董秀芳　2005　《移情策略与言语交际中代词的非常规使用》，收入齐沪扬主编《现代汉语虚词研究与对外汉语教学》，复旦大学出版社。

方　梅　2006　《北京话人称代词的虚化》，东亚语言比较国际研讨会论文（上海）。《语法化与语法研究》（四），商务印书馆，2009。

李　讷、安珊笛、张伯江　1998　《从话语角度论证语气词“的”》，《中国语文》第2期。

刘勋宁　1985　《现代汉语句尾“了”的来源》，《方言》第1期。

刘勋宁　1988　《现代汉语词尾“了”的语法意义》，《中国语文》第5期。

刘勋宁　1990　《现代汉语句尾“了”的语法意义及其与词尾“了”的联系》，《世界汉语教学》第2期。

吕叔湘（主编）　1982　《现代汉语八百词》（修订本），商务印书馆。

王洪君、李　榕、乐　耀　2009　《“了$_2$”与话主显身的主观近距交互式语体》，《语言学论丛》第四十辑，商务印书馆。

武　果　2007　《语气词“了”的“主观性”用法》，《语言学论丛》第36辑，商务印书馆。

徐晶凝　2008　《现代汉语话语情态研究》，昆仑出版社。

张伯江　1997　《认识观的语法表现》，《国外语言学》第2期。

张成福、余光武　2003　《论汉语的传信表达——以插入语研究为例》，《语言科学》第3期。

郑素英　2004　《从对韩汉语教学看现代汉语时间先后的表达方式》，北京大学博士学位论文。

中国社会科学院语言研究所词典编纂室　2006　《现代汉语词典》（第5版），商务印书馆。

Aikhenvald, Alexandra Y. and Dixon, R. M. W. 2003 *Studies in Evidentiality*. Amsterdam and Philadelphia: John Benjamins Publishing

Company.

Chafe, Wallace and Nichols, Johanna (eds.) 1986 *Evidentiality: The Linguistic Coding of Epistemology*. Norwood, NJ: Ablex Publishing Corporation.

Eggins, Suzanne 1994 *An Introduction to Systemic Functional Linguistics*, Pinter Publishers: London.

Fox, Barbara A. 2001 Evidentiality: Authority, responsibility, and entitlement in English conversation. *Journal of Linguistic Anthropology* 11(2): 167-192.

Kamio, Akio 1997 Evidentiality and some discourse characteristics in Japanese. In Akio Kamio. (ed.), *Directions in Functional Linguistics*, 145-171. Amsterdam and Philadelphia: John Benjamins Publishing Company.

Lazard, Gilbert 2001 On the grammaticalization of evidentiality. *Journal of Pragmatics* 33: 359-367.

Lee, Dorothy 1944 Linguistics reflection of Wintu thought, *International Journal of American Linguistics* 10: 181-187.

Lee, Dorothy 1950 Notes on the conception of the self among the Wintu Indians, *Journal of Abnormal and Social Psychology* 45: 538-543.

Li, Charles N., Sandra A. Thompson & R. M. Thompson 1982 The discourse motivation for the perfect aspect: The Mandarin Chinese particle LE. In P. Hopper (ed.), *Tense and aspect: Between semantics and pragmatics*. Amsterdam: John Benjamins.19-44.(徐赳赳中译《已然体的话语理据:汉语助词"了"》,载戴浩一、薛凤生主编,《功能主义与汉语语法》,北京语言学院出版社,1994)

Lyons, John 1977 *Semantics*. Cambridge: Cambridge University Press.

Palmer, Frank R. 1986/2001 *Mood and Modality*. Cambridge: Cambridge University Press.

(原载《中国语文》2011 年第 2 期)

汉语话题结构的根本性*

张 伯 江

（中国社会科学院 语言研究所）

提要 赵元任先生从汉语的全局性特点出发，得出“汉语的主语就是话题”的论断，深刻揭示了汉语区别于印欧语基于论元关系构造句法的特征。汉语句子结构“话题性”是根本。我们应该更明确、更清醒地用汉语的眼光去理解汉语的句子，而不是像面对印欧语句子一样先去寻找论元关系。在日常的汉语语言生活中，经常发生忽视汉语特点而导致误读的现象。本文从一些汉语实例的讨论和思考，说明在汉语里着意寻找句首成分的论元关系可能会导致汉语特点的迷失，汉语话题结构在汉语语法里的深刻影响力还需得到更多的重视。

1. 汉语话题结构是基本句法结构

关于汉语句子“话题性”的说法由来已久，多是与英语句子那样的“主语性”相对而言的。西方比较通行的语法著作里常常是说：那些跟句子谓语里主要动词没有语义角色关系的成分，在英语里很难直接充当句法成分，大多需要用 speaking of 或者 as for 等成分引导出来，Andrews（2007）在讨论以下例句‘Speaking of

---

* 本文成文过程中，得到沈家煊、史金生、刘探宙、完权等先生的有益讨论意见，谨致谢意。文中错谬由笔者负责。

Jim, what's Harriet been up to lately?'时就说:"Jim 作为句子话题被提及,是句子关涉的对象,但谓语没有为其指派语义角色。"他同时举出汉语"这场火幸亏消防队来得快"以及拉祜语和日语为例,说明东南亚语言里比较多见这种"话题"直接做句法成分的现象。至于东南亚语言里的话题角色究竟是什么样的句法角色,多数论著语焉不详,似乎倾向于认为日语的形式——以不同的句法标记区别话题和主语——能够大致反映东亚"话题型语言"的总体面貌。中国的很多学者也持此观点,有代表性的如 Chen(1996),徐烈炯、刘丹青(2007/1998)等,他们给了汉语话题一个明确的句法位置,以强调汉语话题的重要性,这无疑是看重汉语特点的。但是,汉语话题的重要性,还可以从另外的角度来认识。

最早提出汉语话题性的是赵元任(Chao,1968)。值得注意的是,赵先生并没有提出要区分汉语里的"话题"和"主语",而是主张"汉语的主语就是话题"。对此,沈家煊(2012a)有很好的讨论,他说:"赵先生在明明知道有许多人在语法上把话题和主语区分开来,却仍然说汉语主语的'语法意义'就是话题,这才是耐人寻味的。赵先生当然知道日语里主语用标记 ga,话题用标记 wa,也知道印欧语里主语和谓语动词有一致关系,主语必是谓语动词的一个论元,赵先生逻辑学的功力更是非常人可及,他的高明之处在于摆脱日语和印欧语的眼光,道出了汉语的特点。"的确,如果不是像日语那样可以明确用句法标记来区分两种不同的成分的话,硬要在汉语里区分话题和主语就会遇到一个很大的逻辑难题,即,如果句首只有一个主体成分出现时,我们是把它看成省略了话题的主语呢,还是省略了主语的话题?杨成凯(2000a、2000b)对此做了详细的讨论。

赵先生话题学说的深刻性在于，他是从汉语的全局性特点出发，得出这个论断的。汉语区别于印欧语的全局性特征是什么？那就是，印欧语的句法基本是基于论元关系构造的，而汉语不是，汉语句法构成的基本单位是“零句”，零句与零句之间的关系是多种多样的。沈家煊（2012a、2012c）中，从汉语自身的逻辑特征以及汉语零句之间的话语关系角度充分阐述了汉语句子结构“话题性”是根本。认识这个根本性，有一个重要的意义，那就是，我们应该更明确、更清醒地用汉语的眼光去理解汉语的句子，而不是像面对印欧语句子一样先去寻找论元关系。在日常的汉语语言生活中，经常发生忽视汉语特点而导致误读的现象。本文就是想从一些汉语实例的讨论和思考，说明在汉语里着意寻找句首成分的论元关系可能会导致汉语特点的迷失，汉语话题结构在汉语语法里的深刻影响力还需得到更多的重视。

2. “云想衣裳花想容”——话题不是动作者

赵元任先生说：“主语和谓语的关系可以是动作者和动作的关系。但在汉语里，这种句子的比例是不大的，也许比50%大不了多少。因此，在汉语里，把主语、谓语当作话题和说明来看待，较比合适。”赵先生举了李白的名句“云想衣裳花想容”为例，说明这句话的意思是“云使人想起她的衣裳，花使人想起她的容貌”。这个例子是他关于汉语话题句不能简单用“动作者—动作”理解的最好说明：如果按“动作者—动作”来理解，则“云”和“花”就成了“想”这个行为的发出者，完全不是诗人的原意了。最正确的句法观，就是把“云”和“花”都看成话题，把“想衣裳”和“想容”看成说明，“想”行为的发出者不理解成紧邻它们前边的句法成分。

这使我们想起了另一个唐诗句子理解的句子，那就是“花溅泪”和“鸟惊心”的掌故。吕叔湘(1988)说：“我在《中国文法要略》里用杜诗‘感时花溅泪，恨别鸟惊心’做动词的致动用法的例子，就是说，溅的是诗人的泪，惊的是诗人的心。有的读者不同意，认为这里用的是修辞学上的拟人格，花溅的是它自己的泪，鸟惊的是它自己的心。这样一来，就得说感时的是花，恨别的是鸟，全与诗人无干。最近读《温公续诗话》，有一条谈到这两句诗：‘近世诗人杜子美最得诗人之体。如“国破山河在，城春草木深。感时花溅泪，恨别鸟惊心”——山河在，明无余物矣；草木深，明无人矣；花鸟，平时可娱之物，见之而泣，闻之而悲，则时可知矣。’”如果按赵元任先生的提醒，可以知道把“花/鸟”理解为动作“溅泪/惊心”的发出者未必是最符合汉语实际的，吕叔湘先生的理解事实上是最符合汉语“话题－说明”结构的解读。

其实，不止是在诗句里，许多俗语的意思也是只有用“话题－说明”结构去解读才能正确理解，例如：

“萝卜快了不洗泥”，周一民(2009)的解释是：“谓干活速度加快，就不能太细致，就要降低质量。”举例有“几番摸爬滚打，几番冲锋陷阵，到了年底瞧准了北京站这个好地界儿，根据‘萝卜快了不洗泥’的古训又把一大批装有半头砖的点心匣子抛了出去”，“女售货员笑道：‘萝卜快了不洗泥，萝卜慢了代剥皮！没铃没锁还抢不着呢，拿票来！”这句俗语，“萝卜”当然不能理解为动作者，“洗泥”和“剥皮”的动作发出者并没有出现在字面上。这跟“想衣裳/想容”“溅泪/惊心”的动作者并没有出现在字面上是一样的。

3."三下五除二"——准确离析出话题部分

"三下五除二"也是一句俗语,现在多用来形容"办事麻利干脆"(周一民,2009)。其实,人都知道,这话来自珠算口诀。原本是指当加数是三时,拨下一粒表示"五"的上珠,再在被加数的下珠中除去二。可见,这是说明一个涉及"三"的运算。句子的结构应该是以"三"为话题,"下五除二"是对它的说明。从这句话的本意看,似乎与"麻利干脆"没什么联系。我们想,可能是俗语使用中,误把"三下"当成一个词理解造成的,"三下两下"一般是表示简洁快速意义的。这是一个未能准确把握汉语话题结构、未能准确离析出话题成分的俗语误读例子。

再看一个俗语"站着说话不腰疼"。这句话的来历暂未考知,但是我想,把"站着"理解为"说话"的状语怕是不太合适。"站"从古至今都有"停"的意思,所谓"不怕慢就怕站"就是用的"站"的"停"义。"站着"就是"停着",就是不工作。当别人都在弯着腰不停地耕作的时候,却有不劳作的人在那里说闲话,当然体会不到劳作者的辛苦,这就是"站着,说话不腰疼"。这又是一个未能准确离析出话题成分"站着"的独立句法地位的例子。

再说两句现代诗句。毛泽东词《忆秦娥·娄山关》里有一句"雄关漫道真如铁,而今迈步从头越",意思是"不要说娄山关像铁一样难以逾越,而今我们要大踏步越过去"。从句法上说,"雄关"是话题,"漫道真如铁"是对它的说明,其中"漫道"是插入语。近年来人们引述这句话的时候,常常把"雄关漫道"误会成一个成语,误会成"雄伟的山关,漫漫的道路"的意思了。这也是没有准确地把话题成分"雄关"离析出来所致。

另一句诗句是“人间正道是沧桑”。这句话的意思是“人间正在谈论这个巨大的变化”，其中“道”是“说”的意思，“是”是“这”的意思。句子的句法是以“人间”为话题、“正道是沧桑”为说明的结构。这句话也经常被误读，一是把“人间正道”看成一个成分，理解为“人世间正确的道路”，二是把“是”理解成“是不是”的“是”了。这个误读，很重要的原因，仍然在于没能正确地把话题成分“人间”离析出来。

4. “三天打鱼两天晒网”——并列的样式，不并列的结构

“三天打鱼两天晒网”是一句批评人做事不认真、缺乏恒心的俗语，它的确切比喻意义是怎么来的呢？如果看成两个并列的结构，即“三天 VP_1，两天 VP_2”的话，依照语法书的说法——“表示时间长短的词语放在动词前头，……表示一个动作持续多久，但必须两件事情一块儿说，例如‘半天工作，半天学习’”(吕叔湘，1977)——那么这个俗语字面上应该是以五天的时间段设喻，说一个人用了五天里的三天从事打鱼，另外两天用来晒网。不过从常理来看，一个人把60%的时间用于打鱼，少量时间晒网，并没有什么可指责的。事实上，这句话还是把“三天打鱼”理解为话题、“两天晒网”理解为说明最好。这样，“打鱼”不是指一个行为，“三天打鱼”是一个用来谈论的话题，在这个话题之下，说话人指责某人用三分之一的时间从事打鱼行为，三分之二时间用来晒网，少干活多休息，这当然是很不合理的做法了。如此看来，同样是“时间词＋VP_1，时间词＋VP_2”样式，“半天工作，半天学习”是并列关系，“三天打鱼，两天晒网”则不是并列关系，而是存在隐含的“话题－说明”关系的。“汉语就是这样，经常用两个句段的并置来表达意义

上的各种关联”。(沈家煊,2012c)

沈家煊(2012b)也有一个涉及并列结构的例子:“有一个笑话,过去生产队分谷子,有个单身汉很懒,工分少谷子也当然分得少。这个懒汉就同生产队长吵了起来。生产队长说:‘毛主席讲的,四体不勤,五谷不分!谁叫你四体不勤?你四体不勤,我就五谷不给你分!’‘四体不勤,五谷不分’本来是两个小句并置的流水句,但是人们总是倾向于在意义上建立某种主从关系。”故事里生产队长是把“四体不勤”当作条件式话题处理的。这个误读与“三天打鱼两天晒网”的误会方向正好相反。

5. “曹操收了青龙伞”——韵律结构帮助辨识话题结构

传统京剧《甘露寺》里乔玄在向吴国太介绍蜀国大将张飞时说:“这位将军,在当阳桥前大吼一声,吓得曹操收去青龙伞,惊死夏侯杰。这位将军好威风啊,好煞气呀!”(《马连良演出剧本选集》,中国戏剧出版社,1963)

从字面上看,我们看到这段话谈及三个事件,分别是1)张飞大吼一声;2)(吓得)曹操收了青龙伞;3)惊死夏侯杰。三者之间的关系似乎应该是:事件1)为话题,事件2)和事件3)为两个并列的说明。即,“大吼一声”造成两个后果,一是吓得曹操收伞,二是吓死了夏侯杰。

但是我们听了此剧舞台实况,演员实际演出时候的节奏处理,却跟我们由字面观察得出的分析大不相同。最大的不同一是在于,“吓得曹操”四个字后有一个清楚的停顿,表明这里是一个话题;二是,“收去青龙伞”和“惊死夏侯杰”这十个字,用的是清楚的上下句的语调念出的,表明演员对句子的心理切分是把这两个片段当成两个并列的说明。也就是说，有声语言韵律结构反映的事实是：

曹操【话题】，收去青龙伞【说明$_1$】，惊死夏侯杰【说明$_2$】

这个事实提示我们，"曹操收去青龙伞"不是普通的"施事＋动词＋受事"结构，"曹操"不是一个动作者，它只是一个话题，代表的是交战中的魏军(比如我们说"率领数万人马攻打曹操"这句里的"曹操"代表的就是"曹军")，当张飞"大吼一声"发生后，"曹操"这一方产生了两个结果：一是统帅者头上的青龙伞被迫收去了，二是主帅身边一位将军意外吓死了。从句法上说，"曹操收去青龙伞"，"曹操"并不是动作者，只是话题，跟"林则徐摘去顶戴花翎"一样；"曹操惊死夏侯杰"同样不是曹操做了什么，他只是代表这个阵营，属于这个阵营的一个将军死了，跟"王冕死了父亲"一样。

需要更严密解释的事实是，为什么在韵律形式上"吓得曹操"四个字组合成一个韵律单位？这种"得"字补语句的韵律特征，其实李临定(1963)就有过清楚的认识，并讨论过句中相关成分的句法语义属性。结合现代语言学关于韵律单位与信息单位相应的观点，以及赵元任的"零句说"，我们有理由把"吓得曹操"当作一个独立的单位看，它既是前面话题"大吼一声"的一个说明，本身又是一个话题，引出进一步的说明。(这种话题与说明的连环关系，沈家煊(1989、2012a)有详细讨论)

像这样的韵律单位代表一个话题的情况，在戏剧演出中不乏实例。京剧《空城计》里诸葛亮听说马谡失守街亭的消息以后，有一段自叹的念白："想先帝在白帝城托孤之时，言道马谡言过其实，终无大用。悔不听先帝之言，错用马谡，失守街亭，我是悔之晚矣！"这段话里值得注意的是，舞台实现时，"言道马谡言过其实，终

无大用”这一句的韵律结构，并不是“言道|马谡言过其实，终无大用”而是“言道马谡|言过其实，终无大用”，这就意味着“言道马谡”是一个心理切分的话题。同样，此剧里还有一处：“人道司马用兵如神，今日一见，是令人可服，令人可敬呀！”韵律结构也是“人道司马|用兵如神”而不是“人道|司马用兵如神”。

论元结构是人们惯于接受的结构，因为它代表了“理想认知模型”（详见结语）；话题结构是汉语的根本结构，是汉语使用者表义的最自然渠道。人们有时利用论元结构的惯常性与话题结构的根本性之间的不一致关系来增强语言的表现力，辨识的手段就是韵律特征。有一个国际著名化妆品的广告词是“你值得拥有”，这句话形式上类同于“施事＋谓语”的句子，使人们接受起来很自然，然而仔细思考起来，其中的语义关系并不是论元关系，“你”是话题成分。这个广告的有声形式也是在“你”字后面形成一个明显的停顿。

6. “大河有水小河满”——顺向的语序，逆向的推理

周一民（2009）对这个俗语的释读代表了一般的看法：“比喻全局好了，局部也会受益。反面是‘大河没水小河干’。”举例取自刘绍棠的小说《鱼菱风景》：“而且，大河涨水小河满，鱼菱村生产大队这两年的工值，也是直线上升；年关分红，杨家的几个劳力更分到一大笔现款，鼓囊囊的装满了腰包回家来。”

这种理解或许是有问题的。如果“小河”指的是大河的支流的话，按常识，是小河里的水流到大河里，大河才满的，而不是大河水满了分给小河的。

这句俗语本身违背了常识吗？我想未必。上述解读是以“大

河有水”为普通条件式话题,“小河满”为相应的结果式说明。事实上这句话还可以有另外的解读方式,即,“大河有水”为现实性条件式话题,“小河满”为推断性结果式说明。说话时的情境是:看见大河里有水,可以推断出上游小河里水是满的;看见大河里没水,可以推断出上游小河里水是干的。这后一种理解是在“知域”里说的,前一种解读是“行域”里的。从话题到说明的顺向语序,都是因果关系,行域的理解是物理世界的前因后果,知域的理解是心理世界的回溯推理,也是基于现实条件得出的推论性结果。两种理解各自遵从不同认知域的因果关系,只不过后一种知域的理解更合乎常识而已。

与此相类似的是另一个俗语“墙倒众人推”的理解。很多人依物理世界的前因后果关系,把这话的意思理解成“落井下石”的意思,“比喻人一旦失势倒霉,大家就都来欺负、攻击他。”(周一民,2009)从事理上讲,墙既倒了以后就没法推了。更合理的解释是:看见墙倒掉了的事实,推断一定此前是许多人推墙导致的结果,仍然是一种回溯推理。这句话说全了是“墙倒众人推,鼓破万人捶”,道理很显著:墙倒了就没法再推,鼓破了也不会有人再捶了;一定是面对倒了的墙和破了的鼓,推断这个事实的背后是多人施加影响所致。

7. 纠缠的逻辑关系,平铺的流水句

吕叔湘《沙漠革命记》(辽宁教育出版社,1997)“重印题记”里,有这样一句话:

“多少年以前,爱因斯坦,他本人是纳粹反犹运动的受害者,犹太复国主义的赞助者,可是他对20年代巴勒斯坦的犹太人对待阿

拉伯人的作法就提出过批评。”

这里最容易识别的成分是话题“爱因斯坦”，其后有三个平铺的小句。从词语之间的呼应关系看，这里有两套逻辑关系：

1）多少年以前，他……就提出过批评

2）他本人是……，可是他对……提出过批评

如果按普通语法常识，“他本人是纳粹反犹运动的受害者，犹太复国主义的赞助者”算是一个“插入语”。依照插入语的定义，删掉它，原句结构应该不受影响。但是我们试着删去这个插入成分，其后的“可是”就显得突兀，不知与谁照应。原因在于，这个插入语之外的“可是”呼应的是插入语里的“他本人是……”。

这说明什么呢？其一，它说明汉语的“话题—说明”结构不是像“主语—谓语”那样联系紧密的呼应关系；其二，汉语多个零句之间不像印欧语那样依靠递归性组织在一起。话题“爱因斯坦”的说明语，既可以是所谓“插入成分”——“他本人是纳粹反犹运动的受害者，犹太复国主义的赞助者”，也可以是线性顺序排在插入成分之后的另外的零句——“他对 20 年代巴勒斯坦的犹太人对待阿拉伯人的作法就提出过批评”。这也就是说，汉语话题与说明的关系，只有语序先后的关系，不必然要求有严格的逻辑嵌套关系。

8. 结语

以上我们分六个小专题，谈了对汉语话题结构的几点看法。从“话题不是动作者”这一基本观点说起，讨论了我们对一些日常俗语以及其他常见汉语实例的误读，常常是起因于对汉语话题结构特点的忽视，或不能准确离析出话题部分，或不能在并列的样式面前识解出不并列的结构，或不能认识清楚顺向语序中隐藏的逆

向推理。同时我们也通过实例展示了流水句里话题结构的韵律表现以及逻辑关系的延展方式。

在这些实例的讨论中,我们想借以说明的是汉语话题结构的根本性。虽然都是一些看似特殊的例子,实际上它们存活于我们世世代代每日每天的语言生活中。汉语句法上最基本的句法语义关系与英语那样的印欧语有同有异,相同的是1)都有"话题－说明"这样的语用结构,2)句子成分之间或多或少都能找到"施事、受事"等论元关系;不同的是,英语句法上强制地要求"主语－谓语"之间具有论元关系,不具有论元关系的不能直接实现为主谓关系,而汉语则不论有没有论元关系,语用结构"话题－说明"直接构成主谓关系。面对这样的不同,应该怎么看待汉语的基本句子结构?一种办法是,仿照日语、韩国语的样子,在汉语中也区分出"主语"和"话题"两种句法成分,把与谓语动词、形容词有论元关系的主体性成分优先分析为主语,没有论元关系的再看成话题;另一种则是赵元任(Chao,1968)所主张的、沈家煊(2012a)加以强调的不区分话题与主语的做法。本文认为后一种办法更为尊重汉语事实。把具有论元关系的"优先分析为主语"的做法,难免会误导分析者,如本文第5节所讨论的"曹操收去青龙伞"的例子,就容易简单化地识别为"施－动－受"语义关系,进而处理成主谓句而非话题句,于是就看不到"曹操"事实上并非行为的施事、同时它作为话题控制着其后两个说明句的本质性事实。所以说,优先寻找论元关系的做法,一方面会误解原本的"话题－说明"关系,另一方面,过于拘泥论元关系,也不利于正确理解和处理流水句中的话题结构。

需要我们做出回答的一个重要问题是:为什么会产生那么多的"误读"?也就是说,为什么那么多我们认为是话题结构的句子,在实际生活中被理解成了以“施一动一受”为基本模型的论元结构了呢？是不是汉语使用者也有优先寻找论元关系的本能呢？相关的问题是：像“大河有水小河满”“墙倒众人推”那样的例子，为什么优先在行域理解而不是知域？

对这样的问题，我们的回答是：语言的本质是“谈论”而不是“叙事”，“话题一说明”结构就是实现的“谈论”的语用功能。“叙事”是语言中一个重要内容，具有明确论元关系的语义结构是认知上的理想认知模型，也就成了无标记语体里默认的原型理解倾向。行域跟知域的关系也是如此，行域是原型。本文讨论的这些例子，最初都是产生于特定的语境，特定的语体里，在那些特定的“谈论”式情境里，这些“话题一说明”句是最恰当的选择。可以想见，这些句子最早被重复使用时，也是用在相似情境里的；当这些句子的使用被无意扩展到合理情境之外时，就有了误读的可能。时间一长，这些句子原本特别需要的情境要素逐渐消失，被过多地用于泛泛的语境和语体里，误读的可能性就更大了。一句话，误读来自误用。汉语听/读者在泛语境中优先选择原型理解是正常的，汉语说/写者造句时不局限于论元关系的考虑也是正常的。

汉语的句子体现的是语用功能，没有充分语法化，“特多流水句”，“我们可以把任何两个前后相继的零句组合为一个整句”（沈家煊，2012a），我们说汉语不靠论元关系构句而英语靠论元关系，其背后的实质差异就在这里。英语句子以动词为核心，论元关系是确定的，小句间的逻辑关系就是确定的；汉语小句不以动词为中心，小句是指称/说明性的，小句之间的关系也不依赖论元关系任意组合，因此就可以有第7节那样插入语“他本人是纳粹反犹运动的受害者，犹太复国主义的赞助者”既是说明又是话题的情况。可见,汉语句子的生态环境是连续的语篇,离开了语篇,句子也就失去了活力。俗语本来是讲一种道理,一旦成为"俗语"其组合关系就固定了下来,不再活在一个篇章环境中,也就不再是正常的汉语句子现象,对它产生误读在所难免。这项研究给我们更重要的启示在于:我们如果把汉语句子人为地切断,抽离实际语境,切成类似于英语句子的语言片段,做类似的论元结构分析,那样做的风险,大概就像本文讨论的那些俗语的误读一样,会失掉汉语本义的。

参考文献

李临定 1963《带"得"字的补语句》,《中国语文》第5期。

吕叔湘 1977 《通过对比研究语法》,《语言教学与研究》第二集。

吕叔湘 1988 《"花溅泪"和"鸟惊心"》(署名"叔湘),《中国语文天地》第3期。

沈家煊 1989 《不加说明的话题——从"对答"看"话题－说明"》,《中国语文》第5期。

沈家煊 2012a 《"零句"和"流水句"——为赵元任先生诞辰120周年而作》,《中国语文》第5期。

沈家煊 2012b 《汉语不是英语》,手稿。

沈家煊 2012c 《汉语的逻辑这个样,汉语是这样的——为赵元任先生诞辰120周年而作之二》,第六届汉语方言语法国际学术研讨会论文。

徐烈炯、刘丹青 2007/1998 《话题的结构与功能(增订版)》,上海教育出版社。

杨成凯 2000a 《语法学原理和汉语语法的一些原则问题》,刘利民、周建设主编《语言》(第一卷),首都师范大学出版社。

杨成凯 2000b 《汉语句子的主语和话题》,日本《现代中国语研究》第1期。

周一民 2009 《北京俏皮话词典》(增订本),商务印书馆。

Andrews, Avery 2007 The major functions of the noun phrase. In T. Shopen (Ed.), *Language Typology and Syntactic Description*: Vol. 1.

Clause structure. 2nd edition：132-223. Cambridge：Cambridge University Press.

Chao, Yuen Ren（赵元任） 1968 *A Grammar of Spoken Chinese*. Berkeley and Los Angeles：University of California Press. 吕叔湘译《汉语口语语法》，商务印书馆，1979。

Chen, Ping（陈平） 1996 Pragmatic interpretations of structural topics and relativization in Chinese. *Journal of Pragmatics*, 26 (3)：389-406（徐赳赳译：汉语中结构话题的语用解释和关系化，《国外语言学》1996年第4期27—36页）.

（原载《木村英树教授还历纪念·中国语文法论丛》）

"N 的 V"结构就是"N 的 N"结构*

周　韧

（北京语言大学　教务处）

提要　本文认为，把"的"看成是"这本书的出版"中的中心缺乏足够的句法和语义证据。本文希望在沈家煊（2009a）名动包容模式的基础上更进一步，认为"这本书的出版"不仅在语用范畴上符合向心结构理论，也在句法范畴上符合向心结构理论，整个结构的句法语义中心就是"出版"。通过讨论名词和动词在主宾语和谓语等句法位置上实现组合变化的能力，本文认为汉语名词的句法特征就是"[＋N，－V]"，而动词的句法特征就是"[＋N，＋V]"。本文进一步指出，如果我们接受了词类的包含模式，"能否受'不'修饰"等语法功能已经不能成为区分动词和名词的分类标准了，因为词类划分策略的变化将会导致词类划分标准的变化，因此在名动包含模式中，提出"这本书的不出版"的例子并不能证明此处"出版"就没有名词性。

1. 解题

讨论诸如"这本书的出版"这类"N 的 V"结构的中心词问题，主要的目标是解决普通语言学向心结构理论和汉语词类划分理论

*　本文的写作受到 2011 年教育部"新世纪优秀人才支持计划"的资助。初稿曾在"纪念朱德熙教授诞辰 90 周年和陆俭明教授从教 50 周年学术研讨会"（2010 年 8 月，北京大学）上宣读，修改过程中，得到了郭锐、沈家煊、袁毓林和张伯江先生的帮助，在此一并致谢，文中错谬由笔者个人负责。收入本书时略有改动。

之间的矛盾。

自从经历了 20 世纪 50 年代的大讨论以后,汉语语法学界的大部分学者接受了"词有定类,但无定职"这一观点。也就是说,"出版"作为动词的身份不会因为它充当的句法成分的不同而改变。那么,在"这本书的出版"这个结构中,尽管整体为名词性成分,"出版"作为中心被名词性定语修饰,但它本身的动词性质不会改变。

不过,根据布龙菲尔德(1933)的定义,在一个向心结构中,至少有一个直接成分和整体的语法功能相符合,而跟整体功能相同的直接成分为这个向心结构的中心。一般认为,"这本书的出版"的中心为动词"出版",但"这本书的出版"整体却为名词性成分。中心词的性质和整体的性质不一致,构成了一个极大的矛盾。这种矛盾,也被称为"向心结构难题"。

2. "的"字为句法中心缺乏句法语义证据

要解决"N 的 V"结构的中心问题。首先不可取的一个方案就是"名物化",即认为"N 的 V"结构中"出版"经历名物化后,由动词变为一个名词。这种方案的主要缺点在两个方面:一方面,它破坏了"词有定类,但无定职"的原则,而走上"依句辨品"的路子,最终将要造成"汉语无词类"的恶果;另一方面,它违反了科学研究中的"简约"原则,人为地增加了不必要的步骤,朱德熙(1983)说得就很直接:"汉语的动词、形容词本身可以做主宾语,也可以名词化以后做主宾语。不过凡是真正的名词化都有实在的形式标记。所谓'零形式名词化',对于汉语来说,都是人为的虚构。"关于对名物化理论的反思和批评,本文不再详述,读者可参看朱德熙、卢甲文和马真(1961)及沈家煊(2007)等学者的评述。

而为了解决"N 的 V"结构所带来的向心结构难题，近来很多学者在生成语法的背景下，重新审视这个问题，并根据生成语法中的 DP 结构理论，认为"这本书的出版"中的中心词为"的"(或者是某个虚设的中心词 D)。这样，"出版"仍维持为动词的身份，但整个结构为"的"字结构，通过这样的技术处理解决向心结构难题。

不过，本文认为，将"的"看成"N 的 V"结构中的句法中心，还缺少足够的句法语义证据。

Abney(1987)提出在一些限定词(determiner)和名词组成的结构当中，如"a student""this book"和"the boy"，其中的句法中心是"a""this"和"the"这样的限定词，而不是以前通常认为的名词。

在英语中，将限定词看成是句法中心，这是有一定的句法语义基础的。比如说，尽管"boy"是名词，"poor"为形容词，两者的句法性质不一样，但加上"the"以后，"the boy"和"the poor"的句法性质就一样了，也就是说"the N ＝ the A"(A 代表形容词)。另外，限定词"the"还有指称上的语义功能。我们也可以把中心成分"the"后面的成分看成是变量 X 或 Y，那么，我们可以这样表示："the X ＝ the Y"。

那么，很多学者之所以认为"N 的 V"结构中的中心是"的"，是因为这些学者看到了"X 的 Y"＝"α 的 β"(其中 X、Y、α、β 都代表变量)。

比如以下一系列的结构：

(1) a. 木头的房子　　(N 的 N 结构)

　　b. 红的花　　　　(A 的 N 结构)

　　c. 制造的产品　　(V 的 N 结构)

　　d. 这本书的出版　(N 的 V 结构)

e. 凶狠的逼抢　　(A 的 V 结构)

f. 攻击的扩大　　(V 的 V 结构)

g. 狐狸的狡猾　　(N 的 A 结构)

h. 致命的温柔　　(A 的 A 结构)

I. 竞争的残酷　　(V 的 A 结构)

例(1)各例中的"的",即朱德熙(1961)定义的名词化后缀"的$_3$"。在例(1)当中,这九个结构它们整体都是名词性成分。这就是说:"N 的 N = A 的 N = V 的 N = N 的 V = A 的 V = V 的 V = N 的 A = A 的 A = V 的 A"。

无论"的"前后是什么句法性质的成分,它们整体都能够看成是名词性成分。在很多学者看来,这就意味着"的"决定了"X 的 Y"结构整体的语法性质,从而认定"的"为结构的句法中心。

不过,仅从这一方面还不足以说明"X 的 Y"结构中的句法中心就一定是"的"。

要判断一个结构中哪个成分是句法中心,本文想着重指出的另外一个方面,也是很重要的一点,即:"在只有一个句法中心的向心结构中[①],删去中心后,剩下的部分和原来整个结构的句法和语义功能相异。"

比如,将名词短语"红花"和动词短语"吃苹果"的中心"花"和"吃"删去后,剩下的成分"红"和"苹果"和原先整个结构"红花"和"吃苹果"的句法语义性质完全不一样,也就是:

(2) 红花 ≠ 红　　吃苹果 ≠ 苹果

因为"红花"是名词性结构,而"红"是形容词;"吃苹果"是动词性结构,而"苹果"是名词。

同样,"the poor"不等于"poor",因为前者是类似名词短语

NP的限定词短语DP结构，后者是形容词；而“the boy”也不等于“boy”，“the boy”是定指或类指成分，而“boy”这种光杆名词在英语中一般不能入句。

那么，按照这种思路，如果认为“的”是“X的Y”结构的句法中心，那么我们应该得到：“X的Y ≠ X Y”。

不过，我们经过考察后发现，假如将(1a—f)中的“的”去掉，情况是：

(3) a. 木头的房子 ＝ 木头房子

b. 红的花 ＝ 红花

c. 制造的产品 ≠ 制造产品

d. 这本书的出版 ≠ 这本书出版

e. 凶狠的逼抢 ≠ 凶狠逼抢

f. 攻击的扩大 ≠ 攻击扩大

g. 狐狸的狡猾 ≠ 狐狸狡猾

h. 致命的温柔 ≠? 致命温柔

i. 竞争的残酷 ≠ 竞争残酷

确实在有些例子中，删“的”后的结构和原先的整体结构句法性质很不一样。例如在(3d)中，“这本书的出版”本身为“N的V”定中结构，而删“的”后“这本书出版”为主谓结构。但是，这并不足以论证所有“X的Y”结构中的句法中心就是“的”。我们发现，尽管例(3c—i)可以通过这种测试，“X的Y”结构中的小类，在现代汉语中，以(1a)和(1b)为代表的“N的N”和“A的N”才是更常用的“X的Y”结构。而恰恰就是这两个常用结构，并不能通过这种测试。例如，我们看不出“木头的房子”和“木头房子”，“红的花”和“红花”在句法和语义上有什么显著的差别。

大家一般都认为"木头的房子"和"红的花"中的句法语义中心是"房子"和"花",不过,为了保持和"N 的 V"结构的分析一致,持"的"为中心的观点的学者就要说所有的"X 的 Y"结构,包括说"N 的 N"和"A 的 N"结构中的句法中心也是"的"。那么,这些学者也应该肩负一个重要责任,就是要告诉我们:"木头的房子"和"木头房子"在句法分布上有何不同?"红的花"和"红花"在句法分布上有何不同?并且说明这种句法分布差异的背后有些什么样的语义因素在起作用。如果不能说明这些问题,那么把"的"看成是"X 的 Y"结构中的中心,还缺乏足够的理由。

而另外一方面,某些"N 的 V"结构,也不能通过这个测试,比如"图书的出版"删去"的"后为"图书出版",但两者的句法语义性质还是一致的,都是定中结构。这也进一步说明了不宜将"的"看成是"X 的 Y"结构的中心。

我们并非不能接受像"的"这样的虚词为句法中心。在我们看来,"的"字虽然不是"X 的 Y"结构的中心,但它是"X 的"结构的中心,因为我们不仅可以论证"X 的 = Y 的",也可以论证"X 的 ≠ X"。比如说,尽管"红"是形容词,"红色"是名词,但加上"的"后,二者就变成句法性质相同的名词性成分了,也就是"A 的 = N 的",所以我们有"X 的 = Y 的";另一方面,"红的"不等于"红","红色的"和"红色"尽管都是名词性成分,但"红色"加上了"的"后,语义上已经转指,意义和"红色"完全不同[②],"红色的"指的是某种红色的物体,而"红色"指的是颜色。所以我们有"X 的 ≠ X"。

另外,以"的"为中心来处理"的"字结构,现有方案还出现的一个问题,就是对"的"字结构的层次划分判断有误,例如,按照司富珍(2004)的观点,"红的花"的层次被分析成[$_{DeP}$红 [$_{De'}$的 花]]。

这种层次分析明显不大合理,朱德熙(1966)和周国光(2006)已有分析,通过并列缩减等方法的测试都能说明"红的花"的合理切分应该是"[[红的]花]"。

我们这里想说的是,生成语法不是不管层次结构切分,而是将层次切分看成是一切句法运作的根本,这一条集中反映在"结构依赖"(structure dependency)这条原则中,这条原则可以表述为"所有的语法运作必须要以结构为基础"。正确的层次分析对句法分析有着举足轻重的作用,其重要性一点也不比向心结构理论低。

3. 词类的包含模式

最近几年来,沈家煊(2007、2009a、2009b、2010 等)发表一系列论文,论证了汉语的词类模式是一种类似于图 a 的包含模式,而非以往认为的类似于图 b 的对立模式。

a.

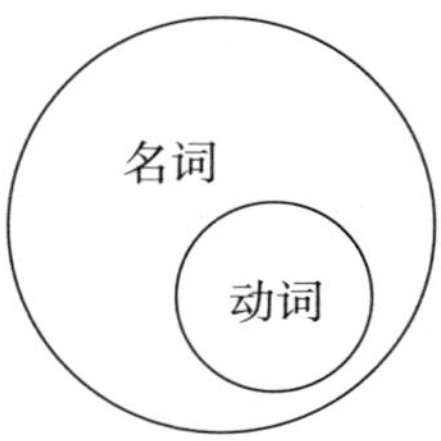

b.

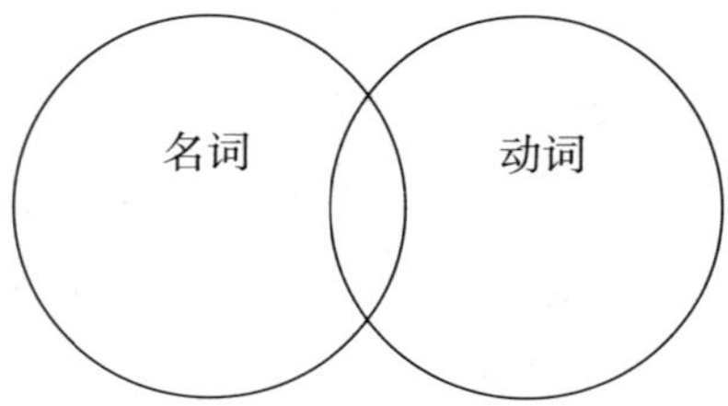

在这种处理中,动词是名词这个大类中的一个次类,还没有从名词中分离出来。从"简约"原则的要求来看,这个方案要好于名物化的方案,因为它承认动词本身就具有名词性,而不必像名物化理论那样,认为动词要转变成名词后才有名词性。另外,在沈先生的体系当中,形容词被包含在动词当中,是动词的一个小类,所以不言而喻,沈先生认为形容词也是一种名词。

沈先生指出了语用范畴在汉语语法中的重要作用，他接受朱德熙(1985)的观点，认为汉语的词组到句子之间是一种直接实现的关系，并进一步说明汉语的句法概念"动词和名词"到语用概念"陈述语和指称语"之间也是一种直接实现关系。而在词类上，汉语中的动词在语用上既可以直接实现为陈述语，又可以直接实现为指称语。沈家煊(2007)说道：

> "汉语经常是离开了语用范畴就没有办法讲句法，或没有多少句法可讲，因为所谓的句法范畴很大程度上就是由语用范畴构成的。"

那么，具体到"这本书的出版"这个问题，沈先生认为这个结构在句法上未必符合向心结构理论（沈先生称之为"中心扩展规约"），但在语用上是符合向心结构理论的，"出版"和"这本书的出版"一样都是指称语。沈家煊(2009a)这样表述的：

> "如果认为中心扩展规约只是针对句法范畴而言的，N和NP、V和VP都是句法范畴，那么说这个理论不见得适用于汉语还说得过去，因为汉语里的名词和名词短语（指称语）、动词和动词短语（陈述语）基本上还都属于语用范畴。如果认为中心扩展规约可以对语用范畴而言，扩展短语的语用性质必须和中心成分的语用性质相一致，那么这个理论也就完全适用于汉语。"

沈先生的这些论述都很有启发意义，是汉语语法研究摆脱印欧语框框的新尝试和新努力。

不过，仔细分析，沈先生的这两段话或许前后并不一致。我们的推理很简单，在第一段话中，沈先生认为"句法范畴很大程度由语用范畴构成"；在第二段话中，沈先生认为"中心扩展规约在语用范畴上对汉语适用”。那么,结合这两点,我们就应该顺势推导出“中心扩展规约在句法范畴上对汉语适用”。不过,沈先生却说:“如果针对句法范畴而言,这个理论不见得适用汉语”。

为什么我们不能再进一步,直接说“这本书的出版”中的动词“出版”展现了它名词性的那一面。因此,“N 的 V”结构不仅在语用上,而且在句法上,都是符合向心结构理论的。这也正是本文的目标。

4. 名词和动词在不同句法位置上实现组合变化的能力

沈家煊先生语用范畴出发,认为汉语的名词和动词之间是一个包含模式,因为他指出名词动词和指称语陈述语之间是一个扭曲的对应关系,如图一所示:

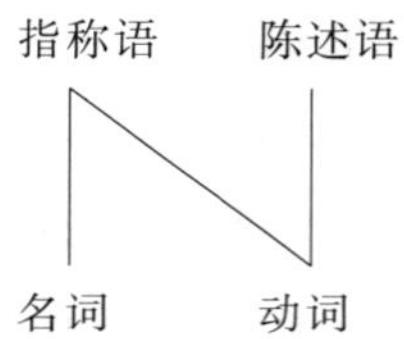

图一

本文支持包含模式,不过我们更愿意从句法范畴出发,从一个新的角度论证另一个扭曲关系,来支持汉语词类划分的包含模式。这个扭曲关系来自于朱德熙(1985:3)关于汉语词类和句法并非一一对应关系的示意图,见图二:

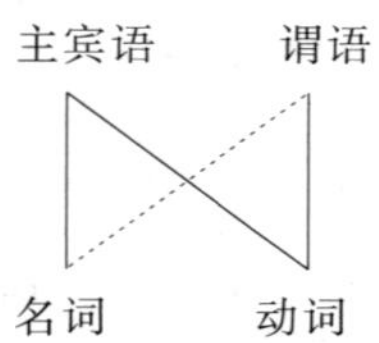

图二

沈家煊(2009a)特别说明朱先生的这个观察十分正确,因为朱先生在名词和动词之间是用一条虚线相连。现在,我们所要做的,就是通过句法分布的证据,将这条虚线彻底拿掉。这样,图二也完全呈现出一种扭曲关系。

我们所说的新的角度,就是指某一词类在某一句法成分上实现其组合变化的能力。我们知道,划分词类主要是看两个方面,一个是充当句法成分的能力。另外一个是和其他实词成分和虚词成分组合的能力。比如说,判断一个词是否属于名词,除了看它是否能充当主宾语外,还要看它和其他成分组合的能力。比如,典型的名词还能受数量结构修饰,能够被形容词、区别词或名词等定语修饰,能够被"的"字结构修饰,能够后附方位成分等。

那么,我们发现,名词在主宾语的位置上,总是能同时实现这个名词其他的组合配置,或者说,在主宾语的位置上,名词可以比较自由地"扩展"(expansion)[③]。请看以下一些例句:

(4) 餐厅很干净。	手机进了水。
这家餐厅很干净。	这个手机进了水。
学校餐厅很干净。	诺基亚手机进了水。
小餐厅很干净。	山寨手机进了水。
今天去的餐厅很漂亮。	国外买的手机进了水。
餐厅里很漂亮。	手机内进了水。

看了房子
看了这间房子
看了木头房子
看了红房子

看了北大的房子

看了房子里

可是,如果名词充当定语、状语或者是谓语,这些组合变化就不一定都能实现,或者说,这些组合变化绝大多数都不能实现,请看:

(5) 语言大学　　　　手机联系

*这种语言大学　　*这个手机联系。

民族语言大学　　*诺基亚手机联系。

?稀有语言大学　　*山寨手机联系。

*欧洲的语言大学　　*国外买的手机联系。

*语言里大学　　?手机里联系。

今天春节

*今天这个春节。

?今天中国春节。

*今天欢乐春节。

?今天热闹的春节。

*今天春节里。

从这个角度我们也可以说,充当主宾语是名词的典型功能。

再看动词,毫无疑问,动词的组合变化在充当谓语的时候基本都能实现,这些组合变化包括:能够受状语修饰,能够后附时体助词,能够前加否定词“不”和“没”,能够重叠[④]等。比如说:

(6) 老张打孩子。　　小李参加考试

老张狠狠地打孩子。　　小李仓促地参加考试。

老张打过孩子。　　小李参加了考试。

老张没打孩子。 小李不参加考试。

老张打不打孩子？ 小李参加不参加考试。

孩子们跑步

孩子们慢慢地跑步。

孩子们跑步了。

孩子们没跑步。

孩子们跑不跑步？

现在，要注意的是，动词性成分还能够充当主语和定语(甚至是状语)。我们发现，动词性成分充当主语和宾语的时候，也能实现其大部分的组合变化的，请看例(7)组和例(8)组例句：

(7) 打人是犯法的。 ———————⑤

狠狠地打是正确的。 慢慢地跑步有益身心健康。

打了就完了。 跑了步就想睡觉。

不打是正确的。 不跑步身体不舒服。

打不打很难说。 跑不跑步不关你的事。

参加活动很正确。

立即参加是对的。

参加过就好。

不参加也挺好。

参加不参加由领导决定。

(8) 学校禁止打人 ———————

首长决定狠狠地打。 他习惯慢慢地跑步。

他看见打了。 同事看见他跑了步。

领导倾向不打。 明早打算不跑步。

我还不清楚打不打。　　我还不清楚跑不跑步。

孩子们希望参加活动。

孩子们计划立即参加。

老李证明其参加过。

我们计划不参加。

我还不清楚参加不参加。

而动词性成分在定语位置上的时候,它们的组合功能却会受到很大的限制,例如:

(9) 参加时间　　跑步方法

*立即参加时间　　*慢慢地跑步方法

*参加了时间　　*跑了步方法

*不参加时间　　*没跑步方法

*参加不参加时间　　*跑步不跑步方法

通过以上句法表现,我们知道:名词在主宾语位置上,动词在谓语位置上是可以实现其组合变化的,同时,动词在主宾语位置上也能实现其组合变化。但要注意的是,名词在谓语的位置上不能体现其组合变化,因为这一点,我们就可以将名词和谓语之间的那根虚线彻底拿掉。

我们都知道,汉语的词类和句法的成分没有一一对应的关系。但是,我们必须要承认的一点是,某一种词类在充当句法成分的时候,是有其典型用法和非典型用法的。这一点,在袁毓林(1995)和沈家煊(1999)的研究中都说得很清楚。通过上面的讨论,我们可以认为名词的典型用法是充当主宾语,而动词的典型用法不仅是充当谓语,还包括充当主宾语。

5. 汉语中动词与名词的句法特征

Chomsky(1970)曾认为动词的特征为"[－N,＋V]",而名词的特征为"[＋N,－V]",形容词的特征为"[＋N,＋V]",而介词的特征为"[－N,－V]"。

一般认为,英语中的词类和句法成分基本上是一种一一对应的关系。所以,说英语的动词是"[－N,＋V]"特征,即意味着这个动词能够充当谓语,但不能充当主宾语。也就是说,"[＋V]"并不等于动词,而是等于可以充当谓语;"[＋N]"并不等于是名词,而是等于可以充当主宾语。那么,说英语的动词是"[－N,＋V]"特征,其实就等于是"[＋P,－S/O]"特征,其中P代表谓语,S和O分别代表主语和宾语。

朱德熙(1985)指出汉语语法的特点之一就是词类和句法成分之间没有一一对应的关系,这个观点无疑是正确的,我们想补充的一句话是:词类特征和句法成分是一一对应的关系。具体说来,充当主宾语和定语中心语的成分和名词性特征是对应的,而充当谓语和状语中心语的成分和动词性特征是对应的。

怎样才算具备"[＋N]"特征?而怎样又算具备"[＋V]"特征?

通过我们前面的讨论,我们提出:能够充当主宾语,并且在这个位置上实现其固有的组合配置,就应该视为具有"[＋N]"特征。

我们同样提出:能够充当谓语,并且在这个位置上实现其固有的组合配置,就应该视为具有[＋V]特征。

汉语的名词能够充当主宾语,但基本上不能做谓语。并且,只在主宾语位置上能够实现其固有的组合配置。所以,汉语中名词的特征是“[+N,-V]”。

而汉语的动词都能充当谓语,并且其中绝大多数还能充当主宾语,这些词无论在主宾语位置还是在谓语位置上都能实现其固有的组合配置,所以,这些动词的特征是“[+N,+V]”。

还需要注意的是,现代汉语中有一部分的动词是能够充当谓语,但不能充当主语的,如“活像、地处、历经、加以、予以、充数、胆敢、着想”等等[⑥]。这部分动词的特征应该是“[-N,+V]”。不过,这部分不能充当主语的动词也不能出现在“N 的 V”结构中。换句话说,能出现在“N 的 V”结构中的动词都能充当主宾语,它们的特征都可以看成是“[+N, +V]”。

在汉语中,名词的特征是“[+N, -V]”,而动词的特征是“[+N,+V]”。那么,现在我们既可以着眼于名词具备“[-V]”特征,而动词具备“[+V]”特征,而把它们归为两个大类,也可以着眼于名词和动词都具备“[+N]”特征,把它们合并成一个大类,前者就是对立模式,后者就是包含模式。

6. 划类策略和划类标准

根据前面的论述,我们提出:汉语的动词本身就有名词性。在沈家煊先生提出的名动包含模式中,动词本身就是名词的一个小类。

但现在,我们还需要正面回答一个重要的问题,因为有人会提出来,在“N 的 V”结构当中,此处的 V 还有种种动词的语法功能,这表现在:可以受副词修饰,尤其是可以受“不”修饰,甚至可以带宾语,例如:

(10) a. 这本书的不出版

b. 这本书的反复出版

c. 敌人的不断进攻

d. 春天的迟迟不到来

e. 他们的拒绝参加

通过这些例子,很多学者认为此处的"出版""进攻""到来"和"拒绝"依然是动词性的,所以不具备名词性。

需要注意的是,当这些学者通过"能否受'不'修饰"这样一些标准来判断一个词是动词还是名词的时候,这些学者依据的还是名动对立模式的词类划分系统。

事实上,当我们说汉语中的动词和名词不是一种对立模式,而是一种包含模式时,即意味着我们的划类策略已经改变,那么,原先的划类标准可能已经失效,必须要进行相应的调整了。

这个道理并不难说明,我们先举一个简单的例子说明,比如以下有 A 类和 B 类两组词:

(11) A 类:红、绿、冷、直、美、漂亮、干净、古怪

B 类:通红、碧绿、冰冷、笔直

美滋滋、漂漂亮亮、干干净净、古里古怪

如果我们着眼于 A 类和 B 类的差异,即 A 类能受程度副词"很"修饰,但 B 类不能,那么在划类策略中,我们可以将其归为两类词,即 A 类为"形容词",B 类为"状态词"。在这种策略下,我们可以说"能否受程度副词'很'修饰"是形容词和状态词之间的一条划类标准。

不过,如果我们调整划类策略,着眼于这两组词的相同点,即两者都能充当谓语,将 A 类和 B 类合并,都归在形容词里头,前者为"性质形容词",后者为"状态形容词"。这个时候,我们的划类标

准也要调整了,此时,“能受程度副词‘很’修饰”作为形容词的判定标准已经失效。比如说,此时我们就不能因为“通红”不能受“很”修饰,把它排除在形容词之外。或者说,此时“不能受程度副词‘很’修饰”已经成为一部分形容词的性质了,而“能否受‘很’修饰”现在只能成为形容词内部次类之间的划类标准了。

同样,如果我们着眼于差异,采取名词和动词分属两类(即对立模式)的划类策略。那么,“能否受‘不’修饰”,“能否受副词修饰”和“能否带宾语”都是动词和名词之间的划类标准。

但是,当我们调整我们的划类策略,着眼于相同点(即两者都能充当主宾语并且在此位置上实现组合变化),采用名词动词的包含模式,将以前我们认为的“动词”归为名词的次类后,这个时候“名词”的内涵和外延已经发生变化了,划类标准也应该做相应的调整。此时,“不能受‘不’修饰”,“不能受副词修饰”和“不能带宾语”已经不能作为名词的判定标准了,因为“能受‘不’修饰”“能受副词修饰”和“能带宾语”已经成为一部分名词(即以前认为的“动词”)的性质了。

我们也可以这样理解,一个词受“不”修饰,受副词修饰或带宾语后,并不意味着这个词或这个新构成的短语结构就一定是陈述语。诸如“不出版”“不断进攻”和“拒绝参加”这些格式,它们仍然可能是指称语。

在词类的包容模式中,我们大可以取消“动词”这个称号,直接以“动作名词”来称呼它,那么,“能否受‘不’修饰”等标准只能是名词内部次类之间的划类标准了,我们可以用这些标准来区分“动作名词”和“非动作名词”,但区分也好,不区分也好,它们首先都是名词。

所以,以例(10)作为证据来说明“出版”不具备名词性,和我们认为举出例(10)并不能说明"出版"不具备名词性，是基于"名动对立"和"名动包含"两种不同词类划分策略所得出的不同结论，但前者不能解决向心结构难题，而后者可以。

7. 词性标注

现在，我们尝试回答如何标注"这本书的出版"这类结构，其实当我们说动词也有名词性，或者说动词是名词的次类的时候，其实标成(12)和(13)都可以：

(12) [这本书的[出版]$_{V}$]$_{VP}$

(13) [这本书的[出版]$_{N}$]$_{NP}$

当我们标成(12)的时候，要记住"V也是N"，当我们标成(13)的时候，则要记住"N中有V"。

更直观或相对更易让人接受的标注方式是把"出版"标注成"N_{V}"(注意V是下标)，这样表示"出版"首先是名词，其次才是动词：

(14) [这本书的[出版]N_{V}]$N_{V}P$

前面已经讲过，可以把动词看成是"动作名词"。而我们知道，汉语同一词类的内部成员在语法功能上可能并不一致。比如大部分名词可以受数量词修饰，但也有一些不能受数量词修饰的名词，如"顶端、芳龄、话锋"等等；大部分名词不能充当"进行"的宾语，但也有个别名词可以，如"手术、战争"等等。同样，我们可以承认"出版"本身就是名词，只不过这种名词有时候还能受"不"修饰，还能带宾语等等。但我们将"顶端、芳龄、话锋、手术、战争、出版"都归为名词，首要的出发点是它们都能充当主宾语。

那么，即使是在"这本书的不出版"这个结构当中，我们仍然可

以这样标注。前面已经说过,在包含模式下,"能受'不'修饰"并不能说明一个词不是名词,如(15)所示:

(15) [这本书的[不出版]N_V]N_VP

在进行语法研究的时候,我们常常采用N和V等符号来进行标示,帮助我们说明问题。但物极必反,我们也常常被这些符号所蒙蔽,当讨论"这本书的出版"这种问题的时候,我们总是试图给"出版"标上N或者V的符号,因为我们用印欧语的眼光来看汉语,认为此处非N即V,非V即N,总把动词和名词看成是对立,总把"能受'不'修饰"和具有名词性看成是矛盾,因此总是顾此失彼,首尾难全,找不到解决问题的出路。

将汉语中"出版"这类动词的特征定成"[+N,+V]",绝非说这些词是兼有两种词性。前面已经说过,"[+N,+V]"代表的是两种功能,即可以充当主宾语,也可以充当谓语,但它们代表的是一种词性。好比我们说《红楼梦》中"贾政"的特征是"[+父亲,+儿子]",这因为他既是"贾宝玉"的父亲,又是"贾母"的儿子,他有两种身份(功能),但他只是一个人。

所谓的"向心结构难题",在很大程度上是人为造成的。其实,如果用生成语法的新技术"光杆短语结构"(bare phrase structure),也根本没有"向心结构难题",在这种树形图中,只用词项本身标注节点。在这种方案中,受"不"修饰后,还可以受"的"字结构修饰,就是"出版"本身的属性。

(16)

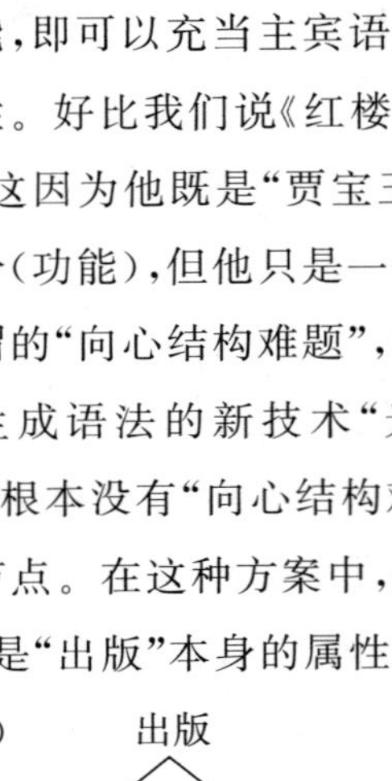

那么，在名词和动词的包含模式下，如果我们还愿意保留动词 V 这个称号，那么我们说"N 的 V"结构依然是"N 的 V"结构。假设我们愿意取消动词这个称号，以"动作名词"来称呼原有的动词，那么我们完全可以说，以前我们所说的"N 的 V"结构其实就是"N 的 N"结构。那么，所谓的并列结构难题当然也不是难题了：

(17) 环境与发展　　　　思想与解放

色彩和装修　　　　作品及批评

很显然，因为其中的"发展""解放""装修"和"批评"本身就是名词，所以这里并不违反向心结构理论，并列结构的左右两项的句法功能是有相同之处的。

8. 余论

在第二节当中，我们认为"X 的 Y"结构中的句法中心并不是"的"，经过我们前面的研究，我们认为"X 的 Y"结构中的句法中心就是 Y。不过，如果要确认这一点，还要回应一下朱德熙(1984)的一些观点。朱德熙(1984)曾修正了布龙菲尔德关于向心结构的定义，认为：

> "向心结构指的是至少一个直接成分与整体在语法功能上相同、在语义上受到相同的语义选择限制的句法结构。向心结构中与整体功能相同并且受到相同的语义选择限制的直接成分是它的核心。"

加入"受到相同的语义选择限制"这一条是为了解决诸如"木头房子"的这一类问题，因为其中"木头"和"房子"都是名词，在语法功能上相同，但是语义选择是不同的，"房子"和"木头房子"语义选择一样，而"木头"和"木头的房子"语义选择不一样，所以"房子"

应被看成是“木头房子”的中心。朱先生举例如:

(18) 住木头房子　　住房子　　*住木头

一所木头房子　　一所房子　　*一所木头

*木头房子的纹理　　*房子的纹理　　木头的纹理

*一块木头房子　　*一块房子　　一块木头

不过,朱先生却认为“木头的房子”是一个包含两个中心的同位性结构。朱先生举出(19)中的例子,认为无论是“木头的”,还是“房子”,都和“木头的房子”语法功能一致,语义选择也一致,因此“木头的”和“房子”都是中心。

(19) 住木头的房子　　住木头的

木头的房子盖好了　　木头的盖好了

一所木头的房子　　一所木头的

不过,我们认为“木头的”已经发生转指,泛指一切由木头做的东西,因此,“木头的”在语义选择上肯定受到的限制要比“房子”和“木头的房子”小,也就是说,“木头的”和“木头的房子”在语义选择上不同,进而导致其分布上的不一致。请看以下一些对比:

(20) 坐木头的　　*坐房子　　*坐木头的房子

骑木头的　　*骑房子　　*骑木头的房子

木头的有靠背　　*房子有靠背　　*木头的房子有靠背

木头的缺条腿　　*房子缺条腿　　*木头的房子缺条腿

一把木头的　　*一把房子　　*一把木头的房子

一块木头的　　*一块房子　　*一块木头的房子

由此看来,只有“房子”和“木头的房子”在语法功能和语义选择上是保持一致的,而“木头的”和“木头的房子”有很大差别。所以,“木头的房子”也不应该是双核结构,它就是以“房子”为中心的定中偏正结构。

按照本文第二小节中的观点,我们其实是论证了"木头的房子≠木头的",即论证了"X的Y≠X的"。所以,"X的Y"结构就是体词性的定中偏正结构,中心词就是Y。

附 注

① 像并列结构这种向心结构,它的中心不止一个,如"北京和上海"。

② 这种意义上的不同也肯定造成了句法分布的不同,我们在本文的结尾还要讲这一点。

③ 按照Wells(1947)的观点,"扩展"的概念为:"有时两个序列能出现在相同的环境里,即使它们内部结构不一样。当这两个序列中有一个序列长或者跟它一样而结构不同的时候,我们就把这个序列叫作另一个序列的扩展,而把另外一个序列叫作模型。"

④ 能够重叠应该被看成是一种形态变化。

⑤ "跑步"是不及物动词,本来就不能带宾语,所以此处空缺。

⑥ 对于这部分不能充当主宾语的动词的数量,各家看法不尽相同,例如朱德熙(1985:7)认为"百分之八九十的动词和形容词可以主宾语",沈家煊先生同意这个观点。郭锐(2002,2010)经过考察,表示"能单独做主宾语的占动词的46%,能受定语修饰的占动词的51%,去除这两部分词,仍有接近一半的动词不具有宽泛意义上的名词性。"

参考文献

郭　锐　2002　《现代汉语词类研究》,商务印书馆。

郭　锐　2010　《词类类型学和汉语词类系统》,第十六次现代汉语语法学术讨论会论文,香港城市大学。

陆俭明　2003　《对"NP+的+VP"结构的重新认识》,《中国语文》第5期。

沈家煊　1999　《不对称和标记论》,江西教育出版社。

沈家煊　2007　《汉语里的名词和动词》,《汉藏语学报》第1期。

沈家煊　2009a　《我看汉语的词类》,《语言科学》第1期。

沈家煊　2009b　《我只是接着向前跨了半步——再谈汉语的名词和动词》,

《语言学论丛》第四十辑。

司富珍　2004　《中心语理论和汉语的 *De*P》,《当代语言学》第 1 期。

司富珍　2006　《中心语理论和“布龙菲尔德难题”》,《当代语言学》第 1 期。

吴长安　2006　《“这本书的出版”与向心结构理论难题》,《当代语言学》第 3 期。

袁毓林　1995　《词类范畴的家族相似性》,《中国社会科学》第 1 期。

袁毓林　2010　《汉语不能承受的翻译之轻——从去范畴化角度看汉语动词和名词的关系》,《语言学论丛》第四十一辑。

张伯江　1993　《“N 的 V”结构的构成》,《中国语文》第 4 期。

周国光　2005　《对“中心语理论和汉语的 *De*P”一文的质疑》,《当代语言学》第 2 期。

周国光　2006　《括号悖论和“的 X”的语感》,《当代语言学》第 1 期。

朱德熙　1956　《现代汉语形容词研究》,《语言研究》第 1 期。又载于朱德熙《现代汉语语法研究》,商务印书馆,1980 年。

朱德熙　1961　《说“的”》,《中国语文》第 12 期。又载于朱德熙《现代汉语语法研究》,商务印书馆,1980 年。

朱德熙　1966　《关于说“的”》,《中国语文》第 1,2 期。又载于朱德熙《现代汉语语法研究》,商务印书馆,1980 年。

朱德熙　1982　《语法讲义》,商务印书馆。

朱德熙　1983　《自指和转指——汉语名词化标记“的、者、所、之”的语法功能和语义功能》,《方言》第 1 期。

朱德熙　1984　《关于向心结构的定义》,《中国语文》第 6 期。

朱德熙　1985　《语法答问》,商务印书馆。

朱德熙　1986　《现代书面汉语里的虚化动词和名动词——为第一届国际汉语教学讨论会作》,《第一届国际汉语教学讨论会论文选》,北京:北京语言学院出版社。又载于朱德熙《语法丛稿》,上海教育出版社,1990 年。

朱德熙、卢甲文、马　真　1961　《关于动词形容词“名物化”的问题》,《北京大学学报》第 4 期。又载于朱德熙《现代汉语语法研究》,商务印书馆,1980 年。

Abney, Steve　1987　*The English Noun Phrases in its Sentential Aspect*. Ph. D. dissertation, MIT. MA.

Bloomfield, Leonard　1933　*Language*. New York: Holt, Rinehart and Winson. 中译本:袁家骅、赵世开、甘世福译,钱晋福校,《语言论》,商务印书馆,1980 年。

Chomsky, Noam 1970 *Remarks on Nominalization*. In Jacobs, Roderick and Peter S. Rosenbaum, (eds.) *Readings in English Transformational Grammar*, 184-221. Waltham, MA: Ginn.

Wells, Rulon S. 1947 Immediate Constituents. *Language* 23:81-117.

(原载《中国语文》2012 年第 5 期)